元華文創

三尺 法史述繹集 春秋

立足法史領域　拓寬反思視野

勾勒研究演進　反映學術前沿

評析範式優劣　尋求理性對話

趙 晶——著

獻給恩師徐世虹教授

代序：師門問學瑣憶

一

　　2006 年 9 月，我抱著以民法立場學習環境法的熱情進入法大研究生院，準備以輔仁大學法學院邱聰智教授的研究路徑為參照系（作為民法學者的邱教授，以《從侵權行為歸責原理之變動論危險責任之構成》為博士論文選題，涉及環境侵權問題，而他的第一本專著正是《公害法原理》），規劃碩士階段的學習模式。沒有想到，入學不久，在一位亡友的熱心介紹下去旁聽了徐世虹老師主持的《唐律疏議》讀書班，當時位於聯合辦公樓（現已拆除）三樓的法律古籍整理研究所從此進入我的人生，潛藏在我內心深處、一度已被民法蓋過的文史興趣，因而也再度被激發起來。

　　2007 年，我買了一冊由法大古籍所整理的《枕碧樓叢書》（知識產權出版社 2006 年版），因為當時仍然對宋明理學有所偏好，所以迅即閱讀了其中的《南軒易說》，並從中圈劃出一些繁簡轉換之誤、句讀的不同理解等，並將讀後心得整理成文字，發表在自己擔任版主的滄海雲帆 BBS 上，隨後又通過郵件發給了徐老師。這是我第一次與徐老師直接接觸，且還是上門「叫板」。

　　當時，法大 2006 級法史的四位博士女生組建了一個「吃喝玩樂」組織，美其名曰「水仙詩社」。因為共同參加《唐律疏議》讀書班的關係，所以我在不經意間成了這個組織的編外成員。又由於中華文明通論課程的閱卷、打油詩作的唱和往返等，徐老師也慢慢融入到這個組織中來。在此後兩年裡，大家在春天去昌平爬山、放風箏、吃阿瓦山寨的魚頭面片，在冬天去箭扣爬野長城，在秋天去額濟納旗、嘉峪關、敦煌、武威、張掖、蘭州、甘南考察

等，由此結下了深厚的「革命情誼」。

為此，徐老師曾於 2009 年 6 月 28 日戲作「薊門詩草」PPT 以記之：「清人朱錫綬《幽夢續影》云：『水仙以西子為色，以合德為香，以飛燕為態，以宓妃為名，花中無第二品矣。』己丑仲夏，水仙詩社諸媛紅袍加身，即將分離。翻檢舊什，再憶往事」。其中，《和水仙詩社終結篇》為：「軍都紙鷂飛童趣，弱水流沙追秦漢。薊門三載總忘年，不覺孤樓命猶懸。下帷無倦學不足，志不窺園識恨淺。最是雪松輝晶華，花無二品秀水仙」（沈家本以「枕碧樓」為書齋名，「孤樓懸命」代指整理《沈家本全集》；「雪松輝晶華」，指劉冰雪、柴松霞、王輝、我與李華五人）。

在這個過程當中，徐老師或許驚訝於一個環境法的研究生竟然有一些文史基礎，於是額外給予照顧，如讓我參與《沈家本全集》的整理工作，覆校了《南軒易說》、《河汾旅話》以及沈家本的部分日記，並在我讀書有疑時，引導我參考日本學者的論著。當時的我完全不懂日文，所以她還曾讓我平時在使用日文論著過程中逐一劃出其中的關鍵段落，為我翻譯成中文。

2008 年，考博問題提上議事日程，法制史或歷史學成為努力的方向。記得那年的 6 月 28 日，我們曾在魏公村附近的德川家日本料理店吃飯，當時徐老師建議：古籍所目前的師資中還沒有唐宋段的研究者，不妨以此為方向，去校外讀一個博士學位，然後再謀求回校任教（當時嚴格限制本校博士畢業留校任教）。為此，我們曾經討論過報考北大國學院政治制度史方向博士研究生的可能性，其他師友也曾幫我詢問過人大法學院、浙大歷史系的招生情況等，但最終的選擇是同時報考北大法學院與法大徐老師的博士生項目。

我從小就對考試不大上心，一直覺得不應該為應試浪費太多精力，而且內心充滿了不安全感的我，總是希望能夠為考博失敗留下幾條後路。因此，2008 年 10 月到 2009 年 4 月間，我到處投遞求職簡歷、參加筆試與面試，奔走於各大國企的法務部之間，以致於沒有注意到北大法制史專業的招生要求，只複習了中國法制史與中國法律思想史，完全沒有準備外國法制史與西方法律思想史，結果自然可想而知。所幸在當年報考徐老師博士的考生中，

我的初試與複試成績均位居第一，於是我從 2009 年 9 月開始跟隨徐老師攻讀中國法制史博士學位，正式成為她的及門弟子。

二

我曾經在拙著《〈天聖令〉與唐宋法制考論》的「後記」中概括徐老師對我的指導方式是「以氣質相浸染、以方法相引導」，但她為我付出的精力實際上遠不是這兩句話所能涵蓋的：

首先，手把手地教我學日語。2010 年 4 月開始，她每週都單獨給我上日語課〔2010 年 3 月 31 日收到徐老師來信：「明天上午請先將課本給我一冊，提前看看備課。」「課本」指的是《新世紀日本語教程》（初級）〕，後來這個日語班的規模慢慢擴大，鄔文玲、張忠煒、莊小霞等學長先後加入，最後我成了其中最不認真的學習墊底者。

其次，謀劃我赴日留學之事。當時，國家建設高水準大學公派研究生項目新設未久，從不願意給別人添麻煩的徐老師，為此破例給冨谷至老師寫信，希望京都大學人文科學研究所能夠接受我的留學申請。而在此後申請留學基金委資助的過程中，徐老師親自為我翻譯了所有的日文材料、親手編訂了冨谷老師的簡歷與著作目錄等。

再次，督導我的留學生涯。在赴日前，徐老師再三交代，東渡一年應該做好三件事：寫好論文、學好日語、玩好日本（慚愧的是，我只圓滿完成了第三件）。當時還沒有如微信這類的即時通訊工具，她擔心我初到異國、言語不通，若有急務，無從聯絡，所以特意註冊了 MSN。後來為督促我學習語言，她又一度要求以日文互通訊息。可惜的是，MSN 的聊天記錄未能及時保留，現在已無從尋覓；當時使用的 yahoo.com.cn 郵箱也被停用，郵件保存同樣不完整，但隨手翻檢，仍然可以找尋到一些內容：2010 年 11 月 10 日徐老師來信，「日語學習一定要抓緊，這是最直觀的留學成果」；2010 年 12 月 1 日徐老師來信，「在日期間，博士學位論文還要抓緊，宜早不宜晚」。

　　至於旅日三策中的「玩」，其實就是「行萬里路」的意思，徐老師曾在 2010 年 1 月 1 日擲下一篇未刊遊記〈京都觀史〉，讓我「聊作預習」；2010 年 10 月 8 日又擲下三張照片，並說明「附件為 07 年所攝法然院九鬼周造與濱田塚照，照片中的人物為同行者，日唐法制史學者川北靖之教授」；在聽說我要在 2011 年 1 月下旬去北海道參觀網走監獄博物館等時，她於 2010 年 12 月 23 日來信強調「出行事一定要向冨谷先生請假」，當天晚上又追發一封郵件強調「剛看到新聞，有港人在北海道遭遇雪天，車禍死傷，請務必注意安全，乘坐正規車輛」，2011 年 1 月 4 日來信提醒「出行漸近，準備工作一定要做足，特別是禦寒衣物，錢也要帶足，以備急需」，2011 年 1 月 13 日來信再次強調「北上迫近，準備一定要充足，以免後患」。

　　最後，修改我的習作並鼓勵發表。在留學前，我將自己在《天聖令》讀書班上的兩篇發言整理成〈《天聖令・賦役令》丁匠諸條疏補〉、〈唐代律令用語的規範內涵——以「財沒不追，地還本主」為考察對象〉二文；留學時，又將提交給「中國史研究與計算機技術」國際學術工作坊的研究計劃撰成論文〈宋代明法科登科人員綜考〉。徐老師曾對三篇論文詳加批改（如 2011 年 1 月 13 日來信，擲下拙文的修改件，並在郵件中總評「論文看完了，覺得立意與思路都不錯，但主要問題是相關環節的論證顯得材料單薄，立言還需嚴謹。具體意見見原文。藍色為刪除，紅色為增加或移動，黃色為句子當再酌者」），逐字逐句審訂了我對日本學者觀點的翻譯、引用（有的部分甚至是她親自執譯，如 2010 年 7 月 1-3 日的 5 封郵件，都是對井上光貞等注《律令》部分觀點的翻譯建議；同年 7 月 21、24 日的 3 封郵件，都是對《譯注日本律令》有關《唐律疏議》條文理解的說明），再三詳閱修訂稿之後（如 2010 年 11 月 10 日來信詢問：「論文是否以 11 月 3 日所發修訂稿為最終？記得似乎還要有修改稿發來，只是未見。」），最後建議我去投稿。

　　2010 年 12 月 18 日，國學院大學藤田大誠教授在日本法制史學會近畿部會第 415 回例會上報告「近代國學與日本法制史」，引起我對日本近代以來東洋法制史發展歷程的興趣。在閱讀了一些文獻之後，2011 年 5 月 3 日，我

在自己的部落格上貼了一篇長文。徐老師看到之後，通過 MSN 建議我繼續豐富該文所涉的相關細節，詳細梳理日本學術史發展的前後脈絡。正因如此，我又最終寫成了一篇〈近代以來日本中國法制史研究的源流——以東京大學與京都大學為視點〉，成為此後關注日本學界東洋法制研究史的開端。

在留學期間，為了提高我的日語能力，徐老師還建議我嘗試獨立進行一些翻譯工作。我在 2011 年 2 月間利用日本的寒假，翻譯了小川快之教授的〈法制史〉一文（中譯名改為〈1980 年以來日本宋代法制史研究的課題與現狀〉），徐老師詳細批閱後，寫下總評意見予以鼓勵：

> 譯文總體至「信」，「達」亦兼之。以下請酌：
> 1.譯文有些徑改了，有些提出我的理解，或可參酌。
> 2.格式仍要考慮。文中明確了著述名，若再標注年代，則讀者較易查找比對，此可明個人乃至群體的學術進程。又，參考文獻改為注釋，一對原文改動較大，二讀來仍嫌不明。因此，參考文獻還是以原文體例為宜。如果刊物編輯要求改動譯文體例，再斟酌不遲。一般而言，翻譯不宜對原文體例做較大改動。
> 3.「裁判」統一置換為「審判」為宜。
> 4.不知是否與作者聯繫取得了翻譯發表許可？若未，務請聯繫，以免日後麻煩。

其實，只要看過滿篇標紅的修改意見，就知道我的初稿離「信」、「達」的水準還相當遠。但正是因為徐老師不斷以「學術公益」相勸導，且我又自恃有她為我把關，所以才敢一直以尚未入門的日語水準做著翻譯工作。

在徐老師無微不至的關懷下，我順利結束留學生活、完成學位論文，且取得了一些發表業績，最終得以留校任教。但她總是認為自己的研究與我的論文方向有所距離，所謂指導與把關只能限於論證邏輯、行文構思等形式問題，作為導師，「在我及他人看來都算不上盡職」（引自 2010 年 8 月 12 日

的郵件），所以自我之後，她就要求報考自己的博士生都須以秦漢法制為選題方向了。

三

2009 年 11 月，古籍所舉辦了成立 25 週年紀念研討會。徐老師決定以與會論文為基礎，再邀集一些外稿，編集所刊《中國古代法律文獻研究》第四輯，並以此為契機將它改為年刊，由我協助組稿。

迄今為止出版的十二輯所刊，徐老師全程參與了編、校、審、譯、撰五項工作。就「編」而言，我們交給出版社的稿件，需要逐一確定體例、修改格式，包括各級標題、正文內容與引文內容的字體、字號、行間距，以及腳注中的出版信息格式等；就「校」而言，如果是臺灣地區學者投寄來的繁體字稿件，我們需要代為轉換繁簡格式，逐字逐句核定誤字，替換對岸使用的單書名號、引號等，而對於外國學者投寄來的中文稿件，我們也需要幫助通順語句，甚至加以校核修訂；就「審」而言，秦漢以前的稿件全部由徐老師負責初審、選定審查人，甚至有時還要就審查意見，與審查人進行溝通、協商；至於「譯」，只要是所刊需要，她毫無怨言地承擔了從秦漢到明清各個斷代的日文論文翻譯（翻譯筆名為「顧其莎」，即「古籍所」的吳語諧音），而且還為其他譯者執筆的譯文作核校。

我依然記得 2011 年 11 月 9 日下午，所裡收到出版社寄來的第五輯清樣，我們兩個人在她的辦公室裡用列印機逐頁掃描，我負責送紙，她負責電腦操作，直至凌晨 1 點才把每篇論文都製作成 PDF 檔，準備翌日通過郵件發送給作者審訂。當時古籍所已搬到研究生院新 1 號宿舍樓的 2 層，徐老師出門回家時，宿舍樓樓門已鎖，最後還是叫醒了值夜的工作人員才能出去。所以她總是開玩笑地要求把自己的名字也列入執行編輯欄，以免被人誤會是「空頭主編」。

就「撰」而言，徐老師在第五、六輯上連載發表了〈秦漢法律研究百年〉

（一、二、三），蒐羅海內外各語種的相關成果，評述優劣短長、展現學術演進、指引未來方向，極便學人瞭解某一問題的研究現狀，並按圖索驥地找到相應的成果。在她看來，這種工作與翻譯一樣，同樣是學術公益心的體現。然而，為撰述此類文字所需花費的精力卻不易為人所知。

徐老師在 2010 年 11 月 21 日的郵件中提及：「今天一天都在為蒐尋論文資料奔波，想想年輕時荒廢不少時光，真是急火攻心。」當時她為了完成這一系列論文，三天兩頭去國家圖書館複印海外學者的論著，只有在萬般無奈的時候，才會請我幫忙在日本尋覓。如 2010 年 12 月 6 日接到她的來信：「我急需滋賀秀三發表於《法制史研究》13 期（1963 年）對何四維《漢律遺文》（1955 年）的書評，國圖這裡沒有。若得便還煩掃描給我」；2011 年 1 月 6 日接到來信：「再次痛感學術史回顧之費力，連續查找數日，附件中的論文只能麻煩你在京大幫助查找複印了（我瀏覽了一下京大目錄，至少成宮嘉造數篇有藏），篇數不少，多多費心。又因我等候下筆，還請盡快複印並特快專遞給我（如果掃描傳輸可，亦可，取其便）。一切費用記在我賬上」；2011 年 6 月 23 日接到來信：「國圖維修，我想找的論文也無由入手，還請幫我在京大掃描發送：仲山茂〈王杖簡資料性質的考察〉，載《名古屋大學東洋史研究報告》第 34 號，2010 年。謝謝。」如果說尋覓資料還算是體力活兒的話，那麼思量如何評價與定位先行研究則是極為費神的腦力勞動了，如徐老師在 2010 年 10 月 21 日的郵件裡指出拙文的問題：

> 對先行成果的評價請盡量委婉，採用商榷的語氣，要搔到癢處而不要戳到痛處。學術研究本來就是彼此商榷，即使對方有明顯錯誤，也不能採用不容置疑的口吻。青年學子敢於懷疑、勇於探索自然不錯，不過方法上也要溫文爾雅。

四

如前所述，我與徐老師的直接接觸源自一篇批評性的讀後感；由她引導，我對日本學術有了切近瞭解；受她感召，我也嘗試撰寫一些學術史述評，為學術公益聊盡綿力；通過學習她的文章以及她對拙文的修改、評論意見，我還在不斷地改進學術評論的方式。如果說這些年我在這些領域還有些許長進的話，都是她言傳身教的結果。

2019 年 10 月，徐老師即將屆齡退職榮休。值此之際，我將 2009 年以來所寫的學術史述評、書評、讀書感想等習作彙成一編，向老師呈交一份階段性的答卷，希望不會令她太過失望。

拙編之所以取名「三尺春秋」，用意有二，願簡述於下：

第一，三尺竹簡書法律，書名中的「三尺」即取律令的代稱之義，是編多為繹述前人成就，非個人專門研究，屬於所謂「述而不作」的類型，因此假僭「春秋」為題，寓法制史學術評論之義，知我罪我，敬請識者不吝教正。

第二，徐老師以秦漢法制史名家，精研秦漢律令，又傳道授業於法大三尺講臺四十載春秋。作為受業弟子，以此為書名，用文字記錄自己承恩受學的點滴，也向恩師致以崇高敬意。

是編之中除未刊稿一篇外，所收文章皆曾公開發表於海內外各種報刊（詳見附錄）。其中部分篇什來源於讀博期間的讀書報告，皆曾得到徐老師的指導與評點。此次編集，如非必要，不加修訂（繁簡字體、引注格式等，依循出版社要求，予以統一）。拙文發表以後，也曾收到樓勁先生與大澤正昭先生的回應與指教。他們以寬廣的胸襟、對後輩的提攜獎掖，包容了拙文的諸多不妥之處，實在令人感佩。經授權，拙編也收錄了這兩篇回應，以便讀者「言聽兩造」，感受良性的學術氛圍。

此外，海外學術信息蒐集不易，歷年來得益於諸多師友的幫助，拙文才能陸續撰成，每念及此，都為自己的「騷擾」行為而慚愧不已。在相關篇什發表之時，已一一具錄幫助者姓名，此處不再詳列。郭永秉與仇鹿鳴分別審

讀過近年發表的部分拙文，提供了各種修改建議；學生郭梁負責統一拙編體例、承擔編校之勞，黃倩怡與聶雯幫忙設計封面，謹此一並申謝。

2019 年 3 月 17 日初稿

2019 年 4 月 2 日二稿

於德國明斯特大學漢學系

　　簡體字版出版之後，元華文創股份有限公司的蔡佩玲前總經理來信，表達了出版拙書繁體字版、以廣流通的好意；學生王子瀟負責繁簡字體的轉換、引註格式的修改等，謹此再申謝意。

2020 年 1 月 10 日附記

於德國明斯特大學漢學系

目　錄

第一編
學術史述評

謅論中古法制史研究中的「歷史書寫」取徑

　　近年來，作為一種研究取徑，「歷史書寫」或「史料批判」之稱頻繁見諸中古史青年學者的研究論著，進而標舉流派、組構學群，流風所及，連研究生舉辦的論文發表交流會也有冠以此名者。按照此間學人取得基本共識的定義，歷史書寫研究是「以特定的史書、文獻，特別是正史的整體為對象，探求其構造、性格、執筆意圖，並以此為起點試圖進行史料的再解釋和歷史圖像的再構築」。[1]

　　雖然歷史書寫的取徑又能細化為數種子項，[2]但其核心要義無非是展現史料型構的過程並探求其背後的動因。因此這一取徑的落腳點不在於史料本身，不在於史料所記載的「史實」，而在於執筆書寫「歷史」的人。書寫者或出於個人好惡，或限於知識結構，或迫於政治壓力，或習於文化風氣，或拘於大義名分，在對相同「歷史」的書寫上採取不同的策略，形成了虛實交錯的敘事文本，這就為歷史書寫的研究者提供了研究的素材。既然歷史書寫的目標鎖定為書寫者，所謂的「史料再解釋和歷史圖像的再構築」便立基於對書寫者主觀世界的分析之上，那麼我們有必要對書寫者之所以如此處理「史實」的主觀意圖進行細緻分類。由於筆者所關注的領域為中古法制史，以下用於說明的實例亦限於此。

　　從意識性的強弱而言，支配人行為的主觀因素無非介於自覺與自發之

1　〔日〕安部聰一郎：「日本魏晉南北朝史研究的新動向」，載《中國中古史研究》編委會編：《中國中古史研究：中國中古史青年學者聯誼會會刊》(第 1 卷)，中華書局 2011 年版，第 8 頁。

2　參見孫正軍：「魏晉南北朝研究中的史料批判研究」，載《文史哲》2016 年第 1 期。

間，即對行為及其可能導致的結果有無認知、行為本身有無明確目的等。譬如瞎子摸象，各自以觸摸到的部分來描述大象，對於這種記載與客觀事實之間的張力，瞎子並無「自覺」，而是圍於自身能力進行以偏概全的記錄，其主觀性最弱；再如掩耳盜鈴，盜竊者明知鈴聲大作，卻佯裝不聞，並由此推定他人亦無所聞，類比於書寫歷史者，便是肆意歪曲或隱匿事實、虛構情節，並試圖銷毀一切承載「真相」的素材，其主觀性最強。正因如此，布洛赫才區分有意識的證據與無意識的證據，「讓我們把希羅多德的《歷史》與法老時代埃及人放在墓穴中的遊記加以比較，然後，對比一下這兩大範疇的原型，將史學家所掌握的形形色色史料加以劃分，就可以看到，第一組的證據是有意的，而第二組則不是」。[3]

滋賀秀三在〈漢唐間の法典についての二・三の考証〉[4]中推測，《唐六典》關於《開元後格》「以尚書省諸曹為之目，初為七卷，其曹之常務，但留本司，別為留司格一卷」的描述誤為《舊唐書・刑法志》繼受，並繫於《貞觀格》下，導致原本不存在的《貞觀留司格》一卷由此產生。筆者進而認為，唐格的篇目並非固定不變，「以尚書省二十四司為篇目」並非貞觀以下諸格的共通形態。[5]換言之，《舊唐書・刑法志》的執筆者將《唐六典》所載《開元後格》的篇章結構用於概括唐中前期頒布的歷次格典，恐怕是一種瞎子摸象般的誤解。

這種誤解可能是因為史書撰寫者掌握的史料不足所導致的誤判，也可能是因「前見」的影響而產生的「格義」、套用，後者依然是一種內化於心、日用而不自知的結果。如劉俊文在考辨《新唐書・刑法志》疏誤之時，曾將

3　〔法〕馬克・布洛赫：《歷史學家的技藝》，張和聲、程鬱譯，上海社會科學院出版社 1992 年版，第 48 頁。

4　〔日〕滋賀秀三：〈漢唐間の法典についての二・三の考証〉，載《東方學》第 17 輯，1958 年，後收入氏著《中國法制史論集：法典と刑罰》，創文社 2003 年版，第 422～427 頁。

5　趙晶：〈唐代《道僧格》再探——兼論《天聖令・獄官令》「僧道科法」條〉，載《華東政法大學學報》2013 年第 3 期，後收入拙著《〈天聖令〉與唐宋法制考論》，上海古籍出版社 2014 年版，第 145～147 頁。

致誤原因之一歸結為《新志》作者昧於唐制；[6]而張雨圍繞《天聖令‧獄官令》宋46「奏下尚書省議」一句復原唐令的問題，比較《舊五代史‧刑法志》、《冊府元龜》與《新唐書‧刑法志》的不同表述，藉此提醒現代學人，《新唐書》的作者身為宋人，在執筆撰史之時，會產生以其熟諳的宋制附會唐制的問題，由此混雜唐宋之制。[7]

相比於簡單的傳抄之誤，上述兩種史書撰寫可能存在的問題其實或多或少都融入了執筆者的推理與判斷，一定程度上體現了他們的主觀性創造。但這依然無法達到「自覺」的程度，亦即執筆者顯然不認為自己是在「製造歷史」，他們仍然以「敘述歷史」為責任與目的。那麼史書的撰寫者是否會自覺地「製造歷史」呢？

冨谷至對讀出土的制度史文獻與《漢書‧刑法志》，認為班固編纂此志的意圖，並非要準確地再現西漢一代的刑罰、法律制度之實態，作為一個深受禮教主義浸潤、支持儒家思想的史家，班固在〈刑法志〉中隨處並舉禮與刑、德與法的寫法，使〈刑法志〉不再是制度之「志」，毋寧是政治思想之「志」。[8]在冨谷氏的筆下，漢志有可能是一位帶有明顯立場的史家刻意構造出來的一種敘事文本，而非完全真實的歷史呈現。

與此相類，陶安在討論〈刑法志〉有關文帝刑制改革的記載時，也提出了一個看法：「通過班固的〈刑法志〉可知，在東漢律學的眼光中，文帝刑法改革是西漢法制的一大轉折點。這一觀點似與文帝至武帝時代的一般認識略有出入。……在當時的一般認識中，廢除肉刑一事也僅是文帝慈善事業之一，與『除誹謗』、『賞賜長老』、『收恤孤獨』等沒有本質差別，恐未被視為法律制度的一大里程碑。班固刻意強調文帝『除肉刑』一舉，這應是復

6　劉俊文：〈《新唐書‧刑法志》證誤〉，載《中華文史論叢》1986 年第 4 輯，後收入氏著《唐代法制研究》文津出版社 1999 年版，第 320 頁。

7　張雨：〈唐宋間疑獄集議制度的變革——兼論唐開元《獄官令》兩條令文的復原〉，載《文史》2010 年第 3 輯。

8　〔日〕冨谷至：〈解說〉，〔日〕內田智雄編、冨谷至補：《譯註 中國歷代刑法志（補）》，創文社 2005 年版，第 259～260 頁。

活肉刑的政治主張所致」。[9]亦即，作為《漢書》的執筆者，班固因其特有的法律立場，通過史書的敘事，誇大了文帝「除肉刑」的歷史意義。

冨谷氏與陶安氏的上述研究皆聚焦於一人、一志，而另有其他研究則以一事為線索，考察數種文本，由此展現「歷史」被書寫出來的過程及其生成的動因。如《史記》的〈高祖本紀〉、〈蕭相國世家〉與《漢書》的〈高帝紀〉、〈蕭何傳〉未見蕭何增加律三篇之事與「九章」之語，蕭何「作律九章」的說法最早見於《論衡》和《漢書‧刑法志》。因此，陶安認為「九章律」並非漢初官方編纂的法典，而是西漢末期到東漢初期，律學傳承與集約法律知識的產物。[10]滋賀秀三同樣關注到這一現象，但他的解釋是：當時所形成的法律家集團採取儒家圍繞某一經書進行講學、注釋的學問形態（章句之學），創造了名為「九章」的法學經書，這與法律學作為儒學的一個分支構築其地位相關。而之所以用「九章」為名，可能是出於對抗秦朝以六為尊、漢家改以九為尊的意識。[11]概言之，在他們看來，「九章律」出現在《論衡》與《漢書‧刑法志》中，並非因為歷史上真實存在過一部名為「九章」的律法，而所謂蕭何作律九章，只是由於律學興盛而被製造出來的歷史。

又由於《法經》編纂的說法首見於《晉書‧刑法志》，較此更早的《史記》與《漢書》皆無相關記載，學界歷來就有將李悝《法經》視為傳說的觀點。廣瀨薰雄結合上述有關「九章律」的研究，梳理出漢唐之際「李悝《法經》→商鞅《法經》→蕭何《九章律》」這一法典傳承脈絡的構建過程：第一，《法經》與《律經》只是漢文帝廢止肉刑之後所出現的法律學的經書而非法典，二者內容基本相同，唯《律經》在《法經》之上增補了事律三篇；第二，東漢初年，《律經》作者為誰並不明確，曾有假託皋陶之說。然自《漢書‧刑法志》採用蕭何為《律經》之作者後，此說便成定論；第三，曹魏以

9　〔德〕陶安：〈復作考──《漢書》刑法志文帝改革詔新解〉，載臺灣法制史學會主辦：《法制史研究》第 24 期，2013 年。

10　〔德〕陶安：〈法典編纂史再考──漢篇：再び文獻史料を中心に據えて〉，載《東洋文化研究所紀要》第 140 冊，2000 年。

11　〔日〕滋賀秀三：《中國法制史論集：法典と刑罰》，創文社 2003 年版，第 35～39 頁。

降，《法經》為秦律且作者為商鞅之說出現；第四，《晉書·刑法志》又在
商鞅《法經》之前增加了李悝《法經》；第五，唐《永徽律疏》最終確定了
商鞅六律改李悝六法的源流圖式。廣瀨氏認為，上述法典編纂的敘事發端於
《漢書·刑法志》，經由《魏律序》、《晉書·刑法志》（雖然無法確定該
篇以張斐所撰《漢晉律序注》為祖本而撰成，但可推斷它有律注序言的特徵）、
《唐律疏議·名例律》的篇目疏等而漸次豐滿起來，這些律序、律注序所述，
僅僅是律的基本理念而已，並非歷史敘述，由此便得出類似於上述富谷氏的
判斷：這種法典編纂的敘事並非法制史的資料，而是法思想史研究的資料。[12]

　　廣瀨氏雖然試圖將律注、律注序對於律典篇序的排列與三才思想等易學
相關聯，但並未解釋在這一法典編纂敘事被構建出來的背後，究竟蘊含著怎
樣的法律思想。筆者尤其好奇的是：這種法律思想是否為各篇律序、律注序
的作者所共用，在漢唐之際呈現一以貫之的狀態？抑或是各篇律序、律注序
的作者其實出於各自的知識背景、文化意識，在無意之中恰巧形成了如此完
整的敘事譜系。

　　以〈刑法志〉的撰寫為例，漢唐之際的史家就並未共用相同的撰寫模式、
執筆意圖。如陳俊強認為，就〈刑法志〉的流變而言，作為創始文本的漢志
應出於班固之手，鑒於其「兵刑合一」的理念，該志與《史記·律書》之間
應有淵源關係，只是在漢志之後，〈刑法志〉尚未成為史書必備的篇章，僅
有如魏收這種立志師法班固的作者，才會在《魏書》中單闢一目，至晉志、
隋志以後，〈刑法志〉才在歷代史書中確立穩固的地位；自其敘述內容的比
重而言，漢志是「刑主法從」，魏志則「詳刑略法」，至晉志、隋志則「刑、
法並重」；至於撰寫者的主觀意圖，漢志表達了班固在「述古」之外強烈的
「論今」傾向，晉志、隋志的作者則有標榜唐制源遠流長且集其大成的目
的。[13]

　　而且在一味強調執筆者有意為之的同時，我們是否能夠完全排除漢唐之

---

[12]　〔日〕廣瀨薰雄：《秦漢律令研究》，汲古書院 2010 年版，第 41～75 頁。

[13]　陳俊強：〈漢唐正史《刑法志》的形成與變遷〉，載《臺灣師大歷史學報》第 43 期，2010 年。

際史家「自發」而非「自覺」的因素？如蕭何於漢初「為法令約束」之事見諸《史記》，蕭何作為立法者的事實無可否認。至於東漢史家為他所立之法冠以「九章」之名，或許並非有意構建，只不過是因他們想要敘述的內容有所側重而僅取漢初立法之一端罷了。換言之，以律九章統括漢初全部立法，只是因為後世之人無從得見書寫者所據的全部資料，從而產生了片面的理解。如徐世虹認為「法經」之名、「九章」之語，可能是當時法律人「在以刑法為核心地位的意識下的表述」，「其主要指代的應是秦漢的刑事法律而非全部的秦漢律，秦法經、漢九章同宗六篇，凸顯的是刑法意識下的法制變遷」。[14]

　　上述梳理僅限於筆者目力所及，自是掛一漏萬，無法全面展示中古法制史研究的相關成就。不過，以點帶面，由此歸納三點心得體會，想來不會有太大偏差：

　　第一，中古法制史的研究者並未特意標舉「歷史書寫」的研究取徑，亦未將之視為特出的一種研究方法。事實上，此一取徑既非中古史研究所特有，亦非僅限於對正史的考辨。遠自民國以來，禪宗史研究對唐宋以來的燈錄文獻系統的懷疑與突破；近則二十年多來，華南學派對族譜文獻、民間傳說等的解讀與重構，皆令我輩瞠乎其後。而前述廣瀨氏也把自己的研究上接至顧頡剛的「層累地造成中國古史論」。因此，辨析史料的源流及撰作背景，以確定其可靠性，本就是現代史家基本的史料處理手法。

　　第二，解構文本只是「歷史書寫」的手段，其最終目標還在於文本如此型構的動因解釋。所謂勝必正義而非正義必勝，書寫歷史的權力本就掌握在勝利者的手中。唐初歷史因李世民登基而被刻意刪改，宋初帝位傳承又因斧聲燭影、金匱之盟等而撲朔迷離，史家歷來對此都進行過撥雲見日的「史料批判」努力。當下標舉歷史書寫取徑的研究者之所以很少溯源於此，或許是因為不滿足於政治鬥爭的簡單解釋。在這個層面上言，時興的歷史書寫研究，

---

[14]　徐世虹：〈文獻解讀與秦漢律本體認識〉，載《中研院歷史語言研究所集刊》第 86 本第 2 分，2015 年。

其新意不在於處理史料的方法，而在於最終歸諸政治文化、社會風氣等的歷史解釋。以此反觀中古法制史研究，或許我們應該思考的是，如何走出法律儒家化之類的解釋模式。

第三，歷史書寫研究的落腳點在於史書執筆者的主觀世界，而主觀世界恰恰是最難探究之處。這些書寫歷史的人究竟是在敘述歷史，還是創造歷史，諸種文本之間的差異是執筆人有意為之，還是無意使然，有時實在很難說得清晰明瞭。更何況，史書本來就有「撰」、「述」並在的特徵，其中大量文字不過是因襲前人而來，在無法窮追史源的情況下，就可能存在將「撰者」之意誤置於「述者」身上的風險。因此，陳寅恪「其言論愈有條理統系，則去古人學說之真相愈遠」[15]的經驗之談，對於歷史書寫研究而言，或許同樣適用。

總而言之，由於歷史學社會科學化的潮流與中國獨創的社科理論的缺失，三十多年來，中國史研究便成了運用形形色色的西方社科理論的試驗田，以東方經驗填充西方範式。而且得風氣之先的中國學人用於治療這一「理論飢渴症」的妙方，有時並非直接受啓發於西方社科理論本身，而是轉售自膜拜這些理論的海外漢學家，個中隔膜，不言自明。就中國史而言，不論標舉何種範式、運用何種方法，能否有力地推進我們對傳統中國的認知，才是檢驗作品價值的永恆標準。筆者由衷地期待，集結於歷史書寫（以及其他各種範式）旗幟之下的學者能夠帶給我們更多方法論之外精彩的實證研究。

---

[15] 陳寅恪：〈馮友蘭中國哲學史上冊審查報告〉，載氏著《陳寅恪集·金明館叢稿二編》，生活·讀書·新知三聯書店 2001 年版，第 280 頁。

敦煌吐魯番文獻與唐代法典研究

　　敦煌、吐魯番所出文獻內容豐富、範圍廣泛，與法制相關者也不在少數。所謂法制文獻，從廣義上來說，包括唐代律、令、格、式等法典類殘卷，契約、告身、過所等公私文書以及部分案卷、判集。自 20 世紀初，敦煌文獻甫一亮相學界，其中的法典類殘卷便已引起了學者的注意。迄今為止，集成性的文獻整理成果層出不窮，如日本學者山本達郎、池田溫、岡野誠合編 *Tunhuang and Turfan Documents Concerning Social and Economic History* Ⅰ *Legal Texts*（1978、1980）和 Ⅴ *Supplement* 之 Legal Text（2001）、劉俊文撰《敦煌吐魯番唐代法制文書考釋》（1989）、唐耕耦與陸宏基編《敦煌社會經濟文獻真跡釋錄》第二輯之「法制文書」（1990）、唐耕耦編《中國珍稀法律典籍集成》甲編第三冊《敦煌法制文書》（1994）、吳震編《中國珍稀法律典籍集成》甲編第三冊《吐魯番出土法律文獻》（1994）等。雖然中、日學界因對「文書」與「文獻」的理解未盡相同，所以造成各自收錄的法制資料的範圍或寬或狹，但法典類殘卷始終是最為核心的一個部分。本文的介紹也僅圍繞這一方面展開。

　　根據辻正博的統計（2012），目前被判定為律的殘卷有 12 件、律疏 8 件、令 2 件、格 7 件、式 2 件、事類 2 件、表 1 件。近年來，陳燁軒（2016）、田衛衛（2017）在整理旅順博物館藏新疆出土漢文文書的過程中，又分別發現了武周時期律殘片 1 件（LM20_1452_35_05）、《名例律疏》殘片 1 件（LM20_1493_04_01）、《斷獄律》殘片 1 件（LM20_1509_1625）、《戶令》殘片 1 件（LM20_1453_13_04）。其中，由於「流三千里」、「徒一年半」之類的刑罰罰則未必僅見於律或律疏，作者陳燁軒也「沒有能夠在今傳本中找到相應的段落」，因此僅存上述文字的 LM20_1452_35_05 殘片所載內容是

否為律條，令人懷疑；劉子凡（2017）在《大谷文書》中重新命名了《醫疾令》殘片 1 件（Ot.3317）、《喪葬令》殘片 1 件（Ot.4866）；趙晶（2016）在翻閱《中國國家圖書館藏敦煌遺書》時，也發現了一件被擬名為「監門宿衛式」的殘片（BD15403），並予以重新定名並考釋。

　　總之，目前可以見到的法典類殘卷雖然為數不多，但提供了非常多元的歷史信息，不斷刺激著學界關於唐代法典的研究。自 1970 年代以來，池田溫、岡野誠（1977）、陳永勝（2000）、周東平（2002）、李錦繡（2006）、辻正博（2012）等已先後撰寫了相當詳盡的學術綜述，本文的工作僅是步武前賢，略加枚舉實例而已，目的在於重申這批文獻對於唐代法制史的重要學術意義。

一、反映唐代歷次修律的發展脈絡

　　自仁井田陞、牧野巽於 1931 年提出現存《唐律疏議》為「開元律疏」的觀點以來，中、日學界聚訟紛紜，迄今未有定論，但律與律疏在唐代前期有過數次修訂，是史有明文、無可置疑的。敦煌、吐魯番所出法律文獻的意義之一，就是反映歷次修律的部分變化。

　　根據劉俊文的考釋，律的殘片在年代上分別被判定為貞觀、永徽、垂拱，律疏則被斷為永徽、開元。除 BD06417（舊名為北圖河字 15 號）《名例律疏》卷末徑直標有奏上年月「開元廿五年六月廿七日」外，其餘殘片的年代依據無非是有無避諱改字（如改「詔」為「制」、改「期」為「周」之類）、因制改名（如改「璽」為「寶」）以及是否出現武周新字、書寫風格更近哪個時代等。這些信息大多都是律與律疏在「刊定」意義上的變化。

　　除了這些細枝末節的文字改定外，P.3608+P.3252《職制律、戶婚律、廄庫律》殘卷以更加直觀的方式展現了制度內容的變化。該卷所載「放奴婢為良」條（A 條）為：「諸放奴婢為良，已給放書，而還壓為賤者，徒二年。若壓為部曲，及放為部曲而壓為賤者，減各一等。放部曲為良，還壓為部曲

者；又減一等。」其中，在上述打著重號的文字上有朱點批抹的痕跡，在其左列又以小字寫出替換文句，因此修改後的條文（B 條）為：「諸放部曲為良，已給放書，而還壓為賤者，徒二年。若壓為部曲，及放奴婢為良而壓為賤者，減各一等。即壓為部曲，及放為部曲而壓為賤者，又減一等，各還正之」。這與傳世本《唐律疏議》、《宋刑統》以及《律附音義》的文字基本一致。比較 A、B 兩條可知，放奴婢為良後再壓為奴婢的刑罰，由徒二年減為徒一年半；放奴婢為良後再壓為部曲的刑罰，由徒一年半減為徒一年；放奴婢為部曲後再壓為奴婢的刑罰，由徒一年半減為一年；放部曲為良後再壓為部曲的刑罰，由徒一年增加為徒一年半；新增放部曲為良後再壓為奴婢的刑責（徒兩年）。根據岡野誠的觀點（1988），它們的抄寫底本分別是《永徽律》和《神龍律》，由此便可推斷，唐代部曲的社會地位在此期間有一定程度的提高。

二、保存其他法律形式的卷帙條文

眾所周知，唐代的法律形式包括律、令、格、式、敕等，而除了律藉由《唐律疏議》而得以完整保留下來外，其餘法律形式皆已散佚，因此學界持之以恆地進行著復原唐令、輯佚唐式的努力。而敦煌、吐魯番所出的令、格、式殘卷，提供了許多未見於傳世史籍的條文。

目前所見，只有 P.4634+P.4634C1+P.4634C2+S.1880+S.3375+S.11446《東宮諸府職員令》在其卷末標有「令卷六　東宮諸府職員」、P.3078+S.4673《散頒刑部格》卷首標有「散頒刑部格卷」，直截了當地表明瞭這兩份殘卷的法律形式。其餘殘卷的屬性大致通過以下方式確定：

第一，部分條文在傳世文獻中有明確的歸屬說明，如 P.2507《水部式》殘卷的定名依據之一，是羅振玉在《白氏六帖事類集》中覓得了被標為「水部式」的相同文字；又如 S.1344《戶部格》殘卷的部分文字，在《唐會要》中被標為「戶部格」。

第二，部分條文與繼受自唐制的宋代或日本法律相似，由此被反推為唐代某種法律形式，如 P.2819《公式令》殘卷，其內容與《司馬氏書儀》所載元豐《公式令》和日本《養老令・公式令》相同。

第三，部分條文只能根據傳世文獻對律、令、格、式的性質解說，以及《唐六典》對中央行政機構的職能界定，推測其法律形式的歸屬，如 2002TJI：43《禮部式》殘卷的定名理由是，黃正建（2004）曾總結，唐代冠服制度載於《衣服令》，常服制度載於《禮部式》，而該殘卷所載異文袍的規定屬於常服制度。

第四，部分條文只能比對其他殘卷的格式、體例，推測其法律形式的歸屬，如大谷 8042、8043《祠部格》殘卷，因其部分條款的末尾殘留著具體年月日，在形式上與 S.1344《戶部格》、TIIT. Ch.3841《吏部格》相類，因此被推定為唐格。

第五，還有一種殘卷囊括了 2 種以上法律形式的條文，所以被推定為開元二十五年編纂的《格式律令事類》，如 Дx.03558 殘卷被認為包括《主客式》和《祠令》的條文，而 Дx.06521 殘卷則收錄了《考課令》和《戶部格》的條文。

在上述五種定名方式中，根據第一、二種方式判定的殘卷屬性很少引起爭議，而後三者則仁者見仁，如 2002TJI：43《禮部式》殘卷也被辻正博（2012）懷疑為《庫部式》；榮新江、史睿（2006）並不認同《格式律令事類》的定性，而將 Дx.03558 殘卷推定為顯慶年間所修「令式匯編」。

三、展現法典的編纂體例、書寫格式

除了具體的條文內容、所屬法律形式之外，這些殘卷所展現的法典體例、書寫格式同樣引起了學者們的興趣。

以數量最多的律、律疏殘卷為例，有的是官方的「精寫本」，有的則是私人抄本，因此它們表現出了完全不同的書寫格式，其區別有：律條與律條

之間是否另起一行抄寫？換行抄寫時，律條起首是否頂格抄寫（高於本條律文的其他行）？注文用雙行小字還是與正文相同的大字？注文是否標有「注云」字樣？由此便可引申出其他問題：唐代律典的官方書式為何？在邊陲之地，為何會出現那麼多私人抄本？

又如 P.3078+S.4673《散頒刑部格》殘卷與 S.1344《戶部格》殘卷分別體現了兩種唐格的體例，前者是逐條列記、無發佈年月日，後者每條以「敕」字開頭、記載發佈年月日。因此引起了學界的爭論：阪上康俊（2007）認為，後者是唐格的法定體例，而前者是神龍年間為消除武周影響、復辟李唐正統而創設出來的例外模式；但戴建國（2009）推測，前者是開元二十五年（西元 737 年）之前所修並為開元二十五年立法所繼承的唐格體例，後者則是格後長行敕。

再如，根據《唐六典》所載，唐格有二十四篇，「以尚書省諸曹為之目」，即各篇以六部二十四司命名。但 P.3078+S.4673《散頒刑部格》殘卷在第 3 行列明「刑部、都部、比部、司門」四司之名，卻未將條文分別歸入四司之下、進而釐為四篇，這與《唐六典》的記載不同。劉俊文（1999）認為，這是《散頒格》與《留司格》的區別；高明士（2012）認為，唐格其實就像《散頒刑部格》殘卷那樣，並非用各司名稱為篇名，而是各卷以六部名篇；趙晶（2013）則推測，唐格的篇目體例在貞觀至開元之間變動不居，《散頒刑部格》是一種向二十四司為篇演化的過渡性文本。

還如，P.2507《水部式》殘卷中的條文有兩種書寫格式，其一是以「諸」（或「凡」）字開頭，頂格書寫，並不一定包含特定性名稱（指某河渠、關津、橋梁、官署等）；其二是以特定性名稱開頭，以頂格書寫為原則，但沒有「諸」字。岡野誠曾總結（1987），前者是全國性的、通用性的規定，後者則是地方性的、特殊性的規定。

總而言之，無論是法律形式的定性、年代的判斷、書式的總結，還是據此討論法律形式之間的關係、制度內容的變化，甚至於文本的功能用途，這些法典類殘卷依然存在相當大的研究空間，在期待新文獻公佈的同時，我們

仍需進一步仔細爬梳已出版的各類敦煌、吐魯番文獻，從中發現此前未定名或被誤定名的殘卷，由此增加賴以為據的文本實例。

　　附記：本文在正式發表時有所節略，此為底稿。又，本文後被改寫、擴充為《主編導讀》，收入趙晶主編《法律文化研究》第十三輯（敦煌、吐魯番漢文法律文獻專題），已由社會科學文獻出版社於 2019 年出版。

論日本中國古文書學研究之演進
──以唐代告身研究為例

在日本，古文書學作為歷史學的輔助學科，有其固定的研究對象，以此自別於與它相近的學科。所謂「文書」，是指由一方當事人向另一方表達意思的書面文字載體，若其所生效力與作用皆已消滅，成為過去，那麼便可稱之為「古文書」。[1]這種古文書以書寫為手段，以區別於印刻本。古文書學即以古文書為研究對象的一門學問。

關於日本古文書學的研究內容，目前可分為以下四大方面：第一為樣式論，即研究文書的字體、文體，或者發出方、到達方、標題、正文、結語、署名等位置關係及其書寫方法；第二為形態論，即有關書寫所用的紙張、筆墨的種類、質量等；第三為機能論，即研究文書的作成、傳達、受理、管理的過程，以及其機能、效力等問題；第四為流傳論，即研究文書流傳的經過與保存的歷史。[2]當然，這樣一個研究體系並非一蹴而就，四個方面的研究也非呈現均衡發展的局面，其中，樣式論為日本傳統古文書學的主要領域，其他三個方面可以說是逐漸從樣式論中獨立出來，又以機能論的興起最為晚近。

至於日本學界將如此一個體系化的學科應用於中國史研究，則是隨著 20 世紀中國發現甲骨、簡牘、敦煌吐魯番文獻、明清檔案這四大史料群而興起的。日本的中國史研究者開始吸收古文書學的研究體系與方法，嘗試建立中

1　〔日〕笹目藏之助：《古文書解読入門》，新人物往來社 1979 年版，第 10 頁，對於這一定義的質疑，可參見本文的結論部分。

2　參見〔日〕小島浩之：〈中國古文書學に關する覚書〉（上），載《東京大學経済學部資料室年報》第 2 號，2012 年，第 86 頁。

國古文書學。如竺沙雅章將敦煌文書研究劃分為以下三期：[3]

　　1930 年代以前為第一階段，該階段的研究以日本學者分赴北京、倫敦、巴黎等敦煌文獻藏地進行調查，並向國內予以介紹為主。當時調查時間短促，且各藏地的目錄尚未公佈，調查的方式既零散又隨意，且此時文書幾乎未引起學者的注意，大家把目光聚焦於佛典與古逸經典上。

　　1930 年至第二次世界大戰爆發為第二階段，此時因中國社會經濟史研究的興盛，學者將目光投向了古文書。但相關研究僅關注文書的內容，忽視了紙質、筆跡，如將契約、契約稿本、契約格式集、契約習字不加區別，統一作為契約文書處理；且當時敦煌文獻的全貌仍未明瞭，將同種文書作通盤分析尚無可能。

　　二戰以後為第三階段，此時因微縮膠卷技術發達，各個藏地紛紛出版寫本目錄，敦煌文書的全貌日漸明晰，由此產生了新的研究方法，即「開始將古文書作為文書予以處理」，開始研究文書的形制及文書之間的關係，如區別戶籍的原物與草稿，利用不同性質的文獻判定文書記號的意義，利用背面的記載內容對文書進行綴合，關注契約原件與副本的區別、該契約的製作原因、保存狀態及其與便物曆的關係等。此外，此一階段的研究出現了將敦煌文書與吐魯番文書合併考察的傾向。

　　在竺沙氏看來，敦煌文獻研究的第三階段才標誌著中國古文書學的真正建立，[4]這自然是對古文書學特有的方法論及研究內容的強調。但小島浩之認為，對於古文書進行調查、蒐集、整理、公佈，也應屬於古文書學的內容，可定位為「基礎古文書學」；而上述樣式論、形態論、機能論和流傳論則是

3　〔日〕竺沙雅章：〈中國古文書學の現段階〉，〔日〕今井莊次編：《書の日本史》第九卷《古文書入門 花押・印章総覽　総索引》，平凡社 1977 年版，第 126～129 頁。

4　應當指出，竺沙雅章筆下的「中國古文書學」並非是一個自足的獨立學科，他在該文結尾部分便申言：其文雖以「中國古文書學的現階段」為題，但實際上僅處理了敦煌文獻研究與典籍紙背文書，只不過是上述研究階段的概括，在某種程度上也適用於其他文書群。換言之，竺沙氏所謂的「中國古文書學的真正建立」，乃是指「將文書作為文書予以處理」的方法論之確立，而非這一學科的成立。因此，本文所沿用的竺沙氏所謂「中國古文書學之體系化」等評價，也並非意指學科層面的體系化，而僅指涉方法論之運用。

「應用古文書學」。他設計了中國古文書學體系模式圖如下：[5]

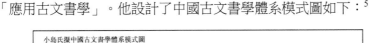

因此，他將敦煌文書研究的第一階段視為中國古文書學的「萌芽期」，而將第二階段中那波利貞的研究定位於中國古文書學體系中的①②層次，將仁井田陞的研究定位於②③之間的層次以及④中的樣式論層次。[6]

筆者試圖以唐代告身這種表達官爵與奪意思的公文書為切入點，以個人研究為經緯，藉此管窺日本中國古文書學研究的演進脈絡。唯需說明者二：第一，雖然大庭脩、中村裕一、李錦繡、徐暢等皆先後綜述過學界之於唐代告身的研究，[7]但筆者的關注點不在於告身本身，而在於不同階段、不同學者的研究旨趣、側重及其在中國古文書學演進過程中的定位。第二，小島浩之同樣以官吏任免文書為中心，致力於考察中國古文書學「從古文書的發現開始，至所謂的樣式、形態、機能、流傳等各論研究」的發展過程，只是其目前的研究止於對二戰之前部分成果的分析。[8]本文區別於小島氏研究之處有

5　據筆者理解，「基礎古文書學」之「整理、概要研究」應主要針對古文書的文字內容，如釋讀、錄文等，否則難以與應用古文書學之樣式論、形態論相區別。

6　小島浩之：〈中國古文書學に關する覺書〉（上），載《東京大學經濟學部資料室年報》第 2 號，2012 年，第 86、88～92 頁。

7　〔日〕大庭脩：〈唐告身の古文書學的研究〉，載西域文化研究會編：《西域文化研究三 敦煌吐魯番社會經濟資料》（下），法藏館 1960 年版，後收入氏著《唐告身と日本古代の位階制》，皇學館出版部 2003 年版，第 33～34 頁；〔日〕中村裕一：〈唐代制勅研究の現狀〉，載氏著《唐代制勅研究》，汲古書院 1991 年版，第 24～31 頁；〔日〕中村裕一：〈唐代官文書研究の現狀〉，載氏著《唐代官文書研究》，中文出版社 1991 年版，第 21～32 頁；李錦繡：《敦煌吐魯番文書與唐史研究》，福建人民出版社 2006 年版，第 393～397 頁；徐暢：〈存世唐代告身及其相關研究述略〉，載《中國史研究動態》2012 年第 3 期，第 33～43 頁。

8　〔日〕小島浩之：〈中國古文書學に關する覺書〉（上），載《東京大學經濟學部資料室年報》第 2 號，2012 年，第 84～94 頁。

二：首先，在研究的時限上，將江戶時代的《制度通》作為告身古文書學成立之前史，增補了部分二戰前的學術成果，並逐一釐析二戰後的相關研究；其次，在研究對象上，關注古文書學之於中國法制史乃至於中國史研究的意義。

一、古文書學研究前史

（一）伊藤長胤

早在江戶時代，雖然尚未發現古文書實物，但伊藤氏已開始致力於告身研究，如依據宋代葉夢得《避暑錄話》的描述，復原開元二十年（西元 732 年）李暹告身，並依據告身所載信息，勾勒三省在告身頒制過程中的作用，以及唐日相關制度的比較；[9]又如依據《朝野群載》所載，復原元和元年（西元 806 年）高階遠成告身，考訂其中所涉人物等。[10]由此可見，復原告身以及借告身研究唐日制度的學術路徑，在江戶時代便已形成。

（二）神田喜一郎

至 1920 年代，神田氏賡續伊藤氏有關高階遠成告身的研究，略述該告身的保管、流傳情況以及中日交流史領域的研究概貌，強調其在中國古文書研究上的重要價值，並通過史實辨析，補訂了伊藤氏的人名考證，進一步復原該告身。除此之外，他還將告身實例證之於唐代制度，[11]開有關三省權力分割、配合運作的制度史研究之先河。

9　〔日〕伊藤東涯著，〔日〕礪波護、森華校訂：《制度通》，（上），平凡社 2006 年版，第 188～192、205～208 頁。

10　〔日〕伊藤東涯：《盍簪錄》卷四《雜載篇》。伊藤氏的部份考訂亦見〔日〕神田喜一郎：〈支那古文書の研究〉（三），載《歷史と地理》第 9 卷第 4 期，1922 年，第 286～288 頁。

11　〔日〕神田喜一郎：〈支那古文書の研究〉（三），載《歷史と地理》第 9 卷第 4 期，1922 年，第 281～289 頁。

二、萌芽期

（一）內藤湖南

　　內藤氏雖被認為是日本中國古文書學的先驅，但對唐代告身實物並無直接研究，只是在論說書寫材料時，曾言及唐代造紙較前代發達，帛與綾似僅用於詔敕和告身，並舉綾本司馬光告身和日本圓珍僧位記為例證，[12]這或許可以算作形態論的先聲。此外，他在法藏敦煌文獻中發現了《公式令》、《假寧令》殘卷，在抄錄原文後帶回日本國內，[13]為告身實物與《公式令》告身式的互證研究創造條件。

（二）石濱純太郎

　　石濱氏據橘瑞超《新疆探險記》卷首所附李慈藝告身的局部照片進行錄文。但該照片所載文字僅自「並戰若風」以下與《沙州文錄》的錄文相同，由此造成一通告身、兩份文書的困惑，因此石濱氏懷疑《沙州文錄》所載乃是節文，需補入圖版所存文字。[14] 這一發表於 1929 年的成果可謂是告身基礎古文書學的開端，由此唐代告身古文書學走入了 1930 年代的十年發展期。

三、發展期

（一）瀧川政次郎

12　〔日〕內藤湖南：〈紙の話〉，載《工藝》1933 年，後收入內藤乾吉、神田喜一郎編集：《內藤湖南全集》第八卷《東洋文化史研究》，筑摩書房 1969 年版，第 77 頁。

13　其中的告身式先後為內藤乾吉、仁井田陞公佈、復原。參見〔日〕內藤乾吉：〈唐の三省〉，載《史林》第 15 卷第 4 期，1930 年，後收入氏著《中國法制史考證》，有斐閣 1963 年版，第 12～14、16～18 頁；〔日〕仁井田陞：〈敦煌出土の唐公式・仮寧兩令〉，載《法學協會雜誌》第 50 卷第 6 期，1932 年，第 75～78 頁。

14　〔日〕石濱純太郎：〈流沙遺文小記〉，載《龍谷史壇》第 2 卷第 2 期，1929 年，第 1～4 頁。

瀧川氏的告身研究，首先是為了判定 P.2819 號《公式令》殘卷的年代。在此之前，內藤乾吉以開元元年至天寶元年（西元 742 年）間左右僕射改稱左右丞相、殘卷亦見左右丞相之稱，斷定此令為開元令，而開元五年將紫微省、黃門省恢復至中書省、門下省的舊稱，結合殘卷所見門下、中書令、中書侍郎、中書舍人、侍中等官稱，則排除開元三年令的可能性，[15]瀧川氏更以開元四年李慈藝告身所見告身樣式補強此論點，又以兩通朱巨川告身、一通顏真卿告身、一通高階遠成告身、一通范隋告身、一通司馬光告身等所見開元二十五年以後的告身形式，與該殘卷所存兩條「告身式」進行比對，排除了其為開元二十五年令的可能，最後對伊藤氏所復原的唐代李暹告身進行格式調整，並以此及《曲江集》所附開元九年、十二年兩件張九齡告身節文與《公式令》殘卷的制授告身式進行比對，判定該令為開元七年令。[16]

其次，他先通過唐《公式令》殘卷以及先天二年（西元 713 年）張說授中書令制、開元四年李慈藝制授告身、開元九年張九齡加朝散大夫誥，推測永徽至開元二十五年間，唐令所定告身式在格式上大致無別，以此與據《永徽令》所定的日本《養老令》位記式比較，可知日本令在繼受唐令時對中日兩國國民性差別的考慮；又通考日本《延喜式》所定神位記式、僧綱位記式、僧尼位記式、延曆寺棲山一紀僧位記式、五位以上位記式、僧尼判授位記式以及相關位記實物或記載，判斷神位記式、僧尼位記式、延曆寺棲山一紀僧位記式與《養老令》敕授位記式之間、僧尼判授位記式與《養老令》判授位記式之間存在繼承轉化關係，而五位以上位記式繼受自唐開元七年《公式令》所載制授告身式，僧綱位記式因與中村不折藏唐建中元年（西元 780 年）顏真卿告身的格式相仿，應仿自開元二十五年令制授告身式；最後，他推測之所以五位以上位記式一改日本令體現本國特色的規定，原因在於嵯峨天皇醉心唐代文化、追慕唐風，以及為便於唐人理解日本遣唐使、入唐僧在本國的

15　〔日〕內藤乾吉：〈唐の三省〉，載氏著《中國法制史考證》，有斐閣 1963 年版，第 13～14 頁。

16　〔日〕瀧川政次郎：〈西域出土唐公式令斷片年代考〉（上・下），載《法學新報》第 42 卷第 8、10 期，1932 年；後改題為〈敦煌出唐公式令年代考〉，載氏著《支那法制史研究》，有斐閣 1940 年版，第 127～166 頁。

社會地位。[17]

應該說，瀧川氏既已開展了基礎古文書學層面的研究，如對中村不折所藏顏真卿告身的調查、錄文，並以《秋碧堂法書》、《御刻三希堂石渠寶笈法帖》進行校補，又如在細川侯爵府邸調查、錄寫了北宋熙寧二年（西元 1069年）司馬光告身原件。此外，他對不同時代的告身格式以及法定告身式進行比對，得出唐代制授告身以開元二十五年為界，此前以「門下」二字起首、此後以「敕」起首的結論等，可視為古文書學研究中的「樣式論」。

不僅如此，作為律令研究的專家，他還將古文書學的研究置於法制史的宏闊視野下，筆觸廣涉唐令年代、日中令式差別與繼受、日本令式之間的演變等論題，可謂融唐代法制史、日本古代法制史以及法律移植、比較法制史等研究於一爐。

（二）內藤乾吉

就文書學研究而言，內藤氏依據《公式令》殘卷、唐代相關制度及史籍記載，對 S.3392 號《天寶十四載三月十七日騎都尉秦元告身》和《會昌二年李紳守中書侍郎同中書門下平章事告身》進行復原，推測《沙州文錄》所載李慈藝告身有節略，關注到筆跡字體、押印避字、部分官員僅署名不署姓等現象，將被瀧川氏定性為制授告身的建中元年顏真卿告身、建中三年朱巨川告身、元和元年高階遠成告身、咸通二年（西元 861 年）范隋告身重新判定為敕授告身，可稱為基礎古文書學與應用古文書學的樣式論。而他借此探討唐代冊授、制授、敕授、旨授、判補告身的法定流程，也已觸及文書作成層面的機能論。

在這一基礎上，內藤氏進一步解說、考釋告身所涉歷史人物，釐析與此相關的職官名稱、職掌之變動，尤其是一承前述神田氏之餘緒，將告身授給納入到唐代三省制運作的制度研究中來，勾勒出中央機構的權力分配與地位

---

[17] 〔日〕瀧川政次郎：〈唐の告身と王朝の位記〉（1~3），載《社會經濟史學》第 2 卷第 4、5、6 期，1932 年；後收入氏著《支那法制史研究》，有斐閣 1940 年版，第 167~220 頁。

升降，甚至上升至貴族政治的宏觀理論高度。[18]此外，他不認同瀧川氏將《公式令》殘卷判定為開元七年的觀點，就制授告身式而言，他認為開元七年令與開元二十五年之間沒有差別，並推測《公式令》可能並未規定冊授與敕授告身（後者以發日敕行之），而且因中書省與翰林院起草職能的分割，大約從唐肅宗、代宗時起，制授告身僅用於拜免宰相、節度使等特殊官職，而敕授告身的使用則突破了開元以前的定制。[19]

需要指出的是，內藤氏對於英藏 S.3392 號秦元告身的研究是以今西龍所謄錄的手寫本為據，該文發表 5 個月後，玉井是博給內藤氏寄來了他在倫敦所謄錄的抄本，二者之間尚有差別，直至仁井田陞在 4 年後出版的《唐宋法律文書の研究》中刊布了該文書的照片，個中是非方得定讞。[20]仁井田氏的貢獻，與日本學者如黑板勝美、白鳥清、吉川逸治等將自己在歐洲各地拍攝的文書照片帶回國內並與同行分享的學術公益行為密切相關，[21]這不得不讓人感慨學術公益心、科技手段、資料環境之於研究推進的積極作用。

（三）仁井田陞

仁井田氏的《唐宋法律文書の研究》被目為「中國古文書學體系化之最初嘗試」，[22]該書分為三編，第一編為通論，涉及法律文書的源流、材料、畫押、手印、印章等問題，第二編為私法關係文書，共分買賣文書、交換文書、施入文書、消費借貸文書、使用借貸文書、賃貸文書、雇傭文書、承攬文書、票據、賠償文書、離婚狀（休書、離書）、養子文書、家產分割文書、遺言狀、戶籍等十五類，第三編為公文書，分告身、鐵券、國際盟約文書、

18　〔日〕內藤乾吉：〈唐の三省〉，載氏著《中國法制史考證》，有斐閣 1963 年版，第 1～25 頁。

19　〔日〕內藤乾吉：〈敦煌出土の唐騎都尉秦元告身〉，載《東方學報》第 3 號，1933 年；後收入氏著《中國法制史考證》，有斐閣 1963 年版，第 26～63 頁。

20　〔日〕內藤乾吉：〈敦煌出土の唐騎都尉秦元告身〉，載氏著《中國法制史考證》，有斐閣 1963 年版，第 35 頁。

21　〔日〕仁井田陞：《唐宋法律文書の研究》，東方文化學院東京研究所 1937 年版，第 3～4 頁。

22　〔日〕竺沙雅章：〈中國古文書學の現段階〉，《書の日本史》第九卷《古文書入門 花押·印章總覽 總索引》，平凡社 1977 年版，第 126 頁。

教（附：牒）、符、過所及公驗等六類。其涵蓋範圍廣泛，且援入羅馬法及現代私法理論與分類體系，可謂鴻篇巨製。在此書的唐代告身研究中，仁井田氏吸收了前述內藤父子的成果，在通論部分論及唐宋製作告身的材料以及用印問題，在公文書編中，則據原件照片補訂了內藤氏對於秦元告身的復原，並比較了該告身與建中元年顏真卿、開元四年李慈藝告身、元和元年高階遠成告身的異同，總結了敕授告身、制授告身之別，且以其書寫筆跡推斷告身製作流程。[23]

　　《唐宋法律文書の研究》的研究重心在於私法關係文書，於唐代告身著墨不多。此後，仁井田氏以資料集成和個案研究的方式，終結了 1930 年代發展期的告身研究。在《唐宋告身の現存墨跡本に就いて》一文中，他刊布了三通告身圖版，過錄了四通制授告身、兩通敕授告身，比較了幾種告身的押印、書寫、筆跡等，並指出唐代告身以尚書省符的形式下發、被授者所持告身由尚書省書令史等書寫。[24]至於個案研究，則圍繞張令曉告身展開，[25]除過錄文字、考察文書格式外，仁井田氏還從張令曉告身本應採用奏授告身、卻最終使用敕授告身的現象出發，認為唐代中後期，敕授告身不僅侵奪了冊授、制授告身的適用範圍，同樣也擠壓著奏授告身的生存空間。[26]

　　從古文書學的角度定性，仁井田氏的上述研究基本處於基礎古文書學以及應用古文書學之樣式論研究層面。但他與瀧川氏、內藤氏一樣，只是將古文書學研究作為起點，其研究側重依然在於體現在告身文書中的唐代法律制度，包括告身的分類與製作、印章的法定尺寸、各相關行政機構的職能分割，

23　〔日〕仁井田陞：《唐宋法律文書の研究》，東方文化學院東京研究所 1937 年版，第 18~19、80~81、793~806 頁。

24　〔日〕仁井田陞：〈唐宋告身の現存墨蹟本に就いて〉，載《書苑》第 2 卷第 1 期，1938 年，第 2~21 頁。

25　《書道》雜誌第 9 卷第 2 期不僅公佈了張令曉告身的照片，還組織了相關研究的專號。除仁井田氏之文外，另有西川寧、須羽源一的文章各一篇。但後二者所論多立足於書法，故而不在本文回顧之列。分別參見〔日〕西川寧：〈張令曉告身について〉、〔日〕須羽源一：〈唐宋の告身の刻石〉，載《書道》第 9 卷第 2 期，1940 年，第 11~22 頁。

26　〔日〕仁井田陞：〈唐の張令曉告身〉，載《書道》第 9 卷第 2 期，1940 年，第 2~10 頁。

以及他用力甚深的《公式令》告身式復原等。[27]當然，由於唐日法律之間的
母子關係，他也觸及了唐日律令移植的問題，如提出仿照唐令所定日本五位
以上位記式並非首見於《延喜式》，而可追溯至弘仁十年所定的《弘仁式》。

四、成熟期

（一）大庭脩

　　由於前述 1930 年代的研究以告身實物與《公式令》互證為手段，其研究
重心在於告身式，所以 1950 年代開始投身告身研究的大庭氏為自己設定了以
下三個方向：第一，介紹新出的告身資料；第二，彌補先學對於單個告身本
身考證的不足；第三，以告身為素材，考察唐代官吏考課等制度。[28]

　　大庭氏的首篇研究，是與小笠原宣秀合作的關於龍谷大學所藏吐魯番出
土張懷寂告身的考證。該文首先將大谷 1063 號與 2833 號兩份殘卷綴合為一
份文書，又從其墓葬文書的屬性、印跡闕如、筆跡以及紙質，推斷該文書為
陪葬所用的副本；其次綜考武則天長壽年間（西元 692 年-西元 694 年）三省
官員事跡，利用張懷寂墓誌銘所載制書文字以及唐令所定制授告身式，基本
復原了該告身。[29]該文是他第一個方向的代表作，側重於基礎古文書學與樣
式論，但也涉及了形態論、傳來論甚至機能論的研究。

　　雖然高階遠成告身並無實物流傳，無法展開古文書學研究，但傳世文獻
所存版本各異，大庭氏以版本對校、史實理校的方法，在神田氏、瀧川氏、
內藤氏錄文的基礎上，對該告身進行了重新過錄。這雖不屬於古文書學的方
法，但卻是地道的文獻學研究。又，由於史書所載高階遠成入唐前官居正六

27　〔日〕仁井田陞：《唐令拾遺》，東方文化學院東京研究所 1933 年版，第 559～568 頁。

28　〔日〕大庭脩：〈唐告身の古文書學的研究〉，載氏著《唐告身と日本古代の位階制》，皇學館
　　出版部 2003 年版，第 34 頁。

29　〔日〕小笠原宣秀、大庭脩：〈龍谷大學所藏吐魯番出土の張懷寂告身について〉，載《龍谷大
　　學論集》第 359 號，1958 年，現收入〔日〕大庭脩：《唐告身と日本古代の位階制》，皇學館
　　出版部 2003 年版，第 211～227 頁。

位上，與告身所記正五位上有異，大庭氏詳考出使經過及與遣唐使相關的其他記載，發現遣唐使在入唐前會被假授高於實際的官位，以便在唐廷取得較他國使臣為高的位次，而唐廷給予外國使臣的告身也僅具備禮儀性質，並無實際的法律效力。[30]這是他第二、三個方向上的思考結晶。

對於朱巨川建中元年告身，大庭氏首先比較該告身格式與唐《開元公式令》奏授告身式的不同之處，在推測其原因可能為《金石萃編》誤脫或誤衍的同時，也認為無法遽然否定開元、建中告身式變化所致的可能性；其次結合唐代考課之制、朱巨川神道碑等史實，逐一析釋告身中關於朱巨川任官履歷的注詞，對告身誤脫錯簡之處予以補訂。在此基礎上，他又以朱巨川為個案，對唐代考課之法及其實際執行情況進行了全面考察，[31]體現了大庭氏在前述第二、三個方向的努力。

至於天理圖書館所藏、被張大千判定為張君義告身的三件文書，大庭氏在過錄文字之後，通過對文書形式的判斷，以及將其所涉軍功與景雲二年（西元 711 年）張君義告身的內容進行核對，判定這三件文書的形式為牒，乃是證明張君義軍功的公驗。此外，大庭氏不但詳考其中所涉邊疆戰事、相關軍事制度，還留意到三件文書分別捺有三方不同官印，推測轉用官印恐是戰陣之中的便宜之策等。[32]從古文書學上言，這是基礎古文書學與樣式論研究，從大庭氏的自我定位而言，則屬於第二、三個方向的成果。

在上述單個告身文書的研究之外，大庭氏的《唐告身の古文書學的研究》則可謂是當時的集大成之作。該文分以下三部分展開：

第一，在前述瀧川氏、仁井田氏、內藤氏研究的基礎上，大庭氏補訂《公

30　〔日〕大庭脩：〈唐元和元年高階真人遠成告身について——遣唐使の告身と位記〉，載《東西學術研究所論叢》第 41 號，1960 年，後改題為《遣唐使の告身と位記》，收入氏著《古代中世における日中關係史の研究》，同朋舍 1996 年版，第 183～198 頁。

31　〔日〕大庭脩，〈建中元年朱巨川奏授告身唐考課〉（上中下），載《史泉》第 11、12、18 期，1958 年、1960 年，現收入氏著《唐告身と日本古代の位階制》，皇學館出版部 2003 年版，第 251～313 頁。

32　〔日〕大庭脩：〈敦煌發見の張君義文書について〉，載《天理圖書館報 ビブリア》，第 20 號，1961 年，現收入氏著《唐告身と日本古代の位階制》，皇學館出版部 2003 年版，第 229～249 頁。

式令》告身式的部分文字（如改「替某申考滿」之「申」為「甲」），復原敕授告身、奏抄式的格式，推測冊授告身本身與制授無異，只是再行冊禮授予冊書，而對於內藤氏所論肅宗之後敕授告身應用擴大化的觀點，予以微觀細緻化，即安史之亂使得吏部、兵部注擬停止，而本應制授者採用敕授及翰林代出制誥乃是軍興之際的臨時措施，因長期執行而逐漸恆常化，但其間並非沒有恢復舊制的聲音與努力，至於敕授擴大化，乃是天子、宰臣侵奪吏部之權，將自己的意志貫徹於某些官員的選任上，這種突破機械化官僚制運作的安排會因人而異地產生公平與極端不公平的兩種結果，這也是宋代以敕授為主要手段的一個原因。

第二，分「原物（存否）」、「流傳經過」、「本文」（告身錄文）、「考證」四個方面，全面整理了二十一通告身（除一通為五代時期敦煌金山國告身外，其餘皆為唐代告身）。大庭氏在詳盡介紹先學研究積累，盡可能蒐集、刊佈告身圖版的基礎上，綜考唐代史籍，不但對各通告身的錄文予以訂補，依據告身所傳遞的歷史信息研究告身所有人的生平經歷、簽署官員的任職履歷，與嚴耕望《唐僕尚丞郎表》比勘互證，還藉此探究相關制度及事件，如通過注記「下直」，考察告身中注記的意義以及唐代官吏的上下班、請假等事宜；通過告身所述個人軍功，對於唐代授勳的標準、流程等制度予以解說；依據僧官告身的格式，推論有唐一代僧尼隸屬機構雖屢有變化，但僧官任命、告身發給始終由祠部管轄；將張君義告身改「奏」為「啟」、改「聞」為「諾」、改中書、門下官員為太子東宮左右春坊職員等行文用語變化，與景雲二年李隆基以太子監國相聯繫等。

第三，以公文書與法律文書兩種屬性分別解析告身。從公文書的角度看，告身乃是尚書省符的一種，大庭氏從制度層面揭示其製作、傳遞、保管等行為要求及違法責任，又從告身的流傳以及書法層面推斷，原本告身由令史、書令史等胥吏所寫，絕非出自書法家之手，只有為宗廟收藏等目的而製作的謄本才會請名家執筆，至於告身所用材質，則中唐以後雖有用絹綾者，然多用黃麻紙，只不過高官的告身則有考究的質地；而從法律文書層面看，告身

的生效一般採用「到達主義」，但對三省長官與侍郎的任命則採用「發出主義」，且受領告身的官員要上謝表併入謝（左降官不許入謝），至於官吏因犯罪受除免官當之罰時，所在官階的告身應予追毀，而告身效力不僅及於本人，還以恩蔭的方式延續至子孫。此外，日本養老《選敍令》中還有因丟失、錯誤而重給告身的條文，這也應該源自唐令。[33]

總之，該文既對古文書進行調查、蒐集、整理，完成了基礎古文書學的研究任務，又全面涉及樣式論、形態論、機能論、流傳論，在對前一階段研究進行系統總結的基礎上，在告身研究層面，實現了中國古文書學的體系化。

（二）中村裕一

中村氏是繼大庭氏之後，唐代告身古文書學研究的又一重鎮，他賡續了先學一貫的研究方法，密切追蹤史料，將告身置於由制敕王言、官文書（二者統稱為「公文書」）所構建起來的文書行政的體系內，借此展開唐代律令制、官僚制及其運行實態的研究，並涉及唐日制度之比較。由於中村氏的研究自 1970 年開代始陸續以單篇論文的形式發表，並於 1990 年代開始集結成書，[34]為便行文展開，以下以專書為單元。

在《唐代制敕研究》中，他先後考證了臨川公主告身二通、[35]郭毡醜、氾文開告身各一通，[36]雖然涉及告身復原、相關人物研究，但其總體論旨在於復原制敕格式及文書行政體制，[37]如針對仁井田氏復原的《公式令》制書

33　〔日〕大庭脩：〈唐告身の古文書学的研究〉，載氏著《唐告身と日本古代の位階制》，皇學館出版部 2003 年版，第 31～210 頁。

34　其中，《隋唐王言の研究》是對《唐代制勅研究》與《唐代公文書研究》中相關章節的改定版，本文不再另行出注。

35　〔日〕中村裕一：〈臨川公主告身〉，載《武庫川教育》，第 12 卷第 1 期，1979 年，後收入氏著《唐代制勅研究》，汲古書院 1991 年版，第 100～127 頁。

36　〔日〕中村裕一：〈唐乾封二年詔授告身二種〉，載《史學研究室報告》第 5 號，1986 年，後收入氏著《唐代制勅研究》，汲古書院 1991 年版，第 88～99 頁。

37　〔日〕中村裕一：〈唐代の敕に就いて〉（一），載《武庫川教育》第 12 卷第 1 期，1979 年；〈唐代の制書に就いて──仁井田陞復元制書式の檢討を中心に〉，載《史學雜誌》第 91 卷第 9 期，1982 年；〈唐代の冊書について〉，載《史學研究室報告》第 8 號，1988 年；後皆收入氏著《唐代制勅研究》，第 385～405、46～79、745～794 頁。

式，他在門下省覆奏之後補入「年月日」、表示皇帝批准的「可 御畫」，改「主者施行」之後的「年月日」為「年月御畫日」，並認為唐代制書式有針對大事與小事二分，由制授告身式及制授告身實例歸納的制書式僅適用於小事的場合；如據臨川公主告身復原貞觀《公式令》並與開元《公式令》進行比較，認為除改「詔」為「制」以及官名變更、人員編制增減外，詔授告身式基本沒有變化；如通過考察發日敕[38]與制書的製作過程，論斷制書與敕書在表達皇帝意思的效力層面並無區別，但發日敕無需覆奏，頒制過程簡單，因此敕書侵食制書的使用範圍乃是自然之理；又如對於冊授告身，他認為唐初以後，任命高官的封冊被逐漸廢止，由制授告身取而代之，制書實質上成為最重要的王言。

如果說《唐代制敕研究》較為側重公文格式的復原，那麼《唐代官文書研究》則著力於告身本身的研究。該書考證了當時新出的氾德達告身二通，氾承儀、張無價、顏昭甫、顏惟貞、顏允南母殷氏、顏元孫、顏真卿等七人告身各一通，[39]訂正錄文、依據告身式補足闕文、考察贈官告身的特殊格式，這屬於基礎古文書學與樣式論的研究範疇；關注紙張、書寫筆跡、官印之有無、文字避諱、年號等問題，推論二通氾德達告身不僅是謄抄本，且有依據謄抄時的現實情況予以改動的痕跡，並根據告身所存「尚書吏部告身之印」以及史籍關於開元二十二年七月吏部、兵部印文加「告身」二字以區別曹印的記載，論斷顏元孫告身為再發給告身，這都在相當程度上觸及了形態論研究；至於結合告身所見文書行政制度的考察，論述告身製作、授給、再發給等問題，尤其是贈官告身等相關程式，顯然屬於機能論的層面。當然，中村

---

[38] 《唐代制勅研究》與《唐代公文書研究》皆作「發日敕書」，《隋唐王言の研究》改為「發日敕」，從後者。參見〔日〕中村裕一，《隋唐王言の研究》，汲古書院 2003 年版，第 392 頁。

[39] 分別參見〔日〕中村裕一：〈吐魯番出土唐永淳元年氾德達告身と令書式に就いて〉，載《大手前女子大學論集》第 8 號，1974 年；〈敦煌‧吐魯番出土唐代告身四種と制書について〉，《大手前女子大學論集》第 10 號，1976 年；〈唐代顏氏告身五種に就いて〉，載《武庫川女子大學紀要》（文學部篇）第 27 號，1980 年；〈唐代顏氏告身五種に就いて〉（二），載《史學研究室報告》第 2、3 號，1984 年。後皆收入氏著《唐代官文書研究》，中文出版社 1991 年版，第 39～69、153～267 頁。

氏始終將古文書學視為史學研究的輔助學科，古文書學的考察並非是終點，
毋寧是一種手段，如通過永淳元年（西元 682 年）氾德達告身，研究皇太子
監國時的行政體制，復原皇太子制頒的令書式；通過延載元年（西元 694 年）
氾德達告身中所見注文「被推」二字，論述簽署官因故受審時告身簽發的格
式；以顏允南母殷氏告身採用制授告身格式為據，質疑邑號授予採用奏授告
身的通說。此外，藉告身研究考證相關人物生平、任官履歷，以及廣涉家族
沈浮、職官變動、政治鬥爭、軍事活動等，則是中村氏研究的又一方面。

　　《唐代公文書研究》在先學以及其本人先前研究積累之上，全面蒐集唐
代告身，分傳世文獻、敦煌文獻、吐魯番文獻三類，逐一過錄唐代告身三十
四通，[40]並逐一解說各個告身的文獻著錄情況或文書概貌、內容梗概、史料
價值與研究要點，[41]是繼大庭氏《唐告身の古文書學的研究》之後，又一部
告身研究的綜合性論著。此外，中村氏還專文介紹了江西出土的建中元年鍾
紹京石刻告身，涉及人物考釋、錄文補訂，以及謄本告身相對於告身原件而
言所增加的「奉制書如石。請奉制付外施行」、「制可」以及干支紀時「庚
申」等內容。[42]從古文書學體系上說，這些研究屬於基礎古文書學與樣式論。
至於該書經由告身本身而提升至制度層面的研究，如補正大庭氏關於告身為
符的觀點，認為告身與符是兩種文書，告身是制書、發日敕書、奏抄與符式
的復合文書；[43]又如對於唐《公式令》告身式的復原提出兩點補訂意見，即
制授告身式「吏部郎中　具官姓名」應是「吏部郎中　具官封名」之誤，且奏
授告身式也應復原此句，而制授告身式末尾「告具官封名」脫漏「姓」字，

40　若是加上下文述及的鍾紹京告身，則中村氏蒐集的唐代告身達到 35 通。而徐暢統計為 32 通，恐
　　有誤。依據徐氏所制「存世唐人告身及其出處索引」表，出自《唐代公文書研究》的告身有 33
　　通，所漏者為李慈藝告身和鍾紹京告身。參見徐暢：〈存世唐代告身及相關研究述略〉，載《中
　　國史研究動態》，2012 年第 3 期，第 35、40～43 頁。
41　〔日〕中村裕一：《唐代公文書研究》，汲古書院 1996 年版，第 45～51、116～129、218～241
　　頁。
42　〔日〕中村裕一：〈建中元年（七八〇）鍾紹京敕授告身〉，載氏著《唐代公文書研究》，汲古
　　書院 1996 年版，第 367～375 頁。
43　〔日〕中村裕一：〈敦煌‧吐魯番文獻中の唐代公文書〉，載氏著《唐代公文書研究》，汲古書
　　院 1996 年版，第 21～23 頁。

應為「告具官封姓名」;[44]再如針對內藤氏和大庭氏在解讀敕授告身逐步侵奪制授告身適用範圍時所據「中書制誥」與「翰林制誥」二分說,中村氏認為《白氏文集》中的二分只是對白居易分任中書舍人、翰林學士時所作文章的一種分類,並非當時通行的有關王言的分類,且翰林學士並非僅以白麻紙起草重要王言,也承擔用黃麻紙起草一般王言的任務。[45]

就古文書學研究而言,雖然中村氏自我定位在「(官文書)所載內容如何文書化的官文書樣式論研究」,「並非是逐個研究官文書所載的內容,以及紙質、書體、印章等所謂的文書形態論」,[46]但從上述可見,中村氏的研究早已超出了樣式論的範疇,尤其是「如何文書化」,更是機能論意義上研究,由此亦可證明前述機能論興起較晚的說法。

(三)小田義久

時近 21 世紀,小田氏對於李慈藝告身所展開的基礎古文書學研究,使自 1929 年石濱氏《流沙遺文小記》以來對於該文書的種種猜測終得渙然冰釋。他調查、公佈了德富蘇峰紀念館所藏李慈藝告身的四幀照片,對照片的來歷予以詳細介紹,並移錄告身全文。在此基礎上,他還對告身所涉人物、戰事、軍制等進行了考察,並推測告身所記受勳人數前後有異的原因可能是人數確認時的誤差等。[47]

中村氏、小田氏之後,日本學界雖然仍有基於唐代告身所展開的史學研

44　〔日〕中村裕一:〈敦煌發見の唐《公式令》殘卷の誤字と脫字について〉,載氏著《唐代公文書研究》,汲古書院 1996 年版,第 358~363 頁。

45　〔日〕中村裕一:〈《白氏文集》の「中書制誥」と「翰林制誥」〉,載氏著《唐代公文書研究》,汲古書院 1996 年版,第 376~431 頁。

46　〔日〕中村裕一,《唐代制勅研究》,汲古書院 1991 年版,第 6~7 頁;《唐代官文書研究》,中文出版社 1991 年版,第 6 頁。

47　〔日〕小田義久,〈德富蘇峰記念館藏「李慈藝告身」の寫真について〉,載《龍谷大學論集》第 456 號,2000 年,第 122~141 頁,其中譯本為乜小紅所譯,載《西域研究》2003 年第 2 期,第 27~36 頁;〈唐代告身の一考察——大谷探險隊將來李慈藝及び張懷寂の告身を中心として〉,載《東洋史苑》第 56 號,2000 年,第 1~27 頁,中譯本為李滄濟所譯,載《魏晉南北朝隋唐史資料》第 21 期,2004 年,第 161~177 頁。

究，[48]但有關告身的古文書學研究已暫時告一段落。

五、結論

　　筆者參考竺沙雅章對於日本敦煌文獻研究的階段劃分，將唐代告身研究劃分為萌芽期、發展期、成熟期，逐一討論了相關日本學者的研究成果及其在古文書學史上的定位。根據這一研究演進，筆者總結其特點如下：

　　第一，敏銳地捕捉資料環境改變所帶來的新信息，以求推陳出新。前述竺沙氏已經論及敦煌文獻資料環境的變化與中國古文書學成立的關係，唐代告身研究以及與告身相關的唐《公式令》研究即可包含於這一論述之中，而處於成熟期的大庭修與中村裕一，他們對於告身的蒐集、錄文的補訂、格式的復原等，皆是在資料環境逐步改善的情況下所進行的基礎古文書學與樣式論研究，並由此進一步展開形態論、機能論、流傳論等研究，使得學界對於唐代告身的認識日漸豐滿。無獨有偶，冨谷至對於日本漢簡研究的發展亦有類似論述：始於 1950 年代的日本漢簡研究，以森鹿三、藤枝晃為第一代學者的代表，他們既看不到圖版，也不知道木簡的出土地點，只能以自身深厚的洞察力與學識，在黑暗中摸索；直至 1960～1970 年代，漢簡的圖版和出土地點終於公開，以大庭脩、永田英正為代表的第二代學者得以系統地對漢簡展開古文書學的研究；而以籾山明、他本人為代表的第三代學者則又具備了先學所沒有的三種優勢，即對漢簡實物以及烽燧進行實地考察、出土簡牘數量大增、電子數據庫的發展。[49]此外，在前述唐代告身研究史中，我們不難發現，早期日本學者那種資料共用、無私奉獻的學術公益心，後輩學者對於先學研究的賡續以及對於一己成果在學術史上的自我定位，與資料環境的改善一樣，對學術研究起著重要的推動作用。

48　〔日〕如能田敬：〈唐代前半期における従軍長期化対策と酬勲──《景雲二年張君義勲授告身》をめぐって〉，載《東洋史苑》第 68 號，2007 年，第 104～124 頁。

49　〔日〕冨谷至：《文書行政の漢帝国：木簡、竹簡の時代・跋》，名古屋大學出版會 2010 年版，第 442～443 頁。

　　第二，細節考證與宏觀問題兩不偏廢。唐代告身研究自前述江戶時代的伊藤氏開始，便未局限於文書本身的考證與復原層面，日本學者始終將它視為律令制、官僚制研究的一個起點，這當然與古文書學作為歷史學輔助學科的定位息息相關。如仁井田陞為《唐宋法律文書の研究》釐定了以下三方面的任務：第一，對文書的材料、畫押、手印等外形方面以及古文書的形式或語句進行研究；第二，以古文書作為法律史料，自文書內容探究當時的法律生活；第三，刻畫文書所見法律現象的歷史背景；[50] 又如中村裕一對其唐代制敕研究的七點定位：第一，復原唐《公式令》；第二，展開唐代公文書學的研究；第三，闡明現存唐代編纂文獻的性質；第四，闡明唐代官僚制的構造；第五，闡明唐代皇權的性質；第六，闡明唐朝與周邊諸國、諸民族的關係；第七，與日本古代國家進行比較研究。[51] 由此可見，徐暢有關「日本學者最大的興趣，還在於借助傳世文獻以及敦煌藏經洞發現以來陸續出土的告身實物，對這種公文進行文書學意義上的復原、整理和系統探討……相比之下，中國學者對告身的研究，比較偏重於從此公文本身生發開去，在復原工作進行的同時，對涉及到的相關制度、史事、人物進行考訂」的判斷，[52] 恐怕有失公允。

　　第三，以通史的學力、東亞的視域深化論題。歷史學研究過程，注意流變，通史的學力自然是心嚮往之的一種積累狀態。而西嶋定生認為，東亞文化圈所具備的四大共用指標為漢字、儒教、佛教和律令制，[53] 東亞的視域不僅包括域外文獻之於中國史研究的史料價值，更在於歷史上不同地域之間的政治交往、貿易往來、文化傳播、制度移植等命題的探討。作為律令官僚制實踐之一端，表達官吏任免意思的告身自然成為通史研究與東亞文化圈研究的一個支點，而大庭脩便是融合這兩種研究路徑的學術實踐者之一。他以漢簡研究、秦漢法制史研究名家，又以《江戶時代中國典籍流傳日本之研究》

50　〔日〕仁井田陞：《唐宋法律文書の研究》，東方文化學院東京研究所 1937 年版，第 4～5 頁。

51　〔日〕中村裕一：《唐代制敕研究》，汲古書院 1991 年版，第 5 頁。

52　徐暢：〈存世唐代告身及相關研究述略〉，載《中國史研究動態》2012 年第 3 期，第 34～35 頁。

53　〔日〕西嶋定生：《中國古代國家と東アジア世界》，東京大學出版會 1983 年版，第 583 頁。

一書獲得日本最高學術榮譽——學士院賞，以唐代為中心的告身研究則被他視為自己的三大研究領域之一。[54]他不但完成了前述唐代告身古文書學的集成性研究，又以精深的秦漢史功力，先後考察了魏晉南北朝告身的書寫材料、任命程式[55]與漢代官吏任免書，[56]勾勒出漢唐間官吏任命書自木質至紙質的變化過程；不但在《公式令》告身式的復原與研究中涉及唐日律令比較、在高階遠成告身研究中論及中日外交制度，還在研究唐代考課之餘，以佐伯宿禰今毛人為個案，致力於日本奈良時代官吏晉升的考察，[57]並進一步擴展至日本之於隋唐官階等級制的繼受問題，[58]僅此告身研究一域，便可顯示他深厚的學力與廣闊的視野。

　　一個世紀以來，正是由於以上幾代日本學者前赴後繼的不懈努力，日本的中國古文書學從萌芽走向成熟，在充分吸收日本古文書學的研究成就、及時回應其最新研究動向的基礎上，發展出一個相對完整的方法論體系。其實，若跳脫「古文書」的範圍，[59]將上述古文書學的「四論」擴展到史料學領域，其學術意義將更為提升。村井章介將文書所能傳達的歷史信息總結為如下體系：

54　〔日〕荊木美行：〈解說にかえて——大庭脩博士の人と學問〉，載〔日〕大庭脩：《唐告身と日本古代の位階制》，皇學館出版部 2003 年版，第 354 頁。

55　〔日〕大庭脩：〈魏晉南北朝告身雜考——木から紙へ〉，載《史林》第 41 卷第 1 期，1958 年，後收入氏著《唐告身と日本古代の位階制》，皇學館出版部 2003 年版，第 1～29 頁。

56　〔日〕大庭脩：〈漢代官吏の辭令について〉，載《關西大學文學論集》，第 10 卷第 1 期，1961年，第 49～66 頁。

57　〔日〕大庭脩：〈佐伯宿禰今毛人傳略考——奈良時代官人昇進の一例〉，載《龍谷史壇》第44 號，1958 年，後收入氏著《唐告身と日本古代の位階制》，皇學館出版部 2003 年版，第 315～330 頁。

58　〔日〕大庭脩：〈隋唐の位階制と日本〉，《大阪府立近つ飛鳥博物館圖錄 9 平成八年秋季特別展金の大刀と銀の大刀—古墳・飛鳥の貴人と階層》，大阪府立近つ飛鳥博物館 1996 年版，後收入氏著《唐告身と日本古代の位階制》，皇學館出版部 2003 年版，第 331～350 頁。

59　自 1970 年代以降，在日本古文書學研究中，傳統的「古文書」定義（本文篇首所舉即是）逐漸被質疑，文書—記錄這種涇渭分明的分類體系日漸被消解。其理由大約有二：第一，在這一分類體系中，處於文書與記錄之間的「書面群」無法被明確定義；第二，因其所處「時」、「空」的變化，文書也好，記錄也罷，它們的功能會隨之發生改變，使得某一「書面物」突破文書—記錄的分類界限，從而具有雙重屬性。參見〔日〕村井章介：〈中世史料論〉，載《古文書研究》第50 號，1999 年，第 35～37 頁。

f.機能信息（與文書作成、傳達、受理的過程和機能、效力等相關的信息）

A.實體信息：a.文字信息（由文字所表達的信息）；b.形態信息（作為遺存物的文書所擁有的物質信息）；c.樣式信息（從文書樣式中獲得的非文字信息）

B.關係信息：d.關係信息（從複數文書之間所存在的關係中讀取的信息）；e.構成信息（與文書群的原秩序和文書保管組織的構成相關的信息）[60]

而這一體系無疑可擴展至史料學的層面，從而孕育出史學研究的新視角與新課題。[61]

不論是學科方法、學術精神，還是研究視域、成果積累，上述日本中國古文書學的發展演進皆可為中國學界提供相應的參考。早在其學萌芽之初，中國學者如羅振玉、王國維便已與日本學界開始了密切的學術互動。只不過，中國學界或許習慣了傳統的文獻學、史料學體系，並未把古文書作為一種特殊的研究對象予以單列。而當下，隨著各個斷代的古文書不斷湧現，有關古文書的各種專門之學漸成規模，中國學界也開始凝聚起一股學術力量，倡導建立具有獨立學科意義的中國古文書學，藉此整合各個斷代文書研究的成果，推動中國古代史研究的進一步發展。[62]作為學界的一分子，我們不僅要拭目以待，更應身體力行。

---

60 參見〔日〕村井章介：〈中世史料論〉，載《古文書研究》第 50 號，1999 年，第 28～39 頁。其中，村井氏之所以將「f.機能信息」單列於 A、B 信息群之外，是想從 A、B 全體的綜合中把握「機能信息」。

61 如籾山明「參考這種日本古文書學的研究動向，試圖從文書或記錄的製作、傳達、保管等動態的角度去瞭解訴訟這種官員的『工作』」。參見氏著〈簡牘文書學與法制史——以里耶秦簡為例〉，載中央研究院歷史語言研究所主辦，「史料與法史學」研討會，臺北，2014 年 3 月。

62 徐義華等：〈「中國古文書學」的創立——中國社會科學院歷史研究所學者筆談〉，載《文匯報》2012 年 10 月 29 日。

《天聖令》與唐宋法典研究

　　1998 年，戴建國在浙江寧波天一閣發現了明鈔本《天聖令》殘卷，並於 1999 年第 3 期《歷史研究》上發表了〈天一閣藏明鈔本《官品令》考〉，公佈了北宋《天聖令》殘存的篇目、卷數、條文數量、令篇結構、部分令文等，並枚舉了該文獻的研究價值，由此掀起了海內外研究《天聖令》的熱潮，至今成果已堪稱宏富。雖然這十餘年來，學界時有關於《天聖令》的研究綜述刊出，[1]但各有側重，故仍有綜論之必要。

一、《天聖令》公佈經過及研究概況

　　有關《天聖令》殘卷現世的消息引起了中、日兩國史學界的極大關注。自 1999 年 11 月開始，《天聖令》的《田令》、《捕亡令》、《賦役令》、

---

[1]　目前有關《天聖令》研究概況的綜述，已有黃正建：〈天一閣藏《天聖令》的發現與整理研究〉，載榮新江主編：《唐研》(第 12 卷)，北京大學出版社 2006 年版；〔日〕大津透：〈北宋天聖令の公刊とその意義──日唐律令比較研究の新段階〉，載《東方學》第 104 號，2007 年(中譯本〈北宋天聖令的公佈出版及其意義──日唐律令比較研究的新階段〉，薛軻譯，載《中國史研究動態》2008 年第 9 期)；〔日〕兼田信一郎：〈天一閣藏北宋天聖令研究の現狀〉，載《歷史評論》第 693 號，2008 年；〔日〕大津透：〈日唐律令制的比較研究──學術史的概觀和近年研究的介紹〉，載榮新江主編：《唐研》(第 14 卷)，北京大學出版社 2008 年版；劉後濱、榮新江：〈《天聖令》及所反映的唐宋制度與社會研究專號 卷首語〉，載榮新江主編：《唐研》(第 14 卷)，北京大學出版社 2008 年版；戴建國：〈方興未艾的《天聖令》研究〉，載《中國社會科學報(歷史版)》2009 年 12 月 3 日；黃正建：〈《天聖令》の唐宋史研究における價值について──現在の研究成果を中心に〉，載《日本古代學》第 2 號，2010 年；〔日〕服部一隆：〈日本における天聖令研究の現狀──日本古代史研究を中心に〉，載《古代學研究所紀要》第 12 號，2010 年。至於有關《天聖令》研究著述的最新目錄，則有〔日〕岡野誠、〔日〕服部一隆、〔日〕石野智大編：〈《天聖令》研究文獻目錄(第 2 版)〉，載《法史學研究會會報》第 14 號，2010 年。

《雜令》陸續以多種形式被公佈。[2]作為發現者，戴建國在校錄、復原令文的同時，不但考釋新出條文、論述宋令之於唐令的編修原則等，還藉此探討宋代折杖刑、唐代食實封、雜徭、色役乃至於唐宋奴婢等問題。[3]至於日本學界，也在新出令文的基礎上，結合既往研究，及時推出相關成果，如大津透〈唐日賦役令の構造と特色〉、野尻忠〈倉庫令にみる律令財政機構の特質〉、丸山裕美子〈唐宋節假制度の変遷——令と式と格・敕についての覚書〉、稻田奈津子〈喪葬令と禮の受容〉、[4]榎本淳一〈唐日戶令當色為婚條について〉[5]等。

　　至於《天聖令》殘卷的全文公佈，則是在 2006 年 10 月，由中華書局出版，中國社會科學院歷史所整理、校訂、復原的《天一閣藏明鈔本〈天聖令〉校證 附唐令復原研究》上下兩冊。其中，上冊為圖版，下冊則分為校錄本、清本和唐令復原研究三個部分。[6]從此，《天聖令》的研究便呈現蓬勃發展的勢頭。

2　〔日〕兼田信一郎：〈戴建國氏發現の天一閣博物館所藏北宋天聖令田令について——その紹介と初步的整理〉，載《上智史學》第 44 號，1999 年；戴建國：〈唐《開元二十五年令・田令》研究〉，載《歷史研究》2000 年第 2 期；〔日〕池田溫：〈唐令と日本令（3）唐令復原研究の新段階——戴建國氏の天聖令殘本發見研究〉，載《創價大學人文論集》第 12 號，2000 年；戴建國：〈天一閣藏《天聖令・賦役令》初探〉（上、下），載《文史》2000 年第 4 輯、2001 年第 1 輯；〈宋《天聖令・賦役令》初探〉，載戴建國：《宋代法制初探》，黑龍江人民出版社 2000 年版；〔日〕大津透：〈北宋天聖令・唐開元二十五年令賦役令〉，載《東京大學日本史學研究室紀要》第 5 號，2001 年；宋家鈺著、徐建新譯：〈明鈔本北宋天聖「田令」とそれに附された唐開元「田令」の再校錄〉，徐建新譯，載《駿臺史學》第 115 號，2002 年；宋家鈺、徐建新、〔日〕服部一隆：〈〈明鈔本北宋天聖田令とそれに附された唐開元田令の再校錄〉についての修補〉，載《駿臺史學》第 118 號，2003 年。該文的中文版則是宋家鈺：〈明抄本天聖《田令》及後附開元《田令》的校錄與復原〉，載《中國史研究》2006 年第 3 期；戴建國：〈唐《捕亡令》復原研究〉，載《李埏教授九十華誕紀念文集》，雲南大學出版社 2003 年版；戴建國：〈唐《開元二十五年令・雜令》復原研究〉，載《文史》2006 年第 3 輯。

3　如戴建國：〈宋代折杖法的再探討〉，載《上海師範大學學報》2000 年第 6 期；又收入戴建國：《宋代法制初探》，黑龍江人民出版社 2000 年版；〈關於食封制〉，載《中國經濟史研究》2002 年第 3 期；〈「主僕名分」與宋代奴婢的法律地位——唐宋變革時期階級結構研究之一〉，載《歷史研究》2004 年第 4 期。

4　以上論文皆載〔日〕池田溫編：《日中律令制の諸相》，東方書店 2002 年版。

5　載〔日〕佐伯有清編：《日本古代中世の政治と宗教》，吉川弘文館 2002 年版。

6　本文下述各位整理者的校錄、復原意見，及徑引宋×、唐×、復原×，皆出於本書，不再另行出注。

自《天聖令》殘卷披露以來，以《天聖令》為主題的學術研討會便有 2006 年 11 月 10 日「中外藏書文化國際學術研討會」、2008 年 6 月 14 至 15 日「《天聖令》研究——唐宋禮法與社會學術研討會」、[7]2009 年 11 月 6 至 7 日「新史料・新觀點・新視角——天聖令國際學術研討會」；[8]以研讀《天聖令》為主要活動的讀書會，亦有中國社科院歷史所讀書班、中國人民大學歷史學院讀書班、臺灣《唐律》研讀會、日本大津透主持的「日唐律令比較研究新階段」課題組、渡邊信一郎主持的「唐宋變革期的社會經濟史研究」課題組等；以中國大陸地區為例，以《天聖令》為主題的課題項目則有黃正建主持的中國社會科學院院級重點課題「《天聖令》研究」、[9]劉後濱主持的國家社科基金項目「《天聖令》與唐代政務運行機制研究」、彭麗華主持的教育部人文社科研究項目「《天聖營繕令》與唐代營繕事務管理體制研究」等。

而有關《天聖令》的價值，學界也形成了較為一致的看法：①有助於瞭解唐令的原貌，如條文排列、詞句使用等，從而進一步復原其他未見的唐令篇目；②有助於進一步釐清令在「律令格式」等法律形式中的地位；③有助於進一步深入挖掘唐宋時期的各項制度；④有助於唐宋制度的流變研究；⑤有助於日唐律令比較研究的展開，以及對日本古代律令制度史的再探討。[10]在

7　張雨：〈「《天聖令》研究——唐宋禮法與社會」學術研討會綜述〉，載《中國史研究動態》2008 年第 12 期。

8　牛來穎：〈新史料・新觀點・新視角——天聖令國際學術研討會綜述〉，載《中國史研究動態》2010 年第 4 期。

9　目前已結項，成果《〈天聖令〉與唐宋制度研究》（黃正建主編，中國社會科學出版社 2011 年版）被列入「國家哲學社會科學成果文庫」。

10　詳見戴建國：〈《天聖令》の發見とその研究意義〉，載《上智史學》第 48 號，2003 年；戴建國：〈試論宋《天聖令》的學術價值〉，載張伯元主編：《法律文獻整理與研究》，北京大學出版社 2005 年版；宋家鈺：〈明鈔本北宋天聖令（附唐開元令）的重要學術價值〉，載天一閣博物館、中國社會科學院歷史研究所天聖令整理課題組校證：《天一閣藏明鈔本天聖令校證 附唐令復原研究》（上），中華書局 2006 年版；黃正建：〈天一閣藏《天聖令》的發現與整理研究〉，載《唐研究》第 12 卷，北京大學出版社 2006 年版；黃正建：〈佚失千年 重見天日——北宋《天聖令》的發現整理及其重要價值〉，載《文史知識》2007 年第 3 期；〔日〕大津透〈北宋天聖令の公刊とその意義——日唐律令比較研究の新段階〉；黃正建：〈天一閣藏《天聖令》整理研究暨唐日令文比較斷想〉，載《唐代史研究》第 10 期，2007 年；盧向前：〈新材料、新問題與新潮流——關於隋唐五代制度史研究的幾點看法〉，載《史學月刊》2007 年第 7 期；〔日〕兼

這些說明《天聖令》的研究價值的文章中，黃正建〈《天聖令》所附唐令中有關社會生活的新資料〉（上、下）[11]頗具新意，其分衣、食、住、行四個方面分別枚舉未見於傳世文獻的唐令條文，以此標示《天聖令》的新史料價值；成一農則提示了《天聖令》之於北宋地方城市研究的啓發意義。[12]

　　仁井田陞曾以「外史」（法規整理）和「內史」（法律內容研究，如債權法、親屬法等）的標準對法律史研究對象進行劃分，[13]目前圍繞《天聖令》所展開的研究大致也可循此分類。其中，有關「外史」的研究，亦即本文所謂的「法典」研究，又可析為法律形式的研究（律令格式等法律形式之間的關係、唐宋令的流變、編修原則、立法技術等）和「唐令復原」的研究（有關校錄、句讀、復原文句、條文順序等）；而關於「內史」的研究，也可細分為「以史釋令」和「以令證史」兩種路徑。限於篇幅，本文僅涉及「法典」研究部分。

二、有關法律形式的研究

（一）《天聖令》所附唐令的年代爭論

　　由於宋代文獻皆未明言《天聖令》制定所據的唐令藍本，故而「《天聖令》所據為唐代何時之令」則成為學界聚訟的熱點。由於唐代自開元二十五

　　田信一郎：〈天一閣藏北宋天聖令研究的現狀〉，載《歷史評論》第 693 號，2008 年；〔日〕丸山裕美子：〈日唐令復原・比較研究の新地平——北宋天聖令殘卷と日本古代史研究〉，載《歷史科學》第 191 號，2008 年；劉後濱：〈《天聖令》與唐宋史研究問題空間的拓展〉，載《中國社會科學院院報》2008 年 9 月 4 日；〔日〕岡野誠：〈北宋の天聖令について——その發見・刊行・研究狀況〉，載《歷史と地理》614 號，2008 年；牛來穎：〈《天聖令》研究開啓學術交流新前景〉，載《中國史研究動態》2009 年第 6 期；鄧小南：〈宋代政治史研究的「再出發」〉，載《歷史研究》2009 年第 6 期；高明士：〈《天聖令》的發現及其歷史意義〉，載《新史料・新觀點・新視角：天聖令論集》（上），元照出版有限公司 2011 年版。

11　分別載杜文玉主編：《唐史論叢》第 11、12 輯，三秦出版社 2009 年、2010 年版。

12　成一農：〈中國古代地方城市形態研究現狀述評〉，載《中國史研究》2010 年第 1 期，第 146 頁。

13　〔日〕仁井田陞：《唐令拾遺》，東方文化學院東京研究所 1933 年版，第 1 頁。

年（西元 737 年）之後便再無大規模修訂律令格式之舉，且據《玉海》所記，北宋淳化令亦以唐開元二十五年令為基礎，而《天聖令》令文又與《通典》所載「大唐開元二十五年令」令文相仿，故而戴建國在前述的文章中首定其為唐開元二十五年令。

由於唐代史籍對《田令》的處理，或僅標「武德七年令」而不敘其後變化，或僅記「開元二十五年令」而無溯源，這種無視令文沿革的處理只能證明《田令》在有唐一代並無變化，所以楊際平認為這是有唐一代之令。[14]

天聖令整理課題組持論謹慎，或稱開元令，或稱唐令，未定一是；[15]此後，作為課題組成員之一的黃正建又多次對開元二十五年令說進行質疑：首先，唐後期並非完全沒有修訂律令格式，且《玉海》所記為孤證；其次，《雜令》唐 8 與《通典》所記開元二十五年令在流外官列舉上（如漕史、曆生）不盡一致，[16]且有關主膳「四番」的規定與《唐會要》所記開成三年（西元838 年）敕符合。[17]此外，雖然都指向「給糧」，但《雜令》唐 23 並舉「雜戶」、「官戶」而《倉庫令》唐 8 僅列「官戶」，黃正建懷疑令文有所遺漏或兩條並非出自同一時期。[18]

盧向前、熊偉首先梳理了宋代史籍中有關《天聖令》的記載，指出諸多文獻並無標示「唐令」的具體年代，而《天聖令》與《通典》的記載也有出入，故而懷疑《天聖令》所本並非開元二十五年令；其次，延續仁井田陞之說，指出開元二十五年令後還有三次修令活動，且對令文有實質性的改動；

---

14 楊際平：〈《唐令‧田令》的完整復原與今後均田制的研究〉，載《中國史研究》2002 年第 2 期。

15 除《校證》目錄外，黃正建代表課題組明確了這一態度：「我們的唐令復原，沒有明確指出復原的就是開元二十五年令。因為除《田令》等令以外，有些令似乎與開元二十五年令稍有不同。……因此，為謹慎起見，我們在復原時一般只稱其為開元令或唐令」。引自黃正建：〈關於天一閣藏宋天聖令整理的若干問題〉，載《天一閣藏明鈔本〈天聖令〉校證 附唐令復原研究》，中華書局 2006 年版，第 18 頁。

16 黃正建：〈《天聖令》附《唐令》是開元二十五年令嗎？〉，載《中國史研究》2007 年第 4 期。

17 黃正建：〈《天聖令（附唐雜令）》所涉唐前期諸色人雜考〉，載榮新江主編：《唐研究》第 12 卷，北京大學出版社 2004 年版，第 215 頁。

18 黃正建：〈《天聖令》所附唐令中有關社會生活的新資料（上）〉，載杜文玉主編：《唐史論叢》第 11 輯，三秦出版社 2009 年版，第 295 頁。

復次，以敦煌帳藉所載的授田數額來推斷令文的變革，從而反駁楊際平的觀點；最後，以《田令》唐 5 中有關唐六品以下職散官給永業田的規定為《通典》所無，而各類文獻也無唐德宗以前對六品以下職散官授官人永業田的記載，由此便推定令文為唐德宗大曆至建中時期所刪修的建中令。[19]

羅彤華對《天聖令·田令》唐 25、29、30 進行了年代的考察，認為唐 25 可能源自武德令、唐 29 的前段可能是開元七年令、唐 30 則似歷永徽令至開元二十五年令而未變；又，《通典》中數條開元二十五年屯田令未見於《天聖令》，究竟復原之令及所據唐令的年代為何，恐怕尚需謹慎；劉燕儷認為《賦役令》「食實封」條可能屬於開元七年令；劉馨珺以《關市令》宋 11、12、16 為例，疑其為晚唐之制；[20]賴亮郡則將《雜令》唐 13 的制定或修改定為唐貞元以後；[21]高明士雖贊同開元二十五年令說，但亦認為該文本含有開元二十五年前後時期的令文。[22]榎本淳一則認為《關市令》唐 6 並非開元二十五年令，由此判定《天聖令》所收唐令有開元二十五年後改定的成分。[23]

對於上述質疑，戴建國認為，《天聖令》與《通典》所載唐令的差異，可能是《通典》傳抄刻寫之誤所致，而《天聖令》所本唐令雖有可能在開元二十五年之後被局部修改，但是這不足以否定它在整體上仍是開元二十五年令；其次，從令文異同比對、避諱列舉等可見，《天聖令》所本唐令乃是定州進納的唐開元二十五年令；最後，他又通過對唐代局部修訂令文方式的論述，證明開元二十五年之後並無修纂新令，至於「建中令」也不能成為指稱

19 盧向前、熊偉：〈《天聖令》所附《唐令》為建中令辯〉，載袁行霈主編：《國學研究》（第22卷），北京大學出版社 2008 年版。

20 參見《評《天一閣藏明鈔本天聖令校證 附唐令復原研究》》，載榮新江主編：《唐研究》（第14卷），北京大學出版社 2008 年版，第 516～517、522～523、535 頁。

21 賴亮郡：〈唐代特殊官人的告身給付——《天聖令·雜令》唐 13 條再釋〉，載《臺灣師大歷史學報》第 43 期，2010 年。

22 高明士：〈唐代禮律規範下的婦女地位〉，載《文史》2008 年第 4 輯；〈評《天一閣藏明鈔本天聖令校證 附唐令復原研究》綜合意見〉，載榮新江主編：《唐研究》（第14卷），北京大學出版社 2008 年版，第 569～570 頁；〈《天聖令》的發現及其歷史意義〉，載《新史料·新觀點·新視角：天聖令論集》（上），元照出版有限公司 2011 年版，第 8 頁。

23 〔日〕榎本淳一：《唐王朝と古代日本》，吉川弘文館 2008 年版，第 125、127 頁。

一部新令的概念，而史籍中的「建中令」只是建中三年頒布的敕罷了。[24]

阪上康俊歸納了戴建國認定《天聖令》所本唐令為開元二十五年令的六點理由，分別指出了這六點理由的不足之處；又以《獄官令》唐 1「中書門下」一詞為據，補強了開元二十五年令說的證據力；對於黃正建有關主膳規定的質疑，他認為開成三年敕所稱的「舊額」始自何年無法斷定；[25]對於建中令說所列舉的「六品以下職散官授官人永業田」，他認為連從七品的勳官武騎衛皆被授田，遑論六品的職事官？由此推論《通典》記載有所脫落；其次，對於黃正建根據曆生和漕史所進行的質疑，他認為前者是文句讀法、理解的問題，後者則可能是因《唐六典》官名臚列依部門劃分為序所致；此外，他還質疑道：若確實存在建中令，那麼成書於 801 年的《通典》為何隻字不提 781 年之令？[26]

岡野誠列舉了《天聖令》中所出現的「益州大都督府」、「京兆、河南府」、「南寧（州）」、「弘文館」、「太史局」、「江東、江西（道）」等六個指標，通過其流變、定名的考察，判定《天聖令》所據唐令為開元二十一年至天寶元年的文本，並輔以令文中其他開元時期的道名、州名、官司名以及唐玄宗時期才有的避諱，綜合判定《天聖令》所據乃開元二十五年令。[27]

對於上述三家對於「開元二十五年說」的再補正，黃正建又予以回應：《天聖令》所據底本可能是被修改過的開元二十五年令，而唐後期有修改唐

24　戴建國：〈《天聖令》所附唐令為開元二十五年令考〉，載榮新江主編：《唐研究》（第 14 卷），北京大學出版社 2008 年版。

25　〔日〕坂上康俊：〈天聖令の藍本となった唐令の年代比定〉，載〔日〕大津透編：《日唐律令比較研究の新段階》，山川出版社 2008 年版；中譯本為〈《天聖令》藍本唐令的年代推定〉，何東譯，載榮新江主編：《唐研究》（第 14 卷），北京大學出版社 2008 年版。

26　〔日〕阪上康俊：〈天聖令藍本唐開元二十五年令說再論〉，載《史淵》第 147 號，2010 年。內容稍有不同的中譯本是〈再論《天聖令》藍本唐《開元二十五年令》說〉，載《新史料‧新觀點‧新視角：天聖令論集》（上），元照出版有限公司 2011 年版。

27　〔日〕岡野誠：〈天聖令依拠唐令の年次について〉，載《法史學研究會會報》第 13 號，2008 年。中譯本為〈關於天聖令所依據唐令的年代〉，李力譯，載中國政法大學法律古籍整理研究所編：《中國古代法律文獻研究》（第 4 輯），法律出版社 2011 年版。

令之舉亦有史實支持。至於唐令的高度延續性也使得以避諱為指標的論證尚需更詳細的探討。[28]

總之，目前有關《天聖令》所本年代的爭論，大致可以接受的一個看法是：所本唐令基本是以開元二十五年令為主體，但也含有開元二十五年後修改的痕跡。[29]但是由於《天聖令》所本唐令的年代問題關涉眾多，如阪上康俊和溝口優樹皆在《天聖令》的藍本為開元二十五年令的前提下，考辨日本史籍所存唐令的年代問題，[30]故而有進一步仔細推敲的必要。

（二）有關唐宋法典修纂與法律樣態的研究

在《天聖令》被公佈之前，依據傳世史料對唐宋法典修纂的研究成果已有相當積累。[31]《天聖令》公佈之後，由於其涵括在行宋令與不行唐令兩大部分，有關唐後期至宋前期的法典修纂研究則有了可靠的文本依據。

戴建國在這方面創獲頗豐。他全面考察了唐宋時期各種法律形式的傳承與演變過程，[32]其中依據《天聖令》所附唐令與其他唐代史料，歸納出唐代修令的原則：一是在舊令的框架內修訂新令，超出舊令範圍的新制則編修入格；二是如在舊令框架內的新制先修入格或格後敕，即便之後再修新令，也不再入令；[33]至於北宋前期修令的原則，他歸納為：一是沿用唐令而不予改

28 黃正建：〈附記 對「開元二十五年令說」的回應〉，載黃正建主編：《〈天聖令〉與唐宋制度研究》，中國社會科學出版社 2011 年，第 49～52 頁。

29 除上述所及論著外，持此說者還有皮慶生：〈唐宋時期五服制度入令過程試探——以《喪葬令》所附《喪服年月》為中心〉，載榮新江主編：《唐研究》（第 14 卷），北京大學出版社 2008 年版。

30 〔日〕阪上康俊：〈日本に舶載された唐令の年次比定について〉，載《史淵》第 146 號，2009年；溝口優樹：〈日本古代史料所引唐令の年次比定——阪上康俊氏の說に関する檢討〉，載《法史學研究會會報》第 15 號，2011 年。

31 如〔日〕梅原郁：〈唐宋時代の法典編纂——律令格式と敕令格式〉，載〔日〕梅原郁編：《中國近世の法制と社會》，京都大學人文科學研究所 1993 年版；郭東旭：《宋代法制研究》，河北大學出版社 1997 年版；劉俊文：《唐代法制研究》，文津出版社 1999 年版；〔日〕滋賀秀三：〈法典編纂の歷史〉，載〔日〕滋賀秀三：《中國法制史論集：法典と刑罰》，創文社 2003 年版。

32 戴建國：〈唐宋時期法律形式的傳承與演變〉，載《法制史研究》第 7 期，2005 年。

33 戴建國：〈天一閣藏《天聖令·賦役令》初探〉（下），載《文史》2001 年第 1 輯；〈宋《天

動；二是附錄不行用的唐令於宋令之後；三是依據宋代新制增刪唐令文字、內容；四是凡唐令所不涉及的內容，不再另立新條，而通過編敕的方式予以補充。[34]直至宋神宗元豐改制之後，那些「設範立制」的非刑法之敕又被漸次調整為令。他還通過將《天聖令》與《慶元條法事類》之慶元令的比對，明晰慶元令在內容與形式上對前令的繼承與修改。[35]此外，戴建國還分別檢出與奴婢相關的「不行唐令」與「在行宋令」，藉此進一步證成《天聖令》的修訂原則，並得出漢唐以來的良賤制度在宋代漸趨消滅但尚未退出歷史舞臺的結論。[36]

牛來穎也是此研究領域中用力頗多的一位學者。她不但探討唐代詔敕的規定如何逐步修入唐令的過程及技術特點，[37]從文獻學的角度討論令文起首字「諸」的意義，即在唐代，「諸」只是作為「涵蓋所有」的泛稱，並多因平闕或重複等原因而被省略，但在唐以後則多作為條文起首的標誌性字頭使用，[38]還專題討論了《天聖令》中的「別敕」問題，指出唐代的「別敕」是

聖令‧賦役令〉初探〉，載氏著《宋代法制初探》，黑龍江人民出版社 2000 年版；〈從《天聖令》看唐和北宋的法典製作〉，載《新史料‧新觀點‧新視角：天聖令論集》（上），元照出版有限公司 2011 年版。

[34] 戴建國：〈試論宋《天聖令》的學術價值〉，載張伯元主編：《法律文獻整理與研究》，北京大學出版社 2005 年版，第 155 頁。此一觀點基本為其他學人接受，如大津透提出的四點：一為照錄唐令原文；二是維持唐令構架，增修字句以體現宋代新制；三是對條文結構作重大改動；四是若無唐令規定，原則上不另立新條。參見〔日〕大津透：〈北宋天聖令的公佈出版及其意義——日唐律令比較研究的新階段〉，薛軒譯，載《中國史研究動態》2008 年第 9 期，第 24 頁。

[35] 戴建國：〈《天聖令》研究兩題〉，載《上海師範大學學報（哲學社會科學版）》2010 年第 2 期。

[36] 戴建國：〈「主僕名分」與宋代奴婢的法律地位——唐宋變革時期階級結構研究之一〉，載《歷史研究》2004 年第 4 期。對於這一點，張文晶認為戴建國混淆了良賤之分與良賤制度，亦即那種嚴格規定身分等級及良賤關係的制度規範，大體在北宋便趨於消亡，而良賤之分則繼續存在。而吳麗冠並未滿足於戴建國對良賤制消解原因的解釋，認為納資代役與和雇制的流行恐怕是最為重要的因素，而且他也對宋代官賤民制度的崩潰和現象的存續進行區分，並對官府如何進行管理懷有好奇。分別參見張文晶：〈試論中國中古良賤制度的若干問題〉，載《中國歷史上的農業經濟與社會》（第 2 輯），吉林人民出版社 2005 年版；吳麗冠：〈唐宋時期官賤民制度雜論〉，載《新史料‧新觀點‧新視角：天聖令論集》（下），元照出版有限公司 2011 年版。

[37] 牛來穎：〈詔敕入令與唐令復原——以《天聖令》為切入點〉，載《文史哲》2008 年第 4 期。

[38] 牛來穎：〈《天聖令》復原研究中的幾個問題〉，載《新史料‧新觀點‧新視角：天聖令論集》（上），元照出版有限公司 2011 年版。

皇帝的特旨、宋代的「別敕」則是編敕意義上的「常法」，體現了敕在唐宋的差別及地位流變。[39]此外，對於戴建國有關《天聖令》修訂體例「一條令文之內如有修改不用的內容，刪除後不再附錄保存」的判定，[40]牛來穎也提出了商榷，即有的宋令只截取唐令的部分內容，而將剩餘不用的部分依舊存為「不行」的唐令。[41]

黃正建逐條分析了出現「律、令、格、式、敕」字樣的《天聖令》令文，從而析出律、令、格、式、敕這些法律形式之間的平行關係，以及它們在唐宋時期功能與地位的變化、升降。[42]此外，他還梳理了《雜令》在歷代令典中的排序位置、分量、條文歸屬以及與其他法律形式（律、格、式）之間的關係的流變，並嘗試從法典編纂技術、社會條件的變化等角度闡釋嬗變的原因所在。[43]

李錦繡則依據《天聖令》條文，逐句分析《唐六典》卷三金部、倉部及卷一九司農寺的記載，分別釐定各句記載為令或格或式的定性，從而認定《唐六典》中令的比重遠多於格、式。[44]吳麗娛的研究則側重於唐禮與唐令，乃至於格、式、制敕等之間的關係，既有從等級劃分、內容規定、調整對象的公私性質及其作用等方面比較《喪葬令》與唐禮的異同，又致力於將禮與令、格、式、敕從文本交融的狀態中分別析出，從而進一步豐滿「納禮入令」、

[39] 牛來穎：〈天聖令中的「別敕」〉，載中國政法大學法律古籍整理研究所編：《中國古代法律文獻研究》（第 4 輯），法律出版社 2011 年版。

[40] 戴建國：〈天一閣藏《天聖令·賦役令》初探〉（上），載氏著《宋代法制初探》，黑龍江人民出版社 2000 年版，第 148 頁。

[41] 牛來穎：〈《天聖令》唐宋令條關係與編纂特點〉，載中國社會科學院歷史所隋唐宋遼金元研究室編：《隋唐宋遼金元史論叢》（第 1 輯），紫禁城出版社 2011 年版。

[42] 黃正建：〈《天聖令》中的律令格式敕〉，載榮新江主編：《唐研究》（第 14 卷），北京大學出版社 2008 年版；日文版則載〔日〕大津透編：《日唐律令比較研究の新段階》，山川出版社 2008 年版。

[43] 黃正建：〈《天聖令·雜令》的比較研究〉，載《新史料·新觀點·新視角：天聖令論集》（下），元照出版有限公司 2011 年版。

[44] 李錦繡：〈唐開元二十五年《倉庫令》研究〉，載榮新江主編：《唐研究》（第 12 卷），北京大學出版社 2006 年版。

禮法合一等認識。[45]石見清裕在分析了《大唐開元禮》凶禮的篇名、禮儀構造之後，選取數條《喪葬令》令文與《開元禮》所載進行比照，認為《喪葬令》雖與《開元禮》偶有出入，但足堪補足、勘校《開元禮》，且以《開元禮》凶禮為前提而制定。[46]

對於《天聖令·喪葬令》所附《喪服年月》，吳麗娛認為開元七年令、開元二十五年令也應是如《天聖令》一般將服紀制度作為附篇錄於《喪葬令》正文之後，正由於這種既無令名、又非正文的地位，有唐一代的服制討論並無引用《喪葬令》的記載，而五代服制混亂，且相對於以官僚等級為序的《喪葬令》，服紀制度與以血緣親等為序的《假寧令》的關係更為密切，故而被移入《假寧令》後，直至天聖修令時據開元二十五年令舊本而復歸《喪葬令》。[47]皮慶生則檢討了目前持唐令中有服紀制度之說者賴以為證的史料，推測服紀制度附入《假寧令》的時間應在唐末，而在宋《五服年月敕》將《假寧令》條文節抄在服制之後，反映了時人對服制的定位不再僅限於確定節假這一項，體現在《天聖令》中便是將《喪服年月》改附於《喪葬令》後。[48]其中，皮慶生以《舊唐書》、《通典》、《冊府元龜》等記載為「條格」而僅《唐會要》記載為「條令」，質疑諸位學人以《唐會要》有關「父在為母齊衰三年」之制在「令」的記載推測令內有服紀的觀點，高明士雖然也認為《唐會要》的「格令」說恐有誤抄，但認為「就現實而言，即成『格令』，反而更

45　吳麗娛：〈唐朝的《喪葬令》與喪葬禮〉，載侯仁之主編：《燕京學報》（新 25 期），北京大學出版社 2008 年版；〈以法統禮：《大唐開元禮》的序例通則——以《開元禮·序例》中的令式制敕為中心〉，載中國政法大學法律古籍整理研究所編：《中國古代法律文獻研究》（第 4 輯），法律出版社 2011 年版。

46　〔日〕石見清裕：〈唐代の官僚喪葬儀禮と開元二十五年喪葬令〉，載〔日〕吾妻重二等編：《關西大學アジア文化交流研究叢刊 東アジアの儀禮と宗教》，雄松堂 2008 年版。

47　吳麗娛：〈唐喪葬令復原研究〉，載天一閣博物館、中國社會科學院歷史研究所天聖令整理課題組校證：《天一閣藏明鈔本天聖令校證 附唐令復原研究》，中華書局 2006 年版，第 705～709頁。

48　皮慶生：〈唐宋時期五服制度入令過程試探——以《喪葬令》所附《喪服年月》為過程〉，載榮新江主編《唐研究》（第 14 卷），北京大學出版社 2008 年版。張文昌同意此說，參見張文昌：〈服制、親屬與國家——唐宋禮法之喪服規範〉注 54，載《新史料·新觀點·新視角：天聖令論集》（下），元照出版有限公司 2011 年版，第 212 頁。

能說明當時的情況」，並推測服紀在《永徽令》中便已存在。[49]

　　妹尾達彥的研究則別出心裁，認為唐令的構造與乙太極殿為中心、以與皇帝的距離和陰陽秩序為標準的各個官廳分佈位置相適應，而自皇帝遷居大明宮後，這種唐前期與宮城、皇城井然有序的佈局相應的律、令、禮的體系也發生變化，律令制外的官職、軍制、禮制不斷新創，經五代而為宋所繼承，而宋代開封與唐代長安佈局之不同亦與唐、宋令的差異相應。[50]Pham Le Huy 則將《賦役令》「車牛人力」條追溯至唐初，認為此條最早可能存於武德令中，但絕不可能晚於永徽令，又將此條和《廄牧令》中「官馬差行」條和「傳馬差給」條合併討論，以此窺見唐令對於唐代遞送體制的規範特點。[51]而岩本篤志、石野智大的研究則圍繞《醫疾令》唐 11、12、13、20，從中分別析出開元七年令的舊制與開元二十五年令的新文。[52]稻田奈津子、川村康則分別以《喪葬令》和《假寧令》、《捕亡令》、《獄官令》和《雜令》為據，將它們與《慶元條法事類》中的相應條款進行比照，藉此肯定了愛宕松男有關《慶元條法事類》在經濟部門以外的條文中保留唐令甚多的推測，並提示了《慶元條法事類》所存格、式、敕等法律形式與《天聖令》條文的對應性，由此彰顯《慶元條法事類》之於唐令復原的積極意義。[53]與之相應，戴建國則以《田令》、《賦役令》、《廄牧令》的部分條文比照了《天聖令》與《慶

---

[49] 高明士：〈唐代禮律規範下的婦女地位〉，載《文史》2008 年第 4 輯；〈《天聖令》的發現及其歷史意義〉，載《新史料‧新觀點‧新視角：天聖令論集》（上），元照出版有限公司 2011 年版，第 10～11 頁。

[50] 〔日〕妹尾達彥：〈都城と律令制〉，載〔日〕大津透編：《日唐律令比較研究の新段階》，山川出版社 2008 年版。

[51] 〔越南〕ファム・レ・フイ：〈賦役令車牛人力條からみた遞送制度〉，載《日本歷史》2009 年第 736 號。

[52] 〔日〕岩本篤志：〈唐《新修本草》編纂と「土貢」──中國國家圖書館藏斷片考〉，載《東洋學報》第 90 卷第 2 期，2008 年；〔日〕石野智大：〈唐令中にみえる藥材の採取‧納入過程について──天聖醫疾令所收唐令の檢討〉，載《法史學研究會會報》第 12 號，2008 年。

[53] 〔日〕稻田奈津子：〈《慶元條法事類》與《天聖令》──唐令復原的新的可能性〉，載榮新江主編：《唐研究》（第 14 卷），北京大學出版社 2008 年版。日文版則載〔日〕大津透：《日唐律令比較研究の新段階》，山川出版社 2008 年版；〔日〕川村康：〈宋令の變容〉，載《法と政治》第 62 卷第 1 號（下），2011 年。

元條法事類》的差別，一定程度上回應了唐宋在經濟生活上的巨大變遷。[54]

至於以《天聖令》條文為依據，證明既有學說對於律令關係的闡述，則有桂齊遜〈唐代律令關係試析——以捕亡律令關於追捕罪人之規範為例〉。[55]此外，在宏觀論述唐宋時期法典編纂時，將《天聖令》作為一個環節予以提示者，則有高明士發表的〈從律令制的演變看唐宋間的變革〉、[56]李玉生所著的《唐令與中華法系研究》、[57]呂志興所著的《宋代法律體系與中華法系》[58]等。

三、有關令文的校錄與復原[59]

根據前述《天聖令》諸篇公佈的經過可知，在 2006 年全文公佈前，許多學者的校錄、譯注、引用皆以戴建國的抄件或正式錄文為據，並對此進行了部分的校正。目前根據圖版可知，之前的許多校正意見恰是符合原件的錄文，可見功力。大部分校錄意見，在《天聖令校證》的各篇校錄本中皆有體現，茲不多贅。唯《天聖令校證》出版後，學界得窺見殘卷的圖版及令文全貌，於令文校補、斷句時有新見，且多涉及令文文意解讀，下文擇要述及。

（一）《田令》

有關《田令》的錄文和復原研究，除下文特別出注外，皆參考兼田信一

54　戴建國：〈《天聖令》研究兩題〉，載《上海師範大學學報（哲學社會科學版）》2010 年第 2
　　期，第 128～130 頁。

55　桂齊遜：〈唐代律令關係試析——以捕亡律令關於追捕罪人之規範為例〉，載榮新江主編：《唐
　　研究》（第 14 卷），北京大學出版社 2008 年版。

56　高明士：〈從律令制的演變看唐宋間的變革〉，載《臺大歷史學報》第 32 期，2003 年。

57　李玉生：《唐令與中華法系研究》，南京師範大學出版社 2005 年版。

58　呂志興：《宋代法律體系與中華法系》，四川大學出版社 2009 年版。

59　凡出現在「有關xx的錄文和復原研究，除下文特別出注外，皆參考……」中的學者姓名，在每一
　　部分的行文中，皆以姓氏為簡稱，如「戴建國」簡稱為「戴氏」、「渡邊信一郎」簡稱為「渡邊
　　氏」等。特此說明。

郎的錄文、[60]戴建國的錄文與復原、[61]池田溫的錄文、[62]宋家鈺的校正與復原、[63]渡邊信一郎的譯注、[64]羅彤華的書評。[65]

1.校錄、句讀[66]

宋 6：梁建國對戴氏、宋氏等錄文、斷句進行了商榷。其中，「給外有剩，均授。州縣……」中「均授」與「州縣」之間的句號應刪除，「兵馬」與「監臨之官」、「上佐」與「錄事」之間皆應斷開，「數類」二字皆非衍文。[67]

唐29：戴氏、兼田氏、渡邊氏校錄為「即配成（城）鎮者」，池田氏、宋氏校為「即配成（戍）鎮者」。宋氏以為唐代邊防多稱鎮戍，故暫從池田氏校文。但渡邊氏以為「戍鎮」與「鎮戍」不同，它在唐代史籍中出現甚少，文意難通；而「城鎮」則與州縣相對，多略稱為「鎮」，主要是在邊境設置

60　〔日〕兼田信一郎：〈戴建國氏發見の天一閣博物館所藏北宋天聖令田令にていて——その紹介と初步の整理〉，載《上智史學》第 44 號，1999 年。

61　戴建國：〈唐《開元二十五年令・田令》研究〉，載《歷史研究》2000 年第 2 期。由於兼田信一郎、池田溫的校錄本皆出自戴建國抄本，故而除非三者有異，否則僅列戴說。

62　〔日〕池田溫：〈唐令と日本令（3） 唐令復原研究の新段階——戴建國氏の天聖令殘本發見研究〉，載《創價大學人文論集》第 12 號，2000 年。

63　宋家鈺的校錄，復原，除《天一閣藏明鈔本天聖令校證》中的相關部分外，還有宋家鈺著、徐建新譯：〈明鈔本北宋天聖「田令」とそれに附された唐開元「田令」の再校錄〉，徐建新譯，載《駿臺史學》第 115 號，2002 年；宋家鈺、徐建新、〔日〕服部一隆：〈〈明鈔本北宋天聖田令とそれに附された唐開元田令の再校錄〉についての修補〉，載《駿臺史學》第 118 號，2003 年；宋家鈺：〈明鈔本天聖《田令》及後附開元《田令》的校錄與復原〉，載《中國史研究》2006 年第 3 期。此處皆以《校證》本為據。

64　〔日〕渡邊信一郎：〈北宋天聖令による唐開元二十五年田令の復原びに注釋（未定稿）〉，載《京都府立大學學術報告（人文・社會）》第 58 號，2006 年。

65　以下，凡涉及到「某某某書評」者，皆同此注，不再另行出注。參見高明士等：〈評《天一閣藏明鈔本天聖令校證 附唐令復原研究》〉，載榮新江主編：《唐研究》（第 14 卷），北京大學出版社 2008 年版。

66　需要說明者：①句讀有異者，如非破句、讀斷有礙或導致文意理解不同，則一律不予列出；②由於《天一閣藏明鈔本天聖令校正》有「校錄本」、「清本」、復原研究中的條文臚列、「復原清本」等，本文所稱的「唐x」、「宋x」皆以「校錄本」為準，而「復原x」則以復原研究行文所列為準（若復原從略者，方以「復原清本」為準）。故而，有關《校證》中數種令文版本因刊行錯訛而導致的差異及相關指摘，也不一一列出。

67　梁建國：〈《天一閣藏明鈔本天聖令校證》標點勘誤一則〉，載《中國史研究》2010 年第 3 期。

的軍事設施和軍團，散見於文獻中。

唐 34：戴氏錄為「六品五頃（注：京畿縣亦在此）⋯⋯千牛備身左右⋯⋯諸軍折衝府⋯⋯皆於鎮（領）側⋯⋯鎮（領）者⋯⋯」，池田氏錄為「（注：京畿縣亦準此）⋯⋯千牛、備身左右⋯⋯諸軍折衝府⋯⋯皆於鎮側⋯⋯領者⋯⋯」，宋氏錄為「（注：京畿縣亦在〔準〕此）⋯⋯千牛備身左右⋯⋯諸軍〔上〕折衝府⋯⋯皆於鎮側⋯⋯鎮者」，渡邊氏、羅氏據《通典》錄為「領側」、「領者」。此外，渡邊氏、羅氏分別據《唐六典》補校「千牛備身左右」為「千牛備身、備身左右」。其中，羅氏稱「據《通典》卷三五或《唐六典》卷三改⋯⋯」，實則《通典》錄文與《天聖令》此條同，亦脫「備身」二字。

唐 44：戴氏、宋氏、渡邊氏等從《天聖令》原文而取「扶車子力」，羅氏以為「子力」或是「手力」之誤。

唐 47：戴氏斷句為「百姓田有水陸上次及上熟、次熟，畝別收穫多少」；宋氏斷為「百姓田有水陸上、次及上熟、次熟，畝別收穫多少」；渡邊氏斷為「百姓田有水陸、上次，及上熟、次熟，畝別收穫多少」，並解釋道：「水陸」乃是水田、陸田的種類之分，「上次」乃是上田、次田（中田）的優劣之分，「上熟、次熟」則是收成的程度之分。

2.復原文句

復原 18：戴氏、渡邊氏、宋氏皆復原為「諸永業田，每戶⋯⋯」，而山崎覺士則取「諸每戶永業田⋯⋯」。[68]

復原 30：戴氏全取宋令，宋氏改「違者，錢物及田宅並沒官」為「違者，財物及田宅並沒官」。渡邊氏則認為此句應復原為「違者，財沒不追，地還本主」，得到羅氏的贊同。

復原 33：戴氏、渡邊氏、宋氏皆從《宋刑統》所附之令復原，而羅氏以為《宋刑統》所取「依收授法」不如《天聖令》宋氏令原文之「亦準此」更

---

[68] 〔日〕山崎覺士：〈唐開元二十五年田令の復原から唐代永業田の再檢討へ〉，載《洛北史學》第 5 號，2002 年，第 107 頁。

順文意。

　　復原 42：戴氏將「親王出藩」補於此條內；而宋氏刪除了「諸職分陸田」之後的小注，並將「親王出藩」單列為一條。渡邊氏據《通典》卷三五〈職官一七〉「職田條」引《田令》「其價六斗以下者，依舊定，不得過六斗」復原此條，「依舊定」之後並無「以上者」三字（但《通典》卷二〈食貨二〉「田制」引《田令》則有此三字）。本文以為，《唐會要》所引開元十九年敕則有「以上者」三字，故宋說可從。至於羅氏認為應在「不得過六斗」後補上「地不毛者，畝給二斗」，宋氏則存疑。

　　宋氏所補「營田地剩」條改《通典》「丁牛」為「耕牛」，但理由不詳。羅氏認為丁牛一詞在唐代較為罕見，《通典》恐是誤植。

3.復原順序

　　有關《田令》的條文，宋氏將其分為「田畝面積類」、「民戶受田類」、「官人受永業田類」、「寬狹鄉、園宅、賣買等雜類」、「土地收授與非民戶受田類」、「公廨田、職分田類」、「屯田類」等七大類；服部一隆則認為《田令》由「對個人給田」（1～18）、「權利關係」（19～36）、「對官司官職給田」（37～44）、「屯田」（45～56）。[69]

　　宋 2：戴氏、渡邊氏、大津氏[70]等皆將其列於唐 6 後，而宋氏將其置於唐 15 後。若是依照邏輯分類，將「種桑條」列於「永業田傳子孫條」後，即納入「官人受永業田類」並不合適，故宋說可從。

　　宋 3：戴氏、渡邊氏列其於唐 28 後；而宋氏置其於唐 27 後、唐 28 前，理由是唐 28、唐 29 屬於「特殊人戶受田類」，不應插入其他，而宋 3 所規範的對象仍是「官人百姓」。若依宋說，唐 19「工商給田條」亦屬於「特殊人戶受田類」，為何不與唐 28、29 合併為一個規範群呢？恐怕，宋說與《田

69　〔日〕服部一隆：〈日本古代田制の特質──天聖令を用いた再檢討〉，載《歷史學研究》第833 號，2007 年，第 36 頁。渡邊信一郎的劃分與服部相同，只是每個部分的命名各有別。參見〔日〕渡邊信一郎：〈北宋天聖令による唐開元二十五年田令の復原びに注釋（未定稿）〉，載《京都府立大學學術報告（人文‧社會）》第 58 號，2006 年，第 41 頁。

70　〔日〕大津透：〈北宋天聖令的公佈出版及其意義──日唐律令比較研究的新階段〉，薛軻譯，載《中國史研究動態》2008 年第 9 期，第 27 頁。

令》本身所含的邏輯未必一致。

宋 7：戴氏將其列於唐 35 後；渡邊氏則將其置於唐 36 後；宋氏在〈天聖令復原為開元田令問題〉、〈唐開元田令復原清本〉中，將其置於唐 36、（補）「親王出藩」條後（即與渡邊說同），而在「分類列表」中將其列於唐 35 後、唐 36 前（即與戴說同）；山崎覺士則從宋「分類列表」的順序。[71]其實，宋氏言宋 7 為職田地租的規定、與唐 37 性質相同、二者應並列的觀點頗具說服力，故而「分類列表」有關此條的序列恐是排印錯訛。至於宋氏將「親王出藩條」列於唐 36 後，羅氏則認為「親王出藩」條應列在唐 36 之前，甚至於唐 35 條之前。

（二）《賦役令》

有關《賦役令》的錄文和復原研究，除下文特別出注外，皆參考戴建國的校錄與復原、[72]大津透的錄文、[73]渡邊信一郎的譯注、[74]李錦繡的校正和復原、劉燕儷的書評。

1.校錄、句讀

宋 12：戴氏、大津氏、李氏皆斷句為「皆量程遠近，刻其於當州界路次」，其中李氏懷疑「其」後有衍文，渡邊氏重新點斷、並校改為「皆量程遠近刻其（期），於當州界路次」；戴氏、大津氏皆疑「捍」字有誤，李氏校改為「押」。劉氏與筆者從渡邊氏之說。[75]

---

71 山崎覺士所定《田令》順序與宋家鈺的「分類列表」全同，僅分類更細緻。〔日〕山崎覺士：〈唐開元二十五年田令の復原から唐代永業田の再檢討へ〉，載《洛北史學》第 5 號，2002 年，第 110～116 頁。

72 戴建國：〈天一閣藏《天聖令‧賦役令》初探〉（上、下），載《文史》2000 年第 4 輯、2001 年第 1 輯。大津透、渡邊信一郎的論文刊行時，《天聖令》並未全文公佈，故而他們的錄文皆以戴文為準，如無差別，則本文僅列戴說。

73 〔日〕大津透：〈北宋天聖令‧唐開元二十五年令賦役令〉，載《東京大學日本史學研究室紀要》第 5 號，2001 年。

74 〔日〕渡邊信一郎：〈北宋天聖令による唐開元二十五年賦役令の復原びに注釋（未定稿）〉，載《京都府立大學學術報告（人文‧社會）》第 57 號，2005 年。

75 劉燕儷：〈試論唐代賦役丁匠的規範──以《天聖令‧賦役令》為中心的探討〉，載《新史料‧新觀點‧新視角：天聖令論集》（上），元照出版有限公司 2011 年版，第 119～120 頁；趙晶：

宋19：戴氏斷句為「路次州縣留附，隨便……」、「如到役所，病患到處安置」，大津氏、李氏則斷為「路次州縣留附隨便……」、「如到役所病患，到處安置」，渡邊氏對於後句的點讀同大津氏、李氏，對於前句則斷為「路次州縣，留附隨便……」。

唐 1：戴氏、大津氏、渡邊氏斷為「至戶部具錄色目牒度支」，李氏則斷為「至，戶部具錄色目，牒度支」，劉氏支持前一種意見。

唐 2：戴氏斷為「未發，間有……」，大津氏、渡邊氏、李氏則斷為「未發間，有……」。

唐 5：戴氏點斷為「部領其租」、「僦句隨便」，李氏斷為「部領，其租」、「僦句，隨便」。

唐15：戴氏於「九品以上州縣市令」、「州縣佐史」、「府史」處皆未斷句（前兩處大津氏也沒斷），渡邊氏、李氏則斷為「九品以上，州縣市令」、「佐、史」、「府、史」；戴氏斷「將防年本州非者，防徒人在役……侍（注文略），使並免課役」，大津氏在「防徒人」之「防」字處標問號，斷「侍（注文略），使，並免課役」，渡邊氏則斷為「將防年本州非者防，徒人在役」，且疑「使並免」之「使」為衍文，李氏對於「將防年」的斷句同渡邊氏，並將之校為「將防年非本州防者」，而將後句斷為「侍（注文略）、使，並免課役」。

唐26：戴氏對「銅冶及鐵作磚瓦」未予斷句，渡邊氏斷為「銅冶及鐵，作磚瓦」，李氏斷為「銅冶及鐵作、磚瓦」。

唐27：戴氏對於「錦罽羅紬綾絲絹絺（希）〔布？〕之類」並未斷句，大津氏斷為「錦、罽、羅、綢、綾、絲、絹、絺（希）〔布〕之類」，渡邊氏則斷為「錦罽、羅〔縠〕、紬綾、絲絹、絺希〔布〕之類」，李氏斷為「錦、罽、羅、綢、綾、絲、絹、絺希（布）之類」。

2.復原文句

〈《天聖令‧賦役令》丁匠諸條疏補〉，載《文史》2011 年第 4 輯，第 125 頁。唯需說明者，渡邊氏的意見是校改「其」為「期」，而劉燕儷則誤讀為校補一個「期」字，即有「刻期」與「刻其期」之別。

復原 2：諸家皆大體據《唐令拾遺》復原，並增加宋令「並於布帛兩頭……」一句，其中戴氏刪除「其江南……」一句，李氏改「每」為「一」、改「石」為「斛」，刪去「兼調」、「每色稅物」、「本」，將「其絹……」一句改為注文。

復原 8：戴氏除改「三司」為「尚書省」外，全據宋令復原；渡邊氏改「稅」為「租」，將「三司」復原為「尚書省」；李氏刪去「稅」，改「三司」為「省」；大津氏推測「三司」或應復原為「戶部」或「度支」；[76]劉氏同意渡邊氏之說補「租」字。

復原 11：戴氏、渡邊氏皆從宋令，李氏改「附遞申」為「申省」。

復原 20：李氏改宋令「冥」為「通」，餘人未改。

復原 21：戴氏、李氏皆刪宋令「皇太子妃……親王妃及」、「本服期」，渡邊氏則據宋令復原。

復原 30：戴氏、渡邊氏皆僅改「五等」為「九等」，大津氏、李氏除此之外還分別改「外降戶口」為「因對戶口，收手實之際」、[77]「收手實之際」。文欣支持李氏的復原。[78]

復原 32：大津氏改宋令「上役」為「赴役（之日）」，[79]余人皆從宋令。

復原 35：戴氏改宋令「其合徒者免陪」為「即給雇直」，而渡邊氏、李氏皆從宋令復原，筆者從後二者之說。[80]

復原 37：戴氏稱據《養老令》為準復原，渡邊氏據宋令復原，李氏在宋令的基礎上補入「闕功令陪」、「唯疾病者，納資」，劉氏則傾向於渡邊氏

76　〔日〕大津透：〈唐日賦役令の構造と特色〉，載〔日〕大津透：《日唐律令制の財政構造》，岩波書店 2006 年版，第 203 頁。

77　〔日〕大津透：〈唐日賦役令の構造と特色〉，載〔日〕大津透：《日唐律令制の財政構造》，岩波書店 2006 年版，第 209 頁。

78　文欣：〈唐代差科簿製作過程——從阿斯塔納 61 號墓所出役制文書談起〉，載《歷史研究》2007 年第 2 期，第 55 頁注 1。

79　〔日〕大津透：〈唐日賦役令の構造と特色〉，載〔日〕大津透：《日唐律令制の財政構造》，岩波書店 2006 年版，第 205 頁。

80　趙晶：〈《天聖令·賦役令》丁匠諸條疏補〉，載《文史》2011 年第 4 輯，第 124 頁。

之說。[81]筆者對李氏有關「納資」一詞的復原理由進行了商榷，認為應刪去此句，至於「關功令陪」則關涉到「計日除功」和「非露役者不除」的理解，暫且存疑。[82]

復原38：戴氏、渡邊氏皆據宋令復原，李氏則改宋令「官司」為「御史」、改「覺舉」為「若有」，刪去「仍令御史」。劉氏從李氏之說，[83]而牛來穎認為「巡行」之官非限於御史，如何復原唐令尚待斟酌。[84]

復原39：戴氏不能確定究竟是該以宋令為準，還是以《養老令》為據；渡邊氏以宋令為準；李氏改宋令「放還，殘功不追」為「即納資放還」。筆者傾向於依宋令復原。[85]

復原40：戴氏改宋令「度支」為「戶部」，李氏認為「度支」不誤；李氏改「京」為「兩京」，餘人皆未改，劉氏也認為無需改為「兩京」。

復原41：諸家復原皆改宋令「三司」為「度支」，大津氏認為尚需探討。[86]筆者也對此進行了質疑。[87]

復原42：戴氏和李氏皆據《養老令》改宋令的「年考」，唯戴氏稱《養老令》載為「考校」，實際上日令原文即是李氏復原的「考殿」。渡邊氏全據宋令復原。

復原43：戴氏、李氏皆據宋令復原，渡邊氏改「村坊」為「里坊」。

復原50：對於宋令的「有雜物科稅」，戴氏復原為「庸調物雜稅」，渡邊氏復原為「租調庸及地租雜稅」，李氏復原為「租、調及庸、地租、雜稅」；

---

81 劉燕儷：〈試論唐代賦役丁匠的規範——以《天聖令·賦役令》為中心的探討〉注 27，載《新史料·新觀點·新視角：天聖令論集》（上），元照出版有限公司 2011 年版，第 120～121 頁。

82 趙晶：〈《天聖令·賦役令》丁匠諸條疏補〉，載《文史》2011 年第 4 輯，第 124～128 頁。

83 劉燕儷：〈試論唐代賦役丁匠的規範——以《天聖令·賦役令》為中心的探討〉注 39，載《新史料·新觀點·新視角：天聖令論集》（上），元照出版有限公司 2011 年版，第 129 頁。

84 牛來穎：〈《天聖令·賦役令》丁匠條釋讀舉例——兼與《營繕令》比較〉，載杜文玉主編：《唐史論叢》第 13 輯，三秦出版社 2011 年版，第 109～110 頁。

85 趙晶：〈《天聖令·賦役令》丁匠諸條疏補〉，載《文史》2011 年第 4 輯，第 125 頁。

86 〔日〕大津透：〈北宋天聖令的公佈出版及其意義——日唐律令比較研究的新階段〉，薛軻譯，載《中國史研究動態》2008 年第 9 期，第 27 頁。

87 趙晶：〈《天聖令·賦役令》丁匠諸條疏補〉，載《文史》2011 年第 4 輯，第 131 頁。

又，李氏改宋令「所須」為「應輸」。

3.復原順序

對於條文分類，大津氏、[88]渡邊氏和李氏皆將《賦役令》劃分為四個部分，大津氏、渡邊氏將復原 11、12、13 歸為第二類，而李氏則將之歸為第一類；大津氏將復原 40～48 歸為第三類，李氏則將之歸為第四類，而渡邊氏對這部分的處理，除了將復原 48 歸入第四類，其餘皆與大津氏同。

有關條文順序，大津氏與李氏除了宋 1 與唐 1、宋 4 與唐 8 的排序不同外，其餘皆一致；對於宋 1 與唐 1 的處理，戴氏、渡邊氏、劉氏的排序皆與大津氏同；對於宋 4 與唐 8 的處理，渡邊氏、劉氏與大津氏的意見一致，戴氏與李氏的意見一致；除此之外，戴氏將唐 4 排在宋 2 前、將宋 3 排在唐 5 前、將宋 9 排在唐 20 前、將宋 10 移到唐 24 後、將唐 25、26 移到宋 11 前；渡邊氏則將宋 9 排在唐 22 後、宋 21 移到唐 26 後、將唐 24 移到宋 20 後。此外，劉氏認為應將復原 30 一分為二，而牛來穎認為宋 2 與唐 3 應並為一條，且將宋 4 視為宋制對唐 8 的修改而刪除之。[89]

（三）《倉庫令》

有關《倉庫令》的錄文和復原研究，除下文特別出注外，皆參考李錦繡的校正和復原、李淑媛的書評（這一部分中，「李淑媛」不用略稱——作者注）、渡邊信一郎的譯注。[90]

1.校錄、句讀

唐 1：李氏錄「折納大米及糙米」，渡邊氏查圖版為「火米」而非「大米」，屬實。

唐 2：李氏在「長八尺，廣五尺大小麥二斛」中，將「大小」二字上讀

88　〔日〕大津透：〈唐日賦役令の構造と特色〉，載〔日〕大津透：《日唐律令制の財政構造》，岩波書店 2006 年版，第 198 頁。

89　牛來穎：〈《天聖令》唐宋令條關係與編纂特點〉，載中國社會科學院歷史所隋唐遼金元研究室編：《隋唐宋遼金元史論叢》（第 1 輯），紫禁城出版社 2011 年版，第 104～115 頁。

90　〔日〕渡邊信一郎：〈天聖令倉庫令譯注初稿〉，載《唐宋變革研究通訊》第 1 輯，2010 年。

為「廣五尺大小。麥二斛」，渡邊氏則將「大小」二字下讀為「廣五尺，大小麥二斛」。結合宋 2 可知，渡邊氏之說可從。

唐 3：李氏原將注文「謂年十八者以上者中男女」校為「中、男女謂年十八以上者」，後又校改為「謂年十八以上者」作為「中女」的注文。[91]但渡邊氏認為中男女有十七以下和十八以上的區別，故錄為「謂年十八以上中男女者」。又，渡邊氏認為李氏所錄「針、醫生」應是原文倒誤，校為「醫針生」。

唐 7：李氏據圖版錄為「諸牧監獸醫上番日，及衛士……」以及將「上番日給」錄為「津番官」注文。渡邊氏改首句「及」為「給」並上讀，又將後句的注文改為正文。

唐 9：李氏從圖版錄為「隨防人」，渡邊氏校為「遣防人」。

唐 10：李氏斷「諸鹽車、運船，行經百里……」，渡邊氏斷為「諸鹽車運船行，經百里……」。

唐 12：渡邊氏校「兩京在藏庫」為「兩京左右庫藏」。

唐 13：李氏斷「付綱典送尚書省，驗印封全」，渡邊氏斷為「付綱典送。尚書省驗印封全」，且錄「所司」為「諸司」，不知何據。

2.復原文句

復原 1：李氏改宋令「兼種榆柳……」為「空地不得種蒔」、刪除宋令「皆布磚為地……」；又刪除宋令「於城內」，李淑媛以證據薄弱為由而質疑之。

復原 6：李氏據宋令復原，李淑媛改宋令「每月」為「每季」。

復原 9：李氏改宋令的「府庫」為「藏庫」；武井紀子建議改宋令「府庫」為「庫或庫藏」。[92]

---

[91] 李錦繡：〈唐開元二十五年《倉庫令》所載給糧標準考──兼論唐代的年齡劃分〉，載上海社會科學院《傳統中國研究集刊》編輯委員會編：《傳統中國研究集刊》（第 4 輯），上海人民出版社 2008 年，第 305 頁。

[92] 〔日〕武井紀子：〈日唐律令制における倉、藏、庫──律令國家における收納設施の位置づけ〉，載〔日〕大津透編：《日唐律令比較研究の新段階》，山川出版社 2008 年版，第 126～129 頁。

　　復原 24：李氏原以史料不足之故而未予復原，後又提出復原意見：除末句改為「聽役諸軍兵士」外，其餘皆從宋令。[93]

　　復原 25：李氏改宋令「三司文牒」為「尚書省符」，大津氏表示懷疑。[94]

　　復原 28：李氏改宋令「倉庫」為「倉藏」，後又改從宋令「倉庫」復原。[95]

　　還需指出的是，李氏據宋 3 復原唐令時，認為根據《唐六典》和《舊唐書》所載，宋令「同受官人姓名」應改為「受領粟官吏姓名」，只是復原條文及復原清本中皆未予更改。

3.復原順序

　　有關《倉庫令》的條文分類，李氏分為倉、庫兩大部分，武井氏分為倉、管理規定、庫三大部分，而渡邊氏則分為倉、倉庫共通規定、庫三大部分。其中，武井氏將宋 15～25、唐 11～12 作為第二部分，而渡邊氏將宋 15～19、24 作為第二部分。[96]

　　宋 24：渡邊氏認為本條乃是倉、庫兩者有關門的官吏的規定，放在有關庫藏規定的宋 20～23 後並不合適，應置於宋 15～19 之後。

（四）《廄牧令》

　　有關《廄牧令》的錄文和復原研究，除下文特別出注外，皆參考宋家鈺的校正和復原、張文昌的書評。

1.校錄、句讀

93　李錦繡：〈唐開元二十五年《倉庫令》研究〉注 2，載榮新江主編：《唐研究》（第 12 卷），北京大學出版社 2006 年版，第 20 頁。

94　〔日〕大津透：〈北宋天聖令的公佈出版及其意義——日唐律令比較研究的新階段〉，薛軻譯，載《中國史研究動態》2008 年第 9 期，第 27～28 頁。

95　李錦繡：〈唐開元二十五年《倉庫令》研究〉注 2，載榮新江主編：《唐研究》（第 12 卷），北京大學出版社 2006 年版，第 17 頁。

96　分別參見〔日〕武井紀子：〈日本古代倉庫制度の構造とその特質〉，載《史學雜誌》第 118 卷第 10 期，2009 年，第 5 頁。

唐 13：「以傳字右印印左髆」，宋氏疑「右」為衍文，孟彥弘則認為「左髆」應為「右髆」而存在誤抄。[97]

唐 26：宋氏在「諸官人乘傳送」後校補「馬、驢」二字，孟彥弘認為可不補出。對於孟說，宋氏亦有如下回應：「《唐律》用過『給傳送』，如用『乘』、『傳送』下一般就不能省『馬』字」；[98]又，孟彥弘認為「官馬」一詞似指「府官馬」。[99]

唐 33：《天聖令》原本錄為「第一道……第六道」，而宋改「道」為「等」；後其本人又指出，吐魯番文書中有稱驛道為「第五道」，故而疑前次校錄有誤。[100]黃正建據《養老令》認為「道」較「等」為準確。[101]

2.復原文句

復原 4：宋氏改「闌畜」為「闌遺畜」。張氏認為應從宋令「闌畜」而不改。

復原 41、42：市大樹認為宋家鈺將宋 9 條一分為二，拆為復原 41、42 條有待商榷，並提出復原意見：復原 42 的「諸公使須乘驛及傳送馬者」一句作為整條令文的開始，復原 41 中的「凡給馬者」修改為「給傳送者」、「給傳乘者……九品一馬」一句刪去，復原 42 中「若不足者……」一句接在復原 41 雙行夾注之後作為整條令文的結尾；[102]宋氏對其原來復原的令文進行了修

---

[97] 孟彥弘：〈唐代的驛、傳送與轉運——以交通與運輸之關係為中心〉注 4，載榮新江主編：《唐研究》（第 12 卷），北京大學出版社 2006 年版，第 28 頁。

[98] 孟彥弘：〈唐代的驛、傳送與轉運——以交通與運輸之關係為中心〉附記，載榮新江主編：《唐研究》（第 12 卷），北京大學出版社 2006 年版，第 49 頁。

[99] 孟彥弘：〈唐代的驛、傳送與轉運——以交通與運輸之關係為中心〉注 6，載榮新江主編：《唐研究》（第 12 卷），北京大學出版社 2006 年版，第 28 頁。

[100] 孟彥弘：〈唐代的驛、傳送與轉運——以交通與運輸之關係為中心〉附記，載榮新江主編：《唐研究》（第 12 卷），北京大學出版社 2006 年版，第 49 頁。宋家鈺：〈唐《廄牧令》驛傳條文的復原及與日本《令》、《式》的比較〉，載榮新江主編：《唐研究》（第 14 卷），北京大學出版社 2008 年版，第 169 頁。

[101] 黃正建：〈明抄本宋《天聖令·雜令》校錄與復原為《唐令》中的幾個問題〉注 1、2，載嚴耀中主編：《唐代國家與地域社會研究》，上海古籍出版社 2008 年，第 58 頁。

[102] 〔日〕市大樹：〈日本古代傳馬制度の法的特徵と運用實態——日唐比較を手がかりに〉，載《日本史研究》第 544 號，2007 年，第 12 頁注 4。

改，即將「乘傳日四驛，乘驛日六驛」一句判為《公式令》的遺文，將「凡給馬者，官爵一品八匹……七品以下二匹」修改為「給傳送馬者，官爵一品，給馬八匹……七品以下，給馬二匹」，在每一等級給馬數量前加「給馬」二字。至於原來復原令文中「給傳乘者……」及注文，亦皆刪去。[103]

3.復原順序

宋氏對於其在《天一閣藏明鈔本天聖令校證》中的復原排序，進行了再修正：將作為復原 36、37 的唐 21、宋 11 提前到唐 34 與宋 15 之間，即成為復原 34、35，將原本作為復原 34 的唐 35 挪到唐 22、23 之間，作為復原 39。[104]

（五）《關市令》

有關《關市令》校錄、復原研究，以下除特別出注外，皆參考孟彥弘的校證和復原、劉馨珺的書評。

1.校錄、句讀

宋 6：孟氏斷句為「牒所入關勘過所。有一物以上」；榎本淳一斷為「牒所入關勘過，所有一物以上」，[105]可從。至於榎本氏認為「藩客官人」為「當客官人」之誤，[106]恐理由不足。

2.復原文句

復原 1：孟氏對其原來的復原有所修正，即將唐 1、《唐六典》卷六「司門郎中員外郎」條中「在京則省給之」一句增補為該條的注文。[107]此外，吉

---

103 宋家鈺：〈唐《廄牧令》驛傳條文的復原及與日本《令》、《式》的比較〉，載榮新江主編：《唐研究》（第 14 卷），北京大學出版社 2008 年版，第 162～164 頁。

104 宋家鈺：〈唐《廄牧令》驛傳條文的復原及與日本《令》、《式》的比較〉，載榮新江主編：《唐研究》（第 14 卷），北京大學出版社 2008 年版，第 160～162 頁。

105 〔日〕榎本淳一：《唐王朝と古代日本》，吉川弘文館 2008 年版，第 113 頁。

106 〔日〕榎本淳一：《唐王朝と古代日本》，吉川弘文館 2008 年版，第 115 頁。

107 孟彥弘：〈唐代「副過所」及過所的「副白」、「錄白案記」辨釋〉，載《文史》2008 年第 4輯，第 101～104 頁；又，〈唐代過所的「副白」、「錄白」及過所的「改請」〉（《慶祝寧可先生八十華誕論文集》，中國社會科學出版社 2008 年版）一文是前文的節略版，觀點並無差別，故而本文引用以前者為準。

永匡史認為目前無法斷言申請過所時需「具列」的各項名目究竟應置於《關市令》還是《公式令》中；對於孟氏將過所有效期復原為「卅日」的觀點，[108] 吉永氏也進行了質疑；孟氏將《唐六典》一句補為注文，吉永氏則認為復原應據《養老令》的原文及位置補入；孟氏認為《唐令拾遺》所復原的「度關津當有過所」條並非唐令原文，而吉永氏認為有關度「津」需過所的條文應為唐令固有並復原為注文。[109]

復原 7：孟氏認為宋令「兩處勘度」、「一處勘過」皆無法復原，而《養老令》「皆依過所所載關名勘過」亦非唐令原文。劉氏以《唐律》文句為據，認為「兩處勘度」可予復原，此說可從。至於劉說據〈唐開元二十一年唐益謙薛光泚康大之請過所案卷〉具載道路關名以質疑孟說，恐有不足。

復原 8：孟氏從宋令復原，李全德認為「關司勘過所，案記」之「所」應刪除，而「案記」前應補入「錄白」二字，[110]可從。至於劉氏以為孟氏改「遞馬」為「驛、傳馬」亦可商榷。唯劉說引《冊府元龜》所載開元二十五年制之「驛封田」條，實則《天聖令・田令》唐 35 條即是，且《冊府元龜》雖記為「傳遞馬」，但唐 35 條錄為「傳送馬」，恐劉說引此條史料不足為證。

宋 4 條：孟氏懷疑此條為宋人新設而唐令本無；吉永匡史、[111]李全德、[112]劉氏皆予以反駁。

復原 9：孟氏未復原「若鎮戍烽有緊急……」一句，李全德由此質疑復原者過分泥於日令以至於作繭自縛。[113]

復原 10：孟氏在「有一物以上」前補入「所」字；榎本淳一以為孟氏的

108　孟彥弘在〈唐代「副過所」及過所的「副白」、「錄白案記」辨釋〉中亦引用〈唐開元二十一年唐益謙薛光泚康大之請過所案卷〉，稱「雖然我們不知道他延誤了多少時日，但至少可以確定過所不能隔年使用」。引自《文史》2008 年第 4 輯，第 109 頁。

109　〔日〕吉永匡史：〈律令關制度の構造と特質〉，載《東方學》第 117 號，2009 年，第 8～13 頁。

110　李全德：〈《天聖令》所見唐代過所的申請與勘驗──以「副白」與「錄白」為中心〉，載榮新江主編：《唐研究》（第 14 卷），北京大學出版社 2008 年版，第 213 頁以下。

111　〔日〕吉永匡史：〈律令關制度の構造と特質〉，載《東方學》第 117 號，2009 年，第 2～3 頁。

112　李全德：〈《天聖令・關市令》復原順序新探〉，載《國學學刊》2009 年第 2 期。

113　李全德：〈《天聖令・關市令》復原順序新探〉，載《國學學刊》2009 年第 2 期。

斷句有誤而無須補字，[114]可從。其次，孟氏未復原宋令所存的「出關申報」文句，榎本氏、李全德皆認為應依宋令復原此句。[115]至於孟氏改宋令的「州鎮」為「州縣」，榎本氏以「州縣鎮鋪關津堰寺」為據認為孟說理由不足，並以宋令「藩客官人」之「藩」乃是「當」字之誤而將它復原為「當客官人」。[116]本文以為還應以「藩客」為準。

宋 7 條：孟氏將前兩部分一分為二，復原為 2 條唐令，榎本淳一、吉永匡史、李全德則認為仍應從宋令復原為 1 條。[117]而孟氏將「禁物」解釋為「私家不應有」之物，改宋令為「私家應有之物……」，李全德對此表示支持，[118]而榎本氏認為無須刪改宋令，[119]本文同意後者。至於孟氏將「化外人」復原為「諸藩」，榎本氏、[120]劉氏皆否定了孟說。

復原 12：孟氏改宋令「牒關聽出」為「牒關勘過」，榎本淳一表示反對。[121]

復原 21：孟氏將「過價」列入「經本司」的手續中，而榎本淳一認為「過價」應放在「皆經本部本司」之前；孟氏刪宋令「若度關……」一句，榎本氏則以「過所」非宋代用語之故而復原。[122]

復原 23：孟氏刪除「欲居係官店肆……然後聽之」之句；劉氏則建議保留。

復原 25：孟氏認為《唐令拾遺》引《白氏六貼》在「皆令互官司檢校」

114 〔日〕榎本淳一：《唐王朝と古代日本》，吉川弘文館 2008 年版，第 113 頁。

115 〔日〕榎本淳一：《唐王朝と古代日本》，吉川弘文館 2008 年版，第 115 頁；李全德：〈《天聖令·關市令》復原順序新探〉，載《國學學刊》2009 年第 2 期。

116 〔日〕榎本淳一：《唐王朝と古代日本》，吉川弘文館 2008 年版，第 114～115 頁。

117 〔日〕榎本淳一：《唐王朝と古代日本》，吉川弘文館 2008 年版，第 119 頁；〔日〕吉永匡史：〈律令關制度の構造と特質〉，載《東方學》第 117 號，2009 年，第 3 頁；李全德：〈《天聖令·關市令》復原順序新探〉，載《國學學刊》2009 年第 2 期。

118 李全德：〈《天聖令·關市令》復原順序新探〉，載《國學學刊》2009 年第 2 期。

119 〔日〕榎本淳一：《唐王朝と古代日本》，吉川弘文館 2008 年版，第 118 頁。

120 〔日〕榎本淳一：《唐王朝と古代日本》，吉川弘文館 2008 年版，第 121 頁。

121 〔日〕榎本淳一：《唐王朝と古代日本》，吉川弘文館 2008 年版，第 123～124 頁。

122 〔日〕榎本淳一：〈天聖令からみた唐日奴婢賣買の諸問題〉，載〔日〕大津透編：《日唐律令比較研究の新段階》，山川出版社 2008 年版，第 186～187 頁。

之「官」前脫「市」字，故而在復原時補入。今查《白氏六貼事類集》亦無「市」字，故而並非《唐令拾遺》之誤。

3.復原順序

除了孟氏將宋 7 一分為二並將後半部分挪為復原 26 外，有關「市」令部分的復原順序，因唐、宋令的排列與《養老令》的順序皆吻合，故而別無異見。但是，有關「關」令的復原，劉以為唐 2、唐 4 應列入「度關」部分；李全德認為《養老令》的排序變化錯雜，應非唐令原貌，而孟氏的排序及分類亦多有不足，故而重新排序；[123]吉永匡史亦對「關」令進行重排[124]：

	請過所	度關	禁物出入關	關門管理
孟彥弘	宋 1-唐 1-唐 2-唐 3-唐 4-唐 5	宋 2-宋 3-宋 5-宋 6	宋 7-宋 8-唐 6-唐 7	宋 9
李全德	宋 1-唐 1-宋 2-宋 3	宋 4-宋 5-唐 2-唐 3-唐 4-唐 5-宋 6	唐 6-唐 7-宋 7-宋 8	宋 9
吉永匡史	宋 1-唐 1	宋 2-宋 3-宋 4-宋 5-唐 2-唐 3-唐 4-唐 5	唐 6-宋 6-宋 7-宋 8-唐 7	宋 9
本文	宋 1-唐 1	宋 2-宋 3-宋 4-宋 5-唐 2-唐 3-唐 4-唐 5-宋 6	唐 6-唐 7-宋 7-宋 8	宋 9

本文以為，李說與吉永說的排列順序較孟說為優。其中，宋 2、宋 3 屬於度關勘驗過所的規定，故而納入第二部分為妥，吉永說可從；而宋 6 屬於藩客度關的規定，與宋 4 至唐 5 的屬性相同，故而應列於唐 5 後並納入到第

123　李全德：〈《天聖令・關市令》復原順序新探〉，載《國學學刊》2009 年第 2 期。

124　〔日〕吉永匡史：〈律令關制度の構造と特質〉，載《東方學》第 117 號，2009 年，第 4～7 頁。

二部分，李說可從；而唐 7 與唐 6 後半部分皆屬相同性質的例外規定，似應先後並列為宜，故而李說較優。

（六）《捕亡令》

有關《捕亡令》的錄文、復原等研究，以下除特別出注外，皆參考池田溫的錄文、[125]戴建國的校錄與復原、[126]孟彥弘的校正與復原、桂齊遜的書評。[127]

1.校錄、句讀

宋 5：「經隨近官司申牒推究驗其死人委無冤橫者」，池田氏斷為「經隨近官司申牒。推究驗其死人委，無冤橫者」，戴氏斷為「經隨近官司申牒，推究，驗其死人，委無冤橫者」，孟氏斷為「經隨近官司申牒推究，驗其死人，委無冤橫者」。

宋 9：「錄其色物」，孟氏校為「物色」，戴氏、池田氏未改，本文亦從宋令原文；「榜於要路」，戴氏錄為「與」，池田氏、孟氏錄為「於」，今查圖版，為「扵（於）」字；「先責伍保及令其失物隱細狀驗符合者常官隨給」，池田氏斷、校為「先責伍保，及令其失物隱細狀，驗符合者，常（掌）官隨給」，戴氏斷、錄為「先責伍保及令（其）〔具？〕失物隱細狀，驗符合者，（常）〔當〕官隨給」，孟氏斷、錄為「先責伍保及（令）其失物隱細，狀驗符合者，常官隨給」。

唐 4：「案檢知實評價」，戴氏斷為「案檢，知實評價」，池田氏、孟氏皆斷為「案檢知實，評價」。

唐 5：「三分以一分賞府促人二分賞後促人」，戴氏校「府」為「付」，

---

[125] 〔日〕池田溫：〈唐令と日本令（3） 唐令復原研究の新段階——戴建國氏の天聖令殘本發見研究〉，載《創價大學人文論集》第 12 號，2000 年。因為池田溫的錄文來自於戴建國，故兩者無差別或無說明意義時，以戴建國之文為準。

[126] 戴建國：〈唐《捕亡令》復原研究〉，載雲南大學中國經濟史研究所、雲南大學歷史系編：《李埏教授九十華誕紀念文集》，雲南大學出版社 2003 年版。

[127] 桂齊遜後又將書評中的相關章節，匯入〈《天聖令》復原唐令研究——以《捕亡令》為例〉，載《史學匯刊》第 25 期，2010 年。

池田氏錄為「後」、校為「付」，孟氏校為「前」，孟說可從。

2.復原文句

復原 1：孟氏改「村保」為「村坊」；桂氏認為「徵防流移人」應改為「徵人、防人、流人、移人」。

復原 2：桂氏認為宋令「從發處尋蹤，登共追捕」應復原為「從發處追捕」，並認為孟氏從宋令復原未說明理由。其實孟氏的復原原則是凡《天聖令》與《養老令》文句相同者，徑認為唐令原文，[128]而此句的《養老令》亦如宋令，故而應從《天聖令》為尚；宋令的「須共所界官司對量蹤跡」，戴氏、吉永匡史復原為「與所部官司對量蹤跡」，孟氏則從宋令；至於戴氏改「吏人」為「使人」、改「追考」為「懲考」，孟氏、吉永氏皆堅持「吏人」而未改，但改「追考」為「懲考」。[129]此外，戴氏認為宋令末句「又不得………」為宋代新制，孟氏則認為是唐令原文。

復原 3：戴氏雖認為宋令「巡檢」、《養老令》「軍團」應改為「軍府」，但在復原的唐令中，在第一處復原為「府兵處」，第二處復原為「軍府」，孟氏則皆復原為「軍府」；此外，戴氏將宋令的「是實」改為「事實」，孟氏則從宋令。

復原 5：戴氏增入「部曲」，孟氏從此說；但戴氏、孟氏從宋令復原此令末句「奴婢自還者，歸主」，桂氏則認為也應增補為「部曲、奴婢自還者，歸主」。但是，榎本淳一認為戴說並不能成立，故而復原唐令中不必增加「部曲」。[130]又，孟氏在「於隨近官司」前補「皆」字；至於孟氏比照此條與唐5，認為此條規定的「亡失」並非逃亡，而是「入藩境」。本文以為如此理解似有未妥。唐5的「若走歸主家，徵半賞」是對於奴婢被捉獲入官後更逃亡的情況，即被捉獲入官後，奴婢再逃亡並回到主家，這個時候，主家需對捉

---

128 天一閣博物館、中國社會科學院歷史研究所天聖令整理課題組校證：《天一閣藏明鈔本天聖令校證 附唐令復原》，中華書局 2006 年版，第 521 頁。

129 所引吉永氏之說，皆參見〔日〕吉永匡史：〈律令國家と追捕制度〉，載〔日〕大津透編：《日唐律令比較研究の新段階》，山川出版社 2008 年版，第 206 頁。

130 〔日〕榎本淳一：〈天聖令からみた唐日奴婢賣買の諸問題〉，載〔日〕大津透編：《日唐律令比較研究の新段階》，山川出版社 2008 年版，第 188～189 頁。

獲者進行酬賞。故而宋 4 所復原的唐令「自還者，歸主」並不僅僅指「入藩後自還」，應涵蓋奴婢等亡失後，自己返回主家的普遍情況，因為既然是自己走歸，並無受賞之人，何必規定？

復原 6：戴氏認為唐令並無「地分」二字，孟氏雖同意戴氏唐令無「地分」之說並改為「地界」，但認為「地分」一詞起碼在後晉開運二年（西元945 年）便見記載；戴氏認為「驗其死人委無冤橫者」、雙行夾注「檢屍之條自從別敕」為宋代新制，孟氏以為前者為唐令原文，後者為宋代新增。

復原 9：「十日外承主不至」，桂氏認為應將「承」字復原為「本」字。

復原 10：《令義解》中有「故其官司捉獲者，全賞前捉人也」之句，且「中分」後並無宋令「之」字，孟氏在校錄本中指出此點，並認為應據此補唐令，但在復原清本中未有體現；桂氏亦認為應補入。至於桂氏認為此條中的「捉送」應改為「執送」，本文以為不必，孟氏在復原 13 中便有相關引證，可從。[131]

復原 12：榎本淳一認為令文開頭的「計」應復原為「平」。[132]

復原 13：孟氏的復原意見中略有筆誤，如「『執送』，《養老令》作『捉送』」，實則《養老令》作「執送」，《天聖令》等作「捉送」。

復原 16：戴氏認為「隨近官司」為《永徽令》、《天聖令》所用語，而「隨近縣」則是《開元二十五年令》與《宋刑統》所用語；孟氏認為此說理由不足，故而復原為「隨近官司」。

3.復原順序

戴氏從《養老令》順序，將宋 5 列在唐 2 之後，孟氏依據令文內容進行區分，列宋 5 在唐 2 之前；桂氏認為既然唐 2 是有關糾捉盜賊徵賞的令文，應併入第一部分「追捕盜賊」，即將它列在唐 1 後，並將第一部分總括為「追捕盜賊及徵賞」、第四部分總括為「捉獲奴婢徵賞」；又因為宋 7 與第四部

---

[131] 孟彥弘後來特意指出，這僅僅是校勘上的異文問題，而非復原問題。參見孟彥弘：〈明鈔本《天聖令》的整理及唐令復原的得失——校錄、復原的「清本」問題〉，載《書品》2010 年第 3 期。

[132] 〔日〕榎本淳一：〈天聖令からみた唐日奴婢賣買の諸問題〉，載〔日〕大津透編：《日唐律令比較研究の新段階》，山川出版社 2008 年版，第 189 頁。

分內容迥異，故而應將其列在宋 8 後，單獨定位一項內容。

（七）《醫疾令》

有關《醫疾令》錄文、復原的商榷，除了下文單獨出注者外，主要參考程錦的校正和復原、丸山裕美子的商榷文章[133]和陳登武的書評。

1.校錄、句讀

復原 25、唐 20、唐 21：于賡哲認為唐代醫書中「瘧痢」連讀者極為罕見，應將此句讀點為「瘧、痢」，即瘧疾和痢疾。[134]

唐 1：《天聖令》原文為「療瘇」，程氏校為「瘡瘇」，陳氏認為應校為「瘡腫」，丸山氏從陳說。

唐 6：程氏原來將首句斷為「諸醫、針師，醫監、醫正量其所能……」；但她後來懷疑如上點讀將「醫監、醫正」定位為單純的行政監督者，似乎有所不妥。[135]石野智大也注意到宮人患坊這條記載，他據《醫疾令》唐 9 認為醫監、醫正是女醫年終考試的考官，而宮人患坊與女性治療相關，故而醫監、醫正是合適的治療者。[136]或許是他認為醫監、醫正只承擔這項與女性醫療相關的治療責任，並不影響唐 6 對他們的行政定位，故而他在引用唐 6 時，亦從程氏校訂時的句讀。

2.復原文句

復原 1：張耐冬認為程氏所復原唐令的起首「諸醫生、針生、按摩生、咒禁生」應改為「諸醫、針生」；他還認為程氏復原的「攻習其術」，應該替之以年齡條件「年十六以上二十以下」和素質條件如「性識聰敏」之類的

---

[133] 〔日〕丸山裕美子：〈北宋天聖令による唐日醫疾令の復原試案〉，載《愛知縣立大學日本文化學部論集》第 1 期，2010 年；中文版〈唐日醫疾令的復原與對比——對天聖令出現之再思考〉，方國花譯，載《新史料・新觀點・新視角：天聖令論集》（上），元照出版有限公司 2011 年版。

[134] 於賡哲：〈《天聖令》復原唐《醫疾令》所見官民醫學之分野〉，載《歷史研究》2011 年第 1 期，第 46 頁。

[135] 程錦：〈唐代醫療制度研究〉，中國社會科學院 2008 年碩士學位論文，第 86～87 頁。

[136] 〔日〕石野智大：〈唐代兩京の宮人患坊〉，載《法史學研究會會報》第 13 號，2009 年，第 30～31 頁。

表述。[137]對此，陳氏認為應復原為「年十四已上十九已下」，至於宋令的「攻
習其術」亦為唐令內容；而丸山氏則認同陳氏所復原的年齡條件，但未取「攻
習其術」而從《養老令》的「聽令」。

復原 2：程氏雖將原來復原的「諸在京醫、針博士、助教」修訂為「諸
太醫署醫博士、助教」，但認為此條在理解上依然包含「針博士、助教」。[138]
丸山氏也認為復原令文中不含「針」字，但起首為「諸醫博士、助教」。

復原 3：丸山氏質疑程氏將《天聖令》宋 3「集等方」校補為「集〔驗〕
等方」並在復原唐令中留存「集驗」的做法。[139]陳氏從程說。程氏則在其碩
士學位論文中又針對丸山氏之說進行了再商榷，認為其立論證據不足，從而
堅持己說。[140]

復原 9：「召赴太醫署」一句，陳氏改「召赴」為「投名」；丸山氏從
此說，並據唐 3、6 改「太醫署」為「太常」。

復原 13：程氏徑錄唐 7，丸山氏改「仍聽於醫師」為「仍聽補醫師」。

復原 17：陳氏認為復原唐令中「遣醫為療。仍量病給藥」一句之句號應
改為逗號，且宋令的「內外官出使」亦應為唐令原文。只是陳氏的復原令文
中，一仍程氏復原之舊，並未改句號為逗號，而且對於「在外者」，陳文據
宋令復原「遣醫為療」，導致一條令文中出現兩句「遣醫為療」，似有未妥，
何況此令前段「在京文武職事官」既「遣醫」又「給藥」，「在外者」就只
「給醫」而無藥嗎？丸山氏認為宋 8 與唐 10 或從日本令為一條。

復原 25：程氏改宋令「量合」為「常合」，丸山氏則堅持「量合」。

復原 26：程氏未予復原，陳氏認為此條原型乃是唐 15、21，故而沒有復
原的必要，[141]丸山氏則暫時據宋令復原，僅刪末句「行軍處亦準此」以及改

---

137 張耐冬：〈唐代太醫署醫學生選取標準——以《天聖令‧醫疾令》及其復原唐令為中心〉，載榮
  新江主編：《唐研究》（第 14 卷），北京大學出版社 2008 年版。
138 程錦：〈唐代醫療制度研究〉，中國社會科學院 2008 年碩士學位論文，第 33～34 頁。
139 〔日〕丸山裕美子：〈律令國家と醫學テキスト——本草書を中心に〉，載《法史學研究會會報》，
  第 11 號 2007 年，第 27～28 頁。
140 程錦：〈唐代醫療制度研究〉，中國社會科學院 2008 年碩士學位論文，第 38～40 頁。
141 陳登武：〈從《天聖‧醫疾令》看唐宋醫療照護與醫事法規——以「巡患制度」為中心〉，載榮

「醫官」為「醫師」或「醫人」。

復原 29：程氏復原「凡名醫……」一句，陳氏認為此句為注文，而丸山氏堅持用宋令原文，但考慮到避諱的可能，而改「明達」一詞為「通利」。程氏後來徑直將原來復原的「凡名醫……」一句刪除。[142]

復原 32：丸山氏認為「試有不精者」或應改為「試有不通者」。

3.復原順序

丸山氏認為宋 1、2 復原為唐令後的順序，應是宋 2 復原在宋 1 之前；[143] 而唐 17 應置於宋 13 之前。

陳氏認為，在「中央醫教」板塊中，令文順序為先官方後私學，依照如此原則，宋 13 應置於唐 19 之後。

（八）《假寧令》

有關《假寧令》的錄文和復原研究，除下文特別出注外，皆參考趙大瑩的校正和復原、桂齊遜的書評、丸山裕美子的商榷。[144]

1.校錄、句讀

宋 7～10：趙氏原本斷句皆為「諸……，給假……日，聞哀……日，葬………」，胡雲薇建議斷為「諸……：給假……日；聞哀……日。葬……」。[145]

宋 17：趙氏將「聞哀日」校為「聞哀（喪）日」，胡雲薇暫存疑而建議不予校改。[146]

2.復原文句

新江主編：《唐研究》（第 14 卷），北京大學出版社 2008 年版，第 261 頁。

[142] 程錦：〈唐代醫療制度研究〉，中國社會科學院 2008 年碩士學位論文，第 78～80 頁。

[143] 除丸山氏上述論文外，還可參見〔日〕丸山裕美子：〈日唐令復原・比較研究的新地平──北宋天聖令殘卷と日本古代史研究〉，載《歷史科學》第 191 號，2008 年，第 11 頁。

[144] 〔日〕丸山裕美子：〈律令國家と假寧制度〉，載〔日〕大津透編：《日唐律令研究的新段階》，山川出版社 2008 年版。

[145] 胡雲薇：〈聞哀小考〉，載《早期中國史研究》第 1 卷，2009 年，第 120 頁。

[146] 胡雲薇：〈聞哀小考〉，載《早期中國史研究》第 1 卷，2009 年，第 108～109 頁。

　　復原 1～3：丸山氏在《天聖令》殘卷全文公佈之前、僅看到宋 2、3 時，認為宋 2、3 在唐令中應為一條。[147]趙氏將宋 1～3 復原為單獨三條唐令。桂氏認為三條宋令可能只是一條唐令，並應在第一條前冠以「諸」字。丸山氏在閱讀到《假寧令》全本後，則設計了兩種復原方案：其一，將宋 1 條一分為二，即將「寒食……」一句復原為單獨一條，如此宋 1～3 可復原為 4 條單獨令文；其二，將宋 1～3、唐 1 合而為一。

　　復原 1：趙氏將注文復原為「節前三日，節後三日」，丸山氏則從宋令復原為「前後各三日」。

　　復原 2：趙氏復原為「各三日」以及注文「節前一日，節後一日」，丸山氏則從宋令復原為「各給假三日」、「前後各一日」。

　　復原 10：羅彤華以《令集解》所引《開元令》皆以「諸衰」起首為由，認為《開元令》亦如是，直至《天聖令》才改「諸喪」。[148]

　　復原 11～14：丸山氏設計了兩套復原方案：其一，與趙氏的復原一致，即從宋令將之單獨復原為四條唐令；其二，從《唐令拾遺》、《唐令拾遺補》，將四條合而為一。

　　宋 12：趙氏未予復原，高明士認為宋 13 師喪給假三日，乃是無服給假的特例，故而在據宋 13 所復原的第 16 條前，應添入據宋 12 所復原的無服之喪給假一天的通例。[149]桂氏從宋令文字復原。[150]丸山氏也認為宋 12 應復原為唐令。

　　宋 21：趙氏未復原，桂氏認為可能是唐令，但暫時從闕；[151]丸山氏則認

147 〔日〕丸山裕美子：〈唐宋節假制度の変遷——令と式と格・敕についての覚書〉，載〔日〕池田溫編：《日中律令制の諸相》，東方書店 2002 年版，第 242 頁。

148 羅彤華：〈唐代官人的父母喪制——以《假寧令》「諸喪解官」條為中心〉注 85，載《新史料・新觀點・新視角：天聖令論集》（下），元照出版有限公司 2011 年版，第 19 頁。

149 高明士：〈《天聖令》的發現及其歷史意義〉，載《新史料・新觀點・新視角：天聖令論集》（上），元照出版有限公司 2011 年版，第 12 頁。

150 桂齊遜：〈唐宋官吏休假制度比較研究——以《天聖・假寧令》為核心〉，載《新史料・新觀點・新視角：天聖令論集》（上），元照出版有限公司 2011 年版，第 358 頁。

151 桂齊遜：〈唐宋官吏休假制度比較研究——以《天聖・假寧令》為核心〉，載《新史料・新觀點・新視角：天聖令論集》（上），元照出版有限公司 2011 年版，第 359 頁。

為應予復原。

此外，高明士認為《令集解》卷四十《假寧令》「職事官」條《古記》引《開元令》「諸軍校以下、衛士防人以上……」條亦應補入復原唐令之中。[152]但由於仁井田陞將之復原並列為開元七年令，羅彤華據此立論，認為此令乃是「不尋常制的特殊之舉」，故而為開元二十五年令所刪除。[153]

3.復原順序

趙氏將宋 23 條列在唐 5 後、宋 22 前，以唐 5 規定京官請假、宋 23 規定外官請假的邏輯進行安排；丸山氏則認為唐 5 對應《養老·假寧令》第 11 條，而宋 23 與《養老·假寧令》第 11 條並不相關，應列於唐 6 之後。

（九）《獄官令》

有關《獄官令》的錄文和復原研究，除下文特別出注外，皆參考雷聞的校正和復原、陳俊強的書評。

1.校錄、句讀

宋 2、宋 36：黃正建判斷該兩令中「應州斷者，從別敕」、「若隱情拒詢者，從別敕」兩句應是注文。[154]

宋 15：雷氏校改「諸犯罪應配」為「諸犯徒應配」，陳氏認為宋令此處無誤。[155]戴建國亦持此見。[156]

宋 29、35，唐 9、10：雷氏照圖版錄出各條中的「辧定」、「書辧」，並在宋 29 出注判定「辧」並非「辨」之誤。陳氏認為應是「辨」之誤，張雨

---

152 高明士：〈《天聖令》的發現及其歷史意義〉，載《新史料·新觀點·新視角：天聖令論集》（上），元照出版有限公司 2011 年版，第 12 頁。

153 羅彤華：〈唐代官人的父母喪制——以《假寧令》「諸喪解官」條為中心〉，載《新史料·新觀點·新視角：天聖令論集》（上），元照出版有限公司 2011 年版，第 37～38 頁。

154 黃正建：〈《天聖令》中的律令格式敕〉，載榮新江主編：《唐研究》（第 14 卷），北京大學出版社 2008 年版，第 62～63 頁。

155 陳俊強：〈從《天聖·獄官令》看唐宋的流刑〉，載榮新江主編：《唐研究》（第 14 卷），北京大學出版社 2008 年版，第 322 頁。

156 戴建國：〈從《天聖令》看唐和北宋的法典製作〉，載《新史料·新觀點·新視角：天聖令論集》（上），元照出版有限公司 2011 年版，第 47 頁。

亦持此說。[157]又，《營繕令》宋 19 復原為唐令時，亦有「辦」、「辨」之分，恐「辨」字為是。

宋 39：雷氏校「禁身」為「禁推」，陳氏認為「禁身」更為恰當。

2.復原文句

復原 13：雷氏斷為「皆不得棄放妻妾。至配所，如有……」，陳氏則斷為「皆不得棄放妻妾至配所。如有……」，且將宋令原有的「父母……私便」一句亦予復原。[158]而辻正博認為雷說更為可取。[159]

復原 22：雷氏據《養老令》復原此條，而辻正博認為雷說尚待斟酌。[160]

復原 27：雷氏改宋令「家人」為「家口」，張雨認為此條應全依宋令復原。[161]

宋 23：雷氏未予復原；陳氏雖然認為此條應該復原，但未提供復原意見；張雨認為應從宋令復原。[162]

復原 43：雷氏據《天聖令》復原「凡議事……各為議文」、「有別」、「若違式……」等句，張雨則刪去「凡議事……」一句，以「有眾議異常……糾彈之」代替「若違式……」，又依《養老令》改「有別」為「有異」。[163]

---

[157] 分別參見陳俊強：〈從《天聖·獄官令》看唐宋的流刑〉；張雨：〈唐開元獄官令復原的幾個問題〉，皆載榮新江主編：《唐研究》（第 14 卷），北京大學出版社 2008 年版，第 310、89～90 頁。

[158] 除了書評外，還有陳俊強：〈從《天聖·獄官令》看唐宋的流刑〉注 15，載榮新江主編：《唐研究》（第 14 卷），北京大學出版社 2008 年版，第 312 頁。

[159] 〔日〕辻正博：〈《天聖·獄官令》與唐初的刑罰制度——以宋 10 條為線索〉，載《新史料·新觀點·新視角：天聖令論集》（下），元照出版有限公司 2011 年版，第 45～48 頁。

[160] 〔日〕辻正博：〈《天聖·獄官令》與宋初司法制度〉，載榮新江主編：《唐研究》（第 14 卷），北京大學出版社 2008 年版，第 342～343 頁。唯中文版誤寫「當處兵士」為「當處衛士」，故準確的行文應見日文版，載〔日〕大津透編：《日唐律令比較研究的新段階》，山川出版社 2008 年版，第 25 頁。

[161] 張雨：〈唐開元獄官令復原的幾個問題〉，載榮新江主編：《唐研究》（第 14 卷），北京大學出版社 2008 年版，第 86～88 頁。

[162] 張雨：〈唐開元獄官令復原的幾個問題〉，載榮新江主編：《唐研究》（第 14 卷），北京大學出版社 2008 年版，第 93～97 頁。

[163] 張雨：〈唐宋間疑獄集議制度的變革——兼論開元《獄官令》兩條令文的復原〉，載《文史》2010 年第 3 輯，第 144 頁。

復原 54：雷氏據宋令復原，張雨將「亦奏下……」改為「申尚書省」。[164]

復原 61：陳氏認為唐律有流刑留住之法，而雷氏不取《養老令》「若留住……並食私糧」之句，恐怕不妥；又，雷氏將宋令注文「其見囚……」一句依《養老令》復原為正文，並據《養老令》復原了「若去家……」一句，陳氏以「若去家……」一句如無主語，則與令首「流人至配所」的規定重復，故而在「若」前增加「見囚」，而刪除「其見囚……」一句。

復原 24：雷氏從原文復原，而張雨認為末句「除給程」應改為「不給程」。[165]

3.復原順序

陳氏認為雖然應尊重《天聖令》鈔本對於不行唐令的排序，但是按照邏輯關係，似乎據唐 2 復原的第 5 條應提前至據宋 2、3 復原的第 2、3 條之間。

（十）《營繕令》[166]

有關《營繕令》的錄文和復原研究，除下文特別出注外，皆參考牛來穎的校正和復原、陳登武的書評。

1.校錄、句讀

宋 2：牛氏校改「和顧」為「和雇」，陳氏認為無需改動。

宋 18：「並分作司修營」，牛氏在校勘時基於「分」未害意而不予改動，但後來又撰文指出，由於宋代置東、西八作司，「分」似應作「八」。[167]

2.復原文句

---

[164] 張雨：〈唐宋間疑獄集議制度的變革——兼論開元《獄官令》兩條令文的復原〉，載《文史》2010年第 3 輯，第 142 頁。

[165] 張雨：〈唐開元獄官令復原的幾個問題〉，載榮新江主編：《唐研究》（第 14 卷），北京大學出版社 2008 年版，第 91～92 頁。

[166] 需說明者：由於《營繕令》鈔本有錯簡，故而校錄本的令文條標不足為據。本文於《營繕令》部分所稱「宋x條」、「唐x條」，皆取牛來穎調整順序後的條標。參見《天一閣藏明鈔本天聖令校證 附唐令復原研究》（下冊），中華書局 2006 年版，第 654～655 頁。

[167] 牛來穎：〈《營繕令》與少府將作營繕諸司職掌〉，載榮新江主編：《唐研究》（第 12 卷），北京大學出版社 2006 年版，第 116 頁。

復原 3：文首「諸新造……者」一句，牛氏暫從宋令復原，而十川陽一、古瀨奈津子皆認為宋令所規範的對象過分狹窄，未能包括城郭新造以外的其他情況，[168]故而古瀨從《唐律》「修城郭，築堤防，興起人功，有所營造」復原。[169]

復原 4：牛氏復原「所司皆先錄……」一句，十川陽一認為宋令「未定用物數者」一句亦應予以復原。[170]

復原 7：牛氏據宋令復原；陳氏改「宮城內有大營造及修理」為「諸修理宮廟」，似乎理由不足。

復原 12：牛氏將「申太政官付主計」復原為「申尚書省付度支」，大津透持懷疑態度，[171]古瀨奈津子認為「申尚書省」應可確定，[172]而十川陽一則認為應是「申度支」。[173]

復原 15：牛氏改「三司」為「尚書省」，大津透持懷疑態度。[174]

復原 16：牛氏僅復原位置而未復原文字，陳氏認為此條與唐 1 相近，或可參考。

復原 22：牛氏未取宋令中的「道」字，後又將「道」字補入復原令文。[175]

復原 23：牛氏從宋令「非當司能辦者」復原，許慈佑認為「辦」應是「辨」

---

168 〔日〕十川陽一：〈日唐營繕令の構造と特質〉，載《法制史研究》第 58 號，2008 年，第 90 頁。

169 〔日〕古瀨奈津子：〈日唐營繕令營造關係條文的檢討〉，載《新史料·新觀點·新視角：天聖令論集》（下），元照出版有限公司 2011 年版，第 100 頁。

170 〔日〕十川陽一：〈日唐營繕令の構造と特質〉，載《法制史研究》第 58 號，2008 年，第 93 頁。

171 〔日〕大津透：〈北宋天聖令的公佈出版及其意義——日唐律令比較研究的新階段〉，薛軻譯，載《中國史研究動態》2008 年第 9 期，第 27 頁。

172 〔日〕古瀨奈津子：〈營繕令からみた宋令、唐令、日本令〉，載〔日〕大津透編：《日唐律令研究の新段階》，山川出版社 2008 年版，第 174 頁。

173 〔日〕十川陽一：〈日唐營繕令の構造と特質〉，載《法制史研究》2008 年第 58 号，第 94 頁。

174 〔日〕大津透：〈北宋天聖令的公佈出版及其意義——日唐律令比較研究的新階段〉，薛軻譯，載《中國史研究動態》2008 年第 9 期，第 27 頁。

175 牛來穎：〈《營繕令》橋道營修令文與諸司職掌〉，載〔日〕井上徹、楊振紅編：《中日學者論中國古代城市社會》，三秦出版社 2007 年版，第 181 頁。

之誤。[176]其實牛文亦引《養老令》此條，只是誤錄「辨」為「辦」。

　　復原 30、31：對於復原 30，牛氏將「若要急……亦得通役」一句復原為正文，彭麗華認為應復原為注文；對於「應役人多，且役且申」一句，牛氏徑以宋令為準，而彭麗華則復原為「應役一千人以上者，且役且申。（注文略）所役不得過五日」。許慈佑認為「其官自興功，即從別敕」句亦應復原。至於復原 31，牛氏僅復原了令條位置而未復原令文內容，陳氏復原為「諸………營造，計人功多少，申尚書省聽報，始合役功」，許慈佑雖改動句讀，但從陳說。[177]而彭麗華認為此條乃是宋代修令時結合新制，將一條唐令拆為兩條的結果，故而無需復原。[178]

3.復原順序

　　十川陽一指出牛氏的唐令復原排序表與其行文所示有矛盾之處，[179]今查牛文所做表二將復原 2 對應宋 2、復原 5 對應宋 5、復原 6 對應宋 6，顯有失誤，依其復原正文，復原 2 也對應宋 1、復原 3 才對應宋 2、復原 5 對應宋 4、復原 6 對應宋 5、6。[180]

　　十川氏又認為牛氏對於《營繕令》所作的計功類、營造類（又分為土木工程、器物營造）、修繕類（下分器杖、津橋道路、舟船管理、公廨修理、河堤管理）等分類略顯粗糙，從而提出他的分類意見：總則（又可分為：時則、上申、建築規格、器物規格）、營造手續、營造細則（該部分的二級分類基本與牛同）；[181]而古瀨奈津子亦提出新的分類方案：計功類、都城州鎮

---

[176]　許慈佑：〈唐代防洪修繕工程——以《天聖‧營繕令》為中心〉，載《新史料‧新觀點‧新視角：天聖令論集》（下），元照出版有限公司 2011 年版，第 115 頁。

[177]　以上許慈佑的意見，參見氏著：〈唐代防洪修繕工程——以《天聖‧營繕令》為中心〉，載《新史料‧新觀點‧新視角：天聖令論集》（下），元照出版有限公司 2011 年版，第 116 頁。

[178]　彭麗華：〈論唐代地方水利營繕中勞役徵配的申報——以唐《營繕令》第 30 條的復原為中心〉，載《文史》2010 年第 3 輯，第 107～110、113～116 頁。

[179]　〔日〕十川陽一：〈日唐營繕令の構造と特質〉注 10，載《法制史研究》第 58 號，2008 年，第 105～106 頁；〈律令制下の技術勞働力——日唐における徵發規定をめぐって〉注 8，載《史學雜誌》第 117 卷第 12 期，2008 年，第 52 頁。

[180]　天一閣博物館、中國社會科學院歷史研究所天聖令整理課題組校證：《天一閣藏明鈔本天聖令校證 附唐令復原研究》（下冊），中華書局 2006 年版，第 658、660～662 頁。

[181]　〔日〕十川陽一：〈日唐營繕令の構造と特質〉，載《法制史研究》第 58 號，2008 年，第 87

城郭等臨時的特別土木營造、器物營造的規格、恆常的土木營造、恆常的器
杖類管理修理、恆常的津橋道路類管理修理、恆常的舟船管理修理造替。[182]

　　許慈佑認為宋 20 應納入到河堤管理之中，而非如牛氏所論屬於津橋道路
類。[183]

（十一）《喪葬令》

　　有關《喪葬令》的錄文和復原研究，除下文特別出注外，皆參考吳麗娛
的校正和復原、張文昌的書評。

1.校錄、句讀

　　宋 5：吳氏於「及以理去官或身喪者」之「或」字後校補「致仕」二字，
稻田奈津子認為無需校補。[184]吳氏接受了該修訂。[185]但是，本文以為，「以
理去官」在宋 5 的語境中並不能被直接理解為「遭喪」之一，且宋 5 針對奏
聞、宋 12 針對賻贈，並非指向同一規範對象，故而保留「致仕」的校補似更
可取。

　　宋 18：雖然在《校證》的校錄本中，「方相四目……」為注文，但在復
原中，吳氏誤錄為正文並因此影響所復原的唐令，故而改正。[186]

　　宋 15、22：吳氏為「某官封姓名之柩」、「子」、「先生」三處補引號，
復原令文亦隨改。[187]此外，吳氏雖對宋 22「三品以上築闕」之「三品」出校
勘意見，但未作改動，張氏認為「三品」可徑改為「四品」。

頁。

182　〔日〕古瀬奈津子：〈營繕令からみた宋令、唐令、日本令〉，載〔日〕大津透編：《日唐律令
　　研究の新段階》，山川出版社 2008 年版，第 168～169 頁。

183　許慈佑：〈唐代防洪修繕工程——以《天聖·營繕令》為中心〉，載《新史料·新觀點·新視角：
　　天聖令論集》（下），元照出版有限公司 2011 年版，第 125 頁。

184　〔日〕稻田奈津子：〈北宋天聖令による唐喪葬令復原研究の再檢討〉，載《東京大學史料編纂
　　所研究紀要》第 18 號，2008 年，第 17 頁。

185　吳麗娛：〈關於《喪葬令》整理復原的幾個問題——兼與稻田奈津子商榷〉，載杜文玉主編：《唐
　　史論叢》（第 12 輯），三秦出版社 2010 年版，第 71～73 頁。該文後又刊於《新史料·新觀點·
　　新視角：天聖令論集》（下），元照出版有限公司 2011 年版。

186　吳麗娛：〈關於唐《喪葬令》復原的再檢討〉，載《文史哲》2008 年第 4 期，第 94 頁。

187　吳麗娛：〈關於唐《喪葬令》復原的再檢討〉，載《文史哲》2008 年第 4 期，第 94 頁。

2.復原文句

　　復原 6：吳氏對原來沒有復原的「遣使吊」三字進行了增補，[188]並刪去「薨卒者」之「者」。[189]此外，大津透質疑吳氏將宋 5、10、11 條合併復原為一條的做法，[190]吳氏認為雖然對於宋令為何如此修改尚有疑義，但根據令文的邏輯安排，如此處理未嘗不可。[191]後來稻田奈津子也提出系統商榷意見：復原 6 中將作為不同內容的喪事奏聞與贈祭支給合為一條，顯為不妥，且復原 6 所涵蓋的主體是京官而宋 11 則包含外官，故而應將宋 10、11 單獨復原。[192]吳氏接受了宋 10 單獨復原的意見，但認為復原 6 所涉官員亦非僅限於京官，故而堅持宋 5、11 的合併。[193]

　　復原 8、34：吳氏後來指出此二條中的「朞」字在復原唐令時應改為「周」。[194]

　　復原 14：吳氏將唐 2 與宋 30 共同放於復原 14 的位置，但依據宋 30 復原唐令。稻田奈津子認為宋 30 的外官殯殮調度與唐 2 的使人無關，應單獨復原為唐令並置於原來宋令的次序上。[195]吳氏認為宋 30 的前半部分「諸在任……在廳事」或可復原為唐令並置於宋令次序，但後半部分則不復原。[196]

　　復原 16：吳氏懷疑令首應再補入「官人在職喪，聽斂以朝服；有封者，

188　吳麗娛：〈唐朝的《喪葬令》與唐五代喪葬法式〉，載《文史》2007 年第 2 輯，第 92 頁。

189　吳麗娛：〈關於唐《喪葬令》復原的再檢討〉，載《文史哲》2008 年第 4 期，第 92 頁。

190　〔日〕大津透：〈北宋天聖令的公佈出版及其意義——日唐律令比較研究的新階段〉，薛軻譯，載《中國史研究動態》2008 年第 9 期，第 27 頁。

191　吳麗娛：〈關於唐《喪葬令》復原的再檢討〉，載《文史哲》2008 年第 4 期，第 92～93 頁。

192　稻田奈津子：〈北宋天聖令による唐喪葬令復原研究の再檢討〉，載《東京大學史料編纂所研究紀要》2008 年第 18 号，第 16～17 頁。

193　吳麗娛：〈關於《喪葬令》整理復原的幾個問題——兼與稻田奈津子商榷〉，載杜文玉主編：《唐史論叢》（第 12 輯），三秦出版社 2010 年版，第 68～70 頁。

194　吳麗娛：〈唐朝的《喪葬令》與唐五代喪葬法式〉，載《文史》2007 年第 2 輯，第 91 頁；〈關於唐《喪葬令》復原的再檢討〉，載《文史哲》2008 年第 4 期，第 91 頁。

195　〔日〕稻田奈津子：〈北宋天聖令による唐喪葬令復原研究の再檢討〉，載《東京大學史料編纂所研究紀要》第 18 號，2008 年，第 18 頁。

196　吳麗娛：〈關於《喪葬令》整理復原的幾個問題——兼與稻田奈津子商榷〉，載杜文玉主編：《唐史論叢》（第 12 輯），三秦出版社 2010 年版，第 71～73 頁。

斂以冕服」。[197]

復原 18：吳氏原據宋令「某官封姓名之柩」復原，後懷疑應改「名」為「君」。[198]

復原 20：吳氏又在「輓歌」後補入「者」字，並在末句「鐸」字後補頓號。[199]

復原 22：吳氏原復原為「六品以上長五尺」，後傾向於改為「六品以下」。[200]

復原 23：吳氏又補入一句注文「別敕葬者供，餘並私備」。[201]

復原 26：吳氏改正文「贈官同職事」為注文。[202]

復原 31：吳氏據《唐六典》從《唐令拾遺》復原，並認為「給營墓夫」可與宋 23 的「賜人徒」相對應。但是稻田奈津子認為宋 23 的敕葬應單獨復原為有關詔葬的唐令，而復原 31 僅是一般五品以上職事官給營墓夫，並沒有直接關聯。[203]對此，吳氏認為由於從唐的詔葬到宋的敕葬，雖然範圍和對象擴大了，但實際享有待遇的圈子卻縮小了，故而宋 23 將復原 31「五品以上給營墓夫」削減為「敕葬者賜人徒」亦無不可。[204]

3.復原順序

除了上述稻田奈津子對吳氏合併條文處理意見的商榷而導致的復原順序變動外，稻田氏對於令文的分類標準亦與吳氏有所不同。吳氏將《喪葬令》

---

[197] 吳麗娛：〈唐朝的《喪葬令》與唐五代喪葬法式〉，載《文史》2007 年第 2 輯，第 94 頁。

[198] 吳麗娛：〈關於《喪葬令》整理復原的幾個問題——兼與稻田奈津子商榷〉，載杜文玉主編：《唐史論叢》（第 12 輯），三秦出版社 2010 年版，第 76～77 頁。

[199] 吳麗娛：〈關於唐《喪葬令》復原的再檢討〉，載《文史哲》2008 年第 4 期，第 94 頁。

[200] 吳麗娛：〈唐朝的《喪葬令》與唐五代喪葬法式〉，載《文史》2007 年第 2 輯，第 94 頁；〈關於唐《喪葬令》復原的再檢討〉，載《文史哲》2008 年第 4 期，第 94 頁。

[201] 吳麗娛：〈唐朝的《喪葬令》與唐五代喪葬法式〉，載《文史》2007 年第 2 輯，第 93 頁；〈關於唐《喪葬令》復原的再檢討〉，載《文史哲》2008 年第 4 期，第 93 頁。

[202] 吳麗娛：〈關於唐《喪葬令》復原的再檢討〉，載《文史哲》2008 年第 4 期，第 94 頁。

[203] 〔日〕稻田奈津子：〈北宋天聖令による唐喪葬令復原研究の再檢討〉，載《東京大學史料編纂所研究紀要》第 18 號，2008 年，第 18 頁。

[204] 吳麗娛：〈關於《喪葬令》整理復原的幾個問題——兼與稻田奈津子商榷〉，載杜文玉主編：《唐史論叢》（第 12 輯），三秦出版社 2010 年版，第 74～75 頁。

分為「諸陵」、「皇帝以下舉哀臨喪吊贈」、「贈賻與官給」、「斂服與送葬器物」、「葬制」、「其他」、「附錄」，稻田氏則將「贈賻與官給」拆為「賻物」和「雜支給」，將「斂服與送葬器物」、「葬制」合併為「喪葬儀禮」。[205]

（十二）《雜令》

有關《雜令》的錄文和復原研究，以下除特別出注外，皆參考戴建國的錄文與復原、[206]黃正建的校正與復原、黃玫茵的書評（在這一部分中，「黃玫茵」不用略稱——作者注）。

1.校錄、句讀

宋13：戴氏斷「巡幸所在，州縣官人」，黃氏斷「巡幸，所在州縣」。

宋14：戴氏錄「牓」為「榜」。又，戴氏斷「限三十日，外」，黃氏則未斷開，岡野誠採黃說。[207]

宋16：戴氏據原文錄入，而黃氏據《令義解》補入「其渡子」三字。

宋18：戴氏錄「舡」為「船」、「澌」為「漸」（其中，錄「並」為「並」、「汎」為「泛」，因通假之故，故不特意指出），且省漏「當所」二字；又，戴氏斷「申牒所屬州縣，隨給軍人並船共相救助……其橋漂破所失船木，即仰官司先牒……」，黃氏則斷為「申牒。所屬州縣隨給軍人並船，共相救助……其橋漂破，所失舡木即仰當所官司，先牒……」。

宋19：黃氏原斷為「給床席、氈褥、……」（戴氏亦同），後認為官給物品中並不含「床」，下文又臚列席、氈、褥的使用年限，故而改斷為「給床席、氈、褥」。[208]

---

205 〔日〕稻田奈津子：〈北宋天聖令による唐喪葬令復原研究の再檢討〉，載《東京大學史料編纂所研究紀要》第18號，2008年，第14～15頁。

206 戴建國：〈唐《開元二十五年令·雜令》復原研究〉，載《文史》2006年第3輯。

207 〔日〕岡野誠：〈北宋天聖令中の水利法規について〉，載《法史學研究會會報》第11號，2007年，第6頁。

208 黃正建：〈明抄本宋《天聖令·雜令》校錄與復原為《唐令》中的幾個問題〉，載嚴耀中主編：《唐代國家與地域社會研究》，上海古籍出版社2008年，第49～50頁。

宋39：戴氏將原文「句」皆錄為「勾」，又將原文「五行」錄為「費用」，有誤。又，戴氏斷「皆令本司自勾錄財物費用、見在帳」，黃氏則斷為「皆令本司自句，錄財物五行見在帳」。李錦繡從黃說。[209]此外，黃氏於原校勘中懷疑「五行」二字有誤，後以「五行器」的用例修改前見，但對於唐令復原中是否採此二字，仍存疑。[210] 黃玫茵認為黃氏將「句」和「錄」斷開有誤。

唐 2：對於「若因事故停子弟內閒解家及亦取有者同色」一句，戴氏僅在「停」字後以逗號斷開，黃氏懷疑應為「若因事故停家，及同色子弟內有閒解者，亦取」。

唐 8：戴氏認為「薩寶府府」中衍一「府」字，而黃氏以為原文正確，並因此產生斷句的區別，即戴氏將「薩寶府史」連讀，而黃氏斷為「薩寶府府、史」；又，戴氏將「府史」、「按摩咒禁」、「郊社太廟門僕」連讀，黃氏分別斷為「府、史」、「按摩、咒禁」、「郊社、太廟門僕」，而戴氏斷開「武衛、稱長」，黃氏則將之連讀。此外，吳麗冠認為此條令文使用逗號和頓號，應以同屬於某一單位或從事某一類事務進行分類，同類之下用頓號，不同類則以逗號，從而改定了黃氏的部分標點。[211]

唐 11：黃氏懷疑自己原來在「所司准品給食」之後所標的句號應為分號。[212]

唐 13：黃氏校「諸番」為「諸藩」、「官識」為「官職」，疑「迂遠」為「邊遠」之誤；戴氏照原文錄入，並未校改；劉後濱、吳麗冠皆認為「官識」一詞無需校改。此外，黃氏將「諸藩受領」與「歸化人」、「迂遠任」與「遙授官」、「分付」與「迂遠人」斷開，而戴氏未予讀斷；至於「諸勳

[209] 李錦繡：〈唐「五行帳」考〉，載侯仁之主編：《燕京學報》（新 29 期），北京大學出版社 2010年，第 67 頁。該文後刊於《新史料・新觀點・新視角：天聖令論集》（下），元照出版有限公司 2011 年版。

[210] 黃正建：〈明抄本宋《天聖令・雜令》校錄與復原為《唐令》中的幾個問題〉，載嚴耀中主編：《唐代國家與地域社會研究》，上海古籍出版社 2008 年，第 45～47 頁。

[211] 吳麗冠：〈《天聖令・雜令》商榷〉，載《新北大史學》第 7 期，2009 年，第 8～9 頁。

[212] 黃正建：〈《天聖令》所附唐令中有關社會生活的新資料（下）〉，載杜文玉主編：《唐史論叢》（第 12 輯），三秦出版社 2010 年版，第 313 頁。

官及三衛諸軍校尉」一句，黃氏、戴氏皆未斷句，劉後濱則認為應作為兩種群體而在「三衛」後斷開；劉後濱、吳麗冠不同意黃氏將「迂遠人」與「遙授官」讀斷，認為「遙授官」並非與前面三類身分並列，而是囊括前面三種身分的一個概括語；[213]賴亮郡不同意劉後濱對於「遙授官」的判斷，認為令文中的「遙授官」應是與「迂遠人」等三種身分並列的另一種身分，而且賴亮郡認為「迂遠人」並非「邊遠人」之誤，而是特指通曉外語、負責處理涉外事務的外交人員。[214]

　　唐 19 條：戴氏校「史（使）」，而圖版原文即為「使」；戴氏、黃從氏原文錄文斷為「使有工能，官奴婢亦……」（戴氏取句號而非逗號），黃玫茵、吳麗冠推斷「使」字為衍文而去掉中間的逗號，並改「分番」後的句號為逗號。[215]

　　唐 22 條：戴氏斷句「其官戶婦女及婢夫、子……」，黃氏則斷為「其官戶婦女及婢，夫、子……」。此外，黃玫茵認為應校為「周喪」，並疑「奴婢」前脫「官」字、「父母喪」後脫一「婚」字。對於是否脫「婚」字，榎本淳一認為官人的婚嫁僅 9 日，而官戶、奴婢有 1 月，似不合理，故而認為《唐六典》所載令文的「婚」字為衍文。[216]

2.復原文句

　　復原 2：戴氏改宋令「十龠為合」之「十」為「二」，黃氏認為自《隋書》以來便已錯記，故而未改。裴成國認為應予以改正。[217]

213　劉後濱：〈唐代告身的抄寫與給付——《天聖令‧雜令》唐 13 條釋讀〉，載榮新江主編：《唐研究》（第 14 卷），北京大學出版社 2008 年版，第 467～469 頁；吳麗冠：〈《天聖令‧雜令》商榷〉，載《新北大史學》第 7 期，2009 年，第 9 頁。

214　賴亮郡：〈遙授官、迂遠人與唐代的告身給付——《天聖令‧雜令》唐 13 條再釋〉，載《新史料‧新觀點‧新視角：天聖令論集》（下），元照出版有限公司 2011 年版，第 273～277、280～293 頁。

215　吳麗冠：〈唐宋時期官賤民制度雜論〉，載《新史料‧新觀點‧新視角：天聖令論集》（下），元照出版有限公司 2011 年版，第 409 頁。

216　〔日〕榎本淳一：〈唐日戶令當色為婚條について〉，載〔日〕佐伯有清編：《日本古代中世の政治と宗教》，吉川弘文館 2002 年版，第 127 頁。

217　裴成國：〈從高昌國到唐西州量制的變遷〉注 4，載季羨林、饒宗頤主編：《敦煌吐魯番研究》（第 10 卷），上海古籍出版社 2007 年版。

復原 5：戴氏復原為「尺、度」，而黃氏則復原為「尺、五尺度」。黃玫茵認為「及五尺」應為注文。又，黃氏在令首冠以「諸」字，而戴氏沒有，牛來穎認為唐代法令未必以「諸」字起首。

復原 6：戴氏、黃氏皆從宋令復原，而吳麗冠認為應從《養老令》「三百步為里」復原。[218]

復原 7：戴氏、黃氏皆不取「十齋日」，黃玫茵、吳麗冠則認為既然可追溯至武德二年詔，亦應予以復原。[219]

復原 8：戴氏據宋令復原，黃氏僅復原「諸採捕……」。黃玫茵認為應在黃氏復原的基礎上再添入宋令的規定。

復原 9：戴氏復原的「司天監」、「來年」、「司天監玄象」、「出監」、「本監奏訖……分送」，黃氏則分別復原為「太史局」、「來歲」、「玄象」、「出」、「密封……錄送」。黃玫茵認為應取「年」而非「歲」。三上喜孝則亦同黃說而復原「太史局」。[220]

復原 10：吳麗冠認為注文「其羊車小史」一句應移至「皆取年十五以下」之後。[221]

復原 12：戴氏復原的「官收其稅」、「諸州」，黃氏未取；至於戴氏復原為「採銅」，黃氏則復原為「採礦」。吳麗冠對黃氏未取「四邊」而復原為「西邊北邊」（戴亦如是）的理由進行了商榷，認為應取「四邊」。[222]

復原 13：戴氏據宋令復原，而黃氏據《唐六典》改「銅、銀」為「銅鐵」，改「具以狀聞」為「奏聞」。

復原 14：戴氏基本據宋令復原，唯改「皇城司」為「司農寺」、刪「冰井務」之「務」字。而黃氏據《唐六典》復原，令文改動甚劇。黃玫茵認為應在「諸」字下增補「司農寺上林署令」。

---

218 吳麗冠：〈《天聖令‧雜令》商榷〉，載《新北大史學》第 7 期，2009 年，第 4 頁。

219 吳麗冠：〈《天聖令‧雜令》商榷〉，載《新北大史學》第 7 期，2009 年，第 4 頁。

220 〔日〕三上喜孝：〈北宋天聖雜令に關する覚書——日本令との比較の観点から〉，載《山形大學歷史‧地理‧人類學論集》第 8 期，2007 年，第 92 頁。

221 吳麗冠：〈《天聖令‧雜令》商榷〉，載《新北大史學》第 7 期，2009 年，第 5 頁。。

222 吳麗冠：〈《天聖令‧雜令》商榷〉，載《新北大史學》第 7 期，2009 年，第 6 頁。

復原 15：戴氏據宋令復原，黃氏僅取宋令末句，並改「前」為「所」。黃玫茵認為應補「諸」字在文首，而牛來穎認為唐代法令未必以「諸」字起首。

復原 18：戴氏據《宋刑統》復原，黃氏據宋令補入「外」字。岡野誠基本支持黃說，但改「竹」為「材」，又改「牒」為「脦」。[223]此外，三上喜孝認為「竹木」和「材木」皆有可能。[224]

復原 19：戴氏據宋令復原，黃氏據《養老令》刪去「先稻後陸」、「檢水還流入渠及」。岡野誠支持戴說，但改「牒」為「脦」。[225]三上喜孝認為「先稻後陸」恐是宋代新增，故而同黃說。[226]

復原 20：戴氏依《養老令》改宋令末句，而黃氏徑直刪除該句宋令。岡野誠同意黃氏補入「其渡子」之說，認為戴氏所持《養老令》的「度子」乃是「渡子」之訛的說法難以成立，並直接將宋令末句復原為唐令。[227]

復原 21：戴氏暫據宋令復原，黃氏未予復原，岡野誠則對唐令是否有此令文表示懷疑。[228]

復原 23：戴氏暫據宋令復原，黃氏未予復原。岡野誠也認為唐令有相關條文，但不同意黃氏所舉例的《開元水部式》條文，認為該式文與該令文並非指涉相同對象。[229]

---

[223] 〔日〕岡野誠：〈北宋天聖令中の水利法規について〉，載《法史學研究會會報》第 11 號，2007 年，第 7～8 頁。

[224] 〔日〕三上喜孝：〈北宋天聖雜令に關する覚書——日本令との比較の観点から〉，載《山形大学歴史・地理・人類学論集》第 8 期，2007 年，第 94 頁。

[225] 〔日〕岡野誠：〈北宋天聖令中の水利法規について〉，載《法史學研究會會報》第 11 號，2007 年，第 10 頁。

[226] 〔日〕三上喜孝：〈北宋天聖雜令に關する覚書——日本令との比較の観点から〉，載《山形大学歴史・地理・人類学論集》第 8 期，2007 年，第 94 頁。

[227] 〔日〕岡野誠：〈北宋天聖令中の水利法規について〉，載《法史學研究會會報》第 11 號，2007 年，第 12 頁。

[228] 〔日〕岡野誠：〈北宋天聖令中の水利法規について〉，載《法史學研究會會報》第 11 號，2007 年，第 13～14 頁。

[229] 〔日〕岡野誠：〈北宋天聖令中の水利法規について〉，載《法史學研究會會報》第 11 號，2007 年，第 16 頁。

　　復原 26：戴氏除改「儀鸞司」為「衛尉司」外，皆據宋令復原。黃氏則據《新唐書》復原，文句改動甚劇。黃玫茵、吳麗冠認為應在令首添入「諸在」，[230]然牛來穎認為唐代法令未必以「諸」字起首。此外，黃玫茵認為黃氏的復原似非唐令全文。

　　復原 32：戴氏、黃氏皆據《白氏六貼事類集》復原，只是戴氏又據宋令添入「應徵者」、「其官人……徵納」。此外，黃玫茵指出，黃氏的「聽兼納」並未因避諱之故而改「納」為「徵」，戴氏同樣未改。又，黃氏認為「入藩」、「絕域」之句「像某句話的注」，並非意指「令文」的注，但黃玫茵因此將該句復原為小注（雖然因排版錯訛而未體現）。而三上喜孝認為宋令末句也應復原為唐令，至於「東至高麗……」一句則不必作為令文復原。[231]

　　復原 33：戴氏暫據宋令復原，黃氏未予復原。

　　復原 43：戴氏暫據宋令復原，黃氏未予復原。

　　復原 44：戴氏據宋令復原，並改「口馬」為「名馬」，及添入「有加配」一句。黃氏僅取「異物……非又詔不獻」，其中還刪去宋令的「玉帛」。黃玫茵認為應在黃氏復原的基礎上添入「諸州縣」。

　　復原 45：戴氏僅改宋令「官屬親事」為「親事、帳內、邑司」，其餘據宋令復原；黃氏則復原為兩條，其中一條全據宋令復原，唯在令首補入「諸」字，牛來穎認為唐代法令未必以「諸」字起首。至於另一條對於「官屬親事」的處理基本與戴同，只是校「邑司」為「邑士」，並刪除宋令末句。

　　復原 47：戴氏據宋令復原，黃氏未予復原。

　　復原 48：戴氏據宋令復原，黃氏則據《唐六典》復原，文字有所省減。黃玫茵、吳麗冠在黃氏的復原基礎上，分別建議增入「諸貯稾及貯茭草」（或「諸牧監貯稾及茭草」）、「貯稾及貯茭草：」，吳麗冠還改黃氏所標冒號為逗號。[232]

---

[230] 吳麗冠：〈《天聖令‧雜令》商榷〉，載《新北大史學》2009 年第 7 期，第 7 頁。

[231] 〔日〕三上喜孝：〈北宋天聖雜令に關する覚書——日本令との比較の觀点から〉，載《山形大学歴史‧地理‧人類学論集》第 8 期，2007 年，第 95 頁。

[232] 吳麗冠：〈《天聖令‧雜令》商榷〉，載《新北大史學》2009 年第 7 期，第 10 頁。

　　復原 50：戴氏與黃氏皆據《唐六典》復原，唯令首的文字有異，戴氏復原為「諸供內及宮人炭」，黃氏則復原為「其柴炭、木橦，供內及宮人」。黃玫茵認為令首應添入「諸供內及宮人，其」，而吳麗冠認為黃氏所持復原 49 和復原 50 分別立條的理由說服力不足，建議合併為一條。[233]

　　復原 51：戴氏除增加「馬子及」、刪「其歸朝人……」一句外，全據宋令復原；黃氏參酌《養老令》與《慶元令》，改「畜」為「置」並疑為「雇」，改「蕃夷」為「蕃人」，改「奴婢」為「及畜同色奴婢」，增加「傳馬子及」，刪除「有者聽……相見」。此外，黃氏曾校宋令「授夫」為「援夫」，故而復原時亦取「援夫」，戴氏的復原則據宋令改《養老令》「援夫」為「授夫」。

　　復原 52：戴氏據宋令復原，黃氏則從《養老令》而刪宋令的「人」、「在」、「苑」、「親王」、「左右」等字。黃氏後考慮到親王在唐、日的地位差別而推測唐令應有「親王」。[234]

　　復原 58：黃氏對此條中的「暮」未因避諱而改為「周」作了修正。[235]

　　復原 60：黃氏除補入「諸官戶奴婢」外，全據《唐六典》復原；戴氏則據《養老令》又補入「四歲以上」一句，黃玫茵的意見與戴說相同。

　　復原 61：戴氏除據《養老令》補入「有」字外皆依宋令復原，黃氏則暫據《養老令》復原，改「公廨」為「官物」，並刪除有關「安置」的文句。

　　復原 62：戴氏據宋令復原，黃氏則據《養老令》刪宋令「於部內……店宅」、「邸店」、「雖非親屬……」等。

　　復原 63：黃氏依《養老令》刪去宋令「在京及外州」，戴氏則予以保留，李錦繡認為日本沒有京、外州制度，故而應保留；黃氏刪除宋令「財物五行」，戴氏改為「財物費用」並與「見在帳」斷開，李錦繡認為「財物五行」是中古常見術語，不應刪除。[236]而黃玫茵則認為應保留「其費用」三字。此外，

233 吳麗冠：〈《天聖令‧雜令》商榷〉，載《新北大史學》2009 年第 7 期，第 11 頁。

234 黃正建：〈明抄本宋《天聖令‧雜令》校錄與復原為《唐令》中的幾個問題〉，載嚴耀中主編：《唐代國家與地域社會研究》，上海古籍出版社 2008 年，第 52 頁。

235 黃正建：〈明抄本宋《天聖令‧雜令》校錄與復原為《唐令》中的幾個問題〉，載嚴耀中主編：《唐代國家與地域社會研究》，上海古籍出版社 2008 年，第 53～56 頁。

236 李錦繡：〈唐「五行帳」考〉，載侯仁之主編：《燕京學報》（新 29 期），北京大學出版社 2010

戴氏改宋令的「三司」為「比部」，而黃氏則改為「尚書省」；又，黃氏據
《養老令》刪末句「並」字。

復原 64：戴氏除改「案留……祠部」為「一本送……州縣」外全據宋令
復原，而黃氏據《養老令》復原，改「學業」為「及德業」，刪末句「其身
死……」，並在「一本送祠部」前添入「其籍」二字。孟憲實認為戴氏的復
原更為可取，並認為應在「學業」後加一「等」字。[237]

復原 65：黃氏全依《唐令拾遺補》，戴氏的復原則稍有字詞差異，如《唐
令拾遺補》作「窩」，而戴氏復原為「窠」，且又補入「凡作……往來」一
句。黃玫茵建議並存兩條宋令和《唐令拾遺補》的復原，而吳麗冠從戴建國
之說。[238]又，戴氏復原的「各加四匹」應為「一匹」之誤。

戴氏又據《唐令拾遺補》復原的「節日」條、《唐令拾遺》復原的「賜
射」條予以復原，認為是《天聖令》的脫文；黃氏則存疑，三上喜孝、大津
透則傾向於黃說。[239]

3.復原順序

首先是分類問題，黃氏將《雜令》分為 24 類（他將他懷疑並不存在於唐
令中的《養老令》「節日」條和「大射」條歸為一類，亦予以列入）；黃玫
茵基本同意黃氏的分類，但將「玄象類」、「造曆類」合併為一類，將「山
澤寶物類」併入「公私物所有和使用類」，將「番官雜任類」、「私行人投
驛類」、「外任官類」併入「官人待遇類」，將「禁內部興販類」併入「質
舉類」，將「津渡船橋類」更名為「灌溉和津渡船橋類」，並刪去最後的「節
日與大射類」，即省減為 17 類。

年，第 65 頁。

[237] 孟憲實：〈唐令中關於僧籍內容的復原問題〉，載榮新江主編：《唐研究》（第 14 卷），北京
大學出版社 2008 年版，第 79、81～92 頁。

[238] 吳麗冠：〈《天聖令·雜令》商榷〉，載《新北大史學》2009 年第 7 期，第 12 頁。

[239] 〔日〕三上喜孝：〈北宋天聖雜令に關する覺書——日本令との比較の觀點から〉，載《山形大
學歷史·地理·人類學論集》第 8 期，2007 年，第 98 頁；〔日〕大津透：〈日唐律令制の比較
研究——學術史的概觀和近年研究的介紹〉，載榮新江主編：《唐研究》（第 14 卷），北京大
學出版社 2008 年版，第 137 頁；〔日〕大津透：〈北宋天聖令的公佈出版及其意義——日唐律
令比較研究的新階段〉，薛軻譯，載《中國史研究動態》2008 年第 9 期，第 23 頁。

　　其次是復原順序問題，戴氏和黃氏的復原順序都遵從兩個原則，即以《養老令》的順序為準，且遵從宋令與唐令原定的排序。因此，他們的排序差別則體現在那些沒有對應的《養老令》的令文上。對此，戴氏的排序理由不詳，黃氏則依據分類進行。其差別有：黃氏將唐 3、4 插在宋 13、14 之間，而戴氏則將這 2 條分別插在宋 18、19 和宋 21、22 之間；黃氏將唐 5 插在宋 17、18 之間，唐 6、7 插在宋 18、19 之間，戴氏則將唐 5、6 插在宋 21、22 之間，將唐 7 排在宋 30 後；黃氏將唐 8〜12 插在宋 19、20 之間，而戴氏則將唐 8〜12 排在宋 30、31 之間；黃氏將唐 13、14、15、16 分別排在宋 21、宋 25、宋 27、宋 33 之後，戴氏則將四條連排，置於宋 31 後；黃氏將唐 17、18 放於宋 36 後，戴氏則將它們置於宋 35 後；黃氏將唐 24 放於唐 23 與宋 37 之間，戴氏則將之排在宋 41 後。

　　黃玫茵的排序則未完全遵守上述兩個復原原則，如將宋 14、15 提前至宋 11 後（對於宋 15，黃玫茵的歸類論述和這個排序相矛盾，在歸類論述中，宋 15 被歸入「灌溉和津橋渡船類」，即排在唐 4 與宋 16 之間），將唐 15 提前到唐 8 之後，則突破了上述按照《天聖令》殘卷所排定的宋令、唐令順序復原的原則；而將宋 31、37、38 提前到唐 13 與宋 22 之間，將宋 30 放在唐 14 與宋 26 之間，則突破了《養老令》的排序。

　　總之，目前對於上述諸篇的復原仍然在如火如荼地展開，學者們從文獻、版本、條文邏輯等不同角度入手，在遣詞用字、文句增刪、順序排列等方面展開論爭。而《天聖令》的出現也促使我們應對以往唐令復原的方法予以深刻反思：如《唐令拾遺補》在條文排序上傾向於依據《通典》的臚列順序並參酌法理邏輯，從而更改了《唐令拾遺》的條文序列。但是《天聖令》的出現則證明《唐令拾遺》的排序可能更貼近唐令原貌。[240]其次，如臺灣學者在令文排序上表現出較強的「邏輯歸類」意識，以至於突破《天聖令》乃至於《養老令》原來的條文序列，這也值得進一步追問：所謂的「法理邏輯」究

<hr/>

[240] 〔日〕大津透：〈北宋天聖令的公佈出版及其意義——日唐律令比較研究的新階段〉，薛軻譯，載《中國史研究動態》2008 年第 9 期，第 25 頁。

竟是現代人的思維產物，還是唐宋（乃至於日本古代）修令者的邏輯意識？譬如，《賦役令》宋 16、17 有關貯稾和粟草的條文為何會置於規範「丁匠」的條文群內（《養老令》的「蒿蘭條」也是如此）？按照現代人的邏輯思維恐怕難以理解，那麼是否應深入考察唐宋史籍以體貼古人修令的編纂邏輯，然後給予合理的解釋？[241]目前那種簡單地套用現代分類思維而變更《天聖令》（以及《養老令》）固有的條文排序的做法，似乎應再加斟酌。再次，如李錦繡以《倉庫令》為例，試圖析出《唐六典》中相關的令、格、式；[242]稻田奈津子、川村康逐條列出《慶元條法事類》中與《天聖令》之《假寧令》、《喪葬令》、《捕亡令》、《獄官令》、《雜令》相對應的條文；[243]三上喜孝則分別以《雜令》、《營繕令》、《關市令》中的若干條文為例，枚舉了日本《延喜式》對於唐令的繼受情況等，[244]皆為我們利用這些文獻以復原其他令篇、[245]乃至於唐式[246]等其他法律文本提供了方法論上的重要啓示。

當然，在唐令復原研究中，許多爭論只能說是各持一詞、仁者見仁，無法判定孰優孰劣。如對於《醫疾令》中有無「集驗方」的爭論，程錦言道：

---

241 牛來穎嘗試解釋《賦役令》宋 16、17 處於目前序位的原因，值得重視。參見牛來穎：〈《天聖令·賦役令》丁匠條釋讀舉例——兼與《營繕令》比較〉，載杜文玉主編：《唐史論叢》（第 13 輯），三秦出版社 2011 年版，第 110～112 頁。

242 李錦繡：〈唐開元二十五年《倉庫令》研究〉，載榮新江主編：《唐研究》（第 12 卷），北京大學出版社 2006 年版。

243 〔日〕稻田奈津子：〈《慶元條法事類》與《天聖令》——唐令復原的新的可能性〉，載榮新江主編：《唐研究》（第 14 卷），北京大學出版社 2008 年版。日文版則載〔日〕大津透編：《日唐律令比較研究の新段階》，山川出版社 2008 年版；〔日〕川村康：〈宋令變容考〉，載《法と政治》第 62 卷第 1 期，2011 年。

244 〔日〕三上喜孝：〈唐令から延喜式へ——唐令継受の諸相〉，載〔日〕大津透編：《日唐律令比較研究の新段階》，山川出版社 2008 年版。

245 唐雯有關唐《職員令》的復原成果亦頗為重要，參見氏著：〈《〈記纂淵海〉所引的〈唐職員令〉逸文》補證——兼述晏殊《類要》所見《唐職員令》〉，載《中國典籍與文化》2005 年第 4 期；氏著〈唐職員令復原與研究——以北宋前期文獻中新見佚文為中心〉，載《歷史研究》2008 年第 5 期。

246 目前復原唐式的努力，有以下三種成果：韓國磐：〈傳世文獻中所見的唐式輯存〉，載《廈門大學學報》1994 年第 1 期；黃正建：〈唐式摭遺(一)——兼論《式》與唐代社會生活的關係〉，載《98 法門寺唐文化國際學術討論會論文集》，陝西人民出版社 2000 年版；霍存福：《唐式輯佚》，社會科學文獻出版社 2009 年版。

「能夠考證清楚當然好，若不能，也大可不必糾纏在這裡。至少在不限定具
體年代的情況下可以確定，《張仲景方》和《集驗方》，在唐代都曾作為醫
生的兼習教材被使用，也都曾經被寫入國家的令文中。」[247]換言之，唐令復
原僅僅是研究的起點而非終點，藉此以廣涉唐宋相關制度，並推進整體研究，
亦即本文所稱的「內史」部分以及「外史」部分中有關法律樣態的研究，恐
怕才是鵠的所在。

---

[247] 程錦：〈唐代醫療制度研究〉，中國社會科學院 2008 年碩士學位論文，第 40 頁。

《天聖令》與唐宋史研究

　　由戴建國於 1998 年發現、[1]2006 年被全文公佈的天一閣藏明鈔本北宋《天聖令》殘卷，[2]引起了海內外研究的熱潮，十餘年所積累的相關成果堪稱宏富。仁井田陞曾以「外史」（法規整理）和「內史」（法律內容研究，如債權法、親屬法等）的標準對法律史研究對象進行劃分，[3]目前圍繞《天聖令》所展開的研究大致也可循此分類。其中，有關「外史」的研究，又可析為「唐令復原」的研究（有關校錄、句讀、復原文句、條文順序等）和法律形式的研究（律令格式等法律形式之間的關係、唐宋令的流變、編修原則、立法技術等）；而關於「內史」的研究，也可細分為「以史釋令」和「以令證史」兩種路徑。對於「外史」，亦即唐宋法典研究，筆者已另行撰文述及，[4]而學界圍繞《天聖令》對於唐宋時期「內史」的研究亦逐步深入，本文即以此為對象進行概述，掛一漏萬，祈請方家教正。需說明者：有關比較日、唐律令以析明日本古代律令之特色及原因、乃至於徑引唐令以復原日本令的研究，不在本文考察之列。

1　戴建國：〈天一閣藏明鈔本《官品令》考〉，載《歷史研究》1999 年第 3 期。

2　天一閣博物館、中國社會科學院歷史研究所天聖令校證課題組校證：《天一閣藏明鈔本天聖令校證 附唐令復原研究》，中華書局 2006 年版。

3　〔日〕仁井田陞：《唐令拾遺》，東方文化學院東京研究所 1933 年版，第 1 頁。

4　趙晶：〈《天聖令》與唐宋法典研究〉，載中國政法大學法律古籍整理研究所編：《中國古代法律文獻研究》（第 5 輯），社會科學文獻出版社 2011 年版。

一、《田令》

　　楊際平在〈《唐令·田令》的完整復原與今後均田制的研究〉[5]中，依據《田令》對長期困擾唐史學界的如有關唐代土地還授、公私田、令與鄉法、式的關係等問題進行了探討，並提出了展望；[6]在〈宋代「田制不立」、「不抑兼並」說駁議〉[7]中則依據宋令認為以往所認定的宋代「田制不立」說不能成立，宋令足以體現抑制兼並的政策。[8]針對楊際平有關公私田的觀點，何東則認為唐代並無「私人所有」意義上的私田，即均田制外不存在農民私有的田地。[9]對此，耿元驪反對何東所認為的「私田」之「私」非「私人所有」之義的觀點，當然他並不涉及楊氏與何氏所共同關心的均田制外是否有普通民戶的私田存在的問題。[10]此外，耿氏還撰文對既往學界有關宋代「田制不立」的理解進行了商榷，他認為宋人並無「田制＝均田制」的一種認識，所謂的「田制不立」只是宋人感慨有關土地的制度措施得不到貫徹落實而已。[11]同時，他還指出即便是唐代的均田制，也只是一種學術觀點而非實行的制度。[12]對於宋代「田制不立」問題，薛政超再次重申前輩學人的觀點，即田制不立並非是沒有田制，而是放任土地買賣、不抑兼並。[13]

---

[5]　楊際平：〈《唐令·田令》的完整復原與今後均田制的研究〉，載《中國史研究》2002 年第 2 期。

[6]　相關觀點，亦可參見楊際平：《北朝隋唐均田制新探》，嶽麓書社 2003 年版。

[7]　楊際平：〈宋代「田制不立」、「不抑兼併」說駁議〉，載《中國社會經濟史研究》2006 年第 2 期。

[8]　類似觀點，還可參見楊際平：〈唐宋土地制度的承繼與變化〉，載《文史哲》2005 年第 1 期。

[9]　何東：〈《天聖令·田令》所附唐田令荒廢條「私田」的再探討——與楊際平先生商榷〉，載《中國社會經濟史研究》2006 年第 2 期。

[10]　耿元驪：〈《天聖令》復原唐《田令》中的「私田」問題——與何東先生商榷〉，載《文史哲》2008 年第 4 期。

[11]　耿元驪：〈宋代「田制不立」新探〉，載《求是學刊》2009 年第 4 期。

[12]　耿元驪：〈唐宋土地制度與政策演變論綱〉，載《東北師大學報（哲學社會科學版）》2009 年第 5 期。

[13]　薛政超：〈也談宋代的「田制不立」與「不抑兼併」——與《宋代「田制不立」、「不抑兼併」說駁議》一文商榷〉，載《中國農史》2009 年第 2 期。

　　除了以上有關「公私田」等問題的爭論外，劉玉峰對《田令》中涉及權利歸屬的條文進行了系統的分析，由此提出唐代前期「官私二元、以官為主、形態多樣」的所有權結構。[14]應當說明，劉玉峰的私田是指在均田制下國家分配給官員乃至於平民的永業田、口分田等，與上開討論的均田制外是否有私田並非完全一致。[15]王澤亮則從制度理想、設定與實施三個層面，利用《田令》對均田制進行了再研究，並就宋代「田制不立」的上述討論提出了自己的看法：即宋初一段時間內，沒有明文規定限田及覈實土地買賣等措施。[16]李如鈞以《宋刑統》、《天聖令》中的唐代關涉均田制、限制土地交易的《田令》多不行用、而規範土地交易的《雜令》則日趨重要入手，通過考察唐宋間有關土地交易規範的發展與變化，認為這一領域的唐宋變革的起點在兩稅法實施後、到唐元和年間，而終點則在《天聖令》。[17]

　　羅彤華立足於《田令》「黃小中丁男女」與「黃小中男女」復原的差別，以敦煌吐魯番文獻為依據，認為「丁女」當戶因現實情況較少，《田令》未作規定，故而在現實中，為彌補這一制度缺陷所帶來的操作不能，而一般將他們記錄為「中女」。[18]對此，張榮強提出了商榷，即法典不可能有意省略某一類規範對象，如《倉庫令》中也未出現「丁女」之稱，故而認為女子在結婚前僅有黃、小、中之別，婚後方被稱為「丁妻」，其中「中女」已包含成年的在室女子。[19]

　　山崎覺士討論了唐《田令》復原的條文及其排序，並在此基礎上討論了唐7與唐23分別規定永業田於死後得繼承、須還官的矛盾規定，認為此一矛

14　劉玉峰：〈唐前期土地所有權狀況探討〉，載《文史哲》2005年第4期。

15　有關私田探討的既有成果，還可參見李文益、徐少舉：〈唐代「私田」研究綜述〉，載《中國史研究動態》2011年第1期。

16　王澤亮：〈《天聖令‧田令》研究〉，浙江大學2010年碩士學位論文。

17　李如鈞：〈唐宋土地交易法律變革初探——由《天聖‧田令》說起〉，載《新史料‧新觀點‧新視角：天聖令論集》（上），元照出版有限公司2011年版。

18　羅彤華：〈丁女當戶給田嗎？——以唐《田令》「當戶給田」條為中心〉，載榮新江主編：《唐研究》（第14卷），北京大學出版社2008年版。

19　張榮強：〈唐代吐魯番籍的「丁女」與敦煌籍的成年「中女」〉，載《歷史研究》2011年第1期。

盾實質上體現了官員與平民的差別所在；[20]還逐一解析了《天聖令》所載的其他文獻所未見的新出《田令》條文，並以唐30「公私田荒廢借佃」條為中心，詳述其在唐後期至宋的發展。[21]

渡邊信一郎譯注了《天聖令・田令》，[22]並以《田令》所體現的有關身分的階層化為中心，分析了土地制度自秦漢以來的發展變化。[23]宮地明子的研究與渡邊氏有異曲同工之妙，即將《田令》規範的均田制納入到身分秩序的視野中，不但涉及官人與庶民之分，還以四民分業為主線將均田制追溯至先秦以降的政治思想史脈絡之中。[24]大津透則立足於《田令》與吐魯番文書，考察了《田令》在現實中的執行情況。[25]

除了上開專章以《天聖令》為研究對象的著述外，以下研究則多以某條令文為材料，以論證各自的研究主題，如周奇、[26]楊際平[27]分別關注唐、宋時期政府對於寺院土地的管理、韓昇論述桑田、[28]孟憲實考析新出的唐代寺院手實[29]等。

20　〔日〕山崎覺士：〈唐開元二十五年田令の復原から唐代永業田の再檢討へ〉，載《洛北史學》第 5 號，2002 年。

21　〔日〕山崎覺士：〈天聖令中の田令と均田制の間〉，載《唐代史研究》第 11 號，2008 年。

22　〔日〕渡邊信一郎：〈北宋天聖令による唐開元二十五年田令の復原びに注釋（未定稿）〉，載《京都府立大學學術報告（人文・社會）》第 58 號，2006 年。

23　〔日〕渡邊信一郎：〈古代中國の身分制的土地所有──唐開元二十五年田令からの試み〉，載（韓國）《中國古中世史研究》第 24 輯，2010 年。

24　〔日〕宮地明子：〈日本古代國家論──禮と法の日中比較より〉，載《古代日本の構造と原理》，青木書店 2008 年版。

25　〔日〕大津透：〈吐魯番文書和律令制──以均田制為中心〉，載戴建國主編：《唐宋法律史論集》，上海辭書出版社 2007 年。

26　周奇：〈唐代國家對寺院經濟的控制──以寺院土地為例〉，載《中國社會經濟史研究》2005 年第 1 期。

27　楊際平：〈宋朝政府對寺觀的土地、賦役政策〉，載雲南大學中國經濟史研究所、雲南大學歷史系編：《李埏教授九十華誕紀念文集》，雲南大學出版社 2003 年版。

28　韓昇：〈論桑田〉，載復旦大學歷史系編：《古代中國：傳統與變革》，復旦大學出版社 2005 年版。

29　孟憲實：〈新出唐代寺院手實研究〉，載《歷史研究》2005 年第 5 期。

二、《賦役令》

　　戴建國對於《賦役令》的研究，除了有關復原成果[30]外，還依據新出令文，以令格互為補充、丁庸與租調分立的觀點解釋了史籍有關唐代食封制記載的矛盾。[31]關於這一條，李錦繡認為之所以與其他記載有矛盾，是因為令文的滯後性，[32]而李淑媛則認為這條是《開元七年令》。[33]戴建國還根據有關五等分戶、造籍、丁匠徵發等令文，論及宋代籍帳制度。[34]

　　大津透是在《賦役令》上用力最深的學者，他結合吐魯番文書、日本律令史料、日本學界有關唐令復原的成果以及新出《天聖令》等，推究唐代律令體制之下對民眾人身支配的賦役體制，力主與均田制相對應、以正丁為對象的課役和以戶為對象、以戶等為區別基礎、包含雜徭和色役等的差科二制並立的《賦役令》結構，並藉此推明唐、日賦役制度的實態。[35]。

　　渡邊信一郎不但對《賦役令》進行了譯注並復原，[36]還依據《賦役令》的條文和結構對既往有關唐代前期賦役制度的研究結論進行了商榷，如進一

30　戴建國：〈天一閣藏《天聖令・賦役令》初探〉（上、下），載《文史》2000 年第 4 輯、2001 年第 1 輯；戴建國：〈宋《天聖令・賦役令》初探〉，載戴建國：《宋代法制初探》，黑龍江人民出版社 2000 年版。

31　戴建國：〈關於唐食實封〉，載《中國經濟史研究》2002 年第 3 期。

32　李錦繡：〈唐賦役令復原研究〉，載天一閣博物館、中國社會科學院歷史研究所天聖令整理課題組校證：《天一閣藏明鈔本天聖令校證 附唐令復原研究》，中華書局 2006 年版，第 463 頁。

33　李淑媛：〈評《天一閣藏明鈔本天聖令校證 附唐令復原研究》・賦役令〉，載榮新江主編：《唐研究》（第 14 卷），北京大學出版社 2008 年版，第 522 頁。

34　戴建國：〈宋代籍帳制度探析——以戶口統計為中心〉，載《歷史研究》2007 年第 3 期。

35　〔日〕大津透：〈課役制と差科制——課・不課・課戶にふれて〉，載〔日〕池田溫編：《中國禮法と日本律令制》，東方書店 1992 年版；〈唐日賦役令の構造と特色〉，載〔日〕池田溫編：《日中律令制の諸相》，東方書店 2002 年版；〈律令制的人民支配の特質——人頭稅と戶口把握をめぐる覺書〉，載〔日〕笹山晴生編：《日本律令制構造》，吉川弘文館 2003 年版；〈唐日律令制下の雜徭について〉，載《法制史研究》第 54 號，2005 年。這些文章皆匯集在〔日〕大津透：《日唐律令制の財政構造》，岩波書店 2006 年版。其中第一篇根據《天聖令》條文有所補訂。

36　〔日〕渡邊信一郎：〈北宋天聖令による唐開元二十五年賦役令の復原びに注釋（未定稿）〉，載《京都府立大學學術報告（人文・社會）》第 57 號，2005 年。

步釐定了正役、雜徭、色役之間的關係，認為「差科」僅為指稱選派、徵發
的一般性動詞，由此否定了大津透所持的足以與課役並立、且包容雜徭、色
役等的「差科制」的存在；[37]又在由兩都、諸州、邊州、羈縻州所構成的行
政構造和由折衝府系統、諸州鎮戍系統、緣邊諸州軍鎮所構成的軍事構造的
體制內，探討了《賦役令》所體現出的以供御和供軍為主線的財政物流體系。
[38]與渡邊氏綜考唐代財政體系的研究視點不同，武井紀子則主要著眼於唐代
財政支出體系中與軍事費用相關的制度，分中央與地方兩個方面分別討論軍
費開支的來源、管理等問題。[39]

　　石見清裕詳加考析「沒落外蕃」條，結合傳世史料釐定各項內容分別入
令及被刪除出令的時間，藉此討論唐代內附民族「百姓化」，並考證了「夷
獠」一詞的指稱，認為「蕃域」、「絕域」與唐朝天下理念構造無關。[40]齋
藤勝圍繞該條令文總結前說並予以商榷和補正，如將內附者所指稱的對象界
定為以遊牧民族為中心的北方異民族，指出將遊牧民農耕化並納入到均田租
庸調等稅賦體制內的政策目標及其落實效果，並試圖對不同時期的與此相關
的制度差異予以合理解釋。[41]高丹丹則著眼於《賦役令》所體現的對「沒蕃
得還」和「外蕃投化」的優待措施，並結合唐朝對於百姓入蕃的控制及羈縻
制，梳理了唐王朝促進內附民族百姓化和保持其軍事戰鬥力的雙重政策基
調。[42]

　　與「丁匠」諸條相關的研究也頗為豐富，十川陽一與牛來穎皆將《賦役

37　〔日〕渡邊信一郎：〈唐代前期賦役制度の再檢討——雜徭を中心に〉，載《唐代史研究》第
　　11 號，2008 年。

38　〔日〕渡邊信一郎：〈唐代前期律令制下の財政的物流と帝國編成〉，載《國立歷史民俗博物館
　　研究報告》第 152 號，2009 年。

39　〔日〕武井紀子：〈律令財政構造と軍事〉，載《唐代史研究》第 13 號，2010 年。

40　〔日〕石見清裕：〈唐代內附民族對象規定の再檢討——天聖令・開元二十五年令より〉，載《東
　　洋史研究》第 68 卷第 1 期，2009 年。

41　〔日〕齋藤勝：〈唐代內附異民族への賦役規定と邊境社會〉，載《史學雜誌》第 117 卷第 1 期，
　　2008 年。

42　高丹丹：〈從唐令看唐代對內附之民的若干管理政策〉，載《お茶の水女子大學大學院教育改革
　　支援プログラム「日本文化研究の國際的情報伝達スキルの育成」活動報告書》2010 年版。

令》與《營繕令》合併考察，前者以營造工程所需的丁匠徵發為主題，探討
了唐代尚書戶部、工部、將作監等的各自職掌和役丁申報流程，並析出丁與
匠在差發制度上的不同；[43]後者圍繞有關「丁匠」規定的條文，嘗試對服役
主體、「功」、「除程」、「巡行」官、貯草條的位置、臨時性役功等問題
進行再探析，並從「丁匠」規範的角度闡明兩個令篇的互為配合。[44]劉燕儷
則將「丁匠」諸條分門別類並逐條解析，藉此論述唐代規範丁匠服役的法律
制度；[45]拙稿曾以讀書箚記的方式，嘗試對「除程」、「畿內諸縣」等進行
解讀，並對劉燕儷有關宋 12「領送之官」、「緣歷州縣」和宋 15「貫不屬縣」
的理解進行了商榷。[46]其中，對於科喚丁匠時，「以官領送」的問題，拙稿
曾以宋代部送罪人和押綱為旁證，對劉燕儷的「司戶參軍」之說進行質疑。
如今看來，當時的論證也有待補充、斟酌：《獄官令》唐 5 規定了部送流移
人的「專使」，其注文稱「其使人，差部內散官充，仍申省以為使勞。若無
散官，兼取勳官強幹者充。又無勳官，則參軍事充」，其中可充「專使」的
「參軍事」並非是各司參軍，而是並無常職的參軍。[47]但《賦役令》唐 5 規
定，「租調庸」送京或外配時，「各遣州判司充綱部領」，這個「判司」所
指應是各司參軍（據唐制所載各司參軍的執掌推斷，或許是倉曹或司倉參
軍）。因此，拙稿當時僅以宋制推斷唐制，實有不足，有關唐代丁匠「領送
之官」的問題恐怕需進一步研究。

　　此外，與《賦役令》相關的成果還有：吉川真司以吐魯番出土的唐庸調
布的墨書題款、印鑒與「課戶」條相互印證；[48]蘇玉敏研究與西域皇家窟寺

43　〔日〕十川陽一：〈八世紀の木工寮と木工支配〉，載《日本歷史》第 714 號，2007 年。

44　牛來穎：〈《天聖令・賦役令》丁匠條釋讀舉例——兼與《營繕令》比較〉，載杜文玉主編：《唐
　　史論叢》（第 13 輯），三秦出版社 2011 年版。

45　劉燕儷：〈試論唐代賦役丁匠的規範——以《天聖令・賦役令》為中心的探討〉，載《新史料・
　　新觀點・新視角：天聖令論集》（上），元照出版有限公司 2011 年版。

46　趙晶：〈《天聖令・賦役令》丁匠諸條疏補〉，載《文史》2011 年第 4 輯。

47　有關這兩類參軍的區別，參見賴瑞和：《唐代基層文官》，中華書局 2008 年版，第 174 頁。

48　〔日〕吉川真司：〈稅の貢進〉，在〔日〕平川南等編：《文字と古代日本》3《流通と文字》，
　　吉川弘文館 2005 年版。

營建相關的工匠徵發；[49]劉再聰、市川理惠分別考述了唐代村正、里正的職責、免役優待、失職懲罰，[50]以及張玉興、張國剛藉此進一步研究唐代的鄉村基層組織；[51]孟憲實、文欣結合吐魯番文書分別研究唐代府兵上番和差科簿[52]等。

三、《倉庫令》

李錦繡圍繞《天聖令》中有關倉庫設備及管理、調度費徵收、倉庫輸納等條款，結合傳世文獻，論述了與調度稅、營窖錢、雜附物等相關的制度；[53]又依據《倉庫令》中有關給糧標準的令文，詳細考訂了唐代文獻中有關黃、小、中、丁、老的年齡劃分及有關男女性別不同等所導致的給糧差異，總結出唐代給糧制度在發展過程中呈現出等級逐步完善、年齡逐步放寬、類別趨於複雜、女口標準下降等規律。[54]

李淑媛據《天聖令》的相關條文，詳論唐代稅務繳納的揚擲、收榜、概量、徵收耗直等制度性流程，並結合唐宋史料論述該制度在落實中的種種違法與扭曲。而吳謹伎的研究則圍繞《天聖令》和《慶元條法事類》中有關庫藏管理的條文，論述唐宋庫藏賬簿的編造、申報、保管、審查之制，指出宋

---

49 蘇玉敏：〈西域的供養人、工匠與窟寺營造〉，載《西域研究》2007 年第 4 期。

50 劉再聰：〈唐朝「村正」考〉，載《中國農史》2007 年第 4 期；〔日〕市川理惠：〈日唐における都城の行政・治安機構〉，載〔日〕市川理惠：《古代日本の京職と京戶》，吉川弘文館 2009 年版。

51 如張玉興論及唐代的基層差科，參見張玉興：《唐代縣官與地方社會研究》，天津古籍出版社 2009 年版，第 239 頁以下；張國剛：〈唐代鄉村基層組織及其演變〉，載《北京大學學報（哲學社會科學版）》2009 年第 5 期。

52 參見孟憲實所著的〈唐代府兵「番上」新解〉以及文欣所著的〈唐代差科簿製作過程——從阿斯坦納 61 號墓所出役制文書談起〉，皆載於《歷史研究》2007 年第 2 期。

53 李錦繡：〈唐開元二十五年《倉庫令》研究〉，載榮新江主編：《唐研究》（第 12 卷），北京大學出版社 2006 年版。

54 李錦繡：〈唐開元二十五年《倉庫令》所載給糧標準考——兼論唐代的年齡劃分〉，載上海社會科學院《傳統中國研究集刊》編輯委員會：《傳統中國研究集刊》（第 4 輯），上海人民出版社 2008 年。

代的規定較唐代為細密。[55]

　　武井紀子以唐、日收納設施的分類基準的差別入手，即唐代的倉、庫二分法和日本的倉、藏、庫三分法，探討了唐、日令的區別所在；[56]渡邊信一郎則譯注了該篇令文。[57]

四、《廄牧令》

　　孟彥弘利用《廄牧令》條文釐清了驛與傳兩大系統的區別所在，如驛馬驢與傳送馬驢在職能、活動範圍、餵養方式等方面的差別，又如驛與傳在使用許可權、憑證、承擔的任務等上的不同。此外，他還通過對敦煌吐魯番文書的考察，認為傳送馬驢不但有交通的職能，還有運輸的任務；長行馬驢之所以被冠以「長行」二字，並非是指長途行進，而是長期承擔運輸或交通任務的身分，就其實質而言，長行馬驢即是傳馬驢；至於同屬於傳系統下的車坊則較馬坊多了提供食宿的功能。[58]

　　宋家鈺除了復原《廄牧令》之外，還就日唐有關驛傳制度的《令》、《式》條文進行了比較研究，以日本史料此補證唐代史料之不足，釐清了以下一些問題：唐代的驛設於驛道，而並非每個州縣皆有驛，但傳則設置在州縣轄區；唐代的驛、傳皆建立在繇役制度之上，驛長、驛丁、傳馬驢主、傳馬子等的來源及服役義務皆有不同；驛有遣驛、馳驛、飛驛之別，傳有以傳送馬驢傳送和以非傳送馬驢傳送之別；為利用驛、傳者所提供的食宿、馬匹等來源不同等。[59]

---

[55]　分別參見李淑媛發表的〈唐宋時期的糧倉法規——以《天聖令·倉庫令》「稅物收納、概量和耗」條為中心〉以及吳謹伎發表的〈論唐宋庫藏管理中的帳簿制——以《天聖·倉庫令》為主要考核〉，皆載於《新史料·新觀點·新視角：天聖令論集》（上），元照出版有限公司 2011 年版。

[56]　〔日〕武井紀子：〈日唐律令制における倉、藏、庫——律令國家における收納設施の位置づけ〉，載〔日〕大津透編：《日唐律令比較研究の新段階》，山川出版社 2008 年版。

[57]　〔日〕渡邊信一郎：〈天聖令倉庫令譯注初稿〉，載《唐宋変革研究通訊》第 1 輯，2010 年。

[58]　孟彥弘：〈唐代的驛·傳送與運輸——以交通與運輸之關係為中心〉，載榮新江主編：《唐研究》（第 12 卷），北京大學出版社 2006 年版。

[59]　宋家鈺：〈唐《廄牧令》驛傳條文的復原及與日本《令》、《式》的比較〉，載榮新江主編：《唐

　　市大樹則諸條解讀了《廄牧令》中與驛、傳相關的條文並與日本令進行
對比，並從傳送馬的設置、分番體制、經費來源，以及唐令的相關規定相對
具體而日令則較為抽象、唐代傳送馬的軍事色彩濃厚等三個方面總結了唐、
日的差別。[60]

　　賴亮郡通過《廄牧令》的相關條款，研究了自古以來有關飼養方法「棧
法」的相關記載，指出《廄牧令》中的「三棧羊」乃是指由三班使臣或諸司
使副所監管的京師棧圈中棧養的羊口，而京師外官府所圈養的草羊則稱為「外
群羊」，二者在飼養者、食料等方面存在差別。[61]

　　山下將司則根據《廄牧令》唐18有關監牧制的規定，結合文獻所載武威
安氏、固原史氏就任牧馬官的履歷以及唐代監牧制的緣起與發展，認為以目
前史料所見，之所以自北朝後期開始向中國移居的粟特人集團中只有這兩家
兼有「軍府官」和「牧馬官」，並非僅僅因為粟特人的牧馬技能，還需著眼
於這兩家自身的馬業生產、經營，以及因此而導致的武裝集團化過程。[62]

　　古怡青以唐令中有關牲畜識別標記的規定和唐律對檢驗不實的處罰為
例，論述了唐代監牧管理制度，並從「闌遺畜」與「闌畜」之別，以及監牧
編制、牲畜孳生死耗等獎懲的差別，展現唐宋監牧之變，並指出畜牧業經營
的重心由唐代的馬轉為宋代的羊。此外，她還從監牧系統、餵養飼料季節、
雜畜別群年歲、雜畜識認期限、雜畜無主識認處置、失官雜畜賠償、獸醫管
理等七個方面比較了日本令與唐宋令的差別。[63]

　　速水大則逐一解析了《廄牧令》中與折衝府相關的令文，並從官馬烙印、
烙印保管、馬的管理者及責任、馬的飼養者遴選及其權利和義務等方面，論

　　　研究》（第14卷），北京大學出版社2008年版。

[60]　〔日〕市大樹：〈日本古代傳馬制度の法的特徵と運用實態──日唐比較を手がかりに〉，載《日
　　　本史研究》第544號，2007年。

[61]　賴亮郡：〈棧法與《天聖令‧廄牧令》──「三棧羊」考釋〉，載《法制史研究》第15期，2009
　　　年。

[62]　〔日〕山下將司：〈唐の監牧制と中國在住ソグド人の牧馬〉，載《東洋史研究》第66卷第4
　　　期，2008年。

[63]　古怡青：〈從《天聖‧廄牧令》看唐宋監牧制度中畜牧業經營管理的變遷──兼論唐日令制的比
　　　較〉，載《新史料‧新觀點‧新視角：天聖令論集》（上），元照出版有限公司2011年版。

述了折衝府對於馬匹的管理制度。[64]

李錦繡圍繞《廄牧令》復原 27「仍各起第，一以次為名」與「其雜畜牧，皆同下監（其監仍以土地為名）」的記載，提出「以數紀為名」和「以土地為名」兩套牧監的命名系統並非以馬牧還是雜畜牧為區分標準，而是視牧監分佈於隴右還是廣義的「河曲之地」為定。[65]其中，李錦繡對於馬牧與雜畜牧的判別，應當是以雜畜牧為馬牧以外牲畜之牧為前提，而侯振兵對此表示質疑。他藉《廄牧令》考訂了唐代「雜畜」一詞的內涵，即「雜畜」是對所有牲畜的總稱，只有在特定語境下被限定為馬或馬驢以外的牲畜。[66]

此外，田振洪論述唐代律令中有關侵害官私畜的賠償制度，[67]羅豐則梳理了唐代馬印使用的各項制度。[68]

五、《關市令》

孟彥弘連續發表論文，根據《關市令》的新出條文，認為既往研究所提出的「副過所」的概念不能成立，否定了日本令式中有關申請過所需「具錄二通」的規定在唐代行用的可能性，並逐一考釋了「副白」（改請過所時，將市券等抄錄副本遞上）和錄白案記（在空白處錄入，並案記文字）的含義，辨析了過所與公驗的區別，析出過所對於身分來源的合法性判斷、關中關外的區別、勞役徵發等的意義。[69]

64 〔日〕速水大：〈天聖廄牧令より見た折衝府の馬の管理〉，載《法史學研究會會報》第 15 號，2011 年。

65 李錦繡：〈「以數紀為名」與「以土地為名」——唐代前期諸牧監名號考〉，載中國社會科學院歷史所隋唐宋遼金元史研究室編：《隋唐宋遼金元史論叢》（第 1 輯），紫禁城出版社 2011 年。

66 侯振兵：〈試論唐代雜畜的含義——以《廄牧令》為中心〉，載韓國慶北大學亞洲研究所編：《亞洲研究》第 14 輯，2011 年。

67 田振洪：〈唐律中的畜產與損害賠償〉，載《重慶工商大學學報（社會科學版）》2008 年第 6 期；田振洪：〈唐代法律有關侵害官畜的賠償規定〉，載《農業考古》2010 年第 1 期。

68 羅豐：〈規矩或率意而為？——唐帝國的馬印〉，載榮新江主編：《唐研究》（第 16 卷），北京大學出版社 2010 年版。

69 孟彥弘：〈唐代過所的「副白」、「錄白」及過所的「改請」〉，載編委會編：《慶祝寧可先生八十華誕論文集》，中國社會科學出版社 2008 年版；〈唐代「副過所」及過所的「副白」、「錄

　　對此，李全德以相同的研究視角考察了過所的申請、批發、勘驗等程式。與孟彥弘所持觀點一致，李全德也認為「副過所」的概念不能成立；但是，李全德認為申請過所時的「具錄二通」是存在的，分別為申請人自書兩通以申遞，官署書過所兩通分別留署和下發。至於有關「副白」與「錄白案記」的釋義，除了「案記」別無異見外，[70]李全德的解釋與孟彥弘之說稍異：所謂「副白」乃是自書的申請過所文件；所謂「錄白」，則是勘過官司全錄過所以留存副本。[71]

　　此外，易彪立足於《關市令》的相關條文，論析了宋代政府對產品的市場准入、交易、物價等方面的監管制度；[72]劉馨珺以《關市令》中有關「應禁之地」、禁物、「禁鐵之鄉」、「私共化外人交易」等條文出發，考察了唐宋由「關」至「界」的演變過程，認為宋人的活動空間較唐人為寬廣，法令所規定的「應禁之地」日漸消弭。[73]

白案記」辨釋〉，載《文史》2008 年第 4 輯。針對李全德的論文，孟彥弘也進行了商榷，除指出李文論證中的不足外，再次重申了自己有關「副白」與「錄白案記」的含義、過所與公驗的區別、「具錄二通」是否存在的看法。參見孟彥弘：〈再談唐代過所申請、勘驗過程中的「副白」與「錄白案記」——與李全德先生的商討〉，該文首次宣讀於中國人民大學歷史學院於 2010 年 5 月 29～30 日召開的「實踐中的唐宋思想、禮儀與制度」國際學術研討會，定稿則發表於中國社會科學院歷史所隋唐宋遼金元史研究室編：《隋唐宋遼金元史論叢》（第 1 輯），紫禁城出版社 2011 年版。

70　孟彥弘在與李全德商榷的文章中寫道：「僅就他所說的與案記相關的話……我最終還是不明白，唐代過所勘驗中的『案記』究竟何指……倘若確實作這樣的理解，那麼，案記就與我的理解並無不同了。」參見孟彥弘：〈再談唐代過所申請、勘驗過程中的「副白」與「錄白案記」——與李全德先生的商討〉。中國社會科學院歷史所隋唐宋遼金元史研究室編：《隋唐宋遼金元史論叢》（第 1 輯），紫禁城出版社 2011 年版。

71　李全德：〈《天聖令》所見唐代過所的申請與勘驗〉，載榮新江主編：《唐研究》（第 14 卷），北京大學出版社 2010 年版。

72　易彪：〈北宋商業市場監管政策簡論〉，載《重慶科技學院學報（社會科學版）》2008 年第 11 期。

73　劉馨珺：〈唐宋的關界——從《天聖・關市令》「應禁之地」談起〉，載《新史料・新觀點・新視角：天聖令論集》（上），元照出版有限公司 2011 年版。

六、《捕亡令》

桂齊遜逐條分析了唐代有關追捕罪人的律、令條款，由此強化了既有的對於唐代律令關係的論斷，如律的本質為刑法典、令作為非刑律性質的規範而對律進行補充等。[74]

榎本淳一在重新復原 3 條與奴婢買賣相關的《關市令》、《捕亡令》的基礎上，討論了奴婢買賣的程式以及唐代異民族奴婢的輸入問題，並就日唐令之異同進行了分析。[75]

吉永匡史則依據《唐律疏議》對《唐令》中的「軍人」一詞進行了考釋，認為在唐代，「軍人」被用來指稱廣義的軍務從事者，包含「衛士」與「武官」，當「軍人」與「衛士」並列出現時則僅指「武官」。[76]

楊曉宜結合《宋刑統》與《捕亡令》的相關條文，逐一論述了北宋時期有關軍事人員、盜賊、囚犯及奴婢等逃亡的法律問題和緝捕者的職責、權力及失職處罰等問題。[77]其中，楊文在論述「流移人」之時，似乎並未注意到北宋「折杖法」的實施問題。

洪文祺則以奴婢逃亡為中心，分析了唐律、唐令、宋代《天聖令》中的相關條文，認為宋代令文所規範的對像是雇傭奴婢，至於宋之所以刪除了對於捉捕逃亡奴婢的徵賞規定，或許可從雇傭關係的解除角度予以考慮。[78]

此外，田振洪在關注唐律「備贓」流向問題時也涉及到《捕亡令》的闡

---

[74] 桂齊遜：〈唐代律令關係試論——以捕亡律令關於追捕罪人之規範為例〉，載榮新江主編：《唐研究》（第 14 卷），北京大學出版社 2010 年版。有關內容，也體現在桂齊遜：〈《天聖令》復原唐令研究——以《捕亡令》為例〉，載《史學彙刊》第 25 期,2010 年。

[75] 〔日〕榎本淳一：〈天聖令からみた唐日奴婢賣買の諸問題〉，載〔日〕大津透編：《日唐律令比較研究の新段階》，山川出版社 2008 年版。

[76] 〔日〕吉永匡史：〈律令國家と追捕制度〉，載〔日〕大津透編：《日唐律令比較研究の新段階》，山川出版社 2008 年版。

[77] 楊曉宜：〈北宋緝捕者與逃亡者的法律問題——以《天聖·捕亡令》為中心〉，載《史耘》第 14 期,2010 年。

[78] 洪文祺：〈唐宋奴婢逃亡懲罰試探——以《天聖令·捕亡令》為中心〉，載《新史料·新觀點·新視角：天聖令論集》（上），元照出版有限公司 2011 年版。

釋。[79]

七、《醫疾令》

作為《醫疾令》的復原擔當者，程錦以「女醫」條為中心，從女醫學生來源、女醫教育的內容與講授方式、考試及成業年限等方面，考釋了唐代女醫教育制度，總結了唐代女醫教育的特點並提示了由唐入宋的發展趨勢。[80]此外，她還分醫學生、地方醫生、私醫、醫學制舉、非醫術出身者等五個方面，詳述了唐代醫官選任制度，並以制舉和待詔為中心，明晰醫官選任的發展。[81]更值得重視的是，程錦在《醫疾令》的基礎上，博取傳世文獻與墓誌、敦煌吐魯番文書，分醫療機構和官職、醫學教育、醫官選拔和遷轉、醫療行政機制四個方面全面論述了唐代醫療制度。[82]

李貞德在論及女性醫療者醫療技術的來源時，注意到《天聖令》「女醫」條及日本令的相關規定。相對於程錦高度評價唐代女醫科的重大歷史意義，李貞德則認為女醫因僅供後宮之用而在選取標準上多所限制，以至於剝奪了女性仰賴身體經驗而來的自主性及其與醫療技術的親緣性，其歷史意義有待斟酌。又，李貞德還認為女醫也應具備合藥知識，並擔當配藥調藥的任務。[83]

陳登武從醫療教育、軍隊醫療、疫病控制、病囚照護、社會救濟等五個層面，論述了唐令中有關「巡患制度」的各個環節，並認為宋代雖無「巡患」

---

[79] 田振洪：〈論唐律中的「倍備」處罰原則〉，載《五邑大學學報（社會科學版）》2009 年第 2 期。

[80] 程錦：〈唐代女醫制度考釋——以唐《醫疾令》「女醫」條為中心〉，載榮新江主編：《唐研究》（第 12 卷），北京大學出版社 2006 年版；〈唐代的女醫教育〉，載《文史知識》2007 年第 3 期。

[81] 程錦：〈唐代醫官選任制度探微——以唐《醫疾令》為基礎〉，載榮新江主編：《唐研究》（第 14 卷），北京大學出版社 2008 年版。

[82] 程錦：〈唐代醫療制度研究〉，中國社會科學院 2008 年碩士學位論文。

[83] 李貞德：《女人的中國醫療史——漢唐之間的健康照顧與性別》，三民書局 2008 年版，第 271 ～272 頁。

之令文，卻有以翰林醫官院為核心的醫療機制及地方駐泊醫官制度。[84]應當指出，陳文在論述中偶有不足，如對於《醫疾令》唐 7「量於見任及以理解醫、針生內」一句，陳文釋為「酌量在現任以及能夠理解方劑的醫、針生中」，[85]恐怕多有不妥。「以理解醫、針生」應與「以理解官」作同一理解。此外，作為廣義「巡患制度」的一種，唐宋文武職事官在罹患疾病時享受「令文」明定的遣醫治療待遇，甚至於皇帝親臨私宅問疾送藥。陳登武梳理了唐宋令中與此相關的令文和史籍中的相關實例，認為該醫療待遇的意義不但在於彰顯皇恩、體現君臣父子關係，還在於瞭解官員生病的虛實、防止官員無病稱疾請假。[86]

於賡哲認為僅據《醫疾令》所展現的官方醫學，不足以代表唐代醫學的全貌，故而他從醫學教育體系內的博士和學生出身、官方醫學分科、官方及民間醫學所關心的疾病種類、《新修本草》地位等方面逐一析出官方與民間的差異及交互影響的程度。[87]

日本學者對於《醫疾令》的關注，有些以醫學教科書為切入點，如丸山裕美子從《醫疾令》宋 3 復原唐令所載的作為醫生教材的諸種醫書入手，分別考察《張仲景方》入令的過程以及《本草》所指對象的演變等；[88]又如岩本篤志著眼於《新修本草》的修纂為何肇端於唐顯慶二年「右監門衛長史蘇敬」的上書這一問題，首先考釋了《醫疾令》唐 11 中哪些是對開元七年令以前舊制的延續、哪些則是開元二十五年令的新增，其次結合藥物採收、進貢、

84 陳登武：〈從《天聖·醫疾令》看唐宋醫療照護與醫事法規——以「巡患制度」為中心〉，載榮新江主編：《唐研究》（第 14 卷），北京大學 2008 年版。

85 陳登武：〈從《天聖·醫疾令》看唐宋醫療照護與醫事法規——以「巡患制度」為中心〉，載榮新江主編：《唐研究》（第 14 卷），北京大學 2008 年版，第 250 頁。

86 陳登武：〈皇權·醫療資源·醫事法規——從《天聖·醫疾令》看唐宋文武職事官的醫療照護〉，載《新史料·新觀點·新視角：天聖令論集》（上），元照出版有限公司 2011 年版。

87 於賡哲：〈《天聖令》復原唐《醫疾令》所見官民醫學之分野〉，載《歷史研究》2011 年第 1 期。

88 〔日〕丸山裕美子：〈律令國家と醫學テキスト——本草書を中心に〉，載《法史學研究會會報》第 11 號，2007 年。而中文版〈唐日醫療制度與本草書〉，載戴建國主編：《唐宋法律史論集》，上海辭書出版社 2007 年版，成稿於 2006 年《天聖令》殘本全文公佈之前，可視為日文版的前身。

支出與右監門長史的執掌，回應了蘇敬與《新修本草》修纂的關係問題；[89]有些則以藥材為核心，如石野智大詳細考釋了《醫疾令》唐 11、12、13、20，分別析出每條中開元七年令的舊制與開元二十五年令的新文，由此展現唐代官府有關藥材採種的各項制度。[90]此外，石野智大還圍繞唐代兩京宮人患坊，結合《醫疾令》的條文，論述了與患坊相關的藥材出入及疾病治療的問題。[91]

此外，韓迎迎還將《醫疾令》宋令部分進行分門別類，藉此介紹宋代醫療制度的諸層面；[92]王顏、杜文玉則將唐代醫學教育納入到科技教育的體系下進行概述，並與同時期的新羅、日本、歐洲進行比較。[93]

八、《假寧令》

除了復原《假寧令》之外，趙大瑩梳理了唐宋間慶誕節的增設、法定的佛道兩家誕節的增減，裝束假、定省假、冠假、田假的取消，授衣假的減少和寒食節的延長等，試圖解讀這些制度演變背後的國家體制與社會變遷。此外，她還將休假制度與喪服制度相聯繫，並將考察的視角延伸至《假寧令》以外的其他令篇對於非官員群體休假制度的規定，以及御史臺對於官員休假的監督等，由此全面檢視唐宋時期休假制度的演變。[94]在趙大瑩整理、復原令文的基礎上，佐以其他史料，論述唐代官吏休假乃至於日常生活的研究，還有岳純之〈論唐代官吏休假制度〉、[95]林曉潔〈唐代西州官吏日常生活的

89　〔日〕岩本篤志：〈唐《新修本草》編纂と「土貢」──中國國家圖書館藏斷片考〉，載《東洋學報》第 90 卷第 2 期，2008 年。

90　〔日〕石野智大：〈唐令中にみえる藥材の採取・納入過程について──天聖醫疾令所收唐令の檢討〉，載《法史學研究會會報》第 12 號，2008 年。

91　〔日〕石野智大：〈唐代兩京の宮人患坊〉，載《法史學研究會會報》第 13 號，2009 年。

92　韓迎迎：〈從天一閣藏《天聖令》看宋代的醫事制度〉，載《長安學刊（哲學社會科學版）》2010 年第 1 卷第 2 期。注：該文標題被誤刊為〈從天一閣藏《天聖令》看宋代的民事制度〉。

93　王顏、杜文玉：〈世界視野下的唐代科技教育〉，載《人文雜誌》2010 年第 3 期。

94　趙大瑩：〈唐宋《假寧令》研究〉，載榮新江主編：《唐研究》（第 12 卷），北京大學出版社 2006 年版。其中，有關冠禮的內容，還曾單獨成篇為趙大瑩：〈我國古代冠禮之興廢〉，載《中國社會科學院院報》2006 年 11 月 9 日。

95　岳純之：〈論唐代官吏休假制度〉，載《貴州文史叢刊》2010 年第 1 期。

時與空〉、[96]鄭顯文〈法律視野下的唐代假寧制度研究〉、[97]中村裕一所著的《中國古代の年中行事》[98]等。

桂齊遜以趙大瑩的復原為基礎，分宋令沿唐令而未改、宋令沿唐令但稍加修改、宋令廢棄唐令而未行、僅見於宋令等四個方面，逐一比較了唐宋令文的異同，認為唐宋官員休假制度最大的差異在於節慶假。此外，他在數字統計的基礎上提出，宋代雖然增設了許多節慶假，但其他節假日的刪減導致宋代法定休假日較唐代為少。[99]相同的論證理路，亦見於嚴茹蕙的研究。不過，嚴文還將考察的視角拓寬至《天聖令》與慶元令、格的比較，唐、日令差別的明晰上。由此，她認為與節日休假相關的令文相較於其他令篇而言，唐宋間的變化並不顯著，以唐宋時期官員出勤日與日本及當下臺灣地區相對照，亦足見其穩定性與先進性。[100]

羅彤華則以《假寧令》中「諸喪解官」條為切入點，梳理了自漢晉以來官員逢父母喪而解官、心喪、給假等制度的流變，並圍繞《永徽令》、《開元七年令》、《開元二十五年令》的差異，展示了唐令的動態變化過程。[101]

遊自勇將《假寧令》唐2、宋19的復原成果放在唐代私家廟祀的整體論述之中，解答了私家立廟資格限於五品以上的規定與「百官九品以上私家祔廟」給假的條文之間是否矛盾的問題，即兩個規定分別針對立廟者與主祭者，故而可並行不悖。[102]

胡雲薇注意到《假寧令》中聞哀、聞喪舉哀等詞語的交替運用，以及宋

96　林曉潔：〈唐代西州官吏日常生活的時與空〉，載《西域研究》2008 年第 1 期。

97　鄭顯文：〈法律視野下的唐代假寧制度研究〉，載《南京大學法律評論》（2008 年春秋號合卷），法律出版社 2009 年版。

98　〔日〕中村裕一：《中國古代の年中行事》，汲古書院 2009 年版。

99　桂齊遜：〈唐宋官吏休假制度比較研究——以《天聖·假寧令》為核心〉，載《新史料·新觀點·新視角：天聖令論集》（上），元照出版有限公司 2011 年版。

100　嚴茹蕙：〈唐日令節假比較試論〉，載《新史料·新觀點·新視角：天聖令論集》（上），元照出版有限公司 2011 年版。

101　羅彤華：〈唐代官人的父母喪制——以《假寧令》「諸喪解官」條為中心〉，載《新史料·新觀點·新視角：天聖令論集》（下），元照出版有限公司 2011 年版。

102　游自勇：〈禮展奉先之敬——唐代長安的私家廟祀〉，載榮新江主編：《唐研究》（第 15 卷），北京大學出版社 2009 年版。

15 與宋 7～10 的規定大致重合，由此懷疑聞哀與舉哀並非完全同義，亦即宋 7～10 之聞哀乃是區別於臨喪的一種給假類型。[103]

　　黃玫茵結合《唐律》與《假寧令》及《喪葬令》「喪服年月」的相關條文，從財產處分權、主婚權、教令權、維護權威等四個方面比較了直系尊親屬和旁系尊親屬在家內的地位與權利，並從服制論及尊親屬之於卑幼的尊崇地位。[104]

　　丸山裕美子早在《天聖令》殘卷全文公佈之前，就依據戴建國藉以判定天一閣藏《官品令》為宋令的兩條《假寧令》令文，證以唐宋時期的格、式、敕文等，梳理了唐宋節假制度的演變；[105]此後，她又從歲時節假、與喪禮相關的休假、與吉冠婚凶等個人之禮相關的休假、與政務相關的休假等四個方面，分別比較了唐、日令文之別。[106]

九、《獄官令》

　　陳俊強從《獄官令》中有關流刑的令文出發，從流刑決斷、流人押送、至配所後的勞役等方面，詳述唐、宋之制並析出了個中差異，如宋代州政府權限增大、宋代折杖法與配隸刑並行、宋代允許配流者與妻子和離等等。[107]以同樣的敘述理路，陳俊強還從死刑的復奏程式、執行、場所等方面，對《獄官令》的相關條文進行解析，在唐、宋比照的視角下，析出唐代立法追求「無冤」而宋代偏重「無滯」。[108]對於陳俊強以宋代存在配隸刑為由，解釋宋代

---

[103] 胡雲薇：〈聞哀小考〉，載《早期中國史研究》第 1 卷，2009 年。

[104] 黃玫茵：〈唐宋律令所見尊親屬的家內角色〉，載《新史料・新觀點・新視角：天聖令論集》（下），元照出版有限公司 2011 年版。

[105] 〔日〕丸山裕美子：〈唐宋節假制度の変遷──令と式と格・敕についての覚書〉，載〔日〕池田温編：《日中律令制の諸相》，東方書店 2002 年版。

[106] 〔日〕丸山裕美子：〈律令國家と假寧制度〉，載〔日〕大津透編：《日唐律令研究の新段階》，山川出版社 2008 年版。

[107] 陳俊強：〈從《天聖・獄官令》看唐宋的流刑〉；張雨〈唐開元獄官令復原的幾個問題〉，皆載榮新江主編：《唐研究》（第 14 卷），北京大學出版社 2008 年版。

[108] 陳俊強：〈無冤的追求──從《天聖令・獄官令》試論唐代死刑的執行〉，載《新史料・新觀點・

施行折杖法後流刑不再具有遷徙的因素而《天聖令》中依然定有「流人」規範的原因，辻正博持商榷的態度。因為辻正博認為折杖法頒布後，還存在依格或敕執行的配流刑，而陳俊強所謂的「配隸刑」實際上是配軍刑，即便《天聖令》中亦存在適用於配軍刑的條文，那也並非是為專門規定新制「配軍」而設，因為《天聖令》的編纂方針為「沿襲唐令的內容，添加最低限度對應現實的語句」。[109]

　　辻正博將《獄官令》的數條宋令，依照他們對唐令的修改程度及體現制度變化的模式，分為反映單一制度變革的條文、反映多重制度變革的條文、與唐令完全相同的具文，由此展現從五代到天聖年間司法制度變革的諸層面。[110]唯辻文論宋 5 與復原唐令相比，宋令末句「除沒有『尚食進蔬食』一點外，其餘並無大的不同」，似乎尚待琢磨。森善隆在比較日本與唐代有關執行死刑時樂坊等停止奏樂的規定時，就指出宋令規定中外州亦「不舉樂」，而唐令則僅限於「京城及駕所在」，[111]這是宋 5 末句與唐令的又一區別。

　　張雨亦致力於探求《獄官令》宋 46 的形成過程，將之置於唐宋間政務運行程式流變的背景中，如日常政務從向尚書省上報到直接向皇帝上奏的變化、從只有刑部將「斷獄新議」事例錄送史館漸次發展出平行的大理寺錄送「詳斷刑獄」事例至史館等，更由此提醒學人，《新唐書》因其作者熟稔宋制而存在穿鑿附會之處。[112]

　　此外，還有大量引用《獄官令》某一條文以佐證所論唐宋某一制度的研究，如戴建國論宋代折杖法中的「小杖」，[113]杜文玉論唐宋獄囚的醫療，[114]劉

新視角：天聖令論集》（下），元照出版有限公司 2011 年版。

[109] 〔日〕辻正博：〈《天聖‧獄官令》與宋初的刑罰制度——以宋 10 條為線索〉，載《新史料‧新觀點‧新視角：天聖令論集》（下），元照出版有限公司 2011 年版。

[110] 〔日〕辻正博：〈《天聖‧獄官令》與宋初司法制度〉，載榮新江主編：《唐研究》（第 14 卷），北京大學出版社 2008 年版。日文版則載〔日〕大津透編：《日唐律令比較研究の新段階》，山川出版社 2008 年版。

[111] 森善隆：〈死刑執行と音樂の演奏停止〉，載《法史學研究會會報》第 12 號，2008 年。

[112] 張雨：〈唐宋間疑獄集議制度的變革——兼論開元《獄官令》兩條令文的復原〉，載《文史》2010 年第 3 輯。

[113] 戴建國：〈宋代折杖法的再檢討〉，載氏著《宋代法制初探》，黑龍江人民出版社 2000 年版。

馨珺論唐宋訴訟中的保人，[115]陳俊強論唐代的「長流」，[116]嚴耀中論唐宋刑訊制度的變化，[117]鄭顯文等論唐代身分性書證告身，[118]陳璽等論唐代的慮囚、刑訊和現場勘驗以及審判管轄等，[119]羅彤華論唐代反逆罪的資財沒官，[120]岳純之論唐代司法復審和疑獄奏讞[121]等。張忠煒和侯旭東則分別以《獄官令》決大辟地點條、死囚埋葬條為切入點，前者追溯漢代特權群體的因罪自殺，[122]後者判定東漢洛陽刑徒墓的性質及梳理漢代形成刑徒安葬條文的過程。[123]而陳昭揚的研究側重在金代，即圍繞杖刑而將《天聖令》的相關條文置於唐至金、元的歷史流變之中。[124]

十、《營繕令》

牛來穎對於《營繕令》的研究，除了復原令文外，則集中於通過令文考察唐代營繕諸司如少府監、將作監等機構的行政職能的劃分與責任分配，並以諸司及其職能的隸屬嬗變，展現唐代開元至宋代元豐改制之前的制度演

---

[114] 杜文玉：〈論唐宋監獄中的醫療系統——兼論病囚院的設置〉，載《江漢論壇》2007 年第 5 期。

[115] 劉馨珺：〈從「責保」論唐宋司法訴訟的保人制度〉，載《文史》2008 年第 4 輯；〈南宋地方衙門放告與保人〉，載《臺灣師大歷史學報》第 44 期，2010 年。

[116] 陳俊強：〈從唐代法律的角度看李白長流夜郎〉，載《臺灣師大歷史學報》第 42 期，2009 年。

[117] 嚴耀中：〈從魏晉間關於肉刑爭議看酷吏性質之變化〉，載《社會科學戰線》2008 年第 5 期。

[118] 鄭顯文、王喆：〈中國古代書證的演進及司法實踐〉，載《證據科學》2009 年第 5 期。

[119] 陳璽：〈唐代慮囚使職系統的演進與發展〉，載《求索》2008 年第 1 期；陳璽、宋志軍：〈唐代刑事證據制度考略〉，載《證據科學》2009 年第 5 期；陳璽：〈軍司審判權能對中晚唐司法的影響〉，載《社會科學輯刊》2009 年第 5 期。

[120] 羅彤華：〈唐代反逆罪資產沒官考論——兼論《天聖令·獄官令》「犯罪資財入官」條〉，載《臺大歷史學報》第 43 期，2009 年。

[121] 岳純之：〈唐代中央對地方司法活動的監督與控制〉，載《學習與探索》2010 年第 1 期。

[122] 張忠煒：〈漢代特權群體因罪自殺問題再研究——從唐《獄官令》的一條令文談起〉，載《文史》2009 年第 3 輯。

[123] 侯旭東：〈東漢洛陽南郊刑徒墓的性質與法律依據——從《明鈔本天聖令·獄官令》所附一則唐令說起〉，載《中研院歷史語言研究所集刊》第 82 本第 1 分，2011 年。

[124] 陳昭揚：〈金代的杖刑、杖具與用杖規範〉，載《新史料·新觀點·新視角：天聖令論集》（下），元照出版有限公司 2011 年版；〈金代地方管理中的杖殺〉，載《臺灣師大歷史學報》第 44 期，2010 年。

變；[125]又分別以橋道、州縣公廨、長安城的營修為主題，以《營繕令》令文為依據，佐以其他史籍記載，細緻地論述了相關職能機構的職掌、實際操作、人工物料的調度與報批、營修開支的來源等。[126]此外，她還以屋舍構造的等級規定為例，探討唐宋之間或緊或鬆的制度變革。[127]

彭麗華則立足於《營繕令》「應須女功」條，比較了唐、日令的不同及對形成這些差異的原因進行了推測；又鑒於此條令文在《天聖令》中為「不行」舊令，因此結合唐宋階級結構的變化、機構的廢置等，解釋了宋代之所以廢棄此條令文的原因。[128]此外，她還以對《營繕令》復原30、31的商榷為切入點，論述了唐代地方服役制度中臨時差役是否需要申上的標準問題，並認為宋代地方官員在調配人功方面的權限較唐代為縮減。[129]

十川陽一以《營繕令》數條令文復原商榷的形式，分別印證唐宋間地方行政由「藩鎮支配體制」向「皇帝—文官官僚支配」轉變、隋唐間中央決策由朝堂朝議向尚書都堂轉移等宏觀命題。[130]他又以技術勞動力的徵發為主題，對比了《天聖令·營繕令》宋14與《養老令·營繕令》第7條，認為後者乃是日本參考《雜令》唐2所獨創的條文，並以徵發服役的時間為標準，析出唐令對於作為一般勞動力的丁與技術勞動力的匠的制度差別，更進一步檢討了既往研究中有關唐代匠籍存在與否的觀點。[131]

[125] 牛來穎：〈《營繕令》與少府將作營繕諸司職掌〉，載榮新江主編：《唐研究》（第12卷），北京大學出版社2006年版。其同題節略版載《中國社會科學院院報》2006年11月9日。

[126] 分別參見牛來穎：〈《營繕令》橋道營修令文與諸司職掌〉，載〔日〕井上徹、楊振紅編：《中日學者論中國古代城市社會》，三秦出版社2007年版；〈唐宋州縣公廨及營修諸問題〉，載榮新江主編：《唐研究》（第14卷），北京大學出版社2008年版；〈論唐長安城的營修與城市居民的稅賦〉，載榮新江主編：《唐研究》（第15卷），北京大學出版社2009年版。

[127] 牛來穎：〈《天聖令》復原研究中的幾個問題〉，載《新史料·新觀點·新視角：天聖令論集》（上），元照出版有限公司2011年版。

[128] 彭麗華：〈唐、日《營繕令》「應須女功」條研究——兼論此條不行于宋代的原因〉，載榮新江主編：《唐研究》（第14卷），北京大學出版社2008年版。部分內容曾單獨發表為〈唐代的官府女工制作〉，載《中國社會科學院院報》2008年9月4日。

[129] 彭麗華：〈論唐代地方水利營繕中勞役征配的申報——以唐《營繕令》第30條的復原為中心〉，載《文史》2010年第3輯。

[130] 〔日〕十川陽一：〈日唐營繕令の構造と特質〉，載《法制史研究》第58號，2008年。

[131] 〔日〕十川陽一：〈律令制下の技術勞働力——日唐における徵發規定をめぐって〉注8，載《史

古瀨奈津子在探討唐、宋《營繕令》條文構成差別的同時，致力於析出唐令與宋令在內容上的差異，如宋令中向皇帝奏上、從別敕等的規定增多，體現尚書省權力弱化及皇權獨裁強化；又如，宋令中關於地方官府主導的大規模營造的規定增多，其中有些與宋初對外關係等軍事性需求相關。[132]此外，她還將唐《營繕令》與《賦役令》合併考察，認為唐代《賦役令》總則性地規定了每年的財政預算、力役計劃，而《營繕令》的人功、物力調度皆以此為前提，並規定了預算外突發狀況的申請許可程式。[133]

金相範以《營繕令》宋11之「造土牛耕人」為立足點，梳理了「出土牛」這一儀式自時令書進入法典的過程，以及伴隨這一過程而發生的儀式性質的嬗變，並通過比較唐宋令文中與此相關的儀式時間、期限、地點等變化，闡明這一儀式性質的又一變異。[134]

許慈佑利用已復原的《營繕令》中與防洪修繕相關的條文，分參與人員、修繕工程的時間、地點、平時的維護管理四個方面予以探討，並佐以典章文獻所載，梳理了從中央到地方的唐代水事管控體系。[135]

十一、《喪葬令》

在有關《喪葬令》的研究中，其整理者吳麗娛的成果最為厚重。她關注唐宋《喪葬令》中禮制的變遷問題，既從宏觀角度枚舉唐、宋令文在條目增刪、內容修改、文字變動等方面的差異，又從有關皇家舉哀、成服的令文的

學雜誌》第 117 卷第 12 期，2008 年。

[132] 〔日〕古瀨奈津子：〈營繕令からみた宋令、唐令、日本令〉，載〔日〕大津透編：《日唐律令研究の新段階》，山川出版社 2008 年版。

[133] 〔日〕古瀨奈津子：〈日唐營繕令營造關係條文的檢討〉，載《新史料‧新觀點‧新視角：天聖令論集》（下），元照出版有限公司 2011 年版。

[134] 金相範：〈時令的法制化過程及相關儀禮變化中的時代含義——以《天聖令‧營繕令》中的「立春前，三京府及諸州縣門外，並造土牛耕人」為中心〉，載《新史料‧新觀點‧新視角：天聖令論集》（上），元照出版有限公司 2011 年版。

[135] 許慈佑：〈唐代防洪修繕工程——以《天聖‧營繕令》為中心〉，載《新史料‧新觀點‧新視角：天聖令論集》（下），元照出版有限公司 2011 年版。

細微變化，烘托出唐宋之際「重姻親、重女性家族地位的觀念被削弱」，並將宋代賻贈重職輕官等置於職事官階官化、使職差遣普遍化等官制變化的脈絡中，將唐宋賻贈對象、範圍、方式乃至於詔葬等變化與皇權強化、財政負擔、民間好尚等相聯繫，從而將唐宋禮的變化與社會、政治等諸多方面的嬗變結合起來。[136]此後，她又結合唐宋史料，對《喪葬令》中與對官員本身的贈官制度相關的賻贈與贈謚的規定進行了系統的論述，分贈官的待遇、贈官與贈謚的關係及兩者在主管機構、程式、體制上的區別等方面，展現了唐代贈官制度的諸層面並兼及唐宋的流變。[137]此外，她還立足於對《喪葬令》構成、等級劃分等討論，又旁及其他令篇中與喪葬相關的規定，將之劃分為官員與一般人民兩大領域，更將考察的視角拓寬至格、式、制敕之上，由此論及自唐而至五代與喪葬相關的律、令、格、式、敕等「喪葬法式」的互為配合及流變，[138]並就部分令文追溯源流，分別考察南北朝制度對其影響。[139]而在官員的喪葬中，唐宋之際的細微變化在官制上的體現又表現為散官的消失，享受敕葬的主體範圍擴大而享有某些待遇的主體範圍縮小，常參官作為喪葬的規格標準以及檢校兼試官的出現，四品、六品取代三品、五品作為官員等級界限等，這反映了唐宋之際官僚身分色彩的褪去，即「職位的重要程度更超過品位」，以及「上層高官禮儀從制度上與低官、庶民接軌。官與民的界限相對模糊」。[140]

---

136 吳麗娛：〈從《天聖令》對唐令的修改看唐宋制度之變遷──《喪葬令》研讀筆記三篇〉，載榮新江主編：《唐研究》（第 12 卷），北京大學出版社 2006 年版。其中部分內容還可參見吳麗娛：〈葬禮的炫耀──關於天聖《喪葬令》的啟迪〉，載《文史知識》2007 年第 3 期；〈說說「舉哀成服」與「舉哀掛服」〉，載《文史知識》2007 年第 6 期。

137 吳麗娛：〈唐代贈官的贈賻與贈謚──從《天聖令》看唐代贈官制度〉，載榮新江主編：《唐研究》（第 14 卷），北京大學出版社 2008 年版。與對官員本人的贈官、贈謚相對，還有對官員父祖的封贈，有關論述可參見吳麗娛：〈光宗耀祖：試論唐代官員的父祖封贈〉，載《文史》2009 年第 1 輯。

138 吳麗娛：〈唐朝的《喪葬令》與唐五代喪葬法式〉，載《文史》2007 年第 2 輯。

139 吳麗娛：〈對《貞觀禮》淵源問題的再分析──以貞觀凶禮和《國恤》為中心〉，載《中國史研究》2010 年第 2 期。

140 吳麗娛：〈從天聖《喪葬令》的職官標準看唐宋社會之變遷〉，載中國社會科學院歷史研究所、日本東方學會、大東文化大學編：《第一屆中日學者中國古代史論壇文集》，中國社會科學出版

　　王靜、劉未皆立足於《喪葬令》中有關禁止以石為棺槨、墓室的條文，結合考古材料，分別考察唐、宋時期該令文的落實情況，並由此論及中國古代特權等級和王者不拘法令等現象。王靜更通過違法行為的統計而推測該條文應制定於開元二十五年。[141]

　　沈宗憲則依據已有的唐令復原成果，逐一分析了《天聖喪葬令》與唐令之間「繼承、新訂、改訂、放棄」等四種關係，並分陵寢、皇帝的舉哀與弔喪、大臣喪葬等三個方面，梳理從《天聖令》至《慶元條法事類》所呈現的兩宋喪葬法令的變遷。[142]

　　張文昌以《唐律疏議》中對於「親屬」關係的界定入手，從「男子為本宗」和「妻為夫族親」兩個方面比較了《儀禮》、《P.4024 寫本書儀》、《S.1725寫本書儀》、《開元禮》、《新定書儀鏡》、《天聖令》、《政和五禮新儀》、《明律》等文本中相關記載的差別，由此推論傳統中國家內秩序的界定於戰國時期業已大致確立，雖經歷了唐開元至五代的變服風波，但至北宋又恢復至盛唐《開元禮》之制。[143]

十二、《雜令》

　　黃正建作為《雜令》的整理者與復原者，圍繞《雜令》所見的「諸色人」，考析相關令文含義，並與其他傳世文獻的記載進行比較，從而提示可能造成

社 2010 年版。

[141] 分別參見王靜：〈唐墓石室規制及相關喪葬制度研究——復原唐《喪葬令》第 25 條令文釋證〉，載榮新江主編：《唐研究》（第 14 卷），北京大學出版社 2008 年版；劉未：〈宋代的石藏葬制〉，載《故宮博物院院刊》2009 年第 6 期。

[142] 沈宗憲：〈宋代喪葬法令初探——以《天聖喪葬令》為基礎的討論〉，載《新史料·新觀點·新視角：天聖令論集》（下），元照出版有限公司 2011 年版。

[143] 張文昌：〈服制、親屬與國家——唐宋禮法之喪服規範〉注 54，載《新史料·新觀點·新視角：天聖令論集》（下），元照出版有限公司 2011 年版。高明士以中宗韋後變服為例，亦證明至遲到《天聖令》時，有關子為出母所服的規定又回歸到《開元禮》。參見高明士：〈唐代禮律規範下的婦女地位〉，載《文史》2008 年第 4 輯，第 124～125 頁。

此類差異的原因所在。[144]此外，他還選取了其中一類「庶士」進行專門的考辨，勾勒出庶士所指的 18 類人的所屬、員數及職掌，認為唐代的「庶士」作為「低級吏」的群體性身分乃是法律具文，且其中一部分隸屬於軍府，並以「掌閑」為例，試圖析出庶士的「職役」性質。[145]

與黃正建專注「諸色人」的研究興趣一致，趙璐璐則將考察的視點聚焦在「雜任」和「雜職」上。她分別考析了唐代「雜任」與「雜職」的人員構成、職掌、行政地位以及「雜任」的選補、考課和遷轉，並從兩者所指稱的人員的專業性和可替代性角度解釋了兩者作為專有名詞在歷史流變中的不同命運。[146]

劉後濱則將關注點放在《雜令》唐 13 有關告身的規定上，不但結合唐代告身抄寫、給付等問題，對該條令文進行了細緻的考釋，還將其置於唐代地方選官政務運行機制的環節中進行考量，力圖歸納出唐代地方行政層級的特點所在。[147]

對於劉後濱將「邊遠人」與「南選」相關聯的觀點，賴亮郡進行了商榷，亦即他認為南選即便特殊，也必須經過中央的銓選，並以「特使」與「專使」送付告身的區別進行論證。[148]此外，他還認為「迂遠人」是通曉外語、處理外交事務、有胡人血統的外交人員，而此條令文的規範重點在於強調告身應由中央書寫，乃是對大曆以後一度由「諸道」自寫告身的現狀進行矯正的制

144 黃正建：〈《天聖令（附唐雜令）》所涉唐前期諸色人雜考〉，載榮新江主編：《唐研究》（第 12 卷），北京大學出版社 2006 年版。

145 黃正建：〈唐代「庶士」研究〉，載編委會編：《慶祝寧可先生八十華誕論文集》，中國社會科學出版社 2008 年版。

146 趙璐璐：〈唐代「雜任」考──《天聖令‧雜令》「雜任」條解讀〉，載榮新江主編：《唐研究》（第 14 卷），北京大學出版社 2008 年版；〈唐代「雜職」考〉，載《文史》2010 年第 3 輯。第一篇的節本〈唐代地方行政機構的人員構成──《天聖令‧雜令》「番官雜任」條解讀〉，載《中國社會科學院院報》2008 年 9 月 4 日。

147 劉後濱：〈唐代告身的抄寫與給付──《天聖令‧雜令》唐 13 條釋讀〉，載榮新江主編：《唐研究》（第 14 卷），北京大學出版社 2008 年版；〈任官文書的頒給與唐代地方政務運行機制〉，載《文史》2010 年第 3 輯。

148 關於這一點，劉後濱亦有修正，參見劉後濱：〈任官文書的頒給與唐代地方政務運行機制〉，載《文史》2010 年第 3 輯，第 97 頁。

度性努力，其制定或修改應在貞元以後。[149]

孟憲實立足於《雜令》宋 40 和 2004 年發現的《唐龍朔二年西州高昌縣思恩寺僧籍》殘件，既通過僧籍殘件對於本條唐令復原提出了一己之見（甚至於嘗試復原永徽令的相應令文），又藉此釐清唐代僧籍登記內容、程式等問題。[150]

楊梅以《雜令》宋 12 為中心，從冰的來源、規則與數量、採冰所役對象、管理機構等方面探討了唐、宋宮廷藏冰制度，由此勾勒出唐至宋的變遷脈絡，並認為由唐至宋，藏冰所的禮儀象徵漸次為實用性所取代。[151]

李錦繡則立足於《雜令》宋 39 有關「五行」的復原，結合其他令篇涉及計帳的令文和敦煌吐魯番文書，詳考了唐代與「勾帳」並立且互為補充的的「五行帳」這種記錄現在雜物細目的財務賬。[152]

于曉雯以碾磑為中心，考察唐宋時期碾磑之弊及官府的應對之法，由此總結唐宋時期官府對於水資源利用的管理理念，如先農業後水碾、均平分水等。[153]

榎本淳一深入詮釋了《雜令》唐 17 的含義，認為唐代的「婚」與禮制密切相關，類比資產的奴婢不具有「婚」的法律能力，而是從屬於官司或主人的意願形成夫妻關係，故而令文使用「當司本色令相配偶」而非「當色為

---

[149] 賴亮郡：〈唐代特殊官人的告身給付——《天聖令‧雜令》唐 13 條再釋〉，載《臺灣師大歷史學報》第 43 期，2010 年。其節略版則為〈遙授官、迄遠人與唐代的告身給付——《天聖令‧雜令》唐 13 條再釋（1）〉，載《新史料‧新觀點‧新視角：天聖令論集》（下），元照出版有限公司 2011 年版。

[150] 分別參見孟憲實：〈吐魯番新發現的《唐龍朔二年西州高昌縣思恩寺僧籍》〉，載《文物》2007 年第 2 期；〈唐令中關於僧籍內容的復原問題〉，載榮新江主編：《唐研究》（第 14 卷），北京大學出版社 2008 年版；〈論唐朝的佛教管理——以僧籍的編造為中心〉，載《北京大學學報（哲學社會科學版）》2009 年第 3 期。

[151] 楊梅：〈唐宋宮廷藏冰制度的沿襲與變革——以《天聖令‧雜令》宋 12 條為中心〉，載榮新江主編：《唐研究》（第 14 卷），北京大學出版社 2008 年版。其節本〈從《天聖令》看唐宋藏冰制度的變遷〉，載《中國社會科學院院報》2008 年 9 月 4 日。

[152] 李錦繡：〈唐「五行帳」考〉，載侯仁之主編：《燕京學報》新 29 期，北京大學出版社 2010 年版。

[153] 于曉雯：〈從碾磑管理看唐宋水權概念〉，載《新史料‧新觀點‧新視角：天聖令論集》（下），元照出版有限公司 2011 年版。

婚」，由此質疑《唐令拾遺·戶令》三九「以意補之」和「據日本令補之」的八個字。[154]

三上喜孝以劄記的形式，考察了大部分的《雜令》條文，或歸納、解讀令文內容，或結合其他史料明晰唐宋、唐日之變；[155]而岡野誠則選取了與水利相關的 6 條《雜令》進行校勘、釋義、復原等。[156]

此外，還有部分研究成果利用《雜令》的相關條文，與其他令篇、傳世文獻、敦煌吐魯番文書等交互發明，從而論及唐五代的音聲人、[157]唐代里正[158]、量制、[159]城主、[160]胥吏、[161]蕃客、[162]唐宋僧道法、[163]北魏的方驛博士[164]等。

以上，本文對十多年來的有關《天聖令》的研究成果進行了簡要梳理。陳寅恪先生曾將王國維先生治學方法舉為三目：一是「取地下之實物與紙上之遺文互相釋證」，二是「取異族之故書與吾族之舊籍互相補正」，三是「取外來之觀念，與固有之材料互相參證」。[165]此不啻為當下《天聖令》研究的

[154] 〔日〕榎本淳一：〈唐日戶令當色為婚條について〉，載〔日〕佐伯有清編：《日本古代中世の政治と宗教》，吉川弘文館 2002 年版。

[155] 〔日〕三上喜孝：〈北宋天聖雜令に關する覺書——日本令との比較の觀點から〉，載《山形大學歷史·地理·人類學論集》第 8 號，2007 年。

[156] 〔日〕岡野誠：〈北宋天聖令中の水利法規について〉，載《法史學研究會會報》第 11 號，2007 年。

[157] 劉進寶：〈唐五代「音聲人」論略〉，載《南京師大學報（社會科學版）》2006 年第 2 期。

[158] 張雨：〈吐魯番文書所見唐代里正上直〉，載朱玉麒主編：《西域文史》（第 2 輯），科學出版社 2007 年。

[159] 裴成國：〈從高昌國到唐西州量制的變遷〉，載季羨林、饒宗頤主編：《敦煌吐魯番研究》（第 10 輯），上海古籍出版社 2007 年。

[160] 徐暢：〈敦煌吐魯番出土文書所見唐代城主新議〉，載《西域研究》2008 年第 1 期。

[161] 葉煒：《南北朝隋唐官吏分途研究》，北京大學出版社 2009 年版。

[162] 林麟瑄：〈唐代蕃客的法律規範〉，載《新史料·新觀點·新視角：天聖令論集》（下），元照出版有限公司 2011 年版。

[163] 董春林：〈論唐宋僧道法之演變〉，載《江西社會科學》2010 年第 10 期。

[164] 樓勁：〈北魏的「方驛博士」〉，載《中國史研究》2010 年第 1 期。

[165] 陳寅恪：《王靜安先生遺書序》，載陳寅恪著：《金明館叢稿二編》，生活·讀書·新知三聯書店 2001 年版，第 247 頁。

絕好寫照。雖然新出文獻未必如預期那樣，足以顛覆傳世文獻所刻畫的歷史情景，但其補正原有史料之不足、疏漏，乃至啓迪運思、開拓視野之功，則可斷言。就《天聖令》殘卷公佈以來的研究積累而言，高明士曾以「天聖令學」之名統括之，藉此契機而將唐宋律令乃至於日本律令研究推至新的高度，及立足於法典而廣及制度實踐、社會生活等探究，則為海內外學界之共識。對於今後立足於這一「新文獻」、融入「新方法」、「新視野」的研究，以及日本學者業已啓動的《唐令拾遺補》補訂，[166]我們將翹首以待。

---

166 其人員構成如下：池田溫（唐律令）、大津透（賦役令）、古瀬奈津子（官僚制、營繕令）、阪上康俊（統治構造、田令）、榎本淳一（廐牧令、獄官令）、辻正博（宋代法制、獄官令）、大隅清陽（禮制）、三上喜孝（關市令、雜令）、稻田奈津子（喪葬令）、丸山裕美子（醫疾令、假寧令），以及專注關市令及田令屯田條的吉永匡史、研究倉庫令的武井紀子這兩位東京大學的研究生。參見〔日〕丸山裕美子：〈日唐令復原・比較研究の新地平──北宋天聖令殘卷と日本古代史研究〉，載《歷史科學》第 191 號，2008 年，第 10 頁。

《至正條格》研究管窺

　　由於學術研究中存在著較為普遍的「偏見」，[1]元代雖然作為中國近世法制的重要一環，前承唐宋，後啓明清，卻未能得到法律史學界相應的重視。據曾代偉統計，1999 年至 2002 年中國法律史學會編《法律史論集》（第 1～4 卷）共發表論文 118 篇，其中與元代相關者僅 2 篇；第 4 卷所附《2000 年法律史論文索引》，收集論文題目約 560 篇，其中以元代為論域者僅 3 篇；法律出版社出版的《中國法律期刊文獻索引》（2001 年）收集法律史論文 167 篇，無一篇以元代為研究對象；《中國法律期刊文獻索引》（2002 年）收集法律史論文 838 篇，有關元代法制者僅 9 篇。[2]

　　但是，隨著史學研究的觸角日益深入、思維的轉換對某些業已僵化的範式的解構，有關元代的歷史評價業已發生變化，其重要性亦日漸凸現。[3]而久

---

[1]　有學者指出，對於唐宋研究者而言，元代被視為因野蠻征服而使中國近世經濟變革陷入停頓的時期；對於明清研究者而言，元代又被認為僅是一個為前近代中國的出現所照亮的黑暗時期。這種「偏見」，人為地將唐宋、明清割裂為兩個時段，而元代則尷尬地成為一個未經探究的學術地帶。參見 Paul Jakov Smith, "Introduction: Problematizing the Song-Yuan-Ming Transition," in Paul Jakov Smith and Richard von Glahn, eds., *The Song-Yuan-Ming Transition in Chinese History*, Harvard University Press, 2003, p 1. 當然，除了這種偏見之外，元代公牘文書中大量存在巴思八字蒙古文、回鶻體蒙古文、蒙文直譯體文字等語言現象，也令許多研究者卻步。

[2]　曾代偉：〈民族法文化與中國傳統法文化──代前言〉，載氏著《金元法制叢考》，社會科學文獻出版社 2009 年版第 4 頁，注①。

[3]　如葛兆光在論證思想史研究的「視域」應從唐宋轉向宋明時，就明確指出：「從思想史的角度，尤其從思想學說的制度化、世俗化、常識化角度來看，元代仍然是宋明之間的連續性環節。」參見葛兆光：〈「唐宋」抑或「宋明」──文化史和思想史研究視域變化的意義〉，載《歷史研究》2004 年第 1 期；而張帆則就唐宋到明清散階制的變質問題，表彰了金、元二朝的重要意義，與閻步克結合「品位─職位」視角與「自利取向─服務取向」而對中國古代官階制發展的分期不謀而合。參見閻步克：《品位與職位：秦漢魏晉南北朝官階制度研究》，中華書局 2002 年版，第 65 頁注①；而在法律史領域，柏清韻（Bettine Birge）通過對蒙元時期性別關係、婦女法律地位及民事權利等變化的考察，有力地證明瞭元代在中國古代法制發展史上的獨特地位。參見 Bettine

已佚失的重要文獻的發現，則可成為掀起元代法律史研究新熱潮的契機，《至正條格》作為元代後期重要的官方法律文獻，足堪此任。鑒於目前法學界尚未足夠重視和充分利用這一重要史料的現狀，本文僅就 2007 年韓國學中央研究院公佈慶州《至正條格》殘卷以來學界的相關研究作一簡單撮述，掛一漏萬，祈請方家教正。

一、《至正條格》及韓國慶州殘卷本簡介

《至正條格》於元順帝至元四年（西元 1338 年）三月開始修纂，至正五年（西元 1345 年）十一月修成，至正六年四月頒行天下，[4]其中，「為制詔百有五十，條格千有七百，斷例千五十有九」，「請以制詔三本，一置宣文閣以備聖覽，一留中書，〔一〕藏國史院；條格、斷例，申命鋟梓示萬方。上是其議」。[5]

清代修《四庫全書》時，曾從《永樂大典》中輯得《至正條格》23 卷，「至正條格，二十三卷，《永樂大典》本。元順帝時官撰。凡分目二十七，曰祭祀，曰戶令，曰學令，曰選舉，曰宮衛，曰軍防，曰儀制，曰衣服，曰公式，曰祿令，曰倉庫，曰廄牧，曰田令，曰賦役，曰關市，曰捕亡，曰賞令，曰醫藥，曰假寧，曰獄官，曰雜令，曰僧道，曰營繕，曰河防，曰服制，曰站赤，曰権貨」。[6]從所列分目推想，該輯本乃是《至正條格》的「條格」部分。[7]可惜，《四庫全書》僅將該輯本列入存目，由此導致它再度散佚。《南臺備要》等書曾引證《至正條格》數條為據，乃是傳世文獻中碩果僅存者。[8]

Birge, *Women, Property, and Confucian Reaction in Sung and Yuan China (960-1368)* , Cambridge University Press, 2002.

4　《元史》卷三十九〈順帝紀二〉、《元史》卷四十一〈順帝紀四〉。

5　（元）歐陽玄：〈至正條格序〉，載《圭齋文集》卷七。〔 〕以示補字。

6　《四庫全書總目》卷八十四。

7　參照《至正條格》（校注本）「條格」部分的殘目可知，韓國學中央研究院編：《至正條格》（校注本），2007 年版，第 14～17 頁。

8　〔韓〕金文京：〈有關慶州發現元刊本《至正條格》的若干問題〉，載韓國學中央研究院編：《至正條格》（校注本），2007 年版，第 14～17 頁；該文改題且略為增補版為〈韓國發現元刊本《至

  1983 至 1984 年，內蒙古文物考古所等單位在額濟納旗黑城遺址發掘出多種文書，其中便包括《至正條格》殘頁共 8 張，載體有宣紙和麻紙兩種，刻文皆是趙孟頫體大字，且字體書寫風格相同。[9]

  《至正條格》是如此重要，以至於方齡貴先生見到黑城殘頁圖版後感嘆：「吉光片羽，藉以得識廬山真面，足為平生快事。」[10]而當 2002 年韓國學中央研究院安承俊於韓國慶州江東面良洞孫氏宗家發現元刊本《至正條格》殘卷 2 冊[11]的消息傳來時，元史學界的期待之情更溢於言表。2007 年 8 月，經過多年整理，《至正條格》慶州殘卷本終於由韓國學中央研究院分《影印本》、《校注本》兩冊出版，其中包括條格 12 卷、斷例近 13 卷及斷例的全部目錄。條格部分依次為第 23 卷「倉庫」、第 24 卷「廄牧」、第 25～26 卷「田令」、第 27 卷「賦役」、第 28 卷「關市」、第 29 卷「捕亡」、第 30 卷「賞令」、第 31 卷「醫藥」、第 32 卷「假寧」、第 33～34 卷「獄官」；斷例部分依次為全部目錄、第 1 卷「衛禁」、第 2～6 卷「職制」、第 7～8 卷「戶婚」、第 9～12 卷「廄庫」、第 13 卷「擅興」（僅存半卷），總數合計 800 條整。此外，《校注本》除了文本點校之外，還編製了以下 3 種附錄檔：《至正條格》關聯資料；《至正條格》條文年代索引；《通制條格》與《至正條格》條格條文對照。韓國學界的如上努力，為海內外進一步研究、利用《至正條格》提供了一個相對可靠的文本，具有重要學術意義。

正條格》殘卷簡介），載張伯偉編：《域外漢籍研究集刊》（第 4 輯），中華書局 2008 年版；又載北京師範大學古籍與傳統文化研究院編：《中國傳統文化與元代文獻國際學術研討會會議論文集》，中華書局 2009 年版。又可參見陳高華：〈《至正條格・條格》初探〉，載《中國史研究》2008 年第 2 期。

9 李逸友：《黑城出土文書（漢文文書卷）》，科學出版社 1991 年版，第 67 頁。轉引自陳高華：〈元刻本《至正條格》的發現〉，載北京師範大學古籍與傳統文化研究院編：《中國傳統文化與元代文獻國際學術研討會會議論文集》，中華書局 2009 年版，第 20 頁。

10 方齡貴：〈讀黑城出土文書〉，載《元史叢考》，民族出版社 2004 年版，第 225 頁。轉引自陳高華：〈《至正條格・條格》初探〉，載《中國史研究》2008 年第 2 期。

11 此番經歷交代，可參見〔韓〕安承俊：〈有關《至正條格》的所藏及保存原委之考察〉，載韓國學中央研究院編：《至正條格》（校注本），2007 年版，第 485～486 頁。

二、《至正條格》相關研究概述

　　自 2007 年慶州殘卷全文公佈以來，海內外學術界圍繞《至正條格》展開了細緻而多元的研究。其中，2007 年 8 月韓國學中央研究院召開的「蒙元時期法律文化及麗元交流國際研討會」集中刊佈了一批成果，包括李玠奭發表的〈《至正條格》之編纂及其法制史上的意義〉、金浩東發表的〈《至正條格》之編纂及元末政治〉、金文京發表的〈有關《至正條格》的初步考察〉、安承俊發表的〈有關《至正條格》的所藏及保存原委之考察〉、植松正發表的〈《至正條格》臆議——關連史料と若干の考察〉，[12]而前四篇則皆收錄於韓國學中央研究院出版的《至正條格》（校注本）。此後，日本植松正發表的〈《至正條格》出現の意義と課題〉（2007）[13]，中國社會科學院陳高華與北京大學張帆、黨寶海向 2007 年 11 月北京師範大學召開的「中國傳統文化與元代文獻國際學術研討會」分別提交的〈元刻本《至正條格》的發現〉[14]、〈讀《至正條格·斷例》婚姻條文札記——與《元典章·戶部·婚姻》相關條文的比較〉[15]、〈關於元代驛站交通的新史料——讀《至正條格》〉[16]，陳高華〈《至正條格·條格》初探〉（2008）[17]，張帆於 2008 年領銜獲批教

---

[12] 提交該次會議的論文目錄，可參見〔日〕植松正：〈《至正條格》出現の意義と課題〉，載日本法史學研究會：《法史學研究會會報》第 12 號，2007 年。唯需注意者，柏清韻（Bettine Birge）亦提交了一篇與《至正條格》相關的論文〈Instabilities in Chinese Family Law and the Zhizheng tiaoge〉至正條格，可惜至今未見。

[13] 〔日〕植松正：〈《至正條格》出現の意義と課題〉，載日本法史學研究會：《法史學研究會會報》第 12 號，2007 年。

[14] 陳高華：〈元刻本《至正條格》的發現〉，載北京師範大學古籍與傳統文化研究院編：《中國傳統文化與元代文獻國際學術研討會會議論文集》，中華書局 2009 年版。

[15] 張帆：〈讀《至正條格·斷例》婚姻條文劄記——與《元典章·戶部·婚姻》相關條文的比較〉，載王天有、徐凱主編《紀念許大齡教授誕辰八十五週年學術論文集》，北京大學出版社 2007 年版。又，該文的修訂版收錄於北京師範大學古籍與傳統文化研究院編：《中國傳統文化與元代文獻國際學術研討會會議論文集》，中華書局 2009 年版。

[16] 黨寶海：〈關於元代驛站交通的新史料——讀《至正條格》〉，載北京師範大學古籍與傳統文化研究院編：《中國傳統文化與元代文獻國際學術研討會會議論文集》，中華書局 2009 年版。

[17] 陳高華：〈《至正條格·條格》初探〉，載《中國史研究》2008 年第 2 期。

育部人文社會科學重點研究基地北京大學中國古代史研究中心重大項目〈《至正條格》與元代法制〉，並於同年刊布〈重現於世的元代法律典籍——殘本《至正條格》〉[18]、〈評韓國學中央研究院《〈至正條格〉校注本》〉[19]二文，臺灣大學李如鈞〈簡介中國中古近世法律史的新史料與新方向〉（2008）[20]，日本大島立子〈新出《至正條格》紹介——《通制條格》との比較から〉（2009）[21]，中國社會科學院張國旺〈2008 年蒙元史研究綜述〉（2009）[22]，中國政法大學趙晶〈中國古代法律文獻整理研究新動向〉（2009）[23]，北京大學李鳴飛〈「《至正條格》與元代法制研究」開題研討會綜述〉（2009）[24]等，均以不同方式向學界通報了韓國慶州殘本《至正條格》的學術信息。以下就研究視野相對聚焦的論題進行逐一介紹：

（一）有關《至正條格》慶州殘卷的研究

安承俊在其發表的〈有關《至正條格》的所藏及保存原委之考察〉一文中介紹了《至正條格》慶州殘卷之收藏者良洞孫氏的歷史、其所藏的典籍、保存《至正條格》等文書的孫氏書庫——松簷，並將該殘卷的起始收藏追溯至孫士晟（1396～1477），並以其精通吏文、漢語，曾任承文院博士、校理等職而推測該殘卷乃由其被派到中國時所購入。

金文京在其發表的〈有關慶州發現元刊本《至正條格》的若干問題〉（〈有關《至正條格》的初步考察〉）一文中則詳細交代了殘卷書冊的體制，包括

18　張帆：〈重現於世的元代法律典籍——殘本《至正條格》〉，載《文史知識》2008 年第 2 期。

19　張帆：〈評韓國學中央研究院《〈至正條格〉校注本》〉，載《文史》2008 年第 1 輯。

20　李如鈞：〈簡介中國中古近世法律史的新史料與新方向〉，載《臺大中國中古近世史研究通訊》第 1 期，2008 年。感謝日本明治大學岡野誠先生提示此文信息。

21　〔日〕大島立子：〈新出《至正條格》紹介——《通制條格》との比較から〉，載〔日〕大島立子編：《前近代中國の法と社會——成果と課題》，財團法人東洋文庫 2009 年版。

22　張國旺：〈2008 年蒙元史研究綜述〉，載《中國史研究動態》2009 年第 9 期。

23　趙晶：〈中國古代法律文獻整理研究新動向〉，載《中國社會科學報（歷史版）》2009 年 12 月 3 日。

24　李鳴飛：〈「《至正條格》與元代法制研究」開題研討會綜述〉，載 http://www.zggds.pku.edu.cn/005/001/054.htm，最後訪問日期：2010 年 3 月 30 日。

書版的高、寬、刻版風格、封面及封面題字、題詩等信息，並由該殘卷首頁
的「西河任氏」、「性夫」兩枚朱印，而推測「這次發現的《至正條格》很
可能原為豐川任氏中任子松、任元濬一系所藏，後來才轉傳到孫氏」，並且
他認為孫氏之於該本《至正條格》的首藏者，可能不是安承俊推定的孫士晟，
而是孫士晟之孫孫昭（1433～1484）。

（二）圍繞《至正條格》校注的商榷

1.條目劃分的爭議

　　《至正條格》（校注本）將殘卷所示「條格」分為 373 條、「斷例」427
條。[25]作為該校注本的校注者之一，金文京自然贊成這一判斷。[26]陳高華在其
發表的〈元刻本《至正條格》的發現〉一文未表示異議，而徵引了金文京的
條目統計。[27]植松正在其發表的〈《至正條格》出現の意義と課題〉亦如是。
[28]

　　張帆認為校注本關於條目的統計是有疏誤的，應該是「條格」374 條、
「斷例」426 條，其中「條格」卷二十四《廄牧》「闌遺」第 1 條（校注本
「條格」第 59 條）應析一為二，而「斷例」卷七《戶婚》「檢踏災傷」條（校
注本「斷例」第 233 條）、「檢踏官吏」條（校注本「斷例」第 234 條）應
合二為一。[29]陳高華發表的〈《至正條格・條格》初探〉亦持此說。[30]

2.點校失誤的枚舉

25　分別參見韓國學中央研究院編：〈條格目錄、斷例目錄〉，載《至正條格》（校注本），2007
　　年版，第 14～17、154～165 頁。

26　〔韓〕金文京：〈有關慶州發現元刊本《至正條格》的若干問題〉，載韓國學中央研究院編：《至
　　正條格》（校注本），2007 年版，第 475 頁。

27　陳高華：《元刻本〈至正條格〉的發現》，載北京師範大學古籍與傳統文化研究院編：《中國傳
　　統文化與元代文獻國際學術研討會會議論文集》，中華書局 2009 年版，第 20 頁。

28　〔日〕植松正：〈《至正條格》出現の意義と課題〉，載日本法史學研究會：《法史學研究會會
　　報》第 12 號，2007 年。

29　張帆：〈重現於世的元代法律典籍——殘本《至正條格》〉，載《文史知識》2008 年第 2 期；
　　〈評韓國學中央研究院《〈至正條格〉校注本》〉，載《文史》2008 年第 1 輯。

30　陳高華：〈《至正條格・條格》初探〉，第 142 頁注④，載《中國史研究》2008 年第 2 期。

對於《至正條格》（校注本）的學術貢獻和價值，學界皆持積極肯定的態度。但白璧微瑕，張帆就《至正條格》（校注本）的標點疏誤、使用他校和理校時發生的校勘錯訛等提出了商榷意見，並補充或訂正了校注本對疑難詞彙的注釋，增加了校注本未予列出的同源史料，核正了校注本〈《至正條格》條文年代索引〉在年代標注和考訂上的疏漏，為學界進一步利用《至正條格》提供了更為可靠的文本依據。[31]

陳高華檢出《至正條格・條格》第 307 條在《元典章》中的同源史料，並指出此為校注本所未及。[32]不過，陳文「第 307 條『延祐六年七月戶部』文書」的描述亦出現排印錯訛，應是「延祐六年七月兵部」。此外，陳文還就《至正條格》「倉庫」篇中被校注本列入「年度未詳」5 條條文進行了年代考訂。

黨寶海肯定了校注本對蒙古語專有詞彙注釋尤其詳備的貢獻，但指出，在納憐道、兀魯思道等問題上，校注者沒有做進一步分析比較，忽略了周清澍、胡小鵬的相關研究；而且，他還在張帆〈評韓國學中央研究院《〈至正條格〉校注本》〉的基礎上，又為校注本「斷例」第128 條檢出了見於《成憲綱要》的相同條文；此外，他還糾正了校注本「斷例」第124 條的兩處標點錯誤。[33]

（三）有關《至正條格》修纂的時代背景及預期目的探討

《至正條格》（校注本）的整理者在這一問題上達成一定共識，即《至正條格》乃是順帝時統治階層中各種力量博弈的結果，「《至正條格》編纂時的矛盾則在基本上要維護《大元通制》所規定體制的前提之下，統治階層內部所存在的漢化蒙古官僚和通過《大元通制》的刪修及新法典的編纂要貫

31 張帆：〈評韓國學中央研究院《〈至正條格〉校注本》〉，載《文史》2008 年 1 期。

32 陳高華：〈《至正條格・條格》初探〉，載《中國史研究》2008 年第 2 期，第 151～152 頁，及152 頁注①。

33 黨寶海：〈關於元代驛站交通的新史料——讀《至正條格》〉，載北京師範大學古籍與傳統文化研究院編：《中國傳統文化與元代文獻國際學術研討會會議論文集》，中華書局 2009 年版，第65～66 頁、第 60 頁注③。

徹蒙古人利益的保守派蒙古官僚之間的對立關係……《至正條格》最大的目的就在於對沒能充分地反映蒙古利益的《大元通制》條文進行刪修，插入有關蒙古的條文……要把蒙古、色目人的法文化傳統輸入到新的法典，用以維護他們的共同利益」，[34]「於是我們可以看出圍繞『至正條格』的名稱所發生的論難，其實並不僅僅是互相衝突的權力集團之間政治鬥爭的表現，而很可能是對法典性質不同詮釋之間的意見衝突……《至正條格》此一個別性的書名，也應基於蒙漢折衷的現實主義立場」，[35]「《至正條格》的編纂跟伯顏抵制漢人、禁民間造格例、廢止科舉等一系列偏向蒙古人的措施是一條路。……以《至正條格》和《六條政類》來取代《大元通制》和《經世大典》，用以否定英宗、文宗所推行的漢化政制」。[36]為了證明這一點，金浩東圍繞《至正條格》定名之爭，勾勒了其編纂期間執政權力的交替及主政者政治立場的演變，李玠奭則從編纂過程和具體條文兩個方面比較了《至正條格》與《大元通制》的區別，金文京抓住《元史》所載在《至正條格》開始編修之後的第 3 年即至元六年（1340），元朝又「刪修大元通制」，並以此判定「刪修大元通制」與編修《至正條格》是兩回事，而且他又指出《至正條格》完成時入奏請名的宰相名單中獨缺與蒙古貴族有隙的參知政事呂思誠之名，以及引證清乾隆帝《題至正條格》詩有關《至正條格》「偏袒蒙古者居多」等評論，來論證《至正條格》與《大元通制》編纂意圖之別。

陳高華、張帆、黨寶海等中國學者對此提出了商榷意見。陳高華不同意金文京將刪修《大元通制》和編修《至正條格》分而視之的觀點，認為後至元六年「刪修《大元通制》」乃是《至正條格》的編纂過程之一環，元朝不可能同時進行兩種性質相同的法典修訂工作；而且陳高華還依據《至正條格·條格》新補文宗朝條文達 43 條，僅次於順帝時期這一事實，認為金文京所持

34　〔韓〕李玠奭：〈《至正條格》之編纂及其法制史上的意義〉，載韓國學中央研究院編：《至正條格》（校注本），2007 年版，第 464 頁。

35　〔韓〕金浩東：〈《至正條格》之編纂及元末政治〉，載韓國學中央研究院編：《至正條格》（校注本），2007 年版，第 451～460 頁。

36　〔韓〕金文京：〈有關慶州發現元刊本《至正條格》的若干問題〉，載韓國學中央研究院編：《至正條格》（校注本），2007 年版，第 479～481 頁。

以《至正條格》否定文宗推行漢化政制的觀點實可斟酌；此外，陳高華通過
對《至正條格・條格》部分的分析，認為《至正條格》所反映的政府態度是
加強對蒙古、色目人種種法外特權的限制，而且這些措施都是中原傳統法制
的體現，與遊牧民族的法文化傳統無關。[37]張帆認為「將《至正條格》的書
名之爭及其編纂過程與順帝前期的蒙漢文化衝突相聯繫，未免過於穿鑿」，
而且韓國學者「特別強調其與《大元通制》的差異甚至對立，給它貼上『蒙
古本位』或『反漢化』的標籤」，也不能成立。他指出韓國學者在論證過程
中多臆測之語和自相矛盾之說，從而判定「定名《至正條格》，意味著這只
是一部權宜性的法律條文匯編，仍具有臨時色彩，並非持久通行的正規法
典」；並依據《至正條格》所補充的條文多限制怯薛和投下、約束蒙古人的
規定，從而提出「儘管元順帝在位前期的上層統治集團中存在著尖銳的衝突，
但這些衝突在《至正條格》內容中並沒有非常明顯的表現。《至正條格》更
多地反映出元朝統治集團為挽救統治危機作出的持續努力」。[38]黨寶海通過
對《至正條格・斷例》中有關驛站交通條目的分析，得出「元朝後期不但沒
有刻意保障蒙古統治集團的利益，反而對權貴的不法行為做了更有力的約
束」的結論。[39]

　　日本學者大島立子認為，條格是為官僚機構的運行而制定的，因而很難
去尋求尚未具有官僚機構的蒙古社會的傳統元素；《至正條格》雖然多見涉
及蒙古地域與顯貴的條文，但以條文主旨所見，並未超出已頒布的法令的原
則範圍，而是作為特例提出。由此可見，大島立子亦傾向於反對校注本整理
者所闡發的《至正條格》修纂隱含政治力量博弈的觀點。[40]

---

[37] 陳高華：〈《至正條格・條格》初探〉，載《中國史研究》2008 年第 2 期，第 136、155、158、137 頁。

[38] 張帆：〈評韓國學中央研究院《〈至正條格〉校注本》〉，載《文史》2008 年第 1 輯，第 237～241 頁。

[39] 黨寶海：〈關於元代驛站交通的新史料──讀《至正條格》〉，載北京師範大學古籍與傳統文化研究院編：《中國傳統文化與元代文獻國際學術研討會會議論文集》，中華書局 2009 年版，第 63 頁。

[40] 〔日〕大島立子：〈新出《至正條格》紹介──《通制條格》との比較から〉，載氏編《前近代中國の法と社會──成果と課題》，財團法人東洋文庫 2009 年版，第 80～81 頁。

（四）有關法典樣態的探討

1.有關條格與斷例的區別

由於《至正條格》分為「條格」與「斷例」兩個部分，因此，通過兩相比照，自可窺見「條格」與「斷例」在名實上的區別所在。金文京以「條格」卷二十三「倉庫」7「關防行用庫」和「斷例」卷九「廐庫」301「檢閱昏鈔」為例，說明「條格」是行為模式的規定，而「斷例」是違法處罰方式的規定，由此印證了以往「條格繼承敕令格式，斷例相當於律」的認識。此外，金文京還認為條格可能有廣狹兩義，狹義的條格只針對斷例而言，廣義的條格則是狹義條格和斷例的統稱。不過，金文京表示，根據《至正條格》「斷例」中某些新補條文是來自《通制條格》這一現象，又可推論「斷例」和「條格」的界限並不嚴格，或者說《大元通制》和《至正條格》對「斷例」、「條格」的定義不完全一致。[41]黃正建亦持此說。[42]

對於《至正條格》含「條格」、「斷例」兩部分而單以「條格」為名，陳高華未同意金文京有關「條格」廣狹二義的解釋，而是認為這可能與「時相」阿魯圖不讀漢書、不解其義有關。[43]即「條格」不具有包容「斷例」的廣義解釋。至於「斷例」與「條格」的性質判斷，陳高華與金文京持同一看法。[44]

2.有關法典體例的討論

由於《刑統賦疏》有「斷例即唐律一十二篇。名令提出獄官入條格」[45]之

41　〔韓〕金文京：〈有關慶州發現元刊本《至正條格》的若干問題〉，載韓國學中央研究院編：《至正條格》（校注本），2007年版，第477～478頁。

42　黃正建：〈《天聖令·雜令》的比較研究〉，載《新史料·新觀點·新視角——天聖令論集》（下），元照出版有限公司2011年，第163頁注34。唯需說明者二：一，此論文集尚未公開出版發行，感謝中國社會科學院歷史所牛來穎先生慷慨出借；二，黃正建先生在文末標明：「此說受本所元史專家劉曉先生啟發」。

43　陳高華：〈《至正條格·條格》初探〉，載《中國史研究》2008年第2期，第137頁。

44　陳高華：〈元刻本《至正條格》的發現〉，載北京師範大學古籍與傳統文化研究院編：《中國傳統文化與元代文獻國際學術研討會會議論文集》，中華書局2009年版，第21頁。

45　沈仲緯：《刑統賦疏》第一韻，枕碧樓叢書本，收於楊一凡編：《中國律學文獻》（第1輯）第1冊，黑龍江人民出版社2005年版，第309頁。

語，學界歷來對此言的斷句及由此推知的「斷例」的體系有較大爭議。簡而言之，日本學者安部健夫將此言讀斷為「名令提出，獄官入條格」，由此推論「斷例」僅 11 篇而無「名令（例）」；中國學者黃時鑒則斷為「名令，提出獄官入條格」，由此認定《至正條格》僅將「獄官」從「名令（例）」中提出罷了，「名令（例）」仍是「斷例」之首篇，而使「斷例」保持 12 篇體例。慶州《至正條格》殘卷所存的「斷例」全部存目則結束了這一爭論：「斷例」無「名例」篇，而僅保留 11 篇體系。[46]

此外，《刑統賦疏》列舉「條格」篇目如下：「祭祀、戶令、學令、選舉、宮衛、軍房、儀制、衣服、公式、祿令、倉庫、廄牧、關市、捕亡、賞令、醫藥、田令、賦役、假寧、獄官、雜令、僧道、營繕、河防、服制、站赤、權貨」，[47]陳高華判定這一分目無疑是《通制條格》的結構，並以之與今本《通制條格》殘目相比對：「戶令、學令、選舉、軍防、儀制、衣服、祿令、倉庫、廄牧、田令、賦役、關市、捕亡、賞令、醫藥、假寧、雜令、僧道、營繕」，結論是：《通制條格》的篇目除「宮衛」外，其餘排列順序與《刑統賦疏》所言相合。[48]此論似有瑕疵，因為就排列順序而論，「田令」、「賦役」兩篇的序列在《刑統賦疏》和《通制條格》中截然不同。此外，無論是《四庫全書總目提要》所列《至正條格》篇目還是慶州《至正條格》「條格」殘目（前文皆已列出）都與今本《通制條格》的殘目保持一致，《刑統賦疏》的篇目順序究竟以何法典文本為原型，似乎暫難定論。

3. 《至正條格》在法典流變中的地位探討

與《唐律》、《宋刑統》相比，《大明律》的篇目結構發生了巨大變化，

---

[46] 相關討論可參見〔韓〕李玠奭的〈《至正條格》之編纂及其法制史上的意義〉，載韓國學中央研究院編：《至正條格》（校注本），2007 年版，第 465～466 頁；〔日〕植松正：〈《至正條格》出現の意義と課題〉，載《法史學研究會會報》第 12 號，2007 年第 110～112 頁；陳高華：〈元刻本《至正條格》的發現〉，載北京師範大學古籍與傳統文化研究院編：《中國傳統文化與元代文獻國際學術研討會會議論文集》，中華書局 2009 年版，第 21 頁。

[47] 沈仲緯：《刑統賦疏》第一韻，枕碧樓叢書本，收於楊一凡編：《中國律學文獻》（第一輯）第一冊，黑龍江人民出版社 2005 年版，第 309 頁。

[48] 陳高華：〈《至正條格·條格》初探〉，載《中國史研究》2008 年第 2 期，第 138 頁。

即由十二篇變為七篇。法典結構的變化並非一蹴而就，如此包括《至正條格》在內的元代法典便為該探討提供了重要線索。張帆以有關婚姻的條文為例，指出《至正條格》「斷例」的篇目雖沿《唐律》之舊，但在各篇的條目上卻與《大明律》更加接近，從而表彰了《至正條格》之於《大明律》的影響。[49]

又由於《明史‧刑法志一》載：吳元年冬十二月，修成律令，「凡為令一百四十五條，律二百八十五條」；《續通志》卷一百四十八詳載「吳元年律令」篇目：「凡為令一百四十五條，吏令二十，戶令二十四，禮令十七，兵令十一，刑令七十一，工令二；律則准唐之舊而增損之，計二百八十五條，吏律十八，戶律六十三，禮律十四，兵律三十二，刑律一百五十，工律八」，所以植松正提示：首先，令在先而律在後，這與《至正條格》具有「令」的性質的「條格」在先而具有「律」的性質的「斷例」在後相同；其次，「吳元年律」僅六篇而無「名例」，明「洪武七年律」雖採《唐律》篇目，但置「名例」於末尾，直至「洪武二十二年律」改「名例」為篇首，這與《至正條格》「斷例」之「名令（例）提出」是否有關，亦值深究。

（五）慶州《至正條格》殘本的文獻價值昭示

前述陳高華、張帆、黨寶海、植松正、大島立子、金文京、李玠奭、金浩東等學者分別從《至正條格》新補條文的輯列分析、文書用語的變化、細目的增刪、條文排列順序的更改、法律內容的易替等角度，或將「條格」部分逐條梳理，或僅以與某一主題（如婚姻，如驛站）相關的條文為例，與《通制條格》、《元典章》等其他法律文獻進行比勘，以顯示法律規定因時代變遷、政治及社會需求而適時變化，由此凸顯慶州《至正條格》殘本極其重要的文獻價值。

除上述已及的該殘本有助於廓清法典體例及流變脈絡的積極功用外，慶州《至正條格》殘本已被部分發掘且深值期待的文獻價值尚有如下方面：

---

[49] 張帆：〈重現於世的元代法律典籍——殘本《至正條格》〉，載《文史知識》2008 年第 2 期，第 38 頁。

1.同源史料的互勘參校：《至正條格》所收錄的部分元代法令，也見存於其他元代政令文書集中。但是，因為文獻流布過程中可能出現的紕漏以及選裁目的不同而導致的節錄等，傳世文獻所載條文或未是全豹，或有錯訛。《至正條格》殘卷的問世，則能發揮積極的校刊價值。如陳高華臚列《至正條格·條格》的相關條文，分別補正了《元史·食貨志》、《憲臺通紀續集》記載的缺失；又以《至正條格·條格》卷三十四「非法用刑」目第 347 條所收原始詔令，糾正了《元史·刑法志》、《元史·仁宗紀》撰者對該詔令的誤讀；復據《至正條格·條格》卷二十八「禁中寶貨」目第 204 條所載「轉中入官」與《通制條格》同，判定方齡貴《通制條格校注》據《元典章》及日本《通制條格の研究譯注》將此改為「轉入中官」[50]有誤。[51]張帆指出《至正條格·斷例》所收部分元代婚姻法令與《元典章》多有重復，且各有詳略，可收互補之效，並以《至正條格》卷八「戶婚」中「居喪嫁娶」、「妄嫁妻妾」中的各一條文為例，析出《至正條格》補正《元典章》漏載的量刑標準；這一參證的重要價值還在於，它為學界廓清該量刑標準制定的時間提供了斷限的依據。[52]黨寶海以有關驛站交通的條文為例，枚舉了《至正條格》與《經世大典》、《成憲綱要》、《南臺備要》所載的詳略、異同，表彰了《至正條格》糾正文獻因傳抄、刊刻而生之文字錯謬的意義。[53]

2.新出史料的信息傳達：《至正條格》為元朝後期編修的法令集成，許多條文、案例並未見於其他傳世文獻，這就使得慶州《至正條格》殘卷具備了展示元朝後期政治、經濟、社會生活、法制狀況等諸多景況的獨一無二的地位。目前的研究成果不但逐條臚列了《至正條格》相對於其他法令文書而

---

[50] 方齡貴校注：《通制條格校注》，中華書局 2001 年版，548 頁注②。

[51] 陳高華：〈《至正條格·條格》初探〉，載《中國史研究》2008 年第 2 期，第 140～141、153～154、148 頁。

[52] 張帆：〈讀《至正條格·斷例》婚姻條文劄記——與《元典章·戶部·婚姻》相關條文的比較〉，載王天有、徐凱主編《紀念許大齡教授誕辰八十五週年學術論文集》，北京大學出版社 2007 年版，第 56～60 頁。

[53] 黨寶海：〈關於元代驛站交通的新史料——讀《至正條格》〉，載北京師範大學古籍與傳統文化研究院編：《中國傳統文化與元代文獻國際學術研討會會議論文集》，中華書局 2009 年，第 65～69 頁。

言的新出條文、比對了相同條文而顯示其刪修情況，並在此基礎上解讀這些新條文及既有條文的改動所傳遞的歷史信息，而且還逐一比勘各種文書匯編的篇目名稱、排列順序、編排方式等。[54]其中以陳高華對「條格」的整理和張帆對「斷例」的梳理最為典型。[55]陳文以《通制條格》為參照系，逐篇考察《至正條格》的新增條目，如「倉庫」篇中針對行用庫管理、冒支怯薛襖子問題的條文，「廄牧」篇有關馬駝草料的供應條款，「田令」篇新增的「典賣隨地推稅」、「典質限滿不放贖」、「公廨不為鄰」等 3 目 4 條，「賦役」篇有關投下擾民和差役均當的條款，「捕亡」篇新出的有關管制捕魚船隻的條文，「賞令」篇新增的「泛濫賞賜」目，「醫藥」篇新增的試驗太醫條款，「假寧」篇新增的「倉庫不作假」目、「喪葬赴任程限」目等；陳文還指出，許多條文不但具有法制史研究上的重要價值，其所載信息更有益於社會史、政治史、經濟史等研究的深入開展，如元朝每年倒換和燒毀昏鈔的具體數字之於財政貨幣研究，抽分所得牲畜「回易作鈔」的具體標準之於物價研究，仁宗延祐年間在河南清查出的隱漏土地畝數、可耕而未耕的土地畝數之於經濟史研究，拘收賜田還官條所列 15 處佛寺道觀名稱之於宗教史研究，和買估

---

54 如〔韓〕金浩東的〈《至正條格》之編纂及元末政治〉，載韓國學中央研究院編：《至正條格》（校注本），2007 年版，第 456～459 頁；〔韓〕李玠奭的〈《至正條格》之編纂及其法制史上的意義〉，載韓國學中央研究院編：《至正條格》（校注本），2007 年版，第 468～470 頁；〔韓〕金文京：〈有關慶州發現元刊本《至正條格》的若干問題〉，載韓國學中央研究院編：《至正條格》（校注本），2007 年，第 482 頁；陳高華：〈《至正條格·條格》初探〉，載《中國史研究》2008 年第 2 期；陳高華：〈元刻本《至正條格》的發現〉，載北京師範大學古籍與傳統文化研究院編：《中國傳統文化與元代文獻國際學術研討會會議論文集》，中華書局 2009 年版，第 21～22 頁；〔日〕植松正：〈《至正條格》出現の意義と課題〉，載日本法史學研究會：《法史學研究會會報》第 12 號，2007 年，第 106～109 頁；張帆：〈讀《至正條格·斷例》婚姻條文札記——與《元典章·戶部·婚姻》相關條文的比較〉，載王天有、徐凱主編：《紀念許大齡教授誕辰八十五週年學術論文集》，北京大學出版社 2007 年版，第 56～60 頁；〔日〕大島立子：〈新出《至正條格》紹介——《通制條格》との比較から〉，載氏編《前近代中國の法と社會——成果と課題》，財團法人東洋文庫 2009 年版，第 73～81 頁。

55 陳高華：〈《至正條格·條格》初探〉，載《中國史研究》2008 年第 2 期；張帆：〈讀《至正條格·斷例》婚姻條文劄記——與《元典章·戶部·婚姻》相關條文的比較〉，載王天有、徐凱主編：《紀念許大齡教授誕辰八十五週年學術論文集》，北京大學出版社 2007 年版，第 56～71 頁。

價及報銷辦法之於政府採購研究，不同品級的官員致仕所享受的不同待遇之於職官研究[56]等；此外，陳文還就《至正條格》相對於《通制條格》的「目」的增多和細化（《通制條格》9 篇 9 卷共 90 目，《至正條格·條格》9 篇 10 卷共 173 目）、名稱與編排順序的變化（如《至正條格》調整了《通制條格》中目的名稱與目下條文不合的情況；將《通制條格》的部分條文移入《至正條格》之「斷例」中；《至正條格》一改《通制條格》條文排列次序顛倒雜亂之狀，率以年代先後為序等）、條文文字的刪改（如將文書起頭的發文機關刪去；把聖旨、詔書開頭的「欽奉」和結尾的「欽此」、「麼道、聖旨了也」刪去；將文書引用的檔案名稱或有關機構刪去；將具體案例文字刪除或精簡；將不影響主要內容的部分文字刪除；因政策變化而作出的刪改等）等進行了考察，從而彰顯了元代法典編纂技術的歷史進步。張文則側重於以《元典章》為比照對象，選取《至正條格·斷例》中與婚姻相關的條文進行解析，其所收斷例之記載信息有以下兩個方面的價值：第一，《元典章》僅明令禁止某一行為，而《至正條格》則給出了對於該行為應處以的罰則，如「有妻娶妻」條、「同姓為婚」條、「禁娶樂人」條等；第二，《元典章》與《至正條格》所收斷例對於同類犯罪行為的處理有別，由此反映元代相關法律制度的發展和演變，如有關漢人、南人的收繼婚的處理，[57]又如對於官員娶涉

---

[56] 陳偉慶已注意此條文，並將其置於歷史脈絡中加以考察，參見氏著〈元代致仕制度研究〉，暨南大學 2009 年碩士學位論文，第 11 頁。

[57] 陳高華對此也有提及，不過似乎高估了此條的史料價值：「眾所周知，收繼婚在元代盛行。但這種婚姻形式的發展變化狀況是不很清楚的。《至正條格》的《斷例》卷八《戶婚》『禁收庶母並嫂』……明令禁止漢人、南人的收繼婚，犯者處以很重的刑罰。這是元代家庭婚姻史的一件大事，卻不見於其他記載，值得重視。」（陳高華：〈元刻本《至正條格》的發現〉，載北京師範大學古籍與傳統文化研究院編：《中國傳統文化與元代文獻國際學術研討會會議論文集》，中華書局 2009 年版，第 22 頁）相對而言，張帆的評價則更為中肯，因為此條曾被節錄於《元史》卷三四《文宗紀三》和《元史·刑法志·戶婚》，並非完全「不見於其他記載」，只不過遺漏了具體量刑規定；至於收繼婚在元代的發展變化，單就此條記載，亦未必有一清楚瞭解，反倒是學界依據已有文獻，對元代收繼婚已有不同角度的探究，如王曉清：〈元代收繼婚制述論〉，載《內蒙古社會科學》1989 年第 6 期；洪金富：〈元代的收繼婚〉，載《中國近世社會文化史論文集》，中央研究院 1992 年版；楊毅：〈說元代的收繼婚〉，載中國元史研究會編：《元史論叢》（第 5 輯），中國社會科學出版社 1993 年版；柏清韻著：〈元代的收繼婚與貞節觀的復興〉，柳立言譯，載柳立言編：《宋元時代的法律、思想和社會》，國立編譯館 2001 年版；Bettine Birge, *Women,*

案人或涉案人親屬為妻妾的處罰。此外，張帆還曾揀出「斷例」之「戶婚」門「僧道不許置買民田」條，「廄庫」門「檢閘昏鈔」條、「關防漕運」條、「漕運罪賞」條，「職制」門「和雇和買違法」條等，皆是未見於其他文獻的重要史料。[58]

陳寅恪先生曾云：「一時代之學術，必有其新材料與新問題。取用此材料，以研求問題，則為此時代學術之新潮流。治學之士，得預於此潮流者，謂之預流（借用佛教初果之名）。其未得預者，謂之未入流。此古今學術史之通義，非彼閉門造車之徒，所能同喻者也。」[59]百年來，新現甲骨金文、竹簡帛書、敦煌吐魯番文書經卷、唐宋令典等迭出，於海內外學界掀起層層研究熱潮。雖然新出文獻未必如預期那樣，足以顛覆傳世文獻所刻畫的歷史情景，但其補正原有史料之不足、疏漏，乃至啟迪運思、開拓視野之功，實可斷言。而文獻對於作為專門史研究之法律史學而言，其重要意義自不待言。然而，中國大陸法律史學界對於新出文獻的敏感與熱衷程度似乎不及海內外史學界及域外法學界。自慶州《至正條格》殘卷公佈以來，法學界幾乎沒有專文進行學術探討。[60]

雖然相對於其他時段而言，元代典章制度資料匱乏，而且既有文獻「編纂粗率，抄刻脫誤嚴重，加上元代獨特公文文體和制度背景的影響，一般研究者要想順利閱讀這些公文書，並非易事」，[61]從而影響了具體研究的順利展開。但是，經過近一個世紀的現代學術洗禮，有元一代的法令文書已得到

Property, and Confucian Reaction in Sung and Yuan China (960-1368), Cambridge University Press, 2002；譚曉玲：〈元代兩種婚姻形態的探討〉，載《內蒙古大學學報（人文社會科學版）》，2007年第 5 期。

[58] 張帆：〈重現於世的元代法律典籍——殘本《至正條格》〉，載《文史知識》2008 年第 2 期，第 38 頁。

[59] 陳寅恪：〈陳垣敦煌劫餘錄序〉，載氏著《金明館叢稿二編》，生活·讀書·新知三聯書店 2001年版，第 266 頁。

[60] 就本人較窄的閱讀範圍而論，僅鄭顯文〈法律視野下的唐代假寧制度研究〉（載《南京大學法律評論》2008 年春秋號合卷，法律出版社 2009 年版）、鄧建鵬〈清朝訴訟代理制度研究〉（載《法制與社會發展》，2009 第 3 期）等引用其相關條文。

[61] 張帆：〈《元典章》整理的回顧與展望〉，載(日本)《中國史學》第 18 卷,2008 年，第 57 頁。

頗具規模的整理、輯佚、研究。以《通制條格》為例，僅整理本便有小林高四郎、岡本敬二等譯注本[62]，黃時鑒點校本[63]，郭成偉點校本[64]，方齡貴校注本[65]等四種；而對《元典章》的全面整理和研究也在幾代學人孜孜不倦的努力下，取得了矚目的成果；[66]至於其他傳世文獻的輯佚，則有黃時鑒《元代法律資料輯存》[67]集其大成。如今，隨著韓國慶州《至正條格》殘卷的問世，元代前、中、後期的法律文獻終於可以串聯起來，逐一呈現，這為全面展開元代法製圖景的描繪、勾勒元代法制發展的動態圖譜奠定了史料基礎，[68]也使進一步探討元代法制在古代中國法律發展長河中的地位以及各民族法律傳統之間的互動關係成為可能；此外，《至正條格》的出現，為學界進一步釐清中國傳統法律形式之流變及各種法律形式之間的關係提供了重要的文本依據，[69]諸如以往學界對元代「斷例」具體形態的疑問與猜測等，[70]皆可藉此而

---

[62] 〔日〕小林高四郎、岡本敬二等編著：《通制條格の研究譯注》1～3 冊，国书刊行会 1964 年、1975 年、1976 年版。

[63] 黃時鑒點校：《通制條格》，浙江古籍出版社 1986 年版。

[64] 郭成偉點校：《大元通制條格》，法律出版社 2000 年版。

[65] 方齡貴校注：《通制條格校注》，中華書局 2001 年版。

[66] 有關 20 世紀以來《元典章》的整理情況，參見張帆：〈《元典章》整理的回顧與展望〉，載（日本）《中國史學》第 18 卷，2008 年。其中，張文言及的尚未正式刊行的京都大學人文科學研究所的學者所撰就的《〈元典章・禮部〉譯注》，業已陸續出版：「元代の法制」研究班：〈《元典章・禮部》校定と譯注（一）——禮制一（朝賀、進表、迎送）〉，載《東方學報》，第 81 冊，京都大學人文科學研究所紀要第百五十七冊，2007 年版；「元代の法制」研究班：〈《元典章・禮部》校定と譯注（二）——禮制二（服色、印章、牌面、誥命）〉，載《東方學報》，第 82 冊，京都大學人文科學研究所紀要第百五十八冊，2008 年版；「元代の法制」研究班：〈《元典章・禮部》校定と譯注（三）——禮制三（婚禮、喪禮、葬禮、祭祀）〉，載《東方學報》，第 83 冊，京都大學人文科學研究所紀要第百六十一冊，2008 年版。

[67] 黃時鑒輯點：《元代法律資料輯存》，浙江古籍出版社 1988 年版。

[68] 現有成果中不乏利用慶州《至正條格》殘本進行制度流變研究者，如胡小鵬、李翀：〈試析元代的流刑〉，載《西北師大學報（社會科學版）》2008 年第 6 期；李曉：〈元代怯薛輪值新論〉，載《中國社會科學》2008 年第 4 期等。

[69] 這方面，黃正建以唐代《天聖令》所附唐令之《雜令》為對象，對「令」這種法律形式進行了溯前追後的努力。參見黃正建：〈《天聖令・雜令》的比較研究〉，載臺灣師範大學歷史系、中國法制史學會、唐律研讀會：《新史料・新觀點・新視角——天聖令國際學術研討會會議論文集》（下），2011 年版，第 157～170 頁。

[70] 楊一凡、劉篤才所著《歷代例考》因未注意到《至正條格》殘本而以旁證進行了推測（參見該書，社會科學文獻出版社 2009 年版，第 136～137 頁），而胡興東〈中國古代判例法模式研究——以

定讞。至於史學界所提出的在韓國慶州《至正條格》校注本的基礎上整合力量，再行校注，以及根據目前已有的法令文本，編寫元代公文詞彙辭典，[71]則更是惠澤學林之壯舉。希冀中國大陸法律史學界能夠重視這一研究契機，加入到「預流」的行列中來。

元清兩朝為中心）（載《北方法學》2010 年第 1 期）則通過引證慶州《至正條格》校注本而展開論述。不過，需要指出的是，胡興東的結論「在《至正條格》中，不管是『條格』還是『斷例』的法規都是通過具體判例組成的」（氏著第 116 頁）恐怕未當，即便是「斷例」，也收錄大量的一般性行為規範（即條文），而非具體判例，如《至正條格・斷例》卷二「職制」篇「托故不赴任」目下第 13 條、「典質牌面」目下第 20 條、卷三「失儀」目下 55、56 條等皆非具體判例，如上條文形式，不勝枚舉。反倒是劉篤才的推測較接近《至正條格》所展現的「斷例」樣態：「斷例既不完全是事例（案例），也不完全是條文，很可能是由案例和條文混合編纂而成的」（楊一凡、劉篤才：《歷代例考》，社會科學文獻出版社 2009 年版，第 136 頁）。

71　李鳴飛：〈「《至正條格》與元代法制研究」開題研討會綜述〉，
　　http://www.zggds.pku.edu.cn/005/001/054.htm，最後訪問時間：2010 年 3 月 30 日。

中國傳統「公司」形態研究述略

　　公司，作為目下中國人耳熟能詳的一個名詞，是與英語的「company」
關聯在一起的。[1]問題是，為什麼要用「公司」一詞作為「company」的對譯
詞？還可進一步追問的是：在成為「company」的對譯詞之前，「公司」是
否已然作為一個獨立的詞彙出現？如果已然出現，是否因「公司」所代表的
傳統組織形態與當時中國人所理解的「company」相似，進而理所當然地使
其承擔起媒介中西的使命？如果尚未出現，那麼中國人又基於何種考慮適時
地創造了這一詞彙，來表述他們對「company」的理解？這些問題的回答，
恐怕並非能通過簡單的拆字、合併等語義學方法得以全面實現，因為符號的
背後蘊含著無數的文化、歷史信息。符號的產生、詞彙的組合，有時可能出
於偶然與不經意。[2]而後世的使用者們會因時因地因事為其添加各種主觀的解
釋，從而賦予某一解釋的天然合法性與唯一正當性。故而偏執於某一含義為
「公司」一詞起源的探討，恐怕也會在一定程度上忽視符號的創造者和沿用
者在對符號的使用過程中賦予該符號的豐富內涵。如以 1904 年《大清公司律》
的頒布作為「公司」一詞泛指私法人的肇端，[3]那麼，此前「公司」的生存歷

1　1904 年，《大清公司律》頒布，公司成為指稱那些具有法人資格的商事企業的法定用詞。

2　甚至某種制度的移植，都是偶然因素作用的結果，如 20 世紀 90 年代初，中國之所以移植英國式
　　收購法，可能並非建立在對同類制度橫向比較、優劣分析等成熟斟酌的基礎上，而只是因中國選
　　擇香港作為企業上市的地點所致。參見鬱光華：〈從收購法的移植和適應看公司治理制度趨同的
　　困難性〉，《公司法的本質——從代理理論的角度觀察》，法律出版社 2006 年版，第 202～205
　　頁。

3　雖然，早在《大清公司律》頒布之前，「公司」一詞已開始用於指稱英國的集政治、商業功能於
　　一體的「東印度公司」，不過，在 19 世紀初期，更普遍地用來指稱外國商業機構的名詞為「洋
　　行」。當然也有例外，如 1843 年，在香港成立的 P&O Steam Navigation Company of London 則被
　　翻譯為「鐵行輪船公司」（參見陳國偉，〈公司流變——十九世紀檳城華人「公司」體制的空間
　　再現〉，臺灣大學 2005 年博士學位論文，第 368 頁注 1、2 條）；而「公司」一詞作為「私法人」

史則可稱為「公司的史前史」。既有研究表明，「公司」在中國社會的傳統
形態與當下不盡相同。符號的變化、符號所標表的對象的更替，與整個社會
的變遷有著或多或少的聯繫。是否可以通過「公司」傳統形態的多元展現及
不同形態之間的互通、演變，來窺視某一期間「公司」所在的地域社會，甚
至整個中國社會發展變化的動向？「萬變不離其宗」，文化的記憶、歷史的
烙印乃中國人之所以為中國人之標誌所在，故而符號的變化總有依循。舶自
西方的「company」借用了傳統中國社會之「公司」名目，在中國的土壤上
艱難地生根、發芽，其步履維艱的發展境況是否與中國人對傳統「公司」的
記憶有關？[4]梳理、評析現有的有關中國傳統「公司」形態的研究成果，則是
回答上開疑問的必要前提。

　　以「公司」一詞指涉西方帶有商業色彩的機構，可追溯至郭實獵（C.
Gützlaff）編纂的《東西洋考每月統記傳》雜誌[5]，且該詞與「公班衙」並見
於記載。雖然編纂者本人曾強調「公班衙之治天下，可運之於掌上。瞭然知
宰世馭物，其德威遠播四海，統御矣」[6]，但後來的研究大多簡單地判定「公
班衙」與「公司」同義，[7]方流芳〈公司詞義考：解讀語詞的制度信息〉在考
察中國廣州地區的行商、政府官員（甚至大清皇帝）和英國東印度公司展開
的貿易對話時，辨析出「公司」與「公班衙」的不同指稱：「公司」專指那
個商政一體的英國東印度公司，這既區別於那個用來指稱英國東印度公司設

的通用標籤通行於中國社會的時間，則更在《大清公司律》頒行之後好多年。因為在商務印書館
於 1910 年出版的《法國商法》中譯本中，「societe」一詞均譯為「會社」，而非採用《大清公
司律》早已定讞的「公司」一詞（參見方流芳：〈公司詞義考：解讀語詞的制度信息〉，載王文
傑主編：《公司法發展之走向》，清華大學出版社 2004 年版，第 332 頁注 107 條），但是，「公
司」作為指稱商業機構的正規性法定用詞的歷史，可能以《大清公司律》頒布為標誌。

4　如當下中國的國有企業以「公司」作為現代企業制度的標本進行如火如荼的「改制」，而這些國
　有企業所承擔的責任、所發揮的功能，卻遠非「私法人」所能涵蓋，這恐怕其來有自。

5　現時可見整理本為愛漢者等編，黃時鑒整理：《東西洋考每月統記傳》，中華書局 1997 年版。

6　愛漢者等編，黃時鑒整理：《東西洋考每月統記傳》，中華書局 1997 年版，第 420 頁。

7　如陳國偉（參見〈公司流變——十九世紀檳城華人「公司」體制的空間再現〉注 1，臺灣大學 2005
　年博士學位論文，第 1 頁），又如許地山、黃時鑒、《辭海》「公班衙」條撰寫者等（參見方流
　芳：〈公司詞義考：解讀語詞的制度信息〉，載王文傑主編：《公司法發展之走向》，清華大學
　出版社 2004 年版，第 295 頁，注 1 條）。

於廣州與澳門的「大班管理委員會」的「公班衙」一詞，[8]也區別於當時對除英國東印度公司以外的其它外國商人的指稱（如用「私商」一詞等）。雖然，方文的努力並非為了考證「公司」一詞的起源，而是藉梳理這段中英交往歷史，發掘出當時中國人對「公司」、「官設獨佔」的理解，揭示中英兩國因抑商—重商、扶持—箝制的不同國策所造成的截然不同的商業人格及後續的國家命運。但是，源於「為何使用『公司』作為集政治、商業功能於一體的組織機構的中譯語」的好奇，方文也進行了一些推測：由於清朝嚴禁洋人學習並使用中文，因此「公司」一詞很可能為廣州的行商或通事所創造。[9]尤其是聯想到 18 世紀的東南亞地區早已充斥著由福建、廣東等地移民所創造的「公司」時，[10]兩個使用「公司」這一詞彙的、看似互相封閉的方言群落之間的聯繫脈絡似乎清晰起來了。

一、有關東南亞華人「公司」的研究

有關 18 至 19 世紀「公司」（Kongsi）一詞在東南亞地區的生存與使用，多個世紀以來，國內外學界所積累的研究成果可謂汗牛充棟。[11]由於代表華

8　有意思的是，在 18、19 世紀的婆羅洲，「公班衙」一詞則用來指稱「荷蘭東印度公司」，而「公司」一詞則用來指稱當時遍佈婆羅洲的華人團體。如《蘭芳公司歷代年冊》記載：「羅芳栢太哥開創東萬律蘭芳公司時⋯⋯羅太哥時（指 1777～1795 年——本文作者注），未有公班衙來理此州府」，「劉臺二甲太⋯⋯嗣位後，始有公班衙來理此州府，封劉臺二為蘭芳公司太總制甲太之職。」引自〔荷蘭〕高延：《婆羅洲華人公司制度》，袁冰凌譯，中央研究院近代史研究所 1996 年版，第 15～16、20 頁。由此亦可窺見，南洋地區以「公司」指稱華人團體，並非是模仿荷蘭東印度公司。

9　參見方流芳：〈公司詞義考：解讀語詞的制度信息〉，載王文傑編：《公司法發展之走向》，清華大學出版社 2004 年版，第 310～311 頁。

10　參見《蘭芳公司歷代年冊》，載〔荷蘭〕高延：《婆羅洲華人公司制度》，袁冰凌譯，中央研究院近代史研究所 1996 年版，第 8～26 頁。田汝康〈十八世紀末期至十九世紀末期西加里曼丹的華僑公司組織〉（載《廈門大學學報（哲學社會科學版）》1985 年第 1 期）一文、羅香林《西婆羅洲羅芳伯等所建共和國考》（中國學社 1961 年版）一書皆曾附錄了該年冊。

11　參見陳國偉：「公司流變——十九世紀檳城華人『公司』體制的空間再現」，臺灣大學 2005 年博士學位論文，第 14～42 頁。需要說明的是，對於有關東南亞華人「公司」的研究成果，陳國偉的論文有詳盡回顧，本文確無能力在其基礎之上，蒐羅更多的成果。但本文所關注的興趣點與

人利益的「公司」與當時的殖民地政府有過激烈的衝突，因此早先的研究成果往往對東南亞的華人「公司」充滿了偏見，[12]如 W. Milne、J. Low、T. J. Newbold 等具有學者、當時殖民政府的現役軍職人員等多重身分的作者們，有意識地將華人「公司」與中國天地會等秘密會社聯繫起來，將其作為社會不安定因素之勢力代表，[13]這種定見深刻地影響了之後有關 19 世紀東南亞華人「公司」的研究，使大部分的討論圍繞著「殖民地之政治安定」和「殖民地經濟之勞工需求與管制之問題」展開。因此，華人「公司」「延續至後殖民時期的私會黨活動，現在則被以現代社會中有組織犯罪的面向而看待。『公司』秘密會社從前經手的苦力貿易，現在以不同角度所定義的非法人口販運問題而持續存在」。[14]這種探討使研究主題囿於一種極端的層面而無法突破，妨礙了對華人「公司」多元形態的揭示。

與這類作者處於同一時期而對華人「公司」持同情態度者，如施好古（G. Schlegel）、高延（J. J. M. De Groot）等，則致力於挖掘「公司」的另一形態，即將東南亞的華人「公司」視為中國傳統村社家族制度的衍生，是中國民主、宗族精神的標表，將「公司」定義為「管理公共事務的聯合體」，[15]是「一個賦有行政管理權，有時甚至賦有司法權和政治權的商業組織或工業組織」，[16]並將之定性為「寡頭政治共和國」。[17]應當指出，此種研究對中國傳統村社

陳文有所不同，因此只以「是否涉及『公司』先前形態的追溯」為標準，遴選所欲評述的文本，以期引出本文主旨。

[12] 荷蘭學者高延所著《婆羅洲華人公司制度》一書，正是為了糾正這些偏見，澄清當時學術研究中肆意污蔑華人「公司」的謊言。在該書中，作者駁斥那些偏見的文字，隨處可見。參見〔荷蘭〕高延：《婆羅洲華人公司制度》，袁冰凌譯，中央研究院近代史研究所 1996 年版。

[13] 參見陳國偉：《公司流變——十九世紀檳城華人『公司』體制的空間再現》，臺灣大學 2005 年博士學位論文，第 18～21 頁。

[14] 陳國偉：《公司流變——十九世紀檳城華人『公司』體制的空間再現》，臺灣大學 2005 年博士學位論文，第 24～25 頁。

[15] 〔荷蘭〕高延：《婆羅洲華人公司制度》，袁冰凌譯，中央研究院近代史研究所 1996 年版，第 85 頁。注：原書出版於 1885 年。

[16] 〔荷蘭〕施好古：〈婆羅洲的中國公司〉，王雲湘譯，載《南洋問題資料譯叢》1985 年第 1 期。注：原文發表於 1885 年。

[17] 〔荷蘭〕高延：《婆羅洲華人公司制度》，袁冰凌譯，中央研究院近代史研究所 1996 年版，第 77～78 頁。

家族制度的理解未必精當，而所謂「共和國」的比附，則更是一廂情願。其實，這類「公司」僅是傳統中國自治、互助的民間結社的進一步發展而已。不過，這類研究在當時開啓了東南亞華人「公司」研究的新路徑：其有關家族村社系統的追溯，甚至影響到 1921 年出版的《荷屬東印度百科辭典》有關 Kongsi 的定義，「Kongsi 的設立完全是為了將同一鄉籍與宗籍的族人們以更緊密聯繫或關係結合在一起」[18]；其比附「共和國」的說法，則為羅香林所繼承。

羅香林繼承了荷蘭學者以婆羅洲「蘭芳公司」為考察對象的研究方法，並對之前因篇幅、論證視角等所限而有未盡之研究予以彌補，逐一交代了「蘭芳公司」成立、發展、敗落等過程及其時代背景和歷史遺跡。更能體現這種一脈相承的學術脈絡的是，羅香林也堅持「公司」的「共和國」性質，云「羅芳伯等所創建之蘭芳大總制，乃為一由採金公司，因自衛自治，遂為治軍擴土，不斷發展，終乃成為附有條件性之共和國焉」。[19]羅香林將《蘭芳公司歷代年冊》中「帝王化」（如羅芳伯原籍之風水、祭鱷文投海、劉生上任時天有異象等）領袖的筆法發揮得淋漓盡致，並夾雜了追慕西方共和體制的情結，意欲澄清中國並非無共和之實踐，盛贊中國人於東南亞之「公司」創建，堪與美利堅合眾國之政治創舉媲美。[20]另外，羅香林在給「公司」定義及追溯其起源時，一度拋開了「鄉籍」、「宗族」等限定語，強調中國南方早有稱為「公司」之組合，其「由若干意志相投之人士，合力創業，依各人資本或能力之大小，公認各佔分數或分頭若干，其盈虧與責任，亦照分頭攤派，或分配，尤以賭攤之組合，俗稱攤館，多書作公司」[21]。該定義已依稀觸及

---

[18] T. J. Bezemer, *Beknopte encyclopaedie van Nederlandsche Oost-Indie*, Leiden, 1921,「kongsi」條, pp.254～255.轉引自 Wang Tai Peng, The Origins of Chinese KONGSI with Special Reference to West Borneo，澳大利亞國立大學 1977 年碩士學位論文，（中華人民共和國國家圖書館藏本），第 2 頁。中譯文參考陳國偉：〈公司流變──十九世紀檳城華人「公司」體制的空間再現〉，臺灣大學 2005 年博士學位論文，第 7 頁。

[19] 羅香林：《西婆羅洲羅芳伯等所建共和國考》，中國學社 1961 年版，第 41 頁。

[20] 羅香林：《西婆羅洲羅芳伯等所建共和國考》，中國學社 1961 年版，第 39 頁。

[21] 羅香林：《西婆羅洲羅芳伯等所建共和國考》，中國學社 1961 年版，第 29 頁注 9 條。

共同意思表示、資本來源、組織運作、機構權力設置、利益分配等問題。

　　與羅香林同一時期的學者田汝康對上述研究進行了逐一批判。他既反對那些惡意中傷華人「公司」的論調，又認為高延等將「公司」定性為中國傳統「封建宗族組織在海外的變形」，是貶低「公司」的行徑，還批評羅香林的研究是為封建帝王立傳，而且羅香林極力否認華人「公司」與天地會之間的關聯，[22]抹殺了「公司」反抗封建政權之「進步性」。在此基礎上，田汝康一方面致力於發掘「公司」在經濟組織層面上的組織情況與其對當地經濟發展的貢獻，另一方面則標舉了「公司」在反抗殖民統治與壓迫中起到的積極作用。[23]此外，與羅香林將「公司」之原型追溯為類似「賭攤之組織」不同，田汝康則將認為「『公司』系粵閩農村中經濟組合的普稱。漁民以及航海人員所積累的公積金稱之為『公司』，農村中族姓人員輪流管理公產的制度也稱之為『公司』」[24]。雖然田汝康沒有給出這一結論的史料或人類學田野調查的依據，但之後有關中國境內傳統「公司」形態的研究，除了有關秘密會社的討論外，基本是依循這兩種路徑展開的。

　　田汝康這種追溯東南亞華人「公司」起源的思路，為王大鵬（Wang Tai Peng）所繼承。王大鵬在他提交給澳大利亞國立大學以申請碩士學位的論文 "The Origins of Chinese KONGSI with Special Reference to West Borneo"（1977）中，將西婆羅洲礦業公司的機制追溯到清代雲南銅礦業中的「客長」與「米分」制度和明清以來福建等地的船運制度。而且，他將「公司」建立的基礎提煉為「合夥關係」與「異姓兄弟關係」的擴展，將「公司」建立的原初目的定位為經濟保護和抵禦外侮。[25]

　　之後的東南亞華人「公司」研究不再重復圍繞那些歷史上存在過的礦山

---

[22]　羅香林：《西婆羅洲羅芳伯等所建共和國考》，中國學社 1961 年版，第 47 頁。

[23]　田汝康：〈十八世紀末期至十九世紀末期西加里曼丹的華僑公司組織〉，載《廈門大學學報（哲學社會科學版）》1958 年第 1 期。

[24]　田汝康：〈十八世紀末期至十九世紀末期西加里曼丹的華僑公司組織〉，載《廈門大學學報（哲學社會科學版）》1958 年第 1 期。

[25]　Wang Tai Peng, The Origins of Chinese KONGSI with Special Reference to West Borneo, 澳大利亞國立大學 1977 年碩士學位論文（中華人民共和國國家圖書館藏本）。

開採組織而進行，研究者添加了更多元的視角去觀察東南亞社會中「公司」的遺跡。如麥留芳引用饒宗頤對星馬華人碑刻的研究，標立「公司」在結社與方言認同層面的意義，「在早期的星馬華人社會中，重要的社會組織似乎不由會館始；雖或有會館之實，卻無會館之名。依據饒宗頤（1969）對碑文的研究，認為會館之最初冠名曰『公司』，如梅州眾記公司，永豐大公司，義安公司等。而公司之任務，又以『旅客塋墓之處理，最為迫切。故華人社團，實發軔於公塚，由公塚而組織會館』。」[26]至於陳國偉的研究，則以檳城為核心，以「勞動」作為論述之主軸，結合史料與人類學田野調查等多重成果，將以喪葬互助為功能的義山「公司」、海事船運中存在的「公司」及承擔共財共同體祭祀勞動的「公司」祠廟等「公司」的多元形態串聯起來，並分別將各種形態的起源追溯至中國大陸，可謂難能可貴，亦給本文提供諸多啟示與考察線索。由於陳國偉詳細論述的海事船運「公司」和共財共同體「公司」將會在下文中分別討論，此處暫不贅述。唯其所述之超越家庭、宗族、地緣村社，而為喪葬互助之義山「公司」，似未見於中國境內之相關記載。其原因可能在於，華僑在海外生存境遇不佳，死後既無法歸葬於故土家塚，甚至還無宗親、同鄉負責處置身後事務，所以僅以「中國」為身分象徵，團結同仁，以義山「公司」之形式通力互助。[27]

二、有關中國境內「公司」的研究

從以上有關東南亞華人「公司」的研究中，我們不難發現，無論是1840年之前中國廣州地區中英貿易中出現的「公司」一詞，還是曾在東南亞地區廣泛流行的「Kongsi」，早在中國人遭遇「company」之前便已存在，至於

---

[26] 麥留芳：《方言群認同：早起星馬華人的分類法則》，臺灣中央研究院民族學研究所1985年版，第160頁。轉引自陳國偉：〈公司流變——十九世紀檳城華人「公司」體制的空間再現〉，臺灣大學2005年博士學位論文，第35頁。

[27] 參見陳國偉：〈公司流變——十九世紀檳城華人「公司」體制的空間再現〉，臺灣大學2005年博士學位論文，第61~63頁。

「公司」之形態，亦是其來有自，並非舶於西方。因此，「公司」一詞的生存歷史尚可徑直往前推幾百年。不過，相較於上述對東南亞華人「公司」的研究而言，關於中國境內「公司」之「史前史」的研究則要晚起得多，而且討論焦點相對集中，即農村共產機制、海商船運中的組合、秘密會社這三種形態。

（一）「公司」與農村共產機制

　　鄭振滿引用《文山黃氏家譜》關於光緒三十二年（1906）的記載「議將產業、生理先按分勻定，合立公積堂公司。年間所有得息，概歸公帳，先行照口給糧」，認定所謂的「公積堂公司」是一個以營利為主要目的的經濟實體，進而推論黃氏整個家族組織實際上是一個合夥經營的股份公司，而派下各房亦即這一公司的股東。[28]如欲將該公積堂判定為西方意義上的股份公司，尚需回答如下問題：公積堂「派下各房」之股東責任如何？是否以營利結餘擴大「公司」資本而取得規模效益？至於公積堂的管理機構，記載中亦只提及「五房輪值」，且管理對象僅為「每年所得利益」而非公產本身。因此，雖然《大清公司律》已於 1904 年頒布，但該「公積堂公司」應非歸屬於《大清公司律》所規定的任一公司類型，而科大衛「明清時期的商人很清楚地將其日常生意運作的貿易活動與其所擁有的產業區分開來。其貿易是用『號』的名義做的，而卻用『堂』的名義擁有產業」的論斷[29]頗值參考。「公積堂公司」可能只是田汝康所謂的閩粵農村傳統的管理公產的經濟組合罷了。

　　王連茂、葉恩典將形成於道光年間的《張廣福檔》中的「張必榮公司」、「張長發公司」等表述中的「公司」解讀為「會館」，並稱「其為收租及經營管理機構並兼作內部招待所的性質也頗明朗」。[30]而曹樹基同樣利用張士

28　鄭振滿：《明清福建家族組織與社會變遷》，湖南教育出版社 1992 年版，第 265～266 頁。

29　〔英〕科大衛：〈中國的資本主義萌芽〉，陳春聲譯，載《中國經濟史研究》2002 年第 1 期。

30　王連茂、葉恩典，〈張士箱家族及其家族文件概述〉，載王連茂、葉恩典整理：《泉州、臺灣：張士箱家族文件匯編》，第 44 頁，轉引自曹樹基，〈張士箱家族「公司」考論——兼論鄭氏集團商業組織的性質〉，載《閩南文化研究——第二屆閩南文化研討會論文集》，http://www.mnwh.org/ywhy_details.asp?OrderBy=18&news_id=1683&fg_id=&fg_id_1=98，最後訪問

箱家族遺存下來的文獻，判定「公司」為分家之前的家族共同財產，並稱「『公司』得名於歷代祖先對於贍產的提取。當一個家庭分家時，總要為老人提留若干數量的贍產。老人百年之後，這些贍產就轉化為祀產，轉入『公司』名下。……有意思的是，以『公司』命名的是族產，而不以『公司』命名的「墾號」則可能是真正的公司」。此外，曹樹基通過引述1917年廣東佛山葉氏將原本作為「祖嘗」的「葉光大堂」改制為「光大有限公司」的實例，判定諸如「張必榮公司」之類的組織是「類法人」，確切地說可能是「類財團法人」，即一旦出現諸如《公司法》之類的商業組織法，這些類法人則自然而然地通過註冊登記，取得現代意義上的法人資格。[31]

任職於臺灣清華大學的魏捷茲，通過對澎湖群島湖西鄉紅羅村的人類學田野調查，發現了村廟「公司」這種獨特的「共有財產所有權」關係，即該村廟的「種種集體活動多以『公司』一詞來描述，包括全村所有宗教場所的維修，在這些場所和地點所舉辦的儀式，代表參加互有結盟（『交陪』）關係的村落所舉辦的重要村廟宗教活動，以及參加跨村際的奎壁澳六村共同主辦的王爺活動」，這種「公司」並非以宗族為整體單位，而是以村社區為單位，在村下設「甲」、「甲」下設「小甲」、「小甲」下為「家戶」這樣的關係鏈中運作，而且該「公司」擁有「村子前方的海岸（在水產業和風水方面都很重要），以及兩個離島上一定份額（『份』）的海菜採集權」，至於「公司」的收益，在扣除稅款、共同消費、劃撥作為村廟「公司」的公產之後，由家戶分享。這種村廟「公司」與家戶之間的共產互動關係，與祭祀、身分等社會符號緊密連接在一起，使得現代意義上的「股份公司和村廟『公司』在商品交換的意義上卻是截然不同的」，「澎湖群島的『公司』可以被看作是以超越各類交換結果的方式來促成一種商品交換體系的文化設計」。[32]

時間：2009年8月20日。

31 曹樹基，〈張士箱家族「公司」考論──兼論鄭氏集團商業組織的性質〉，載《閩南文化研究──第二屆閩南文化研討會論文集》，
http://www.mnwh.org/ywhy_details.asp?OrderBy=18&news_id=1683&fg_id=&fg_id_1=98，最後訪問時間：2009年8月20日。

32 魏捷茲：〈澎湖群島的村廟「公司」與人觀〉，載莊英章、潘英海編：《臺灣與福建社會文化研

由此可見，這種村廟「公司」與現代意義上的公司仍是貌合神離，究其根本乃與傳統中國社會密不可分。但村廟「公司」突破了宗族的親緣關係而以村落社區為整個運作單元，這是對鄭振滿所枚舉的黃氏「公積堂公司」的一種發展。再聯想到東南亞華人「公司」皆以同鄉聚集創業，形成團體組織；又如其「大哥」繼任制度規定「蘭芳公司大哥，係嘉應州人氏接任；本聽副頭人，係大埔縣人氏接任，此兩處永為定規」，[33]這似乎進一步印證了鄭振滿對「泛家族主義」傾向的論述：「家族內部對於族產股份的買賣和轉讓，是促成繼承式宗族向合同式宗族演變的重要原因，而族產股份在不同家族之間的轉移，可能導致鄉族共有經濟與鄉族組織的形成。」[34]而如前文所述陳國偉所研究的義山「公司」，則已然不滿足於「同鄉」之聯繫，開始標舉「中國人」之身分以團結同胞，似可窺見「公司」逐一突破血緣（家族）、地緣（鄉族）的發展趨勢。

（二）「公司」與海商船運中的組合

　　《明清史料》中存在的兩條「公司」字樣的材料引發了「公司」一詞在海商船運領域的討論。這兩條史料分別見於《部題福督王國安疏殘本》和《兵部殘題本》。兩個題本的內容大致相同，即清朝福建地方官員於康熙二十二年（1683 年）、二十三年分別拿獲兩艘由臺灣延平王、武平侯劉國軒派赴日本、暹羅進行貿易的商船。報送朝廷的題本明列了兩艘商船所裝載的貨物及數量，「……並開明公司貨物乳香壹千玖百□□□□肆拾叁疋……附搭貨物白灰布肆百捌拾陸疋……目梢貨物大白布貳拾叁疋……」，[35]「……隨將原銀買置船、錫、蘇木、胡椒、象牙等項並目梢貨物現開再冊……計冊開公司貨物鉛貳萬陸千肆百捌拾斤，蘇木壹拾貳萬斤，錫肆萬斤……目梢貨物蘇木

　　　究論文集（三）》，臺灣中央研究院民族學研究所 1996 年版，第 221～242 頁。

33　參見〈蘭芳公司歷代年冊〉，載羅香林：《西婆羅洲羅芳伯等所建共和國考》，中國學社 1961
　　年版，第 137、141 頁。

34　鄭振滿：《明清福建家族組織與社會變遷》，湖南教育出版社 1992 年版，第 271 頁。

35　中國科學院：《明清史料》丁編第 3 本，第 298～299 頁，國家圖書館出版社 2008 年版，第 607
　　～609 頁。

貳萬伍千斤，錫玖千伍百斤⋯⋯」。[36]由此可見，當時臺灣派赴海外的貿易商船已經明確將所載貨物區分為「公司貨物」、「附搭貨物」和「目梢貨物」。

方流芳認為「公司貨物」或是「共同（查驗）貨物」之筆誤。[37]而部分研究成果引證成書於 17 世紀末、18 世紀初江日昇的《臺灣外記》卷一《將夏侯驚夢保山 顏思齋敗謀日本》中「⋯⋯公司貨物（公司乃船主的貨物——洋船通稱）；其餘搭客暨船中頭目、夥計貨物⋯⋯」這一記載，故而沒有懷疑「公司」一詞的歷史存在。[38]此外，松浦章利用日本的文獻資料如《瓊浦筆記》、《寬政元年漂流土佐安利船資料》等有關「公司」字樣的記載，證明起碼在乾隆三十九年（西元 1774 年）、乾隆五十四年時，便已有資料足以解釋《明清史料》中出現的「公司」一詞。[39]張忠民則根據成書於雍正初年的《臺海使槎錄》提供了另一種佐證清代前期「公司」一詞已然出現的證據：「熬糖之廠謂之廍。一曰公司廍，合股而設者也⋯⋯」。並將「公司」解釋成一種以股份形式組成的合夥榨糖作坊。[40]不過，劉秋根對此有不同看法，他認為「公司廍」又稱「公家廍」，「公司」意為「公家」，公司之號是對合股制的一種稱呼。[41]

當清代前期「公司」一詞已存在於海事船運領域這一事實被確認之後，接踵而來的便是對該形態中「公司」含義的探討。王大鵬認為，所謂的「公

36　臺灣中央研究院歷史語言研究所：《明清史料》己編第 7 冊，1957 年版，中華書局 1987 年版，第 1305～1306 頁。

37　方流芳，〈「公司」一詞是否起源於鄭氏政權〉，氏著〈公司詞義考：解讀語詞的制度信息〉之附錄，載王文傑主編：《公司法發展之走向》，清華大學出版社 2004 年版，第 344 頁。有意思的是，方流芳引證鄭成功設立「仁、義、禮、智、信、金、木、水、火、土」十行這一史實，說明當時並未使用「公司」一詞；而松浦章利用同一史實，猜測「是否它們當中的一部分被稱為『公司』呢？如果這一推斷不錯，可以認為當時使用的『公司』一詞已含有某種類似當今企業組織的意味了。」張忠民轉述了松浦章的觀點，並未進行評析；而陳國棟則對松浦章的觀點採取了審慎的態度：「應該是一個值得考慮的主張，雖然目前已知的資料尚不容許我們作這樣的認定」。

38　陳希育：《中國帆船與海外貿易》，廈門大學出版社 1991 年版，第 307 頁；陳國棟，〈The Origins of Chinese Kongsi 書評〉，載《臺灣中央研究院近代史研究所集刊》第 28 期，1997 年。

39　〔日〕松浦章著：〈清代「公司」小考〉，華立譯，載《清史研究》1993 年第 2 期，第 96 頁。

40　張忠民：《艱難的變遷——近代中國公司制度研究》，上海社會科學院出版社 2002 年版，第 48 頁。

41　劉秋根：《中國典當制度史》，上海古籍出版社 1995 年版，第 71 頁。

司貨物」，是歸全體高級船員（officers）共用的，[42]其潛臺詞似乎是將「公司」理解為「全體高級船員」的抽象標誌。陳國棟根據《臺灣外記》「公司乃船主的貨物」之注釋，否定了王大鵬的觀點，而將「公司貨物」判定為「船主的貨物或船主所代表的一個集團的貨物」，而且，他認為船主只是「公司」的代表人罷了，所謂「公司」應是包括船主在內的一群人的集合，而「公司貨物」為這一群人所共有。[43]松浦章沒有對「公司貨物」作出直接解釋，但從他徵引鄭成功設立負責兵糧銀米出入的「仁義禮智信金木水火土」十行這一史料，來猜測「公司」含有類似現代企業組織的論述判斷，他傾向於將「公司貨物」解釋為一個組織機構所擁有的貨物。不過，他在之後又曾徵引日本文獻《瓊浦偶筆》和《清舶筆話》，將「公司」分別解釋為船主以及貿易船的船員整體。松浦章的另一大貢獻在於，他點出海事船運中之所以出現「公司」一詞，實與海船的職務構成有密切關係，即海船航行對人力組合、分工合作的要求，是企業式組織產生的前提。[44]曹樹基則接受了倪樂雄對鄭成功集團「軍事-商業復合體」的定性，並將「公司貨物」之「公司」判定為鄭氏集團之海上貿易企業，與榨糖之「公司廊」一樣，皆具有合夥經營的現代企業特徵。[45]而陳希育與陳國棟的觀點仿似，即將「公司」解釋為以船長為中心的一股利益集團，但他將「公司」的指向更加具體化，如他引用《呂宋記略》說明，清代客商帶上船的跟役在船上不事駕舟，因此需向船主交納八擔水腳銀，此謂之「公司」，而船長所帶的司伙食的親丁，又稱「小公司」；又如他引用日本文獻《得泰船筆語》說明，水手沒有工資，僅有 7 個擔位以

---

[42] Wang Tai Peng, The Origins of Chinese KONGSI with Special Reference to West Borneo, 澳大利亞國立大學 1977 年碩士學位論文（中華人民共和國國家圖書館藏本），第 46 頁。

[43] 參見陳國棟〈The Origins of Chinese Kongsi 書評〉，載《臺灣中央研究院近代史研究所集刊》第 28 期，1997 年，第 305～306 頁。

[44] 參見〔日〕松浦章著譯：《清代「公司」小考〉，華立，載《清史研究》1993 年第 2 期，第 96～97 頁。

[45] 曹樹基：〈張士箱家族「公司」考論——兼論鄭氏集團商業組織的性質〉，載《閩南文化研究——第二屆閩南文化研討會論文集》，
http://www.mnwh.org/ywhy_details.asp?OrderBy=18&news_id=1683&fg_id=&fg_id_1=98，最後訪問時間：2009 年 8 月 20 日。

運輸他們的貨物，而沒有貨物的水手可參加到「公司」裡，稱其為「公司水手」。[46]藉由這些說明可知，陳希育理解中的「公司」是一種包括「水腳銀」等形式的資金組合。韓振華在松浦章的海船職務之說上更進一步，稱「船主和船員、水手們，共同在一條船上組成一個『公司』——即『勞動組合』」，之所以這樣，是因為當時船主和船員及水手們的收入，隨商船所載貨物的多少及出售價格的高低而變化，他們並無固定薪酬，只能以自己所承擔的勞動形式分到相當數量的「擔位」，以此參股作為「公司」之一員。[47]應當說，陳希育與韓振華所關注到的史料大致相同，而他們有關船上工作人員之間的合作關係及利益分配的論述，皆屬於對田汝康發表於 1956 年的〈十七世紀至十九世紀中葉中國帆船在東南亞洲航運和商業上的地位〉[48]的補充與發展，但兩者所得出的結論卻不盡相同，前者側重資金組合，後者總結為勞動組合。陳國偉批評陳希育過分關注「公司」的資本面向而無視其勞動面向的存在，並在韓文的基礎上，進行了再發揮：「『公司』貨物是財東提供予船員，為求凝聚『公司』勞動之誘因的一種設置」，「『公司』貨物是財東-船主之集團為鼓勵而借用一個已稱為『公司』的勞動結合，企圖形成勞資間信任鍵結的分享機制」。[49]其實，韓振華強調「公司」的勞動面向，以史帶論的目的或更為明顯，這與曾經的「資本主義萌芽」情結有一定關聯。因為馬克思與恩格斯皆論及「勞動組合」為資本主義發展的出發點，而中國海事船運中既然已經產生名為「公司」的勞動組合，那麼「等到時機一成熟，船主則會變成航運資本家，船員、水手們就會變成被資本奴役的雇傭工人」。[50]

---

46 參見陳希育：《中國帆船與海外貿易》，廈門大學出版社 1991 年版，第 307～308 頁。

47 參見韓振華：〈十六世紀至十九世紀前期中國海外貿易航運業的性質和海外貿易商人的性質〉（上），載《南洋問題研究》1996 年第 2 期，第 77～80 頁。

48 田汝康：〈十七世紀至十九世紀中葉中國帆船在東南亞洲航運和商業上的地位〉，載《歷史研究》1956 年第 8 期，後收錄於田汝康：《中國帆船貿易與對外關係論集》，浙江人民出版社 1987 年版，第 1～34 頁。

49 陳國偉：〈公司流變——十九世紀檳城華人「公司」體制的空間再現〉，臺灣大學 2005 年博士學位論文，第 250～252 頁。

50 韓振華：〈十六世紀至十九世紀前期中國海外貿易航運業的性質和海外貿易商人的性質〉（上），載《南洋問題研究》1996 年第 2 期，第 80 頁。

其實，勞動組合和資金組合併非水火不容。即便是在現代公司制度中，勞務也被視為資本募集時的一種出資方式。就上開史料而言，水手以擔位加入「公司」以及客商所交納的「水腳銀」等，皆可視為資金組合；至於船員等皆無固定薪酬，而視「公司」盈虧進行利益分配，則可視「公司」為勞動組合。結合勞動組合與資金組合，以及陳國偉所提到的財東（暫且比附為「資本家」）與船員（暫且比附為「勞動者」）的「信任鍵結」，將公司視為「勞資組合」，似可成立。

（三）「公司」與秘密會社

由於在 1853 年閩南小刀會起義的《漢大明統兵大元帥洪安民告示》中，寫有「大漢天德義興公司信記」字樣，[51]「嘉定起義軍曾以『義興公司』名義發佈告示。梟林小史記載上海小刀會起義告示中所鈐印記為『順天洪英義興公司』」，[52]海外亦發現了「義興公司」、「松信公司」腰憑，[53]以及「金山正埠義興公司」洪順堂票布[54]等實物，更因在東南亞、北美等地的天地會運動中也曾使用「公司」名號，使得大量的討論都涉及為什麼要用「公司」名號、中國境內外的秘密會社是否有傳承關係等問題上。

高延以為東南亞的秘密會社與華人「公司」皆為宗族和村社的共生物，是「孿生兄弟」，而與中國境內曾經出現的「義興公司」這個同名的秘密會社沒有任何關係。此外，高延強調，1855 年荷蘭殖民者對華人「公司」的鎮壓、消滅，使得華人「公司」無法公開活動，所以才轉為秘密會社。因此，需以此時間點為界做一區分。[55]施好古沒有同意高延有關東南亞、中國秘密

---

51 原件藏於英國（英國公共檔案局編號 F. O. 228/903/3842），整理本可見中國社會科學院近代史研究所近代史資料編輯室：《太平天國文獻史料集》，中國社會科學出版社 1982 年版，第 36 頁。

52 方詩銘、劉修明：〈上海小刀會起義的社會基礎和歷史特點〉，載《歷史學集刊》1979 年第 3 期，轉引自譚彼岸：〈關於上海小刀會「義興公司」的性質〉，載《歷史研究》1980 年第 3 期。

53 蕭一山：《近代秘密社會史料》，嶽麓書社 1986 年版，第 170～171 頁。

54 參見馬傳德、徐淵：〈「金山正埠義興公司」洪順堂票布試考〉，載《中國錢幣》1997 年第 3 期。

55 〔荷蘭〕高延著：《婆羅洲華人公司制度》，袁冰凌譯，中央研究院近代史研究所 1996 年版，第 113 頁。這一點為 Carl A. Trocki 所認同：「這些（公司）僅在它們的存在被視為已威脅到殖

會社無關聯的判斷，而是強調「它們有著同樣的徽號、同樣的宗旨，同樣的印章和名稱」[56]。許地山[57]、溫雄飛同樣注意到了當時殖民政府的鎮壓對秘密會社興起所起到的作用，而且溫雄飛更將秘密會社採用「公司」名號歸諸於對「東印度公司」的效仿：「曾未到十九世紀之末，各殖民地政府次第頒布取締天地會之法律，於是昔日之飛揚跋扈者，至是乃偃旗息鼓，復歸秘密。然此時期，在南洋之天地會，不名為天地會，而名為公司。所謂公司者，以英荷兩屬之操政治權者，為東印度公司，公司實不啻政府之變相。天地會中人，本亦懷有政治思想者，故亦自擬於公司，自稱義興公司焉」。[58]這種歸功於東印度公司的觀點，亦見於黃嘉謨的研究。[59]此外，在上開論述中，溫雄飛並沒有回答中國境內外天地會之間的聯繫問題，似乎亦否定了「公司」的秘密會社形態實來源於中國傳統社會。但在《南洋華僑通史》卷下《羅芳伯傳》又論及羅芳伯到達坤甸後極力推廣天地會之制度，[60]似乎又認為「蘭芳公司」與中國境內的天地會有一定的傳承關係。這一觀點為俞雲波所接受，[61]但遭至羅香林的極力反駁。[62]譚彼岸則將田汝康有關「公司」為閩粵農村傳

民政府且政府通過法律來禁止他們時，才轉為秘密活動。」（These became secret only when their existence was seen to threaten the colonial states and laws were passed banning them.）引自 Carl A. "Trocki, Boundaries and Transgressions：Chinese Enterprise in Eighteenth-and Nineteenth-Century Southeast Asia," Aihwa Ong and Donald Nonini eds., *Ungrounded Empires：The Cultural Politics of Modern Chinese Transnationalism*, New York: Routledge, 1997, p. 70.

56　〔荷蘭〕施好古著：〈婆羅洲的中國公司〉，王雲湘譯，載《南洋問題資料譯叢》1985 年第 1 期，第 74 頁。

57　「自一六八一年後百餘年間，實為天地會在南洋最光榮的時代。一七九九年檳榔嶼人除發見天地會人舉事底報告。自此以後，此會在南洋的活動漸為西方人士所注意。十九世紀末頁乃有取締天地會之法律，由此『會』改為『公司』。」許地山：《天地會研究·序》，轉引自譚彼岸：〈關於上海小刀會「義興公司」的性質〉，載《歷史研究》1980 年第 3 期。

58　溫雄飛：《南洋華僑通史》，東方印書館 1929 年版，載《民國叢書》編輯委員會編：《民國叢書》(第 3 編)，上海書店 1991 年版，第 111 頁。

59　參見黃嘉謨：〈英人與廈門小刀會事件〉，載《臺灣中央研究院近代史研究所集刊》第 7 期，1978 年，第 312 頁。

60　溫雄飛：《南洋華僑通史》，東方印書館 1929 年版，載《民國叢書》編輯委員會編：《民國叢書》(第 3 編)，上海書店 1991 年版，第 244 頁。

61　俞雲波：〈海外天地會淺說〉，中國會黨史研究會編：《會黨史研究》，學林出版社 1987 年版，第 118 頁。

統經濟組合的說法引入天地會「義興公司」的解釋之中，[63]這與高延的觀點大致相似。另外，周育民對起義中使用的「公司」一詞的定性，與以上諸多研究所認為「公司」為秘密會社之名稱的觀點不同，他將「公司」判定為起義軍中低於「大元帥」、「元帥」的某一職位。[64]

其實，秘密會社同樣根植於傳統民間結社的互助方式，這與本文之前所探討的「公司」的傳統屬性並無二致。只不過它在此基礎之上，又發展出一些自身的特性，如隱蔽性、秘密性、反抗官府性等。[65]如高延所述，因殖民政府的壓迫，原來主要承擔礦業開發、種植等功能的「公司」迅即轉變為反抗殖民政府的秘密會社，這便是絕好例證。至於閩南小刀會起義之所以採用了與東南亞秘密會社相同的「義興公司」名目，亦是空穴來風，事出有因。在該會的成員中，有一部分是取得英國屬民資格的、曾謀生於南洋的歸國華僑。英國在尚未就華僑國籍歸屬與中國政府達成有效協議之前，單方面宣佈其獨享的保護權，這一行徑引起了清政府的反感，從而使得這些華僑受到當地官吏的歧視與勒索。[66]起義軍採用「義興公司」名目，或是華僑引進東南亞經驗所致；而採用「公司」這種互助形式，亦與華僑聯合自保之目的相合。

三、結語

傳統的「公司」在中國境內大約扮演著農村共產機制、海事船運勞資組合、秘密會社、政商合一機構等角色。而東南亞地區的華人「公司」則還包括義山「公司」等其它形態。此外，曹樹基稱，其在與劉序楓合作的《清代的「公司」及其性質》一文中臚列了數十條有關「公司」的史料，從類型學上探討了中國傳統「公司」的形態。[67]惜為未刊稿，無從得見。至於，臺灣

---

62 羅香林：《西婆羅洲羅芳伯等所建共和國考》，中國學社 1961 年版，第 58 頁注 2 條。

63 譚彼岸：〈關於上海小刀會「義興公司」的性質〉，載《歷史研究》1980 年第 3 期。

64 周育民、邵雍：《中國幫會史》，上海人民出版社 1993 年版，第 176 頁。

65 參見陳寶良：《中國的社與會》，浙江人民出版社 1996 年版，第 85 頁。

66 參見周育民、邵雍：《中國幫會史》，上海人民出版社 1993 年版，第 173 頁。

67 曹樹基：〈張士箱家族「公司」考論——兼論鄭氏集團商業組織的性質〉，載《閩南文化研究

地區至今尚存的，自清代臺灣開發時留存下來的「公司田橋」、「公司寮」等地名，[68]仍是缺少合理解釋的「公司」形態。然就目前已知之類型可判定，不論有無突破家庭、宗族、村社等藩籬，不論是否以營利為目的，傳統「公司」之擔當互助共濟、通力協作之功能，殆無疑意。[69]而之所以選擇「公司」一詞作為「company」的對譯詞，首先應與時人對英國東印度公司之政商合體的印象相關；其次，閩粵地區與東南亞之交流互通，如「蘭芳公司」這類功能多元的實體，或能激發時人比附東印度公司之想像；再次，若前述倪樂雄、曹樹基對鄭成功集團「軍事——商業複合體」的判定與時人對鄭氏集團的認識相符，而鄭氏集團之「公司」又有據可證，或可喚醒時人對鄭氏「公司」之記憶以對照英國東印度公司。

雖然有學者曾暢想「明清時期家族組織的發展，已經超越了傳統親屬關係的藩籬，吸收了足以適應其它社會關係的組織原則，因而特別具有包容性和可塑性，為中國傳統社會的發展提供了更多的可能性」[70]，但是歷史告訴我們，在中國這片土壤中，作為「泛家族主義」代表的「公司」即便能脫離血緣、地緣，也無法走出官府權力的陰影，以官設獨佔作為理解西方公司之核心便是例證；（當然，「官設獨佔」是當時中國人對英國東印度公司所帶有的時代特質的認識。如果沒有英國東印度公司的參照，這些農村共產的控

——第二屆閩南文化研討會論文集》，http://www.mnwh.org/ywhy_details.asp?OrderBy=18&news_id=1683&fg_id=&fg_id_1=98 最後訪問時間：2009 年 8 月 20 日。

68 陳國棟：〈The Origins of Chinese Kongsi 書評〉，載《臺灣中央研究院近代史研究所集刊》第 28 期，1997 年，第 303 頁。

69 陳國棟列舉「kongsi」與其它詞語組合而產生的含義有：kongsi hidup 意為共同居住（live together），mengongsi 意為共用（to share）。而合夥（partnership）或合資（joint concern）乃為諸詞彙所包容之一般含義。（「kongsi hidup」 means to live together; and 「mengongsi」 means 「to share」. They are still bearing the connotations of 「parthership」〈本文注：parthership 是否是 partnership 之誤？〉 or 「joint concern」 in plain sense.）） 陳國棟，China's interaction with Southeast Asia as exemplified in four Malay terms：abang, kiwi, kongsi, and wankang, conf. paper, Third International Conference on Sinology, Taipei, Academia Sinica, Jun. 29-Jul. 1, 2000. 轉引自陳國偉：〈公司流變——十九世紀檳城華人「公司」體制的空間再現〉，臺灣大學 2005 年博士學位論文, 第 252 頁。

70 鄭振滿：《明清福建家族組織與社會變遷》，湖南教育出版社 1992 年版，第 274 頁。

產組合是否會與公權力擦肩而過，自然演變為純粹的現代商事企業呢？從中國古代的「辜榷」制度等來看，答案恐怕是否定的。）雖然有學者斷定「這由以勞動結合為該社群內部組織化生產的主要機制，到以資金結合為該團體內部組織化經濟權力之主要構成間的軌跡，確是由『公司』到公司（現代私法人之商主體——引者注）之間，組織形構轉化的關鍵途徑」[71]，但是歷史同樣告訴我們，演變的軌跡並非單一，即便在 captain—船長—甲必丹[72]（甲必丹為統治者頒發給東南亞華人「公司」領袖的頭銜）的發展脈絡下，海事勞動組合進而變成如「蘭芳公司」這種集多種功能於一體的組織團體，但因之後受到殖民政府的鎮壓，它並沒有演變成純粹的商業機構，反而成為專門性的秘密會社；雖然在 19 世紀晚期，中國的精英人士已經主張擴張「公司」僅指稱「東印度公司」的含義，從而包容中國即將仿效的新式企業，而光緒皇帝亦曾下令商部擬設公司，[73]並在 1904 年頒布《大清公司律》，從而逐漸潛奪了中國傳統社會中「公司」一詞的固有含義，但是歷史還是告訴我們，作為同一時期中國精英人士的康有為於光緒二十五年（1899）在加拿大成立保皇會（全稱「保救大清皇帝公司」），印發《保救大清皇帝公司序例》；[74]孫中山於 1904 年在檀香山加入洪門後，赴舊金山整頓、改造洪門組織，其中便應包括發佈「金山正埠義興公司」洪順堂票布的洪順堂，且其目的亦在利用會黨組織「收集鉅款，為公堂基金及協助國內同志起義之需」，還於 1905年 12 月印發「中國民務興利公司債券」，[75]「公司」原本指向的擔當互助合作的結社組織，經由秘密會社而發展為各種形式之政黨，走上了與作為以營

---

[71] 陳國偉：〈公司流變——十九世紀檳城華人「公司」體制的空間再現〉，臺灣大學 2005 年博士論文，第 252 頁。

[72] 該線索啓發自陳國偉：〈公司流變——十九世紀檳城華人「公司」體制的空間再現〉，臺灣大學 2005 年博士論文，第 221～225 頁。

[73] 參見方流芳：〈公司詞義考：解讀語詞的制度信息〉，載王文傑主編：《公司法發展之走向》，清華大學出版社 2004 年版，第 331～332 頁。

[74] 白壽彝總主編，龔書鐸主編：《中國通史》（第十一卷），《近代前編（1840～1919）（下）》，上海人民出版社 1999 年版，第 1435 頁。

[75] 《孫中山全集》（第 1 卷），中華書局 1981 年版，轉引自參見馬傳德、徐淵：〈「金山正埠義興公司」洪順堂票布試考〉，載《中國錢幣》1997 年第 3 期。

利為目的的新式企業截然不同的道路。

現代西方的公司形態亦非一蹴而就,就其責任形式而言,亦曾經歷無限、兩合、有限的發展過程;就其組織實體的存續長短而言,亦曾經歷契約組合的「一次性」、家族合夥的世代延續、[76]擺脫了血緣等「人合」因素的資本永續等階段;就其與國家公權力的關係而言,無論是歐洲中世紀的城市公司,殖民時期的規約公司和合股公司,還是 19 世紀之前的美國公司,[77]都曾與公權力有過親密接觸。[78]就早期的歷史階段而言,中國「公司」走過的路徑可能與西方公司大同小異,但中國「公司」並沒有隨即邁出那關鍵的幾步,從而喪失了「公司」自我前進的主動權。原因何在?劉秋根引用日本學者大塚久雄和美國學者費惟愷的研究成果,認為:首先,西方股份有限公司制度的生成、傳播的每一步都具有了法制的客觀性,或者說形成了某種制度化的東西;其次,16 世紀之後,產業資本的強力推動對西方股份有限公司的制度演化起到了顯著作用,而明清時期的中國政府在上述兩個方面皆無任何貢獻。[79]或許科大衛對晚明以後中國商業機構發展情況的遺憾,同樣可以適用於「公司」:「可以忖思,假如皇帝及其官僚不那樣隨意干預鹽引市場,晚明中國的商業機構會發展到什麼地步。16 世紀確實已經有了早期的資本主義。……它偶然產生,被容忍生存,最後扼殺於帝國官僚的不確定性和帝王的心意。」[80]如上種種,又是否足以引起我們對中國目下進行的公司制實踐的反思?

首先,中國自近代以來雖然一直致力於公司的法制客觀性建構,但僅限於對西方公司法乃至於「現代企業制度」不成功的模仿,而非源自本土商業

---

[76] 參見方流芳:〈公司:國家權力與民事權利的分合〉,中國人民大學 1991 年博士學位論文,第 37～38 頁。

[77] 參見方流芳:〈公司:國家權力與民事權利的分合〉,中國人民大學 1991 年博士學位論文,第 25～28、44～48、50～52 頁。

[78] 有學者通過對商人、商法在西方的發展得出一條歷史經驗:「商法需要和國家保持適當的距離。也許只有在那既棲息又流離的處境中,商法才能調和商人對權力、權威的忍耐和對自由、自治的渴望。」姜朋:《官商關係:中國商業法制的一個前置話題》,法律出版社 2008 年版,第 65 頁。

[79] 劉秋根:《中國古代合夥制初探》,人民出版社 2007 年版,第 413～414 頁。

[80] 〔英〕科大衛著:〈中國的資本主義萌芽〉,陳春聲譯,載《中國經濟史研究》2002 年第 1 期,第 67 頁。

實踐的提煉。「先進」或許是相對的，但「合適」應該是必需的。強行將看似「先進」的制度落實在未必「合適」地方，其結果可想而知。[81]更何況，中國自近代以來的制度移植，總伴隨有驚人的誤讀、斷章取義甚至變異。如西方公司制中所有權與經營權的二分，被當代中國人視為「現代企業制度」的精義大加追捧，但這一看似「先進」的結構其實困擾西方多年：一位擁有某公司 100%股份的經理人和一位擁有公司 95%股份的經理人，他們所面對的公司利益與個人利益的張力是不同的，因此，持股越少的經理人，對公司利益的追求越弱，這直接產生代理成本問題。[82]又如中國在 20 世紀後期開始的國有企業公司化的努力，「所有和經營合一是國企從來沒有實現的理想狀態，它卻被看成是國企已有的弊端。所有和經營分離一直困擾國企，它卻被看成改造國企的一貼良藥」，「中國的改革經驗證明：放鬆國企管制和擴大國企負責人的商業決斷權限不會給國企帶來利益，只會給國企負責人提供更多的腐敗機會」。[83]

其次，公司成長、發展的法制保障應生發於公司的本土實踐，著眼於規則運行的社會環境，依循制度承上啓下的歷史脈絡。就本文上述回顧的傳統「公司」的若干形態而論，其本土性的運作模式與自發形成的治理結構，其實深值挖掘並可付諸當代實踐。魯斯柯拉教授認為，傳統中國的家族經營、家長掌管共有財產、宗祧產業都是「clan corporations」，家庭法承擔著「公司法」的職能，家族公司和孔夫子的禮教結合在一起，避免了困擾西方公司

81　郁光華認為，「由於使用公司治理和經濟表現的聯繫去證明某個公司治理制度優越於另一個是非常困難的，我們顯然還遠遠找不到最佳公司治理模式的時期」，並用中國移植英式收購法的例子來說明，「外國法的移植並不總是建立在充分論證被移植的法律是世界上最好的法律的基礎上的。更為重要的是被移植的外國法的適應是受制於一國的社會和政治條件的」。引自氏著《公司法的本質——從代理理論的角度觀察》，法律出版社 2007 年版，第 202、221 頁。

82　參見〔美〕羅伯特‧羅曼諾編：《公司法基礎》（影印本），法律出版社 2005 年版，第 5～6 頁。至於有關經營權與所有權二分所產生的諸多問題的詳細討論，可參見〔美〕阿道夫‧A.伯利、加德納‧C.米恩斯：《現代公司與私有財產》，商務印書館 2005 年版。

83　方流芳：〈試解薛福成和柯比的中國公司之謎——解讀 1946 年和 1993 年公司法的國企情結〉，載梁治平編，《法治在中國：制度、話語與實踐》，中國政法大學出版社 2002 年版，第 315、317 頁。

的代理問題。[84]中國傳統「公司」的諸多形態或多或少皆涉及到資本組成與運作、組織治理、權力（決策、執行等）分配等問題，貫穿著血緣、地緣等關係網絡的「公司」治理，通過利益與人情、道德等諸多「軟性」約束，在一定程度上可對等於公司法的規制，甚至更有優越性。

　　至於公權力的運作與限制、政策的不確定性、國家與民爭利等問題，恐怕已經超出本文關懷之外。不過，可以斷言的是，「曾經困擾一個國家的制度性弊端並不會隨著時間推移而自行消失，或許正是因為漫不經心地對待歷史，20 世紀的甚至更為久遠的弊端至今仍然使我們一籌莫展」。[85]

　　附圖錄：

圖 1　羅芳伯所建蘭芳大總制之關防

羅香林：《西婆羅洲羅芳伯等所建共和國考》，《圖片》之圖 5，中國學社 1961 版。

84　參見 Teemu Ruskola, Conceptualizing Corporations And Kinship：Comparative Law And Development Theory In A Chinese Perspective, 52 Stan.L.Rev.1599 （2000），轉引自方流芳：〈試解薛福成和柯比的中國公司之謎——解讀 1946 年和 1993 年公司法的國企情結〉，載梁治平編：《法治在中國：制度、話語與實踐》，中國政法大學出版社 2002 年版，第 282 頁。

85　方流芳：〈公司詞義考：解讀語詞的制度信息〉，載王文傑主編：《公司法發展之走向》，清華大學出版社 2004 年版，第 341 頁。

圖2　升旗竿基柱所刻文字

羅香林：《西婆羅洲羅芳伯等所建共和國考》，《圖片》之圖7，中國學社 1961年版。

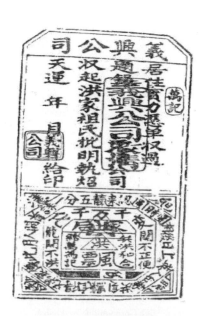

圖3　義興公司腰憑

蕭一山：《近代秘密社會史料》，嶽麓書社1986年版，第170頁。

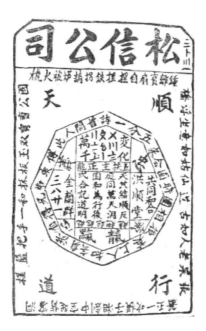

圖 4　松信公司腰憑

蕭一山：《近代秘密社會史料》，嶽麓書社 1986 年版，第 171 頁。

　　附記：甫接臺灣中央研究院社會科學研究中心海洋史研究室劉序楓先生
大箚，惠賜其於「黃富三教授榮退暨第二屆臺灣商業傳統國際學術研討會」
上宣讀的《近代華南傳統社會中「公司『形態再考」一文，以及斯波義信先
生於「東亞海域與臺灣：慶祝曹永和院士九十壽誕國際學術研討會」上宣讀
的「An Account of the Origin of Kung-ssu, or the Chinese form of Enterpreneurial
Association」一文。其中，劉文所用材料豐贍，足可替代本文的梳理。

　　又，與法制史相關的研究，當時限於學力，並未納入考察視野，尚可增
補如下：香港浸會大學鐘寶賢：〈「法人」與「祖嘗」──華南政情與香港
早期的華資公司〉，載《經營文化──中國社會單元的管理與運作》，香港
教育圖書公司，1999 年；〈Chinese Tong as British Trust: Institutional Collisions
and Legal Disputes in Urban Hong Kong, 1860s–1980s〉，*Modern Asian Studies*,

Cambridge University Press, 2010；東京大學松原健太郎著，卜永堅譯：〈是信託還是法人？——中國宗族財產的管治問題〉，載《歷史人類學學刊》第7卷第2期，2009年10月。

趙晶記於 2011 年 8 月

又記：劉序楓先生所撰〈近代華南傳統社會中「公司」形態再考：由海上貿易到地方社會〉業已正式發表（收入林玉茹編的《比較視野下的臺灣商業傳統》，中研院臺灣史研究所2012年版）；近日又見清華大學姜朋先生所撰〈「公司」一詞源流小考〉（《清華大學學報（哲學社會科學版）》2014年第1期）。

趙晶記於 2014 年 4 月

第二編
學術書評

邁向「全球史」視野下的中國法律史學
——評冨谷至編《東亞的死刑》

　　日本京都大學人文科學研究所的冨谷至先生是當代著名的東洋史學家，以秦漢制度史、簡牘學研究著稱，獨著有《秦漢刑罰制度研究》（1998 年日文版，2006 年中文版）、《木簡竹簡述說的古代中國》（2003 年日文版、2007 年中文版）、《文書行政的漢帝國》（2010 年日文版、2013 年中文版）等書，主編有《江陵張家山二四七號墓漢律令研究》（2006 年）等集體性研究成果。

　　在出版於 1998 年的《秦漢刑罰制度研究·後記》中，冨谷先生寫下了這段文字：

　　　　作為學習刑罰史並以此為職業的人，被邀請去發表關於現代死刑制度的看法，不管怎麼樣，贊同也好反對也好，都應該有一個明確的態度，拒絕回答顯然很丟人……而且不只限於死刑，其他刑罰如罰金刑也是一樣，它涉及到在中國罪是什麼、以及如何看待刑罰目的等問題。再進一步可以把問題擴展到中國刑罰觀念和日本刑罰觀念，以及現代東洋和西洋在罪與罰之間刑罰觀念的差異等方面來。可以說，這也是留給法制史和現代刑法等不同專業研究者的課題。在這一課題的研究中，從秦漢帝國的法創立開始，按時代依次考察到現代中國，對法制史進行通史研究，然後轉入日本律令制導入階段的考察，並解析後來獨立的日本刑罰制度和刑罰思想，從而進一步對東亞地區的刑罰史進行整體研究，最後再圍繞刑罰適應在現代東洋和西洋產生的衝突、日本死刑廢除論的本質、以及不同國家對罪與罰的認識等問題進

行全面闡述。[1]

我們可以從中抓出三個關鍵性的問題意識：現實關懷、歷時性與共時性的比較、跨地域的文化流動與東亞刑罰史研究。這是一個相當宏闊的研究計劃，以死刑（或刑罰）作為線索，交融古今、中西的歷史發展與現實動態，十足令人期待。

為了踐行上述學術理念，冨谷先生邀集日本、中國、瑞典、英國、荷蘭等國的歷史學、法學、社會學、民族學研究者，於 2002 至 2005 年間，圍繞「東亞的法與習慣——以死刑為中心的諸問題」課題展開國際合作研究，於 2008 年出版《東アジアの死刑》（京都大學學術出版會）一書，集中展現了他們 4 年來的階段性研究成果。2012 年該書又出版了英文版 *Capital Punishment in East Asia*（Kyoto University Press），筆者擬以英文版為據，對該書的主要內容、研究路徑予以概述，並由此拓展至法制史研究的宏觀方法，綜合討論當下部分相關的研究動向。[2]

一、《東亞的死刑》概述[3]

除序與跋外，該書分為三編，共十一章，另有兩篇論說。現譯錄簡目如下：

序言

第一編 罪與罰

第一章 從終極的肉刑到生命刑——漢～唐死刑考　　　　　　冨谷至

第二章 宋代以降死刑的諸種狀況與法文化　　　　　　　　岩井茂樹[4]

---

[1]　〔日〕冨谷至著譯：《秦漢刑罰制度研究》，柴生芳、朱恆曄，廣西師範大學出版社 2006 年版，第 272～273 頁。

[2]　對於本書內容及相關觀點的述評，川村康已先著其鞭，故而本書將述評的重點置於研究路徑與方法層面。參見〔日〕川村康：〈書評：冨谷至編《東アジアの死刑》〉，載《法制史研究》（法制史學會年報）第 59 號，2010 年 3 月，第 292～296 頁。

[3]　以下行文所涉學者人名，不再贅以「先生」，失禮之處，敬請海涵。

第三章 千金之子不死於市——17、18 世紀朝鮮時代的死刑與梟首

Anders Karlsson[5]

論說 1 有德的殺人——漢代國家允許的暴力的歷史　　Bengt Pettersson[6]

第二編 社會與死刑

第四章 魏晉時代的皇帝權力與死刑——以西晉末的誅殺為例

古勝隆一[7]

第五章 朝鮮黨爭史中對官僚的處分——賜死及其社會影響　　矢木毅[8]

第六章 中國前近代插圖史話中有關死刑與暴力的圖像　Oliver Moore[9]

第七章 死刑的社會史——近世、近代的日本與歐美　　伊藤孝夫[10]

第八章 現代中國的死刑立法及其完善　　周東平[11]

論說 2 東亞與死刑的風景——死刑印象的比較社會學　　藤田弘夫[12]

第三編 立足於非中國視角的觀察

第九章 古代印度的死刑——通過對梵文文獻中所見刑罰的分析

赤松明彥[13]

第十章 Muluki Ain——尼泊爾的法典與死刑　　Hakan Wahlquist[14]

第十一章 死刑與朝鮮的法傳統　　Staffan Roscén[15]

佇立於死刑存廢論的門口——跋　　冨谷至

以下便依篇章順序，逐一述其內容：

---

[4] 日本京都大學人文科學研究所教授。有關作者資訊，來源於該書所附作者列表（第 529 頁），下同。

[5] 英國倫敦大學亞非研究所講師。

[6] 瑞典國立東亞考古研究所研究員。

[7] 日本京都大學人文科學研究所準教授。

[8] 日本京都大學人文科學研究所準教授。

[9] 荷蘭萊頓大學漢學研究所講師。

[10] 日本京都大學法學研究科教授。

[11] 中國廈門大學法學院教授。

[12] 日本慶應義塾大學文學部教授。

[13] 日本京都大學文學研究科教授。

[14] 瑞典國立民族學博物館東亞部主任研究員。

[15] 瑞典斯德哥爾摩大學名譽教授。

在「序言」中，冨谷至標舉該書的三大目標：從法制度、法文化等變遷的角度，解釋死刑執行方式、死刑的意義以及人們對死刑的認識之所以發生變化的原因；從不同時段、地域、階層的人們對於「死」、「殘酷」的認識，考察死刑存在的相對性意義；從上述時空轉換，以及文化綜合的視角，解明當代死刑存廢相關的社會問題。這三大目標與上文所述現實關懷、歷時性與共時性的比較這兩大問題意識一脈相承，可見其研究立場之堅定。

「東亞」的視域總以中國為基調，本書的一半篇幅是以中國史為旨趣的研究。冨谷氏作為秦漢法制史的專家，其收入本書的論文則將關注時點適當延伸，以漢唐之際死刑演變為線索，首先釐定了漢代的兩等死刑（腰斬與棄市），以「棄市＝斬首」駁正了「棄市＝絞殺」觀點，並從「身體的處刑」（腰斬、棄市，即剝奪生命）和「屍體的處刑」（磔、梟首、車裂）兩個層次，提出前者為終極肉刑、後者為死刑附加刑的理解；其次，商榷了沈家本有關絞刑起源於曹魏之說，判定魏晉二等死刑與漢代無異；再次，推測鮮卑族刑罰的目的之一是將受刑者作為犧牲貢獻給神，作為決殺犧牲的方式──絞刑因此成為北魏正刑，體現了胡族與漢族法文化的合流，且至孝文帝太和初年確立起梟首、斬首、絞首三等法定死刑；復次，勾勒了死刑種類經北齊（轘、梟首、斬、絞）、北周（裂、梟、斬、絞、磬）至隋唐（斬、絞）的發展脈絡，並判定南朝的死刑延續了漢晉之法；最後，闡發了中國古代死刑二重構造──「身體的處刑」與「屍體的處刑」──的功能與意義，前者因絞刑的出現而改變了死刑作為終極肉刑的本質，由此開啓刑罰制度的新階段，而後者因其附加刑的地位，經常遊離於正律之外，執行方式頻繁發生變化，具有超強的現實性，體現了中國古代刑罰重威嚇、預防的特徵。

岩井茂樹的論文從研究時段上接續了冨谷氏之作。該文首先勾勒凌遲處死在宋代以後法律中的地位變化，即除元朝一度將其定為「正刑」外，其餘各代皆存在既用之以為法定刑、又不將之納入「五刑」體系的矛盾局面，體現了峻法重典的現實需要與寬刑理想之間的張力；其次，概述了凌遲的起源、其在宋代成為法定死刑的狀況，以及從元至清，有關凌遲處死的條文日益細

密化、適用範圍日漸擴大化的趨勢，並通過比較陸游與王明德對凌遲處死的批判言辭，表現凌遲作為法定之刑由敕入律的地位變化；最後，以明代楊繼盛案等實例，鋪陳了當時臣僚因政治性言論而被科以死刑的罪名及相關程式，並將這種死刑文化與明代君主的絕對專制統治相聯繫。

Anders Karlsson 的研究則將視野轉向了 17 至 18 世紀的朝鮮時代，關注梟首這一刑罰從原先作為軍法的組成部分，限於懲處大規模叛亂的魁首、國賊以及逃亡士兵，逐漸擴大適用於原本不被判處死刑的罪行上，尤其是那些與外國人不法接觸相關的行為。這是朝鮮王朝閉關鎖國、限制人口往邊境移動的國家政策對民眾相對模糊的「邊境」意識以及對資源的熱切渴望的一種刑罰干涉。

Bengt Pettersson 的「論說」討論了漢代所發生的食人之肉、殺人、戮屍等暴力行為為國家容忍、寬宥、認可的現象，並總結出這一現象存在的必要條件：「孝」為國家所認可且成為至高道德；國家對於極端孝行予以具體獎勵；禮經中存在「父仇不共戴天」的言說；新莽和東漢的末期出現了暴力性政治情況；強調「身體髮膚受之父母」的孝行，從而增加了毀損身體的象徵性意義。

古勝隆一以「誅殺」為切入點，首先提出人們判斷是非善惡的兩大標準——禮與法，而皇帝因其至高無上的地位，往往作出與上述兩大標準不盡符合的賞罰，其中「誅」就是皇帝行罰的形式之一；其次考察「誅」字用法的演變，即由道德上位者或王位享有者對下位者實施處罰的表意詞，最終轉變為指稱皇帝專有的死刑處罰權的概念；再次，列舉了魏晉時期被誅之人及其家族，著意於當時知識分子對於誅殺事件的評論性書寫（如用「誅」字還是「害」字）、被誅之人的親眷家人和門生故吏的命運以及中國古代的「冤魂」觀念，由此論及這些因素與皇帝重新為受刑者恢復名譽之間的關聯度。

矢木毅的研究以朝鮮時代的黨爭為背景，將當時處罰失利者的刑罰分為兩大體系：其一是經過法定程式，適用《大明律》的刑罰；其二是直接依據國王裁決而適用懲戒處分。其中，前者是坐實失利者為「奸人」的唯一手段，

因此即便國王已下裁決，予以處分，但黨爭的勝利者往往還會執拗地要求將失利者「依律」處罰，一旦將其納入法定的刑事追究程式，慘無人道的刑訊便會施加彼身，最終實現對失利者的汙名化，並由此牽連其家屬、同僚。在這種二分的處罰結構中，君命賜死成為了免除親友連坐的一種恩典，且為日後恢復其名譽留下餘地。

Oliver Moore 的關注點與其說是傳統中國的刑罰（死刑），還不如說是插圖之於元代話本的意義，亦即插圖的視覺性敘述與話本的文字性敘述之間如何互為作用，如借助於文字可更為準確地理解圖像，但圖像也並非僅起到復述文字大意的作用，還存在「言語性擴張」的功能，即觀看者通過自身經驗、認知而理解圖像所蘊含的較文字表達而言更為廣泛的意義，由此喚醒記憶、擴大想像空間、獲得感同身受的體驗。而元代話本插圖所渲染的暴力（含死刑），或許因其具有的現實關聯度、作為娛樂的一種形態、作為一種評價標準，以及在情感維度上所體現的生命的永恆性，促進了這類印刷品在商業上的成功。

伊藤孝夫關於日本近世、近代（17 世紀-19 世紀）死刑的社會史研究，旁及與歐美同一時期死刑文化的比較。該文分為三個部分，首先是從死刑的宗教性因素、展示性手段、等級區分以及民眾對於執行死刑的刑吏的態度等四個方面，比較日本與歐美的異同；其次是以《御仕置例類集》這一判例集為依據，歸納、統計了其中被判處死刑者分別所遭受的處刑方式、所實施的犯罪行為以及其各自的身分背景，並在比較的視野下，討論了「義賊」這類受刑者的偶像化現象；最後則論及因人道主義和功利主義的考慮而出現的席捲全球的現代刑事制度改革浪潮，其中日本明治時代刑罰改革的動力毋寧是在歐美的評價標準之下，努力證明本國的政治「文明性」。

周東平勾勒了中華人民共和國成立以來有關死刑立法的沿革，從刑事政策、總則性規定、死刑核准權、死緩制度、死刑罪名的設置等五個方面評析了目前中國的死刑立法並出具了相應的修改方案，又從報應與預防辯證統一的刑罰目的、中國與世界各國在死刑存廢現狀上的差距、中國與《世界人權

公約》接軌的要求等角度，對中國死刑立法的方向提出了前瞻性建議：其總體原則是「配置死刑應以嚴格限制死刑為指導思想，以死刑只可分配於所侵害的客體價值不低於人的生命價值的犯罪中最嚴重的犯罪為標準」（第 358 頁），其具體措施則有大幅度削減死刑罪名、擴大免除死刑的對象、明確規定死刑的執行方法、慎重製作司法解釋、設立死刑減刑與赦免制度、修改現行刑法的刑罰種類與刑幅、完善死刑復核程式等。

藤田弘夫的論說具有廣闊的視野，首先概述了當下廢除死刑的浪潮及保留死刑的諸國對死刑的執行情況；其次勾勒了西歐的死刑從宗教性轉為世俗性、由過去的名目繁多到近代以來日漸減少乃至廢除的過程，並將之與中國進行比較，認為中國的死刑自始便表現出世俗性，其數量由古至今呈現增多的趨勢。其中，作者給出了一個有趣的暗示：近代以來的中國與西歐同樣經歷了大規模的革命、戰爭，但死刑的命運卻發生了截然相反的逆轉。此外，藤田氏還將討論延伸至施刑的空間場域，以死刑將引起觀刑者對受刑者同情、對刑罰及行刑者的反感乃至反抗、暴動的負面效果，似乎試圖消解死刑因其強大的震懾犯罪功能而取得的存在正當性。

赤松明彥檢討了梵文法典所見古代印度的刑罰及其文化，如古代印度人的刑罰觀（包括對刑罰的定位、對刑罰表現形態的描述、對刑罰與王權關係的理解等），法定的刑罰種類及相應的犯罪行為，與刑罰差等相關的種姓制度及特權，與刑罰正當性相關的報應刑、抑制犯罪、去除汙穢等思想。上述檢討試圖析出地處南亞的印度之於東亞在刑罰文化上的差別及其原因所在，即古代印度社會存在權威的三級構造（世俗之王、宗教之司祭、棄世之苦行者），這使得刑罰制度存在天然的張力，由此衍生出如下問題：為何世俗之王僅是司法者而非立法者？王能否審判司祭？世俗的審判與宗教的審判是何種關係？犯有相同罪行時，若種姓階層越高、受刑越輕是原則，為何會有階層越高、受罰越重的例外？死刑與苦行者所強調的「不殺生」是否矛盾？死刑是淨化還是殺害？易言之，「印度世界欠缺權力的絕對中心」（第 457 頁），這與古代東亞世界完全不同。

　　Hakan Wahlquist 研究的重點在於，由印度教聖典與習慣法所體現的法制度隨著尼泊爾走向「民族國家」而實現了法典化，即 1854 年制定的名為 Muluki Ain 的成文法典。這部法典採用諸法合體的形式，試圖將理想化的種姓制度體系化，雖然其中的處刑規定依舊保留了不平等性，但對死刑的適用範圍予以了限制。此外，該文在篇首提出了以人類學的視角觀察死刑的三個研究向度：第一，死刑與社會結構之間的關係；第二，將習慣法向成文法的過渡與血的復仇向死刑過渡相關聯；第三，將死刑視為「國家性禮儀」，以此恢復被破壞的秩序。

　　Staffan Roscén 推斷，三國時代（1 世紀-7 世紀）的朝鮮半島同時存在兩股法律傳統——中國法律傳統與源自中、北亞的具有薩滿特質的法律傳統。由於死刑所具有的「刑罰價值」不僅存在於剝奪生命這一事實之中，還會因宗教、文化等不同而產生價值增加或減少的效果，所以作者提出了一個頗有意義的觀點：薩滿溝通生者與死者靈魂的宗教能力，宣告了「另一世界」的存在，這無疑會降低死刑的「刑罰價值」（第 487 頁）。

　　冨谷氏在全書的「跋」中交代了篇章編排的理由，提煉了各篇的核心旨趣，並揭示了貫穿本書的三條線索：刑罰的目的與功能；禮與法、刑的關係；有關死亡的觀念。對於「言必稱羅馬、行必效英美德法」、心存劣等感的非歐美國家而言，下引冨谷氏的這段話或許值得再三吟味：「如果日本廢除死刑只是單純為了追隨美國，那麼這不過是受與西方發達國家相比而產生的劣等感的驅使，在 21 世紀重演明治時期『文明化』的努力罷了。保留還是廢除死刑，應由日本根據獨立思考與分析來做出決定。」（第 511 頁）

二、比較法律史與「東亞」視域

　　在 K. 茨威格特和 H. 克茨看來，「一方面，一切法律史的研究都表明是運用比較法方法的一種作業」，研究者會有意無意地將其研究的古代法律與其熟悉的本國現代法律進行比較；「另一方面，我們必須將『比較法律史』

（『vergleichende Rechtsgeschicte』）包括在更廣義的比較法的概念之內。例如，關於羅馬法的學術研究進一步擴大到其他古代法」。[16]實際上，史學天然蘊含著「比較」的特質，除了「歷史」本身是「現在」與「過去」的對話與互動以外，同一地域內不同歷史時期的流變、同一歷史時期不同區域的差別皆是史學研究的命題，亦即前文所述冨谷氏的一大問題意識「歷時性與共時性的比較」。所以，「比較法律史」之謂，便是突破民族國家的政治疆域，在更大的地域空間內討論歷史上存續過的諸種法律之異同的研究模式。

就本書之單篇而言，伊藤孝夫、藤田弘夫的論文分別將歐美與東亞的日本、中國進行比較，而赤松明彥則側重於以印度為代表的南亞與以中國為代表的東亞進行比較；就全書而論，東亞之中的中國、朝鮮、日本之間，南亞的印度、尼泊爾之間，東亞與南亞、亞洲與歐美之間的比較，也經由各篇論文的連接而得以客觀呈現，一如伊藤孝夫所言：「儘管日本近世的死刑制度有其獨特性，但依然不脫東亞法律傳統的影響。因此，將日本與這個地域內的其他國家如中國和朝鮮進行比較，便非常重要。但這並非本文的關注點，希請讀者閱讀本書的其他篇章」（第273頁）。從這個意義上言，本書達致了「比較法律史」的效果。而且冨谷氏在「序言」中所作的聲明「本書儘管直面死刑問題，但無意於指明政策上的確定方向。……作者們只是希望，本書可以為人們思考東亞死刑之未來提供參考」（第iii頁），即所謂「現實關懷」，[17]也令人想起茨威格特、克茨為證成「比較法律史」這一概念而引用的根茨梅爾有關比較法與法律史差別減少的觀點：「法律史不是只管自己的，而是同時為法律的批判和法律的政策服務，也就是說為人們給理論的比較法

16　〔德〕K. 茨威格特、〔德〕H. 克茨著，潘漢典等譯：《比較法總論》，法律出版社2003年版，第12頁。

17　「現實關懷」並非是指針對現實問題提出明確的解決方案。事實上，「一個社會針對它自身的問題應當採取什麼樣的解決方案，不是，也不應當由學者決定，社會科學研究的貢獻在於展示和剖析真實的問題，一旦問題得到充分的認識、自由的表達，政策就會或多或少地受到影響，政策確定之後，即使一時難以找到最好的解決方案，問題也能得到控制」。參見〔美〕羅伯塔・羅曼諾編：《公司法基礎》（影印本），法律出版社2005年版，序言第16頁。

賦予的最重要的目的服務」。[18]

除此之外，本書與比較法律史的宏觀研究方法相關者，應屬 Staffan Roscén 關於死刑與中、西方關於死後世界觀的討論：「篤信天堂與地獄的基督教、伊斯蘭教傳統，與對死後世界基本持不可知論態度的大多數遠東宗教體系形成了鮮明對比。而簡單地將這些事實歸為『遠東』和『西洋』對待死刑的態度，恐怕並不準確」。他列舉了如下原因：首先，「西洋」、「遠東」均非同質，作為比較的一端，它是一個多元的復合體，內部即存差別，如西洋的猶太教與基督教，遠東的儒教與佛教；其次，既然雙方皆是複合體，「西洋」、「遠東」便不可能全然有別，如二者共通的一個觀念是「人類身體的神聖性」，而這一觀念便是死刑（對身體的毀損）「刑罰價值」（威嚇、預防）的發生機理所在；最後，雖然「身體的神聖性」觀念為東、西方所共用，但其根源卻未盡一致，如猶太基督教將之歸因為上帝依照他的形象創造了人，而儒家則訴諸「身體髮膚受之父母」的孝道倫理（第485~488）頁。

由此便可提煉出兩個有趣的方法論命題：第一，如何選取比較的對象？其中既需考慮時間變量，亦須考慮該對象蘊含非同質的局部差異；第二，如何看待同中有異、異中有同的現象？若如陸九淵所言「東海有聖人出焉，此心同也，此理同也；西海有聖人出焉，此心同也，此理同也；南海北海有聖人出焉，此心同也，此理同也；千百世之上至千百世之下，有聖人出焉，此心此理，亦莫不同也」，[19]這種名為「暗合」的「同」其實並無比較法上的意義；而如「身體的神聖性」觀念之「同」，又是「形同神異」的典型例證，若簡單地判以為「同」，這一比較亦可謂功敗垂成。

若將討論跳出「比較法」（或「比較法律史」）的範圍，而延伸至當下中、日、韓學界先後重新湧起的「東亞視域」熱，則可作如下反思。葛兆光認為：

---

[18] 〔德〕K. 茨威格特、〔德〕H. 克茨著，潘漢典等譯：《比較法總論》，法律出版社 2003 年版，第 13 頁。

[19] （宋）陸九淵著，鍾哲點校：《陸九淵集》，中華書局 1980 年版，第 483 頁。

為了破除那種把現在民族國家政治空間當作歷史上的「中國」的研究方式，也為了破除試圖證明歷史上就是一國的民族主義歷史觀念，「亞洲」被當作歷史研究的一個空間單位，這很有意義。但問題是，當「亞洲」成為一個「歷史」的時候，它會不會在強化和凸顯東亞這一空間的連帶性和同一性的時候，有意無意間淡化了中國、日本和朝鮮的差異性呢？從中國歷史研究者立場看，如果過於強調「從亞洲出發思考」，會不會在「亞洲」中淡化了「中國」呢？[20]

本書雖以「東亞」為論域，卻未將之視為一種方法論意義上的「空間單位」，因此它既未淡化中國、日本和朝鮮的差異性（雖然暗示了中國的基調性），也未突破中國、日本、朝鮮乃至於印度、尼泊爾等各自為陣的將民族國家的政治空間視為歷史上各國存在形態的研究方式。由此可見，若僅僅滿足於「比較法律史」，便無法融入「東亞視域」，尋求新的研究範式應該是當務之急。

三、餘論：邁向「全球史觀」

在本文的篇首，筆者提出冨谷氏的刑罰史研究計劃蘊含著三個關鍵的問題意識：現實關懷、歷時性與共時性的比較、跨地域的文化流動與東亞刑罰史研究。本書作為其階段性成果，相對圓滿地完成了前兩個任務，並通過以下兩個階段的學術努力，又縱深性、拓展性地推進了這一研究計劃：

1.2006 至 2010 年，冨谷氏二度聯合亞、歐各國學者，完成了名為「東亞的儀禮與刑罰——禮的秩序與法的秩序之關係」的研究課題，在「儀禮」與「刑罰」為縱軸、橫軸的坐標平面上，設立了以下五個考察點：①書志學的考察：禮典與法典的成立；②制度史的考察：身分、官僚制、科舉儀禮；③社會學的考察：習俗與儀禮、習慣與刑罰、性別差異、性別論；④思想、宗

---

[20]　葛兆光：《宅茲中國——重建有關「中國」的歷史論述》，中華書局 2011 年版，第 13～14 頁。

教的考察；⑤比較文化的考察。目前，這一課題尚未出版正式的結項成果，
但在 2011 年結集了日本國內學者的論文：

冨谷至編：《東アジアにおける儀礼と刑罰》，2011 年 3 月 20 日

冨谷至　　　序

冨谷至　　　復讐と儀禮

佐藤達郎　　魏晉南北朝時代における地方長官の發令"教"につ
いて

古勝隆一　　禮から法へ——北魏における禮の法制化について

愛宕　元　　皇帝陵の管理を通して見た唐代の儀禮と刑罰

Chiristian Wittern　　Notes on some Anecdotes pertaining to Ritual
and Punishment from the Recorded Sayings of Chan Buddhism

岩井茂樹　　午門廷杖考——私刑から皇帝儀禮へ

西川真子　　中國の小學「語文」教科書——愛國のための儀禮を
支えるキーワード

矢木　毅　　儀仗と刑杖——朝鮮後期の棍杖刑について

伊藤孝夫　　日本における"禮"の概念史覺書

赤松明彦　　禮的秩序と法的秩序の相克——古代インド世界の
視点から

　2.2012 年，冨谷氏再次啓動國際合作研究「東亞的犯罪與社會」，並於
2012 年 9 月在德國明斯特大學召開了第一次研討會，編輯了以下會議論文集：

*Public Notion of Crime and Law in East Asia——Crime and Society in
East Asia*, co-edited by Itaru Tomiya(冨谷至), Reinhard Emmerich, 2012

Liu Xinning(劉欣寧)　　Collective Responsibility of li 里 in the Qin
and Han Dynasties

Tatsuro Sato(佐藤達郎)　A Commoner's Shooting at a Palace Gate and Ying Shao's Argument over His Punishment toward the End of the Later Han Period

Annette Kieser　Looted Tombs: Strategies against Tomb Raiding in Imperial China

Kiyoshi Miyake(宮宅潔)　Crime and Impurity in Early China

Ryuichi Kogachi(古勝隆一)　Some Remarks on Liu Yuxi 劉禹錫 Notion of Law

Reinhard Emmerich　Does Law Matter in *Yanshi jiaxun* 顏氏家訓

Zhao Jing(趙晶)　An Analysis on the Relations between the *Lv(Code)* and the *Ling(Statutes)*in the Tang Dynasty──Focus on the Principle of Breaking the Regulation in the *Ling* to be Punished by the *Lv*

Kerstin Storm　Decisions on Crimes in the pan 判 of Yuan Zhen 元稹（779-831）

Mako Nishikawa(西川真子)　Violence between Husband and Wife in Modern China: A Discussion Centering on Abuse Cases

Christian Wittern　Some Observations Concerning Rules and the Violation of Rules in Chan/Zen Buddhism

Jonas Polfuß　Social Crime and Social Sanctions in Mid-Tang Letter Writing

Michael Höckelmann　Castration as Death Penalty Mitigation during the Northern Dynasties

Itaru Tomiya(冨谷至)　The conception of Fornication: from the Han Code to the Tang Code

Xu Shihong(徐世虹)　Officials Committing a Crime not for Private Purpose: An Observation on "Public Crime" in Qin and Han Law

Takao Ito(伊藤孝夫)　　The Moral Crimes in Japanese Legal
History

Monique Nagel-Angermann　　Remarks on Law and Crime in
Official Tang Representations of the States of the Shiliuguo Period[21]

　　筆者之所以不厭其煩地照錄上述兩個研究課題的部分成果目錄，目的在
於說明，這一連續性的研究計劃至今依然停留於「比較法律史」的方法論層
面，尚未太多措意於「跨地域的文化流動與東亞刑罰史研究」，即冨谷氏 1998
年所提出的「轉入日本律令制導入階段的考察，並解析後來獨立的日本刑罰
制度和刑罰思想，從而進一步對東亞地區的刑罰史進行整體研究，最後再圍
繞刑罰適應在現代東洋和西洋產生的衝突」等。雖然本書所收伊藤孝夫與
Staffan Roscén 的論文分別涉及近代日本向西方看齊的刑罰改革和中國、非中
國的薩滿傳統對古代朝鮮的影響，但前者並非以之為重點，後者則因史料所
限而未能充分展開。或許更為重要的是，冨谷氏的課題之所以冠以「東亞」
之名，應是以「東亞」這一空間單元的整體史作為努力方向，那麼「東亞的
刑罰」何以證成？
　　甘懷真在反思黃俊傑所主持的「東亞儒學」研究計劃時指出：

　　　　就黃俊傑個人的東亞儒學史而言，與其說是文化交流史的立場與
　　方法，不如說是比較思想史。黃俊傑尤其致力於中日儒學思想的比較
　　研究。其課題如江戶時代的儒者如何詮釋朱子學、孟子學、四書，以
　　及這些日本儒者解經與中國儒者解經的異同。因此，對於黃俊傑而言，
　　東亞儒學只是一個方便之稱，用來整合中日、中韓等儒學思想比較研
　　究。……黃俊傑的東亞只是不同民族文化的接觸空間，故其中有中韓
　　儒學交流、中日儒學交流、日韓儒學交流等，我們將這種交流史合稱
　　東亞儒學（史）的意義何在？若我們將東亞儒學的說法抽掉，只剩下

---

[21]　鑒於上述兩種成果皆非正式出版物，讀者無法判斷筆者的譯文是否準確，故僅錄原文而未作翻譯。

中韓儒學交流、中日儒學交流等研究領域又何妨。因為究其實質,只
有中國儒學、日本儒學與韓國儒學,以及它們彼此之間的交流,而無
作為整體的東亞儒學。或者說這個儒學又何必冠上東亞。[22]

　　這一省思同樣適合於「東亞刑罰史」,亦即它並非是歷史上東亞地區各
國刑罰的比較研究,亦不應單純限於東亞地區刑罰制度的移植研究,而是須
作如下思考:刑罰在形成「東亞」這個歷史空間單元的過程中發揮了何種作
用?如何發揮作用?而當「東亞」這個一個文化共同體被逐漸「消解」的時
候,[23]中華以外的其他東亞地區的刑罰制度是否發生異變?換言之,冨谷氏
所言「後來獨立的日本刑罰制度和刑罰思想」是否因此而形成?這種「獨立」
與「律令制導入」階段因地制宜所產生的「獨立性」有無區別?
　　由此便令人想到一個更加宏偉的研究範式──「全球史觀」:

　　　　全球史學者研究時,總是把某個地區或國別放在一個更大空間範
　　圍內來考察,在這裡,「更大的空間範圍」並不意味著像傳統做法那
　　樣,僅是在進入「正題」之前簡單交代一下「國際背景」,而是以闡
　　述「小地方與大世界雙向反射」為宗旨,既強調局部地區(「小地方」)
　　的發展乃是與之關聯的外部世界(「大世界」)變遷的結果,又要指
　　出局部地區的發展對外部世界的影響。在他們看來,每一部地區國別
　　史都可以同時作為一部世界史。[24]

　　換言之,在全球史視野之下,一部中國刑罰史(或中國法律史),便是

22　甘懷真:〈從儒學在東亞到東亞儒學:東亞儒學研究計劃的省思〉,《東亞觀念史集刊》(第 1
　　期),政大出版社 2011 年版,第 391~392、395 頁。

23　葛兆光認為:「如果說,這種以中華為中心的文化認同暫時還可以維持『東亞文化共同體』的存
　　在,那麼,這一切從十七世紀以後開始變化。」參見葛兆光:《想像異域──讀李朝朝鮮漢文燕
　　行文獻劄記》,中華書局 2014 年版,第 58~60 頁。

24　〔美〕傑里·本特利、〔美〕赫伯特·齊格勒:《新全球史》(第 3 版),魏鳳蓮等譯,北京大
　　學出版社 2007 年版,中文版序言第Ⅸ頁。

東亞刑罰史（或東亞法律史），而且還是世界刑罰史（或世界法律史）。[25]

對此，我們翹首以盼冨谷氏及其研究團隊在完成東亞刑罰史計劃的同時，能夠孕育出世界刑罰史乃至於世界法律史的典範之作。

---

[25] 業已有歐洲學者開始倡導「全球化視野下的歐洲法律史」，參見 Tomas Duve: "European Legal History——Global Perspectives," Working paper for the Colloquium, *European Normativity——Global Historical Perspectives*, Max-Planck-Institute for European Legal History, September, 2nd-4th , 2013, pp.1-24.

評樓勁著《魏晉南北朝隋唐立法與法律體系：敕例、法典與唐法系源流》

　　對於具有成文法傳統的中國而言，法源是中國法律史研究的首要對象。不過，不同歷史時期流傳至今的史料存量未盡一致，中國法源史研究的問題意識、冷熱程度也因此而呈現出階段性特色。以秦漢至唐宋為例，傳世的法律文本不過《唐律疏議》、《宋刑統》、《慶元條法事類》殘本、《天聖令》殘卷等寥寥數種，因此自近代以來，輯佚考證之作頻出，涵蓋由漢至唐的各個時段；又因近代以來西學東漸，「法典」一詞被注入新的內涵，而這一擁有新內涵的「法典」意識，開始貫穿於對秦漢時期律令關係的考辨、法源層次的釐定、文本性質的剖析等研究之中，因出土法律文獻的不斷湧出而經久不衰；西晉泰始立法以後的法源史研究雖因律、令分途而淡化了「法典」意識，但又迅速投入到刑法、民法、行政法等近代西方立法技術的懷抱，對於唐代律、令、格、式等四種法源的定性及其關係的論辯迄今仍存餘緒；不論是中國學界所持的普通法與特別法二分，還是日本學者對於基本法典與副次法典的界定，其背後不外乎是對法律位階、效力次序的關注，有關唐代開元以後直至宋代的敕律關係（以敕破律、以敕代律，還是律主敕輔，進而延伸至《宋刑統》的歷史定位等）的研究實則位於這一問題脈絡之下；至於大陸法系與英美法系的區分與融合，以及美國一強獨大以來，包括中國在內的法律「後進」國家普遍開始將法律移植的重心由歐陸轉向美國，中國法源史研究自然也開始出現英美判例法的印跡，從比、故事、法例到編例，雖然秦漢至宋代的相關史料不足以展開充分研究，但卻可以下接明清的條例、成案，從而重新審視所謂的「中華法系」。

　　自近代「七科之學」建立以來，學術分工日益細化，研究主題亦趨於專精，上述法源史研究的斷代性特點自然與精湛的通代之學日漸衰弱密切相關。而樓勁先生新近出版的《魏晉南北朝隋唐立法與法律體系：敕例、法典與唐法系源流》（中國社會科學出版社 2014 年版）一書，全帙 80 餘萬言，分上下兩卷，筆觸上溯兩漢、下及宋初，全面回應了上述法源史研究的基本主題與問題意識，可謂近年來中古法制史領域最為重要的學術著作之一。

　　除引言、跋語外，樓著共計十二章。作者在引言中交代：本書致力於解答兩個層面的疑難問題，其中第三至九章主要針對第一個層面，即「《律》、《令》、《格》、《式》各自演變嬗遞的線索，其中疑難集中在《格》、《式》的形成及其與《律》、《令》的關係上，又由於唐法系直承北朝而來，故尤其必須澄清北魏至齊、周和唐初的相關史實」；而第一、二、十一、十二章則針對第二個層面，即「《律》、《令》、《格》、《式》作為一個體系的形成和發展問題，其中的疑難要在明確其不同於漢魏以前至唐宋以來法律體系的特點，據此清理和重構其間的要素關係及源流脈絡」（第 4 頁）。

　　從讀者理解的角度論，筆者更願意將本書的章節劃分為兩大部分：第一至十一章展現了中古「制定法運動」從興起到衰弱的整個過程，即「從魏晉以來制定法作用和地位越益突出，直至唐初形成《律》、《令》、《格》、《式》四部法典統一指導舉國行政的格局，再到盛唐以後這一格局迅速瓦解，整個法律體系重新開始以各種敕例為中心來整合和發展」（第 629 頁）；第十二章在總結前文的基礎上，解釋「為什麼魏晉至隋唐出現了法典備受重視而又迅速衰落的過程」（第 7 頁）。

　　在作者看來，中古的「制定法運動」起於魏晉，魏《律》與晉《令》分別代表兩種法典形式的定型，而此後的立法皆是圍繞《律》、《令》以外的各種敕例所展開。本書的第一、二章總結了西晉以降敕例編纂的兩種路徑，一種被稱為「敕例編纂的立法化」，以《晉故事》為開端，《梁科》、《陳科》皆為其餘緒，是兩晉南朝的主要立法成果；另一種被稱為「敕例編纂的法典化」，表現為北方政權陸續出現《辛亥制度》以及《麟趾格》、《大統

式》等過渡性法典。兩種路徑的直觀差別在於「前者仍是敕例的選集，即其具體條文由『敕條』構成；後者則已是重新起草制定的法典，由『法條』所構成」（第 56~57 頁）。作者認為，魏晉以來敕例編纂法典化的一大特點是「其勢雖南北皆有而北盛於南」，即「在南朝往往止步於條制的不時制定和推出，在北朝則常進一步將其擴充為法典」（第 62~63 頁），這與程樹德對於《律》之優劣判斷相一致：「南北朝諸律，北優於南」。只不過，雖然就《律》之傳承而言，應如程氏所言「隋氏代周，其律獨採齊制而不沿周制」[1]，但在本書作者看來，孕育出唐代《律》、《令》、《格》、《式》體系者，並非《律》、《令》、《權令》、《權格》並行的北齊，而是先後出臺《大統式》、《大律》、《刑書要制》並輔以前朝《正始令》的北周，因為前者是「對西晉以來《律》、《令》、《故事》體系的回歸」（第 75 頁）。

　　本書的第三至六章著眼於北魏立法，尤其是《律》、《令》形態、性質的變遷。作者認為，道武帝開國時所定天興「律令」應是編纂敕例而成，性質介於敕例集與法典之間；至太武帝神麚、正平之時，所定之《律》方成法典，但《令》仍為詔令集；從孝文帝太和十六年（西元 492 年）立法開始，《令》向法典發展，至宣武帝正始立法，方形成《律》正罪名、《令》定事制的格局。至於《律》、《令》之外，當時還存在大量被隨意冠名為「科」、「格」、「式」的敕例，其與《律》、《令》的關係也呈現階段性特色：「就時期而言，道武帝至孝文帝前期，以敕例為主而以《律》、《令》為輔的情況較為經常和普遍；孝文帝太和中至孝明帝孝昌以前，這種狀況已有所扭轉，但仍很難一概地說成是《律》、《令》主之，敕例輔之。就領域而言，各種敕例在《令》所規範的場合，尤其是那些涉及社會深層風習，其調整和改革較為困難的制度領域中，其作用和地位顯然要比《律》所規範的刑事領域更為突出」（第 282 頁）。並且自孝文帝改革以來，敕例的整理出現了禮制與法制、刑事與行政的分途，而立法之主旨無疑捨禮而就法，東魏的《麟趾格》、西魏的《大統式》便在這一脈絡下被制定出來。

---

[1]　上引程氏之說，皆出自氏著，〈北齊律考序〉，《九朝律考》，中華書局 2003 年版，第 391 頁。

　　至於北齊、北周至隋朝的法律體系，作者通過第七章的論證，得出以下結論：在北齊，河清三年（西元 564 年）以前，刑事領域以《麟趾格》與《正始律》並行施用，此後便為《河清律》與《別條權格》所取代，與此同時，在其他制度領域則由《河清令》與《權令》相輔而行；在北周，刑事領域有保定三年（西元 563 年）頒布的《大律》與建德六年（西元 577 年）頒布的《刑書要制》並行，而制度領域，則沿用了北魏《正始令》與西魏《大統式》；至於隋朝，無論是開皇還是大業，其立法僅限於《律》、《令》，並未編纂過《格》、《式》。

　　在本書的第八至九章中，作者頗費筆墨，否定了《武德式》與《貞觀式》的存在，而將《律》、《令》、《格》、《式》體系真正形成的時間定為唐永徽二年(西元 651 年)。且作者認為，從歷史淵源與文本形態上論，《留司格》源出《晉故事》，仍為敕例集；而《散頒格》與《式》皆為法典，部分取鑒於《麟趾格》和《大統式》。其中，因為所編纂的敕例在性質與作用上未盡一致，所以《格》與《式》的編纂程式、方法也判然有別，尤其是《式》內容博雜，因而設以「條、款」結構：具有普適性的通則規定以「諸」字起首，為式「條」；屬於細則性或個案性規定者，為「條」下之「款」。

　　盛極必衰，中古「制定法運動」在永徽至開元年間臻至頂峰，隨即便迅速衰敗。在本書的第十、十一章中，作者將這一趨勢追溯至唐前期，因為在《律》、《令》、《格》、《式》之外，當時便已存在「選格」、「舉格」、「長行旨條」、「烽式」之類的法律規範，並進一步發展為長行敕的編纂。這一法源發端於《垂拱後常行格》，經開元十九年（西元 741 年）《格後長行敕》，隨著《律》、《令》、《格》、《式》體系的崩壞，在中晚唐成為最活躍、最頻繁的立法形式。即便是《格式律令事類》、《大中刑律統類》等，也因附入長行敕及其他敕例，而成為編修長行敕的另一種方式。到了宋初，便由「例」取而代之，成為整個規範領域的核心。作者以禮例為中心，析出當時編「例」的兩種方式——承敕編纂例冊與各部門自編例簿。其中，例簿雖稱不上法規，但對本部門而言具有約束力；例冊則是正式的法規。除

此之外，還有三種賦予「例」以法律效力的方式：著於現有《令》、《式》或編入《編敕》、專門修纂「條例」，以及隨事「著為定例」。

在宣告「中國法制史上力圖以法典來約束和保障今上制敕，以及相關敕例作用和地位」（第 621 頁）的「制定法運動」至此終結，「整個立法和法律體系發展到中國古代社會後期，復又以『例』為軸心而終於演化為明清《律》、例體制」（第 655 頁）之後，作者在第十二章剖析了造成這一結果的四大相關因素：對漢代法律滋繁之弊的總結和反思、魏晉玄學的興起和名理學的流行、文法吏地位的下降、司法權不斷上收集中及其相關的制度變遷等，雖然都對這場「制定法運動」有推動作用，但前三個因素無法解釋該運動為何會在中唐以後衰弱，而與第四個因素相伴者，實際上是魏晉以來以三省制形成發展為代表，由尚書省結構、功能不斷擴展而帶來的行政一體化進程，這一行政體制在推動敕例編纂方式發展的同時，也在初唐開始走向劇變，中唐以後更是難以維持而趨於瓦解，這便與「制定法運動」相始終。只不過，作者仍未滿足於將解釋停留在行政一體化進程的推動作用上，而是致力於探尋更為重要的「主因」——法律儒家化進程。該進程包含若干線索，如按照儒經所示禮法關係和相關準則、理念來系統地改造法律，古文經學尤其是《周禮》發揮著指導性作用，修撰禮典與制定《律》、《令》之間存在互相驅動的關係等。其中，之所以「制定法運動」展示出北盛於南的態勢，那是因為北朝的法律儒家化與漢化改革纏繞發展，「有其特定的路徑、目標和再三依據《周禮》大規模托古改制的獨特事態」（第 715 頁）。至於中古「制定法運動」在唐代走向衰弱的原因，自然是法律儒家化進程的終結。

在跋語部分，作者概括了專制體制下中國古代法律體系的基本特徵：「以敕例為主、法典為輔」、「法典備體具文以供取則，而敕例則實際決定著司法過程」（第 759 頁）。

迄今為止，有關中古中國法源史的論著，或概述通代，但失之疏闊；或考證細節，但見木不見林；或雖能兼顧貫通與專精，但並無明確的問題意識引導全篇，略顯平鋪直敘、「就法論法」。而本書的學術特色是兼取上述三

者之所長、避其所短。從貫通性上說，本書溯源窮流，圍繞唐代《律》、《令》、《格》、《式》體系進行上下追索，全面勾聯起中古時期各種立法形式；從問題意識上說，本書既不滿足於程樹德、陳寅恪等前輩學人所提出的「唐制淵源」框架，亦不局限於簡單套用「唐宋變革」或從「律令格式」轉向「敕令格式」的常規命題，而以「今上制敕與法典的關係」這一帝制時代法制的根本問題為線索，勾勒了中古「制定法運動」自興起到衰弱的動態過程，並析出其中錯綜複雜的歷史背景與原因，使得法源史研究不再囿於法律史研究之一隅，不僅能與制度史、政治史等研究進行密切互動，甚至還能為當下的「法律現代化」進程提供一些思考的養分。從專精程度上說，以往的中古法源史研究既不乏定論通說，也頗多疑點爭辯，尤其是魏晉南北朝、隋代的相關史料極為有限，向來是中國法律史研究的薄弱環節。本書作者不廢考訂，能夠深入體貼現有史料所傳達的信息，輔以相對周密的邏輯推演，深究個案，刊正舊說，從而提出一己之見，殊為難得。如作者敏銳地抓住《魏書·刑罰志》將《太祖紀》所載「定律令」記為「約定科令」的細節，從而定性《天興律》為條制集、《天興令》為詔令集，將之與作為法典的泰始《律》、《令》加以區別。在本書中，此種考辨俯拾即是，可謂筆法細膩。

當然，在閱讀此書的過程中，筆者也產生了些許疑問，謹此枚舉數例，向作者及學界先進請教：

首先，中古法源史的研究積累宏富，幾乎每個領域皆有前輩學者駐足爬梳，更產生了眾多聚訟紛紜的學術焦點。本書在截斷眾流的基礎上自成新說，但在對部分先行研究予以回顧並與之對話等方面有所欠缺。如作者認為「科」在漢代並非法定名稱，所指即為敕例（第 14、284 頁），而張忠煒以「購賞科」為例，論證科為漢代法律載體之一，有相應的立法程式、獨立的形式與內容。[2]作者認為「旁章律」是《九章律》以外不斷衍生、編纂而成的刑事「科令」（第 93、630 頁），然近年來數多學者提出律無正旁之分，在法典編纂

2　張忠煒：《秦漢律令法系研究初編》，社會科學文獻出版社 2012 年版，第 173～214 頁。

層面並不存在這種結構體系。[3]作者認為《泰始令》仍被視為「太平當除」的權宜之法，這是受漢魏律令關係狀態和觀念影響的結果（第 64 頁），但張建國認為當時令分兩種，與《律》並駕齊驅者稱「令」，而權設之法稱「法令」。[4]作者認為在神麚四年所定律令中，「腰斬」雖見諸漢律但為魏晉以來所無，且只有「轘刑」為漢及魏晉所罕見（第 90 頁），而冨谷至認為魏晉時依然存在腰斬之刑，且除「轘刑」以外，還有另一首次出現的法定死刑——絞刑，這才是胡漢合流在刑罰史上的明證。[5]作者認為北周並未定《令》，並稱內田吟風《北周律令格式雜考》一文亦未明確這一問題（第 345 頁注①），實則內田氏認為，北周雖有定《令》，但《令》之規定皆包含於禮中，《令》不過是有名無用之物，是禮的輔助法，故而史籍失載，至唐代便已失其篇目。[6]作者懷疑《唐六典》所述《格》「以尚書省諸曹為之目，共為七卷」之「七卷」為「十卷」之訛（第 423 頁注①），而滋賀秀三曾對此加以考證，認為「七卷」應為「九卷」。[7]作者以敦煌藏經洞所出 P.3078+S.4673《神龍散頒刑部格》殘卷為據，判定《散頒格》的條文形態及其與《留司格》、《式》的區別，並稱阪上康俊將該殘卷所示唐格條文形態判為特例是一種誤解（第 454 頁注①）。實則阪上之說源自滋賀秀三，滋賀氏認為該殘卷並非是對法典原本的謄寫，而是以便宜的方式抄寫而成的私制本，並列舉了四點證據[8]，本書作者的論證則僅觸及滋賀說的後兩點理由。作者認為編集《法例》輔《律》而行者應不始於趙仁本，此前似有崔知悌（第 559 頁），但池田溫認

---

3 參見徐世虹：〈近年來《二年律令》與秦漢法律體系研究述評〉，載中國政法大學法律古籍整理研究所編：《中國古代法律文獻研究》(第 3 輯)，中國政法大學出版社 2007 年版，第 232～235頁。

4 張建國：〈魏晉律令法典比較研究〉，載氏著《帝制時代的中國法》，法律出版社 1999 年版，第 121 頁。

5 〔日〕冨谷至：〈從終極的肉刑到生命刑——漢至唐死刑考〉，周東平譯，載中南財經政法大學法律文化研究院編：《中西法律傳統》(第 7 卷)，北京大學出版社 2009 年版，第 23、26～34 頁。

6 〔日〕內田吟風：〈周の律令格式について〉，載《北アジア史研究 鮮卑柔然突厥篇》，同朋舍 1975 年版，第 260、262～263 頁。

7 〔日〕滋賀秀三：《中國法制史論集：法典と刑罰》，創文社 2003 年版，第 425 頁。

8 〔日〕滋賀秀三：《中國法制史論集：法典と刑罰》，創文社 2003 年版，第 85～86 頁。

為唐高宗時只有一種《法例》，實際由趙仁本負責編纂，崔知悌可能是領銜者而已。[9]

　　其次，中古史料並不豐贍，若欲在有限的資料中釋讀出前人未曾措意的信息，尤需精耕細作。本書的作者在史料運用層面可謂旁徵博引，且擅長於細微處提取有用信息。只是史料的解讀與運用總是存在仁者見仁之處，以下暫錄數例，聊備一說。如作者將「詔守宰不如法，聽民詣闕告言之」判為「斷罪量刑的刑法規範」，並以此詔入《令》而未入《律》，證明天興「律令」並未形成「《律》正罪名，《令》定事制」之體（第98頁，下頁所論「延興二年十二月庚戌詔」亦同）。只是一般認為律與令的「罪名」與「事制」之分，在於是否含有刑罰，並非以是否涉及刑事為斷（滋賀秀三對於律、令的劃分即以刑罰、非刑罰為標準，並在定性唐式時稱：唐式也含有與刑事司法相關的規定，但卻沒有針對具體犯罪的刑罰條款[10]），如《天聖令・捕亡令》宋3「諸追捕罪人……若其遲緩逗留，不赴緊急，致使賊得鈔掠及追討不獲者，當處錄狀奏聞」[11]與上列之詔相類，其為令文而非律文便是佐證。作者認為，《魏書・刑罰志》所載高肇奏文「謹案《獄官令》……而法官州郡……進乖五聽，退違《令》文，誠宜案劾，依旨科處」，「體現了《獄官令》與這些《律》篇相輔而行的狀態，而這反過來又說明《正始律》中的《斷獄》、《系訊》等篇，必已將以往《律》、《令》中的相關內容作了調整和歸並，從而意味著《律》正罪名、《令》定事制格局的進一步明確」（第215頁）。只是該奏文明確稱違令的行為要「依旨科處」而非「依《律》」，《律》中是否有相應的定罪條文恐怕無法斷言。作者僅僅根據唐《醫疾令》中規定了一定品級以上的官員致仕後享受官給醫藥等待遇，便認為自西晉以來有關七十致仕的規定應被歸入與醫疾、假寧相關的令篇之中（第221~222頁）。只

9　〔日〕池田溫：〈唐代《法例》小考〉，載《第三屆中國唐代文化學術研討會論文集》，1997年，第79~83頁。

10　參見〔日〕滋賀秀三：《中國法制史論集：法典と刑罰》，創文社2003年版，第20、78頁。

11　天一閣博物館、中國社會科學院歷史研究所天聖令整理課題組校証：《天一閣藏明鈔本天聖令校證 附唐令復原研究〉，中華書局2006年版，第406頁。

是致仕後的待遇與致仕的年齡別為二事，所以目前所見《天聖令・醫疾令（附假寧令）》中便沒有致仕年齡的規定。其實仁井田陞在復原唐《選舉令》時，將有關致仕年齡及程式的條文復原為第 14 條，[12]雖然同樣缺乏直接證據，但亦可參考。作者引用《唐律疏議・職制律》「稱《律》、《令》及《式》條內，有事不便於時者，皆須辨明不便之狀，具申尚書省，集京官七品以上於都座議定，以應改張之議奏聞。若不申尚書省議，輒即奏請改行者，徒二年。謂直述所見，但奏改者。即詣闕上表，論《律》、《令》及《式》不便於時者，不坐」，認為申尚書省、集議奏聞為修《格》、格後敕的方式，而詣闕上表是修《式》的方式（第 459~464 頁）。然而，僅就此段《疏議》而論，其法意有三：第一，若認為《律》、《令》、《式》有不便於時的，必須遵循相應的程式才能奏聞修改意見；第二，如果未遵循程式而徑直奏請修改的，判以徒刑二年；第三，雖然沒有遵循程式，但只是上表說有不便於時（甚至還「辨明不便之狀」），但沒有徑直要求「改行」的，不予處罰。因此，筆者不認為「詣闕上表」是有別於申省、集議奏聞的另一種程式。

　　再次，研究並非輯佚，考證亦需在鋪陳史料之際，輔以合理的推論，中古法制史研究限於史料，在這點上尤難避免。本書的作者除了盡可能多地佔有史料之外，還充分利用了邏輯推演之法，藉此證成相關結論，並型構成一自洽的學術體系。只不過在具體論證中，可能會出現兩種情況，從而導致相關結論令人略感不安：第一，史料實在欠缺而以說理為主。如史籍現存《麟趾格》「母殺其父，子不得告，告者死」條為刑事性條文，而且《麟趾格》十五篇，若以尚書諸曹為篇目，則無法做到一曹一篇，所以作者據此推斷《麟趾格》僅為刑事條法集，而不涉其他制度性條文（第 35~36 頁），這實際上是一種以單一條文定性整部法典的做法。作者又據大統十年蘇綽奉敕「更損益之，總為五卷」一句，推斷「『更損益』的過程，自亦當『斟酌古今，參考變通』而非簡單綴集」，「《大統式》各條規定的形態，很有可能也是『法條』而非『敕條』，從而說明其已經是一種初具制定法形態和性質的新法典」

12　〔日〕仁井田陞：《唐令拾遺》，東方文化學院東京研究所 1933 年版，第 292 頁。

（第38~39頁），實則《大統式》究竟採取何種編纂方式，沒有任何史料可加以證明。作者還據崔浩「取漢、魏以來《律》」以定刑罰種類及次序的記載，推想當次立法「或者也已把諸刑名、法例統一撰定為《刑名》篇而置於《律》首，甚至有可能已像《泰始律》那樣從中析出了《法例》篇」（第105頁），這是用「刑名」（刑罰種類）釐定的史實旁推《刑名》（律典篇名）的撰定。第二，邏輯未盡周延而存在反例。如作者以詔書明定「著令」的現象，證明《太和令》的形態依舊為詔令集而非法典（第141~142頁）。但在唐代，《令》無疑是一部法典，但詔書「著令」的現象依舊頻見[13]，可見這只是在《令》無法隨時修訂的情況下而存在的一種權宜之策，無法據此證明《令》的形態。又如作者在補證滋賀秀三有關《貞觀式》不存在的觀點時，提出了兩條證據：其一，同樣的規定不能既存於式，又存於禮，《貞觀禮》可能存在太常充使巡陵之制，那麼「春秋仲月，充使巡陵」便不可能是《貞觀式》的條文（第405~406頁）；其二，雖然顏真卿的上疏中記有太宗著「司門式」（見諸兩《唐書》、《冊府元龜》），但在後世史籍中或作「門司式」，或作「司馬式」，或作「司門令式」，所以此疏所載式名或許只是顏真卿意定的產物，並不能直接確認《貞觀式》的存在（第409~411頁）。其實，史睿以《顯慶禮》為例，論證唐代禮典與《律》、《令》、《格》、《式》參會同修，禮典「雜以令式」乃是禮法關係的常態。[14]至於不同史籍所載「式」名未盡一致，其實也有其他可能性的解釋：如相關記載的撰寫者因無意之失而寫錯，或記載本來無誤，只不過史籍在流傳、翻刻過程中出現錯誤。例如，規定了大瑞、上瑞、中瑞、下瑞名目的條文，唐代史籍多標為「式」，但《資治通鑒》卷一九三「貞觀二年九月丁未」詔的胡注卻記作「《儀制令》」，我們能否以此認定該條並非「式」文呢？此外，在各種史籍中，律、令、格、式、敕、例、科等字所指紛繁，或專稱此類法源本身，或泛指一切規範，亦可互相指稱，其所指究竟為何，需要視具體語境來確定，甚至在很多情況下，

13 參見戴建國《唐宋變革時期的法律與社會》，上海古籍出版社2010年版，第126~130頁。

14 〔日〕史睿：〈《顯慶禮》所見唐代禮典與法典的關係〉，載〔日〕高田時雄編：《唐代宗教文化與制度》，京都大學2007年版，第115~132頁。

根本無法精準定位。然而，法源史的研究往往需要藉助這種名相辨析來確定某種法源是否存在、某一條文的法源歸屬等，這也是本書作者最常用的論證手法之一。只是語境分析缺乏統一標準，主觀性較強，相關結論難免顧此失彼，前後不一。如作者指出「武德七年前後被稱為『式』的敕例仍然不少，說明當時『式』還不是特定法律的專有名詞」（第385頁），其言下之意應是永徽定《式》以後，「式」便成了專有名詞而不再它指。且不論已有學者對此有其他判斷[15]，作者本人便在同頁的腳注②中寫道「初唐以後『格』、『式』所指仍有不少例外」。

　　最後，本書主旨宏大，「今上制敕與法典」的關係問題為全篇靈魂所在，其背後無疑有人治還是法治的現實關懷。不過筆者以為，法律文本究竟是「敕例集」還是「法典」，僅僅是立法技術問題；究竟是以事項分篇，頒之天下，還是以部門分篇，留司行用，只不過是法律適用的範圍問題。無論是以敕條的面目示人，還是以法條的形式行用，無論是針對萬民，還是規範有司，「今上制敕」皆已經過相關程式而上升至制定法層面，為天子與群臣、百姓所共守，此即所謂的「法定主義」（第5頁）。在「法定主義」的框架下考慮「今上制敕」問題，在筆者看來，大約有以下兩個方向：第一，制敕的製作頒布是否合法？如《舊唐書‧劉禕之傳》載：垂拱三年，武則天命王本立審理劉禕之案，「本立宣敕示禕之，禕之曰：『不經鳳閣鸞臺，何名為敕？』」這就說明，君主的意志須通過合法途徑才能體現為制敕，否則也會引起時人對其正當性的質疑。若欲以「今上制敕」與制定法的關係思考「君大還是法大」的問題，重心不應在合法的制敕被如何整理為「法」，而在於非法的「制敕」能否成為「法」，譬如宋代的「內降」、「手詔」、「御筆」之類。第二，制敕的效力是限於個案還是可反復援用？如《唐律疏議‧斷獄律》載：「諸制敕斷罪，臨時處分，不為永格者，不得引為後比。」亦即未曾上升至立法層面的制敕僅有個案拘束力，無法被二次適用。若欲證明君大於法，我們能否找到被反復適用的「臨時處分」？至於制定法的最大弱點，應該在於法律

15　霍存福：《唐式輯佚》，社會科學文獻出版社2009年版，144～147頁。

規定永遠落後於社會現實，且完全不可能預先考慮立法時所無而行用時方有的意外情況。當遇到法律並未觸及的新問題時，經由法定程式產生的制敕予以個案解決，若認為這一問題並非特例而有普遍化趨勢，則將制敕依法定程式上升為立法，無論是修入律、令、格、式、長行敕，還是以制敕本身所特有的方式[16]，這都無法被歸入「非法定主義」。本書的唐代部分已在第二個方向上提供了示範性的成果，筆者希望自己及相關同仁能夠循此脈絡，繼續推進中古法源史的研究。

附：樓勁先生來信

趙晶：

你好！

昨日榮新江兄托人送來這一期《唐研究》，因為上面有你寫的書評。拙著問世以來，諸多師友讀後都有一些反饋意見，其中問題確實不少。你書評裡提出拙著在三個方面存在的問題：對以往相關成果徵引及討論不夠、史料解讀上多有可議之處、有關推斷往往過分，看得還是比較準確的。這樣的真知灼見，對我今後修訂此書時進一步糾錯或充實，必有很大益處。拙著篇幅甚大，通讀一遍已非易事，要寫出你這樣有份量的書評，所費時間和精力自當更巨，在此正該專門向你表示深切的感謝！我也考慮到，你寫在書評中的，可能還不是全部意見，所以很期待你能夠把拙著中存在的問題盡量地、不客氣地都寫出來或寫給我。說這些話可不是客套，學術乃天下公器，作者首先能夠誠心誠意求取不同意見，對於當今學風的改善和學術發展，都可說是一個相當關鍵的環節。

今天我向雷聞要來你的電郵，一方面是要向你表示謝意，另一方面也想把我的電子郵箱給你，以便你與我聯繫，給拙著多提意見。此外，你在書評

---

16 如《唐會要·定格令》載景龍三年八月九日（西元 709 年）敕曰「其制敕不言『自今以後』、『永為常式』者，不得攀引為例」，這就意味著凡是有「自今以後」、「永為常式」字樣者，有準立法效果，皆可被反復援用。

中向我本人和學界同好提出的諸多具體疑問，我已仔細看過並一一核對了拙著的相關內容，覺得有些地方你的理解可能不對，或者說批評的並不是我書中表達的意思，也願在這封信裡坦率告知於你。

　　如你書評中（《唐研究》此卷 564 頁倒數第 8 行）指出拙著第 423 頁注 1（其實是注 3）應引滋賀先生成果的問題，「七卷恐為十卷之訛」，是因為上面注 2 已定開元新格為十卷，拙著第 431 頁注 4 指出開元前、後、新格卷數在不同文獻中有六、九、七、十之異，對此問題已作通盤考慮，最終則未下斷語。而滋賀先生對此的考證極為簡略，斷之為「九」並不可取，對已故先生還是不要牽出批評為好（拙著第 454 頁注 1 說阪上康俊先生的局限而不牽出滋賀先生，也是這種考慮）。又如你書評中（第 565 頁倒數 10 行）說「該奏文明確稱違令的行為要『依旨科處』而非『依律』」，其實該奏文意是對有違律、令的行為「誠宜案劾」，故須「依旨科處」，拙著所述在這一點上恐無問題。再如你書評中（第 566 頁倒數 14 行）說拙著以單一條文來定性《麟趾格》整部法典，其實我在拙著第 36 頁說「這也正是……的表現」，語氣還是比較保留的，第七章第一節通篇論《麟趾格》性質為刑法典，其中所論諸端都可以說是這句話的注腳。另如你書評中（第 567 頁第 1 行）說我認為「同樣的規定不能既存於式，又存於禮」，這顯然不是我的看法，拙著中並無這樣的表述，且第 405 頁注 3 已引舊志指出禮與令式之類「參會改定」而不可能是重復關係，這應該是比「雜以令式」更為準確的說法。與此相類，你書評中（第 566 頁第 3 行）說我認為「詣闕上表是修《式》的方式」，這也不是我的表述，拙著第 464 頁第二段才是對此的正面表述。凡此之類，雖然都很瑣屑，但若能夠注意的話，當能使你的書評更增光彩和力度。我一向認為書評最要緊的是準確把握作者表達的意思，這個如果錯了，就會使抑揚皆失其據，其重要性是無論如何強調都不過份的。

　　餘不一一，再次感謝你的書評和辛勤工作！

即祝：

　　研安！

（此信為樓先生於 2016 年 3 月 2 日擲下，2019 年 3 月 19 日授權公開）

評賈文龍著《卑職與高峰──宋朝州級屬官司法職能研究》
──兼論宋代司法官群體研究的相關路徑

　　河北大學宋史研究中心的賈文龍先生，長年專研宋代法制史，多所著述，而今將博士論文詳加修訂，終成是書《卑職與高峰──宋朝州級屬官司法職能研究》（人民出版社 2014 年版），乃是宋史與中國法制史研究的最新成果。本文特為評介，以下先列出是書目錄，以供讀者參考：

緒　論

第一章　漢唐五代時期州級僚佐的設置沿革──宋朝州級屬官職源追溯

　第一節　漢晉南北朝時期州級僚佐設置的變動狀況

　第二節　隋及唐前期州級僚佐的設置變動

　第三節　中晚唐及五代時期州級僚佐的設置變動

第二章　宋朝州級屬官設置制度變遷──宋朝州級屬官體制對司法模式的影響

　第一節　宋朝州級行政區劃等級制度

　第二節　宋朝州級屬官的職位元配置

　第三節　宋朝州級屬官的職能分工與辦事廳所

　第四節　宋朝州級鞫讞兩司體制的形成與延續

第三章　宋朝州級屬官審判職能的行政流程──對宋朝地方司法程式表像形式的探討

　第一節　宋朝州的審級權限與獄訟受理

　第二節　宋朝州級審判中的審訊環節

一

　　作者在緒論中強調了宋代州級屬官司法職能研究的重要意義，概述了目前學術研究積累的狀況，提煉了自身相較於以往研究的進步之處，如擴大史料的搜索範圍、進行系統性研究、拉長研究時段等，最後對本書進行了自我定位，即融「官制史研究」、「法律史研究」、「職能性研究」、「群體性研究」於一體。

　　第一、二章的著眼點在於屬官設置，作者扼要概述了自漢至宋的相關變化，著重考察了屬官的人選來源，以及在幕職、州曹兩套州級司法系統之下，各種屬官的職能分工，由此拈出司理參軍設置及鞫讞分司的歷史意義。

　　第三、四章以審判流程為經緯，逐一析出審、判、覆審、執行等各個環節中州級屬官所發揮的作用，指出屬官司法職能雖籠罩在州級長官的終審權（包含親審權、全程監督權、行政監察權）之下，但也對長官形成職權反制（如爭駁、拒署），且在屬官之間形成分工制衡（審前偵查權與檢法權、審訊權與擬判權）以及職權變通等格局。

　　第五章分為兩個部分，分別概括了對州級司法屬官的監察與獎懲制度。作者首先將提刑司對州級審判的監察之權概括為彈劾州縣官吏權、監察地方司法事務權、復查州級審判檢法斷罪權、推鞫疑難案件權；其次以四等官制總論州級屬官的司法責任，又分別論述幕職州縣官與諸曹官的司法責任；最後通過分析現存考詞，反觀各種州級屬官的司法職能，並概述了宋廷因雪理冤獄、救治人命以及獄空而對屬官的嘉獎制度。

　　第六章首先分別考察了幕職官與諸曹官除司法以外的其他行政職能，其次勾勒了州級屬官在死刑案件與疑難案件中的權責與表現，及其與中央司法機構之間的銜接關係，最後簡述了作為貶謫散官祿階的州級閒散官職，其中特別提及司戶參軍作為貶謫官職的政治否定意味。

　　作者在第七章中指出，雖然宋朝州級屬官的地位要高於唐代，但仍然為下層官僚，其選人官階造成了這一群體回避風險、厭倦官場等心態。不過，

即便如此，宋代官場仍不乏正直不阿、體現儒家精神、注重邏輯推理的州級屬官，而且形成了相當發達的官箴文化。

第八章則從正反兩面論述了州級屬官的司法表現。從積極層面看，宋代的州級屬官在判罪量刑上的水準有所提高，重視審前偵查和證據認定，且積極建言或參與法律修訂；而從消極層面看，州級屬官即便面對胥吏與地方豪強，也處於相對弱勢的地位，且深受審判權分散所導致的司法效率低下的困擾，此外還存在冗官與嚴重司法腐敗的問題。

作者在結語部分高度評價了鞫讞分司制度，將之作為宋廷分割權力、加強監察的制度設計的重要環節；又通過縱向追考，確定鞫讞分司原則在宋初便於州級確立，至神宗時上推至中央，而遲至南宋高宗時期才下至縣級。至於鞫讞分司之制未為後世繼承的原因，作者認為與州級不再並行曹官與幕職官兩套系統相關。

從研究內容上言，本書以州級司法屬官為研究對象，既詳加條理相關的制度規範，涉及職官、司法、監察等諸層面，也著力於揭明制度運作的實態與效果，且辟專章研究官員群體，致力於描述其在司法過程中的形象與心態，可謂兼顧靜態規範與動態施行，既見「制度」又見「人」。

從史料運用上言，本書取材相當豐富，詳徵博引，基本涵蓋了宋代諸種原始史料，尤其是對宋人文集的大量使用，雖有史料數據庫輔助之功，亦可見作者所受嚴格的史學訓練及用功之勤。

當然，任何研究都無法盡善盡美。筆者在閱讀本書的過程中，亦產生了一些疑問，尤其是與宋代司法官群體的研究路徑相關，謹此求教於作者及學界同仁。

二

柳立言在評價此前學界對於宋代法官的研究成果時，言道：「這些鳥瞰式的論著，優點是讓讀者看到宋代司法的林林總總，缺點是彼此之間時有矛

盾，例如同樣利用《名公書判清明集》，陳景良和何忠禮的結論南轅北轍，佐立治人的發現跟郭東旭和王志強也不盡相合。即使是同一位作者的同一篇論文，也讓讀者產生疑問，如當功利主義與德性原則衝突時，不知法官如何取捨？維護個人權益與追求社會無訟有時亦屬魚與熊掌，未知法官以何者為先？這些問題，無寧是因為研究者把多位法官共一爐而治之，得出的結果，難免是一位科學怪人」。[1]

　　本書對於宋代州級屬官的研究同樣存在這一問題。以集中論述屬官群體的第七、八章為例，作者一方面展現了屬官為規避官場風險而對上級積極迎合或消極隱忍的心態（第 244~245 頁），甚至急於成獄、阿諛上司的種種劣跡（第 296~299 頁），另一方面又通過鋪陳屬官反對長官意見、不肯阿上枉法的史實，刻畫了這一群體正直不阿的形象（第 249~251 頁）；一方面強調屬官受儒家思想影響而存在恤刑憫囚、清廉守節的表現（第 251~255 頁），另一方面又歷數他們賄賂橫行、以獄市利的惡行（第 302~309 頁）。閱讀完這兩章，筆者不覺有以下疑問：宋代州級屬官既然厭倦官場，嚮往歸隱山林的生活（第 246~249 頁），又何必選擇繼續沈浮宦海，甚至卑躬屈膝地做違心非法的勾當？如果官箴文化的確在宋代「產生了廣泛的社會影響」（第 267 頁），這些規訓與箴言真的「成為宋代官員在地方工作中的指導和信念」（第 264 頁），那麼司法屬官應該堅信「君子之仕無小大」，「勿以事務細瑣而無所作為」（第 262 頁），所謂的「宋朝的官僚等級制度對幕職州縣官群體的禁錮作用」（第 247 頁）將大為削弱，如何會「尤為明顯」？既然「儒家倫理的規範體系已經內化為他們性格的一部分」（第 251 頁），且有所謂的「宋朝清官文化」（第 251 頁）的形成，道德的自我約束力如此之強，「充滿了中國古代傳統法官維護正義的傳統精神」（第 257 頁），又為何「一旦缺乏訴訟程式控制和外部的監督約束，封建主義的司法體制就會陷入不良運作、呈現其陰暗面」（第 295 頁）呢？

---

[1]　柳立言：〈青天窗外無青天：胡穎與宋季司法〉，柳立言主編：《中國史新論‧法律史分冊》，中央研究院、聯經出版事業股份有限公司 2008 年版，第 237 頁。

此外，客觀行為之表現究竟因何造就、其主觀世界為何等問題，實在紛繁複雜，難以定於一是。如本書將陳俊卿不做自我辯解、錢若水拒絕接受被害人感謝的行為（第 245 頁），歸諸規避官場風險、不敢頂撞長官、不敢居功等心態，若是換一語境，何嘗不能作為傳統士大夫高尚品格的標表？與此相類，對於思想的概括與評價也很難得出完全周延的結論，如本書將「相信『德』具有善報功能」視為儒家思想的體現（第 254 頁），但朱熹便明確反對這種「惑於罪福報應」的現象，而研究者亦據此認為「唐宋之際佛教思想深入到司法領域，使許多執法官吏陷於思想混亂」，[2] 究竟孰者為是？且本書據以為證的《察推閣公行狀》所載「出一人死，非以邀陰惠，但理官之責當如是耳」（第 255 頁）之語，可見閣姓司理參軍並不相信所謂善報、陰德，而將之視為應盡之責罷了。

三

其實，任何時代，不論何種制度、體制之下，官吏也好，民眾也罷，必然良莠並存、善惡互見。司法官群體亦莫能外，其中秉公執法、高懸明鏡者有之，因貪枉法、專橫暴虐者亦不乏其人，或許更多的是庸庸碌碌、以「私罪不可有、公罪不可無」而終其一生者。這種優、中、差的分等，既有制度原因，亦可歸諸先天資質、家庭環境、人生際遇、道德修養等因素，統括論之，恐怕難有發明。

近年來，學術界開始探索群體傳記學（Prosopography）的新研究路徑，亦即「通過對一群歷史行為人的生平做集體性的研究，探討這群歷史人物共有的背景特徵。其採用的方法要先建立一個研究範圍，然後就此提出一組相同的問題——這些問題可以是關於出生與死亡、婚姻與家庭、社會出身與所繼承的經濟地位、居住地、教育、個人財富之數量與來源、職業、宗教、宦歷等方面的。然後，將此研究範圍中所有人物的各類信息加以羅列、組合，

2　李光燦等：《中國法律思想通史》（第 2 冊），山西人民出版社 2000 年版，第 574 頁。

再通過對這些信息的考察找出具有顯著意義的變量。研究者可以檢測這些信息的內在相關性，及其與其他行為形式或行動形式的相關性。」[3]就宋代法律史研究而言，柳立言曾分別以民事（立嗣與分產）、刑事（宗教犯罪）審判為例，嘗試回答面對不同時間、不同地域發生的同類案件，不同的審判者是否會因「歷史背景、歷史地理、歷史記憶、地方風俗、民間習慣、個人背景、個人好惡、個人信仰、個人所屬學派等」而做出不同的判決；[4]賈燦燦從史籍中稽得兩宋判刑部、刑部尚書共 162 人，分別統計其籍貫、入仕途徑、家庭背景、任官履歷等，由此探究宋代文化重心南移、禮法關係、科舉與社會階層變動等命題；[5]筆者亦以明法科出身者為例，考察這一群體的任官履歷、官聲業績等，認為即便明法科在王安石變法時期走到了輝煌的頂峰，也未曾改變彼時對這一群體的負面印象。[6]

本書在基礎史料層面多所勾稽，提供了諸多州級屬官的個案與事跡，如從《宋會要輯稿・選舉》中逐一析出新科進士初任地方屬官之例，勒成一表（第 58～66 頁）。然而可惜的是，作者僅將相關實例填入選舉、遷轉、考課、審判等制度框架之下，以此展現制度的運作實態，卻未曾措意於上述「群體傳記學」的研究路徑。實則，梅原郁在類似研究中已著先鞭：就司理參軍而言，他從《宋史》中檢出五十人，其中進士出身者約四十人，其他為諸科或恩蔭出身，而進士出身者基本以此為初任官，亦有一任縣令、縣尉、主簿而改官為司理參軍者；又從宋人文集的行狀和墓誌銘中檢出約五十人，其中一半為進士或同等資格出身者，一半為諸科和恩蔭出身者，加上許多墓誌銘末

---

3   Lawrence Stone, Prosopography, *Daedalus* 100-1，1971，pp. 46-71，收入 F. Gilbert and S. Graubard eds., *Historical Studies Today*, New York, 1972. 以上譯文及出處，皆來自「中國歷代人物數據庫（CBDB）項目」網站「方法論問題」欄目，
    http://isites.harvard.edu/icb/icb.do?keyword=k35201&tabgroupid=icb.tabgroup143757。

4   柳立言：〈南宋的民事裁判：同案同判還是異判〉，載《中國社會科學》2012 年第 8 期；柳立言：〈從《名公書判清明集》看南宋審判宗教犯罪的範例〉，載柳立言主編：《性別、宗教、種族、階級與中國傳統司法》，中央研究院歷史語言研究所 2013 年版，第 93～141 頁。

5   賈燦燦：〈兩宋刑部尚書人員結構考述——以判刑部、刑部尚書為中心〉，載《江西社會科學》2013 年第 9 期，第 113～118 頁。

6   趙晶：〈宋代明法科登科人員綜考〉，載《華東政法大學學報》2011 年第 3 期，第 64～76 頁。

尾所列子孫或女婿所任官職，可以推定一百五十位以上的司理參軍中，大部分為恩蔭出身。就司法參軍而言，他從《宋史》中檢出 40 餘人，其中近 30 人出身進士，明法或新科明法出身者 5 人，恩蔭出身者 9 人；又從墓誌銘等中檢出 40 餘人，其中進士出身者 15 人，而恩蔭出身者 13 人、明法出身者 7 人、諸科等出身者 5 人，加上親為五品官以上的恩蔭子弟以及未能留名於後世的明法、諸科出身者，可以推定二分之一或三分之二的司法參軍非進士出身。[7]梅原氏並未再就這些數據進行分析，不過他對司法參軍與司理參軍做了一個總結性的比較：對於進士而言，出任司理參軍，不過是為了獲得州的實務經驗，以為將來政治生涯的晉升之階，是否以法律為專業並非重要條件；而在墓誌銘的敘述中，司法參軍則與司理參軍不同，強調其人以法律與刑名為業者頗多，且雖然出身恩蔭者不在少數，卻能經法官特別考試而迅速遷轉至大理寺、刑部等中央司法官廳。[8]若梅原氏這一結論不誤，那麼本書所概括的司理參軍之於宋代地方司法的歷史意義（如第 322 頁），是否有拔高之嫌？

　　此外，本書試圖拉長時段，「把州級屬官放在中國古代地方行政制度演變的背景下考察」（第 8 頁），行文中亦常見唐宋演變的勾勒與論述。只是無論是地方行政制度，還是職官、司法制度，唐宋史學界皆有相當深厚之積累，以州級屬官的司法職能切入，能在多大程度上實現以小見大、迭出新意，也令人頗感疑惑。若是援入群體傳記學的方法，或許能別有收穫。黃正建立足於唐代司法參軍群體，吸收梅原郁對宋代司法參軍的相關研究，通過司法參軍的出身、遷轉、職掌、家族背景、身分認同等，已對唐宋之變略作初步分析，[9]值得後來者密切跟進。

7　〔日〕梅原郁：《宋代司法制度研究》，創文社 2006 年版，第 140～141、150～151 頁。

8　〔日〕梅原郁：《宋代司法制度研究》，創文社 2006 年版，第 156～157 頁。

9　黃正建：〈唐代司法參軍的若干問題——以墓誌資料為主〉，載柳立言主編：《近世中國之變與不變》，中央研究院 2013 年版，第 105～140 頁。又，黃氏還就從墓誌中檢出的 208 位唐代司法參軍，探究了這一群體的知識背景，參見氏著〈唐代司法參軍的知識背景初探〉，載榮新江主編：《唐研究》（第 20 卷），北京大學出版社 2014 年版，第 145～168 頁。。

四

　　本書的作者在「後記」中坦言，本書經由博士論文脫胎而成，修訂時「電子檢索手段」等在史料充實上發揮了相當作用（第 349 頁）。誠如是言，現代化的科技使得「皓首窮經」成為了過去式，電子文獻的檢索與查找使得以往金泥玉屑式的研究成了「無意識的考證」，而如「中國歷代人物數據庫」（CBDB）這般數字化工具的設計理念即不滿足於純粹的史料檢索，更在於通過多元檢索項的不同組合以及「地理信息系統」（GIS）等其他輔助手段的援入，貫徹「群體傳記學」與「社會網絡系統」的研究方法，從而產生別開生面的問題意識。[10]

　　不過，一如上述，本書對於數據庫的利用還停留在文獻檢索與查找階段，尚未進入問題意識開拓層面，由此便引發另一問題：套用一個吉爾茲（Chifford Geertz）率先使用、由黃宗智發揚光大的概念，史料徵引的大幅度提升，是否導致研究成果出現「內卷化」（involution）趨勢？只不過這一問題所涉頗廣，非本文篇幅所能容載，姑且置而不論。以下僅枚舉一些本書行文論證中所用史料的證明力問題，畢竟在數據庫蓬勃發展、資料獲取日益便捷之當下，吾輩學人應該在細繹史料、體貼文意上花費更多精力。

　　1. 第 192 頁，作者論述的是提點刑獄司督察地方司法事務權，而引用的太宗太平興國九年《令天下繫囚十日具犯由收禁月日奏詔》卻載「仍委刑部糾舉」。

　　2. 第 199 頁，作者論述的是失入死罪的責任追究，而引用的大中祥符八年韓允之案卻是「故入人罪」。

　　3. 第 252～254 頁，作者論述審判中所強調的「情」的因素，而引用的例證卻指向不同內涵的「情」[11]，如作者的本意應該是指作為審判法源之一

10　有關 CBDB 所啟發的研究思路，可參見方震華：〈中國歷代人物傳記數據庫（CBDB）與宋史研究〉，載《臺大中國中古近世史研究通訊》第 1 期，2008 年。

11　有關宋代司法斷案時使用的「情」、「仁情」、「情理」等字詞的含義分析，參見 Geoffrey

的「情理法」之「情」，即主觀倫理標準之類，如「人情」云云；但還有部分例證所用之「情」，卻是客觀案情之謂，如趙彥倓「察其情」（此案前後凡兩見，一則引《宋史》本傳，一則引墓誌銘），張璫「諭使以情言」、並向府帥林公諍諫「帥所以屬某者，欲得其情也。今得其情而失信」，舒邦佐「言其情本出過誤」等。

4. 第 274～277 頁，作者論證屬官重視審前偵查與證據認定，而引用的史料卻並非全部具有證明力，如宋祁之父面對行商借宿佛寺而被誤指賊殺群僧的案件，頗感疑問「是輩操奇贏，舉千百計，胡怨而蹈死耶」，這借助的是邏輯推理；李彤攝督郵時，遇到三人謀殺一人之案，建言「一人死，安可戮三人，坐謀首可也」，這僅涉及刑名適用；彭商老為南雄州司理參軍，「三事積歲獄不決，君立正之」，這是表現彭氏迅速審結案件，亦未見偵查或證據認定。

5. 第 280 頁，作者論證屬官積極建言或參與法律修訂，而所引華岵為廣州錄事參軍時「每有所治，必先窮竟譯者，自是人無冤聲」，與所證似無關聯。

五

學術之樹之所以常青，乃在於博稽智慧而迭出新見。法制史這一學科之娩出，蓋由歷史學社會科學化之大勢使然。而現下科技日新月異，計算機技術的發展又為史學研究帶來了前所未有的機遇與挑戰。身處這樣的時代，我輩學人既不應毫無主見地隨波逐流，也不能視若無物地埋首書齋。尤其是，這些新工具、新方法的應用尚屬試驗階段，所謂「創始者難為力，後起者易為功」，我等不應滿足於拭目以待，更應身體力行。

MacCormark, Judicial Reasoning in the South Song, *Journal of Song-Yuan Studies*, vol41, 2011, pp. 114-144. 該文中譯本為〔英〕馬若斐：〈南宋時期的司法推理〉，陳煜譯，載中國政法大學法律古籍整理研究所編：《中國古代法律文獻研究》（第 7 輯），社會科學文獻出版社 2013 年版，第 305～326 頁。

　　本書體系井然、引證博贍，這為作者進一步引入新的研究方法與路徑奠定了紮實的學術基礎，也為學界同仁思考相關問題提供了重要的學術參考。筆者堅信，憑借這一厚實的學力積累，在不久的將來，本書的作者必然能夠探索出全新的研究範式，從而為宋代法制史乃至於宋史研究提供具有示範性意義的學術成果。

如何更好地進行定量與定性研究？
——評大澤正昭《南宋地方官の主張：
〈清明集〉〈袁氏世范〉を讀む》

　　自 1980 年代《名公書判清明集》（以下簡稱《清明集》）明版被發現以來，國際宋史學界對此展開了孜孜不倦的研究，相關成果極為宏富。其中，大澤正昭乃是代表性學者之一。

　　1986 年，他與大櫛敦弘、佐藤明一起輪讀完陳旉的《農書》之後，恰逢高橋（津田）芳郎將明版的複印件帶回日本，於是率先在東京地區組織「清明集研究會」，轉而投入到《清明集》的研讀上，並從 1991 年開始陸續發表集體研讀成果，至 2010 年為止，先後完成了卷十二至十四「懲惡門」、卷十一「人品門」、卷十「人倫門」、卷一「官吏門」的譯注稿，[1]與高橋芳郎對「戶婚門」、「賦役門」、「文事門」的譯注[2]一起，共同構成了《清明集》

1　　清明集研究會：《〈名公書判清明集〉〈懲惡門〉譯注稿》（その一），1991 年版；清明集研究會：《〈名公書判清明集〉〈懲惡門〉譯注稿》（その二），1992 年版；清明集研究會：《〈名公書判清明集〉〈懲惡門〉譯注稿》（その三），1993 年版；清明集研究會：《〈名公書判清明集〉〈懲惡門〉譯注稿》（その四），1994 年版；清明集研究會：《〈名公書判清明集〉〈懲惡門〉譯注稿》（その五・完），1995 年版；清明集研究會：《〈名公書判清明集〉〈人品門〉譯注稿》（上），2000 年版；清明集研究會：《〈名公書判清明集〉〈人品門〉譯注稿》（下），2002 年版；清明集研究會：《〈名公書判清明集〉〈人倫門〉譯注稿》，2005 年版；清明集研究會：《〈名公書判清明集〉〈官吏門〉譯注稿》（上），2008 年版；清明集研究會：《〈名公書判清明集〉〈官吏門〉譯注稿》（下），2010 年版。

2　　〔日〕高橋芳郎：《譯注〈名公書判清明集〉戶婚門——南宋代の民事的紛爭と判決》，創文社 2006 年版；〔日〕高橋芳郎：《譯注〈名公書判清明集〉官吏門・賦役門・文事門》，北海道大學出版會 2008 年版。

明版日譯本的全帙，是日本學界在 1986 年出版《清明集》宋版譯注本[3]之後的標誌性成果。作為譯注的副產品，大澤氏、戶田裕司、石川重雄、大櫛敦弘還利用「懲惡門」的史料，合作撰寫了一部學術性較強的通俗讀物，選取八個主題，即訟師與嘩徒、士人與宗室、同惡相濟或為惡貫盈、欺凌孤寡、奸穢與亂倫、淫祀與邪教、鬥毆與競渡、販生口與賭博，試圖以此展現南宋社會的糾紛實況與解決之道。[4]

　　除了上述研究會的集體成果外，大澤氏本人也將自己的主要研究對象由此前的農業社會史，轉向了以《清明集》為主要史料的家族史。當然，這一轉變也並非只是因為史料的影響，也是其問題意識自然發展的結果，如他在《唐宋時代的家族‧婚姻‧女性──婦は強く》的後記中寫道：「之所以開始這一研究，是對此前集結的《唐宋變革期農業社會史研究》的發展。此前主要研究的是農業生產力的發展，而並未充分考慮維持生產的農業經營的情況。眾所周知，中國的農業基本上依靠家族經營來運作，對於解明作為經營體的農家而言，家族研究是不可欠缺的課題」。[5]在大澤氏看來，研究農業生產、家族、地方權勢者以及地方官對鄉村社會的認識等，共同構成「對社會再生產的歷史性把握」，這是社會史研究的總括性課題，即必須從新的生產力論、家族史研究出發，對本地社會的再生產條件進行研究，進而闡明與專制國家之間互為補充的關係，由此把握中國社會的歷史特徵。[6]

　　2015 年，大澤氏將自己二十餘年間發表的部分論文匯為一編，以〈南宋地方官の主張──《清明集》《袁氏世範》を讀む〉為名，由日本汲古書院

3　〔日〕梅原郁：《名公書判清明集》，同朋舍 1986 年版。譯者是以梅原郁為首的京都大學人文科學研究所共同研究班的成員，如愛宕元、川上恭司、衣川強、金文京、氣賀澤保規、斯波義信、杉山正明、竺沙雅章、礪波護、深澤一幸、本田治、森田憲司等，皆為一時之選。

4　〔日〕大澤正昭：《主張する「愚民」たち──傳統中國の紛爭と解決法》，角川書店 1996 年版。

5　〔日〕大澤正昭：《唐宋時代の家族‧婚姻‧女性──婦は強く》，明石書店 2005 年版，第 276 頁。

6　參見〔日〕大澤正昭：〈唐宋時代社会史研究の現状と課題‧試論〉，載《メトロポリタン史学》第 3 號，2007 年，第 23～49 頁；〈「中国近世社会史研究の課題」基調報告〉，載《上智史学》第 53 號，2008 年，第 89～92 頁。

如何更好地進行定量與定性研究？
——評大澤正昭《南宋地方官の主張：〈清明集〉〈袁氏世范〉を讀む》

出版，充分體現了他所秉持的社會史的研究立場。筆者擬就拜讀本書的若干想法，聊綴成文，求教方家。

一

大澤氏在緒言中開門見山地交代了本書的研究對象、問題意識與研究方法。《清明集》所收各個書判和《袁氏世範》（以下簡稱《世範》）的作者，分別是路、州、縣級的地方官，本書研究的就是這些作者如何認識、判斷宋代基層社會並加以應對，以及這些看法具有何種歷史特質。對於地方官而言，其活動可區分為公、私兩個領域，公的領域首推司法裁判，私的領域則是家庭生活，《清明集》體現前者，而《世範》表現後者。大澤氏希望通過「內在式」史料研究方法，去理解這些作者所持的價值觀與判斷標準，而所謂的「內在式」史料研究方法，是相對於版本檢討、書籍形制研究等「外在式」方法而言，在概覽史料整體記載的基礎上，去分析其內在的邏輯構造。

正因如此，全書分為兩大部分，第一部分是「《名公書判清明集》的世界」，第二部分是「《袁氏世範》的世界」，以下逐一概述各章內容。

第一章「《名公書判清明集》的世界——定量分析的嘗試」，共設計了如下 15 張表格，表 1 分別以卷數、書判數、頁數、每卷所含書判的平均數、每卷的平均頁數、每個書判的平均頁數為指標，對《清明集》所存七門（官吏、賦役、文事、戶婚、人倫、人品、懲惡）進行統計；表 2 以路、州之名為指標，統計它們在各門出現的次數與百分比；表 3 以書判數與地名數為指標，分析各門每個書判所含地名的平均數量；表 4 列出了 24 位作者的出生地以及各門所收各個作者的書判數；表 5 列出了 7 位主要作者的任官履歷；表 6 統計了各門所見男、女性的人數和女性所佔比例；表 7、表 8 分別統計了各門所見男性中含有數字的人名數和含有官名的人名數及其分別的比例；表 9 統計了各門所見人名總數、古人數量及其所佔比例；表 10 統計了各門所見年號的數量、每卷所見年號的平均數量、每個書判所見年號的平均數量；表 11

以慶元以前、嘉泰、開禧、嘉定、寶慶、紹定、端平、嘉熙、淳祐、寶祐、開慶以後為指標,統計它們在各門出現的數量;表 12 統計了在嘉定、寶慶、紹定、端平、嘉熙、淳祐、寶祐、開慶、景定年間做出的判決數量;表 13 統計了各門出現的法條數量、每卷所含法條的平均數、每個書判所含法條的平均數;表 14 以書判數、頁數、每個書判的平均頁數、地名數、每個書判所含地名的平均數、人名數、女性數及其比例、含有數字的人名數及其比例、含有官名的人名數及其比例、年號數、每個書判所含年號的平均數、引用法條數、每個書判所含法條的平均數為指標,統計了《清明集》點校本附錄二所載黃榦的書判;表 15 以卷數、書判數、頁數、每個書判的平均頁數、地名、女性、含有數字的人名、含有官名的人名、古人、年號、引用法條為指標,比較了《清明集》各門的總體特點。通過分析上述表格,大澤氏得出以下結論:第一,由卷數和每篇書判的篇幅長度可見,明版《清明集》的編纂重點在於「戶婚門」;第二,《清明集》中出現的地名大多位於臨安府至鄱陽湖一線的交通路上以及福建路建寧府,之所以多見建寧府的地名,原因之一應該是所收書判的作者多與福建路有關;第三,地名頻見於「人品門」,少見於「人倫門」,前者的內容多與州縣胥吏犯罪相關,後者多為以一般性倫理道德為主題的書判;第四,「人倫門」與「戶婚門」後半部分(卷七至九)多有女性出現,所處理者多是與家族相關的倫理道德和血統繼承問題;第五,含有數字的人名被認為是無名的庶民階層的標誌,此類人名大量見於「懲惡門」,其次是「人倫門」,因此「懲惡門」、「人倫門」與庶民階層相關,而其他五門則主要處理與上層階級、中間階層相關的事情;第六,古人在「文事門」中出現的比例最高,因為該門主要引用故事或聖人之言的道德訓誡;第七,「戶婚門」不僅分量最重,而且多見調查證據、參照法條的書判,可見是當時中間階層的關注所在;第八,「人品門」的書判沒有引用法條,注重的是司法官的「人情」。

第二章「胡石璧的『人情』——《清明集》定性分析的嘗試」,首先回應了陳智超與高橋芳郎有關《清明集》性質的爭論(前者認為是宋代訴訟判

決和公文書的分類編纂物，後者認為是與地方行政相關的手冊），大澤氏通過分析《清明集》各門所收書判的數量多寡，認為其內容無法起到指導地方官進行實務操作的功能，因此更像是根據編纂者意圖進行整理的書判類書。作為書判，其最重要的部分是裁斷（裁判官的見解＋量刑、調解），作為裁斷的法源依據，向來有「天理」、「國法」、「人情」之爭，因此大澤氏接下來就評析了滋賀秀三與佐立治人的爭論，如滋賀氏認為「人情」是最根本的原則，但「人情」與「天理」能否截然二分？又如佐立氏認為南宋的民事性裁判是依據法律作出的，「人情」原則所能發揮的功能並不大，但他僅僅立足於書判所見「人情」及其相關用語進行分析，也有很大的局限，換言之，也可能存在沒有使用「人情」、「情理」這一類語詞、卻體現「人情」原則的情況。由於胡石璧和蔡久軒的書判佔《清明集》四成有餘，所以大澤氏後文的論證主要圍繞這兩位作者展開。他認為，胡石璧的「天理」原則體現在徵引各種聖人、前賢（從孔孟到韓愈）的言論上，具體分為三個方面，第一是表示「天理」意涵的語詞，如「道理」、「人倫」、「孝」、「友」、「仁」等，第二是搭配其他語詞、表達合乎道德等意思的「義」字（如夫婦之義等），第三是為胡石璧所憎惡、站在「天理」對立面的行為（如被稱為「惡之如寇仇」等）。在這種理解下，「天理」實際上與「人情」是一體的，且可大致分為普遍性道德和關於家族、宗族的道德兩大類。至於胡石璧的「人情」原則，一般體現為書判中出現的「從輕」、「從寬厚」、「可憐」、「從恕」等語詞，以及裁判官對於被告立場、輿論、士人陳情的考慮。蔡久軒的「天理」原則和「人情」原則與胡石璧相差不遠，但也有自己的特點，如引用前賢之言僅限於范仲淹一人，又如他對於士人與官吏的犯罪多從輕處罰，體現了對現實的妥協，換言之，相比於「天理」，蔡久軒更重「人情」。

第三章「劉後村的判詞——《清明集》與《後村先生大全集》」首先考訂了兩個文本所收書判的做成時間，《後村先生大全集》所收 36 篇寫於任江東提刑時代，《清明集》所收 22 篇中有 10 篇與《後村先生大全集》重合，剩下的 12 篇中有 2 篇應非劉克莊所撰，而是《清明集》編者誤冠以劉氏之名，

其餘 10 篇中 1 篇寫於任江東提刑時代，9 篇寫於知建陽縣時代，這也可從其書判使用的「帖」、「牒」等文書用語上得到印證；其次分析了劉克莊在建陽知縣任上的書判，從法源依據的角度來看，他幾乎不用「情」，雖然引用古典如《論語》、《詩經》等以彰顯「理」，但似乎是一般行文的常見套路，並不構成裁判的依據，因此他在知縣時代的判決基本依「法」而斷；至於劉克莊任江東提刑時代的書判，很多是對下級機關的指示，體現的是仁民愛物的統治理念，而在他自己審理的部分，依然鮮見如胡石璧等使用「人情」予以從輕處斷的情況，與知縣時代一樣，在「理」的部分大多重視兄弟之間的友愛，而對「法」的援引，不限於各種形式的律、法、具體的赦令與指揮，還包括抽象意義上的「法」，可見對「法」的重視。總之，大澤氏認為，劉後村書判所見的風格是嚴格地依法判決，由此可以推論，他所引用的「女子分法」應該是當時存在的法律。

第四章「南宋書判所見的地方權勢者、豪民」體現了大澤氏一直以來的學術興趣——考察「位於皇帝、高級官僚和基層社會之間」的中間階層在唐宋變革期中發生了何種變化，而所謂的地方權勢者、豪民正是中間階層的重要組成部分。他首先檢討了周藤吉之、柳田節子、梅原郁、草野靖、梁庚堯、林文勳、陳智超等學者對於宋代官戶、形勢戶、士人、豪民的研究，在認同梁氏關於「豪橫型」和「長者型」的二分法、接受梅原氏關於「豪民」特性的總結、懷疑陳氏關於「豪民」與「豪橫」的區分的基礎上，試圖擺脫「官戶」、「形勢戶」之類的概念或是地主、豪民這類生產關係的界定，通過全面分析《清明集》、《黃勉齋集》、《劉後村集》、《文文山集》中一百餘道書判，去展現地方權勢者在基層社會的影響力；其次，他逐一臚列了被定性為地方權勢者的身分與稱呼，認為他們大致可分為國家機構的成員（官、吏、制屬）、準成員（寄居官、宗室、士人、職役人）和輔助裁判業務者（茶食人、書鋪戶）三類，大多與國家有很深的關係，且書判很少使用「形勢」、「官戶」等詞語，「豪橫」與「豪民」的區別也不明確，這些權勢者活躍在臨安到江西的路線上以及福建、湖南的大部分地區，採用「家庭公社」（包

括其家族、姻親、手下、佃戶等）式的經營方式，從事的活動包括與裁判密切相關者（如「健訟」）、與國家業務相關者（如賄賂、請託等）、獨立的地域性支配行為（如私設監獄、徵收通行稅等）、錢物操作（如高利貸）、暴力活動（殺人、強盜、恐嚇等）、地方社會的群眾動員（如動員民眾向地方官施壓）及賭博、偽造公文書等其他行為；再次，他從司法和經濟兩個領域，檢討了地方權勢者中被稱為「豪民」的勢力在地域社會中扮演的角色，認為農村地區的豪民可以通過私設牢獄、動用私刑的方式，充當裁判者或調停者，城市地區的豪民則通過請託等方式來左右裁判，而他們的經濟性基礎是由土地、高利貸經營和當時當地鹽業、綱運、鑄幣、稅場等物資流通所產生的利益構成；最後，大澤氏總結了南宋書判所見地方權勢者的歷史性特徵，如他們與政府相互依存，其活動是財力與暴力的結合，因其「家庭公社」式的經營方式，使得他們的勢力很難突破血緣的限制，且與其他權勢者之間存在無止境的勢力之爭，但因為他們發揮著維持地方秩序的公共功能，既為官方所需，也能得到民眾的支持，在宋代這個不存在「法共同體」的社會中發揮著「共同體」的功能，即所謂的「阿米巴型複合經營體」模式。

第一部分的最後一章「補論：中國社會史研究與《清明集》」，是大澤氏 1991 年發表的關於《清明集》研究的設想，他認為中國社會史研究的重要課題之一是探討國家與社會的關係、權力者與民眾之間的距離，而《清明集》「懲惡門」所見「豪橫」的權勢者正是介於國家與基層社會之間的中間階層，是極好的切入點。上述第四章的各種論點，在這篇「補論」中已見雛形。

第五章「《袁氏世範》的研究史與內容構成」首先簡要介紹了袁采本人和《世範》的特點、重要性，梳理了關於該書研究的學術史，先後提及陳東原對袁采性別觀的判定、西田太一郎對《世範》的全文日譯、梁太濟和陳智超所持社會經濟史的視角，尤其是詳為介紹伊佩霞立足《世範》所展開的關於宋代家族、財產、價值觀的社會史研究以及對於《世範》一書的全文英譯，並指出其研究高估了袁采此書的價值，且因其研究方法和問題意識所限，並未對該書的史料性質作全面考察，也未對袁采的現實認識體系或邏輯性質進

行綜合把握，由此引出大澤氏對於自身研究的補正式定位；其次介紹了《世範》的兩大版本系統以及宋元類書（《事林廣記》、《居家必用事類》）的引用情況，製作了「《世範》條目對照表」，指出紹熙版（尤其是和刻本《世範校本》）是較好的本子；最後逐一總結了《世範》三卷的主題，即卷上是家族、宗族的人際關係，卷中是自身修養和超自然力及其作用，卷下是家戶及其管理。

第六章「《袁氏世範》的世界」首先指出該書各卷的具體條目未必完全切合卷題，這或許是袁采與我們現代人的意識略有不同所致，而且其具體內容與日常生活相關，頗多實踐性較強的主張，與該書序跋與卷題所體現出來的道學者的刻板氣質有異；其次比擬樂章構成，逐一解析了《世範》一書的主旋律（守「家」）、副旋律（止爭）、通奏低音（人性）、變奏曲（對女性的關注）、小品集（日常的觀察），枚舉了一些袁采作為冷靜的現實主義者所擁有的兼具個性與近代性的想法，如守家的目的在於延續祖先祭祀，破家的原因有家中存在紛爭、惡有惡報和子孫為惡，為了守家就要防止紛爭，家長應帶頭自我克制，父兄不應該自以為是，承認人有食慾、性慾、物欲以及有能力操持外務的女性為「賢婦人」等；最後，大澤氏認為袁采的部分想法不為儒教道德理念與規範所左右，來源於對客觀現實的觀察，這是他支持宋代近世說的一個理由，而且《世範》一書之所以能夠得到流傳且抄入宋元類書，也是因為它反映現實、具有實用性。

第七章「袁采的現實主義——從分析《袁氏世範》的視角出發」首先利用定量的方法，摘取出整本書中頻繁出現的四類詞彙，即與所推崇的倫理相關的「和」、「公」等，作為前者否定面的「不和」等，作為否定這類倫理的結果的「爭」、「訟」、「破家」等，作為超自然力的「天」等，其中與「爭訟」相關的條目最多，約佔整體的一半，由此凸顯出袁采潛意識中的危機感所在；其次著眼於《事林廣記》和《居家必用事類》兩本類書對於《世範》的摘引，將被抄錄的條目視為具有普遍實踐性的內容，而將未被抄錄的條目視為具有袁采個人色彩的理念部分，就全書而言，卷上、中皆有40%的

條目存於兩大類書中，而卷下有 90% 以上的條目被引用，可見各卷現實性的比重差別；再次，大澤氏認為袁采在理念上重視具有實踐意味的「和」、「公」（而非在儒教德目中具有重要意義的「孝」、「悌」），因此他能以相對平等的態度去看待女性，肯定女性的潛在能力，但又因為無法突破其歷史局限性，他也對女性持缺乏「遠識」等消極評價，所以與其如陳東原那樣把袁采目為「女性同情論者」，還不如說他是一位「現實主義者」；最後，大澤氏認為相比於前後時代，宋代的知識分子更加積極地介入現實社會，這在《世範》中就有很好的體現。

　　第八章「宋代士大夫的『興盛之家』防衛策」首先討論了中國歷史上尤其是唐宋時代家族的規模與形態，剖析了同居共財的大家族作為一種理想與現實之間存在的差距，並介紹了滋賀秀三從法制史角度界定的父子「分形同氣」、血統延續即為家的繼承的觀點；其次探討了唐宋時代家之存續何以困難，如「諸子均分」制、家庭成員稀少、生存競爭所產生的階層流動等，因此維持家之存續的對策無非就是在「均分」原則之下強化對男子的教育（袁采的想法便是如此），或是全面禁止家產分割，提倡累世同居，較為緩和的做法是一族的共有財產（族產、義田、義莊等）不再分割；再次，在大澤氏看來，相比於此前那些強調遵守禮制、提倡大家族、與現實社會有相當距離的家訓類著作，《世範》在保持理想色彩的同時，更加具有現實性，如提倡尊卑長幼之間應該盡量調和，而非絕對服從，認為兄弟異居異財也不影響「孝義」，強調對家庭成員（包括雇用人）和家業繼承者實施品行教育，讀書為「無用之用」，而且還將「天」這種超自然力作為絕對的權威，行使賞善罰惡的功能，這些就是袁采防衛「興盛之家」的戰略。

二

　　大澤氏細繹史料，尤其是強調對文本「全體像」的綜合把握，並通過設置統計指標和抓取關鍵詞的方式進行定量研究，確實為學界提供了不少重新

解讀史料的思路。因此自本書問世以來，日本學界迄今為止已刊出五篇學術書評，[7]概述內容、臧否優劣，數量之多，實為近年少見，可見本書的重要意義。

　　當然，這些書評的存在也促使筆者在撰寫本文時不斷思考：再行評論的意義何在？因此，若非對相關看法予以概括、提煉，不足以明確本文評論的起點。只不過，對於某一本書的優點，學界一般多有共識，毋庸贅言，而對於可能存在的問題，或許會因不同評論者的眼光而各有認識，因此以下所枚舉者，皆為存疑之處。

　　今泉牧子提出了兩個疑問：其一，第一部分第四章所論「豪民」一詞的含義不明，作者時而將「豪民」作為本地權勢者的一部分，時而又將二者並列，他們的關係略顯混亂；其二，第二部分關於《世範》的研究很少涉及袁采對於官場、訴訟等的看法，因此與其說這些是一位「地方官」的認識，毋寧說是「某一士大夫」的意識。[8]

　　梅村尚樹認為：第一，就定量統計而言，如果不只是單單統計地名出現的頻次，而是能夠區分審判地、案件發生地，進而提示無法確定這些地點的書判的比例與數值，或許更能明晰史料的全體像；第二，根據統計結果，以「健訟」聞名的江西並未在《清明集》中佔據顯著的位置，其原因需要進一步檢討；第三，定量的方法可以有效地用於分析標本數量巨大的對象，但《清明集》的數據規模較小；第四，本書第四章將「士人」、「形勢」、「宗室」等全部納入「本地權勢者、豪民」之中，即屬「中間階層」，那麼據此總結

7　依次是〔日〕今泉牧子：〈書評 大澤正昭著《南宋地方官の主張》〉，載《上智史學》第61號，2006年，第167～172頁；〔日〕川邊貴伸：〈新刊紹介 大澤正昭著《南宋地方官の主張》〉，載《七隈史學》第19號，2017年，第155～161頁；〔日〕梅村尚樹：〈書評 大澤正昭《南宋地方官の主張：《清明集》《袁氏世範》を讀む》〉，載《歷史學研究》第958號。2017年，第59～61、63頁；〔日〕青木敦：〈書評 大澤正昭《南宋地方官の主張：《清明集》《袁氏世範》を讀む》〉，載《法制史研究》第66號，2017年，第321～326頁；〔日〕近藤一成：〈書評 大澤正昭著《南宋地方官の主張：《清明集》《袁氏世範》を讀む》（汲古叢書129）〉，載《史學雜誌》第126卷第9號，2017年，第1515～1524頁。

8　〔日〕今泉牧子：〈書評 大澤正昭著《南宋地方官の主張》〉，載《上智史學》第61號，2006年，第171～172頁。

出來的「豪民」的特徵，究竟可通用於所有的「中間階層」，還是其中一部分，這就令人生疑；第五，摘錄《世範》條目的《事林廣記》在明初以後因被其他類書取代而流通減少，大澤氏所謂《世範》因其現實主義的特性而被廣為閱讀的結論可能還需慎重。而且《世範》與司馬光的《家範》一起被收入《四庫全書》子部儒家類，按照大澤氏的邏輯，這是否意味著在四庫館臣看來《世範》的儒教性、教條性性質更明顯？第六，就袁采作為「現實主義者」而言，與其說是以他為代表的宋代士大夫開始擺脫儒教教條主義的束縛，還不如說是儒者重建了更適應於現實社會的理論體系；第七，無論是南宋的「中間階層」與明清「鄉紳」是否同質，還是南宋士大夫是否因應於現實而對儒教加以重建等，都指向一個更大的、本書未能回答的命題——如何定位南宋在中國史上的地位。[9]

　　青木敦的評論意見既涉及史料的解讀，也涉及方法論：第一，表格製作有誤讀原文之處，如第二章表 1 第 14 列「隨母嫁之子圖謀親子之業」之「國法」欄有「揆之法意，照條作諸子均分」、「人情」欄有「揆之人情，從輕」，其中「照條作諸子均分」並非《清明集》卷四「戶婚門」的原文，僅是大澤氏的總結，而且「揆之法意」在原文中指向的是譚友吉擅自典賣、「揆之人情」指向的是李子欽獨佔譚家產業，與最終判決的「諸子均分」、「從輕」皆無關係；表 1 第 17 列「侵用已檢校財產論如擅支朝廷封樁物法」之「國法」欄有「案據條例」，而《清明集》卷八所載這一書判並未出現「例」字，原文僅為「照已判」，不應解釋為「條例」，也不宜列入「國法」欄；第二，無論是「賦役門」、「戶婚門」中法的傾向性問題，還是宋代法典的整體結構與書判中「法」的範圍，自仁井田陞以降中外學界已有許多成果積累，而本書並未觸及；第三，如大澤氏將「從輕」等作為基於「人情」的判決結果，實則在《慶元條法事類》中有許多「從輕」「從重」的敕、令，這卻是「國法」；第四，在討論南宋書判所載「豪橫」一詞時，大澤氏比較了《冊府元

9　〔日〕梅村尚樹：〈書評 大澤正昭《南宋地方官の主張：〈清明集〉〈袁氏世範〉を讀む》〉，載《歷史學研究》第 958 號，2017 年，第 60～61 頁。

龜》將帥部「豪橫」項下所載事例，認為兩者之間的差別是時代變化的結果，只是這兩種史料的種類與性質判然有別，很難得出上述結論；第五，不論是各個表格所列條項的標準，還是第七章根據「爭」等文字與字面含義所進行的用語取擇、第四章有關「權勢者」的標準等，都無法讓人理解其意義所在。[10]

近藤一成商榷了兩個細節性問題、提出了兩個方法上的質疑：第一，第二章表 2「捕放生池魚倒祝聖亭」一列，將「大不恭」列入「天理」一欄，但本案所涉「拽倒放生亭，打破祝聖石碑」的行為，難道不是法定「十惡」之一的「大不恭」？若然，為何不列入「國法」一欄？第二，《清明集》卷十四「懲惡門」之「宰牛者斷罪拆屋」中出現「鄉書」一詞，大澤氏在表 3 中將當事人劉棠標記為「鄉書手」，其實證諸文義，應是「舉人」；第三，《清明集》所存書判只是某一案件訴訟文書的一部分而已，並不僅僅是編纂成書時有所節略以及明版做成時存在誤寫，因此以書判為標本，無法對涉案的地名、人名等相關用語進行徹底統計；第四，在滋賀秀三提出三法源論以來，除了寺田浩明對於傳統中國訴訟構造有深切反思之外，近年來宋史研究者也多有對此進行回應者，且視角與本書未盡一致（其言下之意，或許是建議應參考相關成果？——筆者注）。[11]

上述這些評論兼具宏觀與微觀，大到歷史階段的時代性問題，小到史料的文義理解，應當說都相當中肯，既有助於作者重新思考已成的行文與認知，也可給同一研究領域、採用類似方法進行研究的學者提供借鑒。

三

筆者的評論採取「中觀」路線，即如標題所示，主要圍繞如何更好地進

10 〔日〕青木敦：〈書評 大澤正昭《南宋地方官の主張：〈清明集〉〈袁氏世範〉を讀む》〉，《法制史研究》第 66 號，2017 年，第 323～325 頁。
11 〔日〕近藤一成：〈書評 大澤正昭著《南宋地方官の主張：〈清明集〉〈袁氏世範〉を読む》（汲古叢書 129）〉，《史學雜誌》第 126 卷第 9 號，2017 年，第 1518～1519、1522～1524 頁。

行定量與定性研究這一主旨展開，試圖在上述評論之外，提供一些不同的想法。尤其是大澤氏一再強調其問題意識為社會史取向，那麼筆者努力從法制史角度予以補充，也正因如此，評論的重心在本書第一部分。

需要特別說明的是，如前所述，本書各章為大澤氏歷年論文之結集，而他在後記中坦言「對於這些論文進行全面修改實不可能，所以只是進行了必要的、最小限度的補充、訂正」（第 234 頁）。從其正文來看，他確實補入了一些新的日文譯注成果[12]或是更新了一些出版信息，[13]但並不涉及原來的立論。然而，如果在論文發表後、集結成書前出現了足以影響其立論的成果，那麼作者是否需要進行必要的回應與說明？或許以往學者所採用的「編案」、「補注」之類的形式，是值得延續的一種做法，既表明了作者堅持己見的學術自信，也為讀者提供了相關研究的動態信息。考慮到這一點，以下評論並不回避徵引大澤氏諸篇論文發表以後、2015 年成書以前的論著。

（一）定量研究

大澤氏清楚地認識到，對於《清明集》使用定量方法存在著一些未安之處，如就其文本性質而言，編纂意圖不明、案件入選數量不均的原因不詳（第 11 頁）；就統計方法的有效性而言，所導出的數據的可靠性是關鍵所在，如《清明集》中存在許多難解的書判，其中人名與性別很難確定（第 9 頁）；即使是所得數據相對準確，那麼也面臨著如何解釋的困難，亦即解釋這些數據的自由度很高（第 30 頁）。以下將循此思路來檢證其部分觀點：

第一，就文本編纂而言，《清明集》存在一個影響定性分析與定量分析可靠性的缺陷，即其中 121 個書判沒有標記作者（這是根據中華書局點校本做出的統計）。如果這些書判的作者能夠確定，那麼本書第一章表 4「書判

---

[12] 如增補了〔日〕高橋芳郎《譯注〈名公書判清明集〉官吏門、賦役門、文事門》（北海道大學出版會 2008 年版）、《黃勉齋と劉後村》（北海道大學出版社會 2011 年版）等，參見本書第 62 頁注（6）、第 93 頁注（4）。

[13] 如原來引用的〔日〕中砂明德《劉後村と南宋士人社會》一文刊於《東方學報》第 66 冊，1994 年，現在增補了該文收入專書《中國の近世福建人》（名古屋大學出版會 2012 年版）的信息，參見本書第 92 頁注（2）。

執筆者的出身地與收錄書判數」就需要修改；又可以根據作者的任官履歷和書判所存的其他信息，推定書判做出的時間或地點，那麼表 12「書判做成的時期」就需要修改；如果一百多個無名書判的作者可以確定，就意味著對於某些作者展開定性分析的標本範圍發生變化，相關結論就需重新討論。由此可見，對於本書而言，《清明集》所存無名書判的作者為誰，是至關重要的問題。

柳立言在中央研究院歷史語言研究所 2006 年 12 月 14 至 16 日召開的「中國傳統法律文化的形成與轉變」學術研討會上發表了《青天窗外無青天：胡穎與宋季司法》一文，將排在標有胡穎名號的書判之後的 14 件無名書判推定為胡穎所作，由此將《清明集》所收胡穎的書判從 76 件提升至 90 件；[14]此後，他更是一鼓作氣，檢討了四分之三左右的無名書判，確定了一個基本原則，即「范西堂，後同」之例可通用於全部 121 個無名書判，也就是說，某位作者後面的無名書判應出自這位作者之手，如此蔡杭的書判從 72 個增加到 106 個，胡穎的書判從 76 個增加到 93 個，范應鈴的書判從 23 個增加到 55 個等。[15]我們如果既無法找出此說的漏洞，也想不出較之更為高明的找出無名書判作者的辦法，是否應該對此說予以積極回應？

第二，就數據統計而言，指標的設計非常重要，因為牽涉到背後蘊含的問題意識。譬如第一章表 2 以各卷所見路、府或州名的次數為指標，表 6 以各卷所見男性、女性數量為統計指標，表 8 以各卷所見人名所含官名數量為統計指標，如果我們重新設計統計的指標項，或許會有另外的發現：如果所統計者不僅僅是白紙黑字所寫的地名，而且還包括通過考訂而推導出來的案件發生地或審判地，那麼《清明集》中的地名頻次排行榜是否會與表 2 有異？如果我們在原告、被告、被害人等法律身分的區分之下來統計女性的數量與

14　該文最後收入柳立言主編：《中國史新論‧法律史分冊》，中央研究院、聯經出版事業股份有限公司 2008 年版，第 235～282 頁。

15　柳立言：〈《名公書判清明集》的無名書判——研究方法的探討〉，載中國政法大學法律古籍整理研究所編：《中國古代法律文獻研究》（第 5 輯），社會科學文獻出版社 2011 年版，第 116～221 頁。

比例，是否能回應既往學界有關南宋女性法律地位的討論？如果我們在區分審理者、涉案者、涉案者的父祖等不同身分之後，再統計人名所含官名的數量，是否更能看出哪些卷帙更多涉及具有恩蔭的「中間階層」、哪些卷帙更多涉及官吏本人的犯罪？

　　第三，統計數據雖然是客觀的，但統計指標的設計和對於數據的解釋皆屬主觀領域，尤其是解釋的精彩與否決定了數據統計的成敗。如第一章表 3 以每個書判平均出現的地名次數為統計指標，得出結論是「人品門」最多，「人倫門」最少，這是因為「人品門」大多處理的是與地方胥吏相關的案件，而「人倫門」則多與家族有關的倫理案件。從就事論事的角度來說，這些判斷都沒有問題，只是我們可否進一步追問：為什麼處理地方胥吏案件就要出現地名？從法制史的角度來想像，這無非與審級問題相關。如果是縣級機關處理本縣案件，當然無需提到具體的縣名，在《清明集》中最多就是以「本縣」自稱；但若是到了州、路一級，就有可能出現縣名或州名，如《清明集》卷一「狎妓」中出現了「弋陽縣」、「本州」、「本司」，「本州」即信州，「本司」即江南東路提點刑獄司；又如卷十一「宗室作過押送外司拘管爪牙並從編配」中出現了「饒州」、「此州」，再從「當職到司」「視監司如無矣」等可推定此判由江南東路監司做出。如果我們能就此分析哪些案件是初審、哪些案件是上報審斷，是否可以與南宋地方司法的級別管轄與審轉體系等法律制度相印證？又如《清明集》卷十四「禁約販生口」中既有「饒州」「弋陽縣」，還有「福建路」，這就在一個案件中出現了兩個路級地域，如果我們能在統計指標中設計案件發生地、當事人戶籍所屬地之類的區分，那麼是否又可以藉此窺見南宋的外來人口犯罪或流竄作案情況呢？

　　此外，對於同樣的數據，我們也可以有截然相反的解釋。譬如大澤氏認為，從地名所見，福建的地緣性對《清明集》而言意義重大。然而柳立言根據大澤氏的統計數據，質疑了福建的首要性：第一，就案件的地域而論，福建路的 37 個遠不如江東路的 85 個；第二，就書判作者的籍貫而言，福建路固然佔了一半以上，但這些作者的書判總數卻只佔 386 個有名書判的 38.2%，

連一半都不到；第三，就書判最多的七個人而言，福建籍的四個人寫了 195 個書判，非福建籍的三個人共寫了 175 個，借用大澤氏的人均比例的邏輯來看，非福建籍的人均數為 58.3 個，高於福建籍的 48.8 個。[16]

（二）定性研究

　　既然是定性研究，其關注的側重在於研究對象的「特性」，而「特性」理應具有排他的獨特性，因此定性研究大多需要通過設立參照系、對比項的方式來完成。大澤氏的研究同樣貫徹了這一思路，如在研究《清明集》時將胡穎和蔡杭進行對比，在研究《世範》時，將其內容劃分為理念部分與實踐部分等。只不過，通覽全書，所論仍有未愜人意之處，在此聊舉數例。

　　第一，未將對比的思路貫徹始終。如本書主標題的題眼為「地方官」，既然是一個群體，就需要設置參照系，來凸顯某一時期這一群體的特性，如地方官的經歷對於他們的價值觀與為人處世的態度有無影響？不同地域的任官經歷是否會造成他們主觀認知的不同？終其一生為地方官的人與曾任地方官、後任中央高官的人又有無差別？甚至於對同一個人而言，在地方官任上的想法與入仕前、飛黃騰達後的想法又會否一致？如在研究《世範》時，大澤氏試圖將袁采具有獨特想法的原因歸結為「時代性」，以此再證唐宋變革論、宋代近世說。暫且不論袁采的這些想法是否有獨到之處，如果要說袁采的想法是那個時代的產物，那麼就需要全面考察與他同期的知識界，而且應將各自的出身、知識背景、所屬學派、仕宦履歷等都作為變量進行比較。對於本書而言，尤其應該注意的是，袁采在樂清縣令任上撰成《世範》，這一「地方官」的任官經歷有無獨特影響？又如大澤氏指出，胡石壁會考慮各個階層的「人情」，而蔡久軒則多優遇名士、官僚的子孫，後者的應對更為現實（第 60 頁）。只可惜，他沒有嘗試解釋其中的原因。柳立言曾討論胡石壁所具備的一般士大夫不易具有的優勢，「有顯赫的外家，有沙場的經驗，和

---

[16] 柳立言：〈《名公書判清明集》的無名書判——研究方法的探討〉，載中國政法大學法律古籍整理研究所編：《中國古代法律文獻研究》（第 5 輯），社會科學文獻出版社 2011 年版，第 123 頁。

長期擔任位高權重的路級長官等」，[17]蔡久軒是否因為沒有這些優勢而在處斷上與胡石璧有異？更有意思的是，蔡久軒宦海通達，官至參知政事，而胡石璧始終都在地方大員任上遷轉，[18]這是否又是性格決定命運？

第二，對比時設置的標準並不精準。關於「天理」、「人情」、「國法」三法源的討論，自清代法制史研究發端，因《清明集》的存在，而輻射到宋代法制史的研究上來，迄今為止，論著頗多，但大多沒有切中肯綮。如《清明集》所載的書判作者究竟是在何種意義上使用「情」、「理」、「法」？如英國學者馬若斐（Geoffrey MacCormack）曾撰寫一篇長文，總結出這些語詞的三種功能：其一，對證據進行檢驗，以及對訴訟行為（包括自己的行為及別的法官的行為）進行評價；其二，對訴訟當事人的行為進行譴責；其三，作為構成判決的一個要素，即構成判決的依據。[19]就法源的討論而言，只有「情」、「理」、「法」發揮第三種功能時，才具備指標性意義。當我們把《清明集》中大量與法源論無關的「情」、「理」、「法」剔除之後，還需繼續思考以下問題：「情」、「理」與「法」的關係為何？柳立言曾總結「天理」與法律的關係至少有四：其一，天理已被法律吸收，而且成為最重要的法律；其二，天理已被法律吸收，但沒有成為最重要的法律，理與法的位階並不對等；其三，天理沒有被法律吸收，也不與法律發生衝突；其四，天理不但沒有被法律所吸收，還被法律所禁止或違背。[20]這一總結其實也適用於「人情」（甚至禮教、風俗等）與法律的關係。如果是第一種情況，對於案

17　柳立言：《青天窗外無青天：胡穎與宋季司法》，載柳立言主編：《中國史新論‧法律史分冊》，中央研究院、聯經出版事業股份有限公司 2008 年版，第 277 頁。

18　《宋史》本傳有載，胡石璧在浙西遇到榮王府十二人行劫，悉數斬殺，連宋理宗都說：「聞卿好殺。」他答曰：「臣不敢屈太祖之法以負陛下，非嗜殺也。」可見其性格之強硬。參見《宋史》卷四一六〈胡穎傳〉，中華書局 1985 年版，第 12479 頁。

19　Geoffrey MacCormack, Judicial Reasoning in the Southern Song, *Journal of Song-Yuan Studies*, Volume 41, 2011, pp.107-189. 中譯本參見〔英〕馬若斐著：〈南宋時期的司法推理〉，陳煜譯，載中國政法大學法律古籍整理研究所編：《中國古代法律文獻研究》（第 7 輯），社會科學文獻出版社 2013 年版，第 299～358 頁。

20　柳立言：〈「天理」在南宋審判中的作用〉，《中央研究院歷史語言研究所集刊》第 84 本第 2 分，2013 年，第 285～286 頁。

件而言，不論書判作者徵引的是法律，還是天理、人情，其結果都是一樣的；如果是第三種情況，天理、人情存在於法律沒有強行規定之處，發揮的是彌補法律缺陷的作用；只有在第二、四種的情況下，天理、人情與法律存在衝突與競爭，究竟是泛論「天理」抑或動以「人情」，還是嚴格依法審判，這才體現出司法官的個人取向。以此檢視大澤氏第二、三章對於「情」、「理」、「法」的討論，尚未在上述兩個層面上嚴格加以限定並分類予以討論。

四

以上指摘，只是筆者基於法制史的視角，對定位為中國社會史研究著作的本書所提出的一些補充意見，希望在學術分工日益細緻的當下，學者們能夠盡量打破所謂「專門史」的藩籬，綜合各種學術路徑，盡可能多地從史料中榨取有益的信息。

當然，說到底，這其實是一種強人所難的「一廂情願」。如前所述，大澤氏本人的學術旨趣在於社會史，思考的核心命題是「對社會再生產的歷史性把握」，因此他現在的研究課題已經下移至元、明日用類書如《居家必用事類全集》、《新刻天下四民便覽三台萬用正宗》等，[21]藉此進一步考察宋代之後的地方權勢者（即「中間階層」）等問題。這種研究時段的下移，或許有助於大澤氏綜合比較唐宋變革論與宋元明轉型說，畢竟迄今為止，能對唐至明的不同時段皆有研究心得者，尚不多見。筆者衷心期待大澤氏能夠繼續帶給學界更多的精彩著述。

---

[21] 以筆者目力所及，相關成果有〈《居家必用事類全集》所引唐・王旻撰《山居錄》について〉，載《上智史學》第 55 號，2000 年，第 111～140 頁；〈《居家必用事類全集》所收《山居錄》の研究：譯注稿(1)〉，載《上智史學》第 59 號，2014 年，第 103～126 頁；〈《山居錄》の史料的活用について〉，載《唐宋変革研究通訊》第 6 輯，2015 年，第 17～39 頁；〈《居家必用事類全集》所收《山居錄》の研究：譯注稿(2)〉，載《上智史學》第 60 號，2015 年，第 31～43 頁；〈明代日用類書の告訴狀指南：「土豪」を告訴する〉，載《唐宋変革研究通訊》第 7 輯，2016 年，第 45～61 頁。

如何更好地進行定量與定性研究？
　　——評大澤正昭《南宋地方官の主張：〈清明集〉〈袁氏世范〉を讀む》

　　附記：以大澤正昭為首的研究團隊在 2012 至 2015 年間五赴中國，實地考察《清明集》所載案例的發生地，並撰寫了詳細的調查報告，頗值一讀。相關信息如下：〈福建北部歷史調查報告：《清明集》的世界の地理的環境と文化的背景（建寧府篇）〉，載《上智史學》第 57 號，2012 年，第 37～65 頁；〈浙江省北・中部歷史調查報告：《清明集》的世界の地理的環境と文化的背景（杭州・金華・蘭溪編）〉，載《上智史學》第 58 號，2013 年，第 145～175 頁；〈江西北部歷史調查報告：《清明集》的世界の地理的環境と文化的背景（江州・饒州・南康軍篇）〉，載《上智史學》第 59 號，2014 年，第 141～163 頁；〈第二次江西北部歷史調查報告：《清明集》的世界の地理的環境と文化的背景（婺源県・浮梁県篇）〉，載《上智史學》第 60 號，2015 年，第 31～43 頁；〈福建南部歷史調查報告：《清明集》的世界の地理的環境と文化的背景（泉州・興化軍篇）〉，載《上智史學》第 61 號，2016 年，第 119～146 頁。

附：大澤正昭先生來信

拜復

　　先日は玉稿三篇をお届けいただきありがとうございました。精力的にご活躍のご様子、何よりです。いろいろ勉強させていただきました。また十月に東洋文庫で開いたシンポジウムでは、ご紹介いただいた尤陳俊さんにたいへんお世話になりました。新進気鋭の研究者と知り合いになれ、研究上の財産が増えましたことを喜んでいます。

　　玉稿の中でも拙著に対するていねいな書評には心から感謝しています。これほど深く対象の著作を読み込まれた書評には、いままで接したことがありません。趙さんの研究に対する熱意には本当に敬服しています。

　　これまで日本の雑誌に出された書評には、丁寧に私の意図をくみ取っ

ていただいたものもありますが—たとえば近藤一成氏の書評は問題点も指摘しつつ全体を公平に評価しています— 私にはまったく納得のいかない、不公平なものもありました。たとえば青木敦氏の書評です。見解の相違は仕方がありませんが、引用している史料が原典に載っていなかったなどと書いているのは許されません。この点は青木さんに抗議し、謝罪してもらいました。ただ公開された書評は独り歩きしますので、読者に誤解されることを恐れています。

　ともあれ、趙さんの真摯な批評を受けて考えたことを書いてみます。単なる言い訳に過ぎないとも思いますが、ご参考までに書きます。

　『清明集』の定量的な研究では、ご指摘のような不備な点が目につきます。元の論文の初出の時期を見ていただけばわかりますように、『清明集』研究を始めた初期のころの論文で、まだまだ『清明集』の理解が不十分であったことは確かです。ただ『清明集』という貴重な史料の全体像を把握してから研究を進めたいという願望があったので執筆しました。このような数量的な方法での研究は他にないだろうとも考えてあえて発表したものです。発表の当初はほとんど反応がなかったのですが、拙著にまとめてからいろいろな批評を目にするようになりました。

　このような事情でしたので読み込み不足の点が残りました。たとえば州・県の分析では、ご指摘の通り「本州」「此州」「本県」などの語は検討対象に入っていません。その後の研究で入れた方がよい語にも気がつきましたが、この「本」という語にも問題があります。「本」には大きくは二つの意味があります。「自分が勤務している機関や土地」という意味と、「判語と関連している、当該の機関や土地」という意味です。対象の判語ではこのどちらの意味で使われているのか検討し、確定しなければならないのです。とはいえこの判別はたいへん難しく、すべてを区分することはほとんど不可能でした。したがって、まずは具体的な地名を取り上げて検討しようとしたのです。この論文にそういう限界があることは事実ですの

で、今後どなたかに精緻な研究をしていただきたいと考えています。

　次に判語の著作者の問題があります。柳立言氏の研究は、大まかに言えば掲載の順序によって判語の作者を判断しています。これも考え方の一つではありますし そのような判断基準を適用できる判語もあるでしょう。しかし私はより厳密に判断しようとしました。判語の題名や本文中に何か手掛かりがあれば、それによってこれは誰それの判語であると判断したかったのです。しかしそのような手掛かりはありませんでした。そのためこの論文で分析したような結果となりました。

　結局、統計的研究には多くの限界があります。ご指摘のように、その解釈には主観が入り込む余地もありますので、私はこの研究結果がすべてだとは考えていません。あくまでも初歩的な『清明集』研究の一つに過ぎないと思っています。

　また「中間階層」の問題は今後の重要な研究課題です。ただその概念規定はまだ十分には行えておらず、今後の研究にゆだねられています。この問題を考えたのは、日本の中国史研究の動向によるものです。戦後の研究では宋代の地主—佃戸関係が主要な生産関係だとされ、均田農民の分解と大土地所有の発展が言われてきました。しかしこの理解は史料の実証的分析が不十分で、ほとんど成り立たないと考えられるようになりました。そこで私は、小農民社会と国家との間にあって社会的影響力を発揮している「中間階層」を想定してはどうかと考えました。そうして専制国家—中間階層—基層社会という構造を想定しています。ただこの中間階層はかなり複雑で、なかなか把握しがたい実態があります。その理由の一つは基層社会の流動性でしょう。たとえば地主は容易に没落しますし、小農民が地主に成りあがることもあります。農業生産ばかりではなく、流通の問題も大きな意味を持っており、階層の流動に大きな影響を与えています。いわば《柔らかな基層社会》となっているのです。こうした歴史的構造を把握するのが私の目標ですので、今後研究を深めようと考えています。

　　定量的研究では三つの法源の問題があります。ご指摘のようにこの考え方は滋賀秀三氏が清代の研究をもとに指摘した問題です。したがって明清時代には基本的に通用する概念ですが、それ以前の時代ではもう少し検討しなければなりません。法源とされる情・法・理のうちとくに情と理の関係は複雑です。史料上にも「情理」という語がよく現れますが、整合的な理解ができませんでした。そうしてこの論文を書いているときには両者の区別ないし関連についてのアイデアが浮かびませんでした。それは問題として残したつもりでしたが、はっきり指摘したわけでもないため、問題があいまいになってしまいました。今後、どなたかによって解明されることをお待ちしています。

　　ここまで駄文を連ねてしまいました。趙さんの真剣な書評に対してお応えできる点はあまりありませんでしたが、古い論文の言い訳としてご理解ください。最近の法制史研究の進展には目を見張るものがあります。その最前線に立って活躍されている趙さんには、これからもますますご活躍されるよう期待しています。

敬具

　　（此信為大澤先生於 2018 年 12 月 3 日擲下，2019 年 3 月 17 日授權公開並略作增補）

近世浙贛民眾為何健訟？
——小川快之《傳統中國的法與秩序》讀後

一

　　梅原郁於 2006 年出版的《宋代司法制度研究》，於 2010 年獲得日本學士院賞，這一象徵日本最高學術榮譽的標識將「本格」的制度史立場的日本宋代法制史研究推到了歷史的頂峰。曾受教於梅原氏的簡牘學、秦漢法制史名家富谷至曾以「正宗的北辰一刀流」來比擬這種研究[1]。頂峰學者必然需要忍受寂寞，這是「獨孤求敗」的無奈，畢竟並非任何時候、任何領域都能有幸出現「天才總是成群地來」的繁榮景象。

　　2006 年之後日本出版的與宋代法制相關的著作（此處採用嚴格意義上的「法制史」立場，不包括官僚制度等），據筆者目力所及，除了與宋代書判相關的四種日文譯注[2]外，專著僅有小川快之《傳統中國の法と秩序——地域社會の視點から》（汲古書院 2009 年版）、青木敦《宋代民事法の世界》（慶應義塾大學出版會 2014 年版）和大澤正昭《南宋地方官の主張——〈清明集〉〈袁氏世範〉を讀む》（汲古書院 2015 年版）。

　　三本專著至少擁有三個共同特徵：其一，以《名公書判清明集》為主要

1　〔日〕富谷至：《文書行政の漢帝國・あとがき》，名古屋大學出版會 2010 年版，第 444 頁。
2　清明集研究會：《〈名公書判清明集〉（官吏門）譯注稿》上，2008 年版；清明集研究會：《〈名公書判清明集〉（官吏門）譯注稿》下，2010 年版；〔日〕高橋芳郎：《譯注〈名公書判清明集〉官吏門・賦役門・文事門》，北海道大學出版會 2008 年版；〔日〕高橋芳郎：《黃勉齋と劉後村　附文文山——南宋判語の譯注と講義》，北海道大學出版會 2011 年版。

史料之一，其中小川氏常年參加大澤氏主持的清明集研究會，上述日文譯注亦見他們二位的貢獻；其二，論旨多出於社會史的立場，尤其是關注地域性元素，如小川氏與青木氏都將討論主題聚焦於江西，大澤氏則通過數據統計，標舉了《名公書判清明集》中的福建元素；其三，或多或少以地方官或士大夫的群體或個體為考察對象。類似的努力，亦可見於近藤一成《宋代中國科學社會の研究》（汲古書院 2009 年版）與中砂明德《中國近世の福建人——士大夫と出版人》（名古屋大學出版會 2012 年版）的部分章節。

總而言之，由制度史立場出發的研究，或許只剩下辻正博兼論唐宋的《唐宋時代刑罰制度の研究》（京都大學學術出版會 2010 年版），這大致反映了日本學界的基本研究態勢。學術的發展自然需要多視角的融入，筆者也無意呼籲嚴守制度史立場的法制史研究，只是離開了日本學者原本擅長的制度考證之後，這些著作如何提出有意義的問題、如何有效地完成自問自答，尤其是能否達致「作為方法的社會史」的高度，就成為檢驗這些成果的相應標準。拙評〈如何更好地進行定量與定性研究——評大澤正昭《南宋地方官の主張——〈清明集〉〈袁氏世範〉を読む》〉[3]業已觸及這些問題。由於「健訟」是中國傳統法文化研究領域的熱點問題，筆者在拜讀了諸多學者的論述之後，也有一些感想，謹此藉由對小川氏著作的評述，聊作發揮，以就教方家。

二

小川氏的著作由序言、第一章「健訟研究與問題所在」、第二章「宋代信州礦山糾紛的圖景」、第三章「宋代江西、江東饒州的糾紛與訴訟」、第四章「宋代明州沿海地區的糾紛與秩序」、第五章「明代江西的開發與社會秩序」、結論、附錄〈書評：柳田節子著《宋代的民婦》〉等構成。

序言主要強調了傳統中國與近世日本在社會秩序上的差異，前者表現為「健訟」，即依賴官府力量解決糾紛，而後者則仰賴自治性的地方團體（村），

3　包偉民、劉後濱主編：《唐宋歷史評論》（第 4 輯），社會科學文獻出版社 2018 年版。

以內部消化糾紛。此外，他還辨析了「傳統中國」的整體性與地域多樣性、時期性變化之間的張力，由此引出其撰述目的在於探究形成這種多樣性的深層模式。

第一章梳理了既往學界有關健訟、江西經濟發展、地方社會秩序維持與利益調整的研究成果，概括出一些代表性的觀點，在此基礎上設定了本書的研究路徑，「從宋─明的長時段視角出發，同時也措意於秩序維持、利害調整的視角，嘗試分析江西、浙西、浙東的經濟發展情況（產業與貿易相關的社會狀況）與訴訟繁興的機制，並考察社會秩序的時期性變化、地域性差異」，由此提煉出四種社會秩序的「理想類型」：

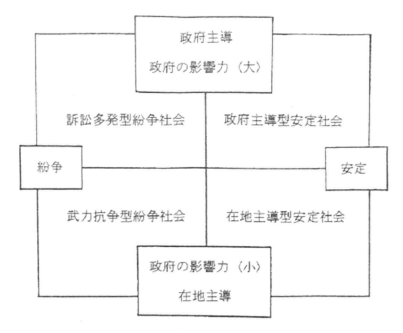

第二章討論宋代信州鉛山場的開發與當地的物資運輸，勾勒出官方政策與「健訟」之間的關係。在小川氏看來，政府推行礦山開採「承買制」（由承包者繳納一定額度的礦產給政府，政府再從承包者手中買取一定額度的礦產）導致了大量人口的湧入，當物價上漲而政府買礦的價格不變時，願意承

包者銳減，政府為了維持礦山收入，對當地富民課加繳礦義務，並鼓勵他們互相監督、告發那些逃避承包之人，當地由此頻繁發生訴訟。類似的關係亦見於伴隨開礦而興起的運輸業。

第三章考察的是宋代江西、江東的農業社會，分別涉及饒州三角洲地帶的粗放型農業社會和江西河谷平原地帶的集約型農業社會。在前者，人們熱衷於兼并土地、搶奪糧食以及逃稅，甚至以勾結胥吏進行訴訟的方式實現這些目的，又因為政府制定了獎勵告發逃稅的政策，所以被害者也積極地進行訴訟；在後者，訴訟則多圍繞水利設施和糧食價格展開，由此競爭性傾向而導致訴訟頻發的社會狀態。

第四章檢討宋代明州沿海地區砂岸徵稅承包制實施與廢止時不同的社會狀況：如果設置稅場、政府力量強化，那麼富民承包徵稅，形成「砂主」勢力，且與官府勾結，互相爭奪承包權並對砂民進行違法課徵，由此引發訴訟；一旦廢止稅場、政府力量減弱，那麼「砂主」就迅速淪為海盜，該地區的糾紛就演變為暴力鬥爭。

第五章將第三章的討論延伸至明代，分別討論了江西三角洲地帶、河谷平原地帶和山區的社會秩序。小川氏認為，在明代中期以前，無論是三角洲地帶，還是河谷平原地帶，「老人制」都在地方上發揮了積極的作用，但到了後期，則進入到訴訟多發的階段。至於江西山區，一開始因為「土賊」勢力強大，當地既形成了較強的自律性秩序，又往往爆發民間械鬥；到了明代末期，政府統治力增強，「土賊」勢力被鎮壓，於是就呈現訴訟多發的趨勢。

小川氏在結尾部分做出總結：經濟發展導致競爭性社會狀態的出現，由於「父老處理糾紛能力弱」，加上「以政府為主體的訴訟處理體制」和「政府對告發不正當行為的獎勵」，「訴訟繁興型糾紛社會」就由此形成；若是政府影響力無法覆蓋某一地區，則形成「武力抗爭型糾紛社會」。一旦經濟低迷，人們對利益的訴求不高，那麼自然就出現了合作性社會狀態，尤其是地方上有著父老甚至「土賊」勢力的主導，這就形成「本地主導型安定社會」；若是考慮到明代里老人制是國家推行的政策，那麼也可將這種狀態稱為「政

府主導型安定社會」。

　　由於附錄部分與本書其他章節的主題略有距離，與下文所思所評無關，因此不在概述之限。

三

　　本書出版以後，日本寺田浩明、韓國洪成和曾分別撰寫書評[4]，劉馨珺則在專著《〈唐律〉與宋代法文化》（嘉義大學 2010 年版）的「緒論」中簡略概述其觀點，並指出：「小川氏的研究方向固然提供新路徑，不過，如果能夠檢討全國性法條與地方社會發展的關聯，譬如對『銅錢』法令加以整理，或許還可對比出產地與商業地的需求，更深刻分析法制與社會的互動」（第5～6頁）。由於筆者不通韓文，以下只能概述寺田氏的批評性意見，作為本文反思的起點。

　　寺田氏首先認為本書的實際內容與書名未盡一致，尤其是「法」在最終都未見出場；其次批評本書一方面因江西被認為健訟而以它為討論對象，另一方面卻又宣稱所謂健訟一詞「只是表達官僚等人的認知」，「在使用上如此不明確，那麼探究『健訟』背景這種問題設定與研究方法就沒有那麼大的意義」，由此本書的主題就成了「闡明導致其訴訟增加的具體機制」，這種置換問題的邏輯是奇怪的（作者一方面認為官僚們的健訟評價不足以證實當地的訴訟有所增加，另一方面又依然斷定「健訟評價的唯一背景就是訴訟增加」），而且本書的整體分析也因此有所扭曲，可細分為三：

　　其一，作者認為訴訟增加的前提是民間社會無法解決糾紛，即社會關係本身欠缺「協調性」、當地民間社會欠缺「自律性」。然而，作者為「協調性」、「自律性」設定了極為嚴苛的標準，如民間所定水利規約因為上申官府，就被作者作為民間社會非「自律性」的指標，而這種鄉間禁約以官府權威為後盾是中國史上的常態，若堅持這種嚴苛的標準，那麼傳統中國社會基

4　分別刊於日本《法制史研究》第 60 號，2010 年；韓國《明清史研究》第 34 號，2010 年。

本都是作者所謂的非協調性、非自律性的競爭狀態。而且作者也列舉了一些史料，說明訴訟的起因並非是市場性，而是官方無效的介入，以及起訴者將訴訟作為攻擊競爭對手的手段。因此，向政府起訴是民間無法自行解決糾紛時的選擇，這恐怕只是作者一廂情願的假想。

其二，作者列舉的「訴訟」，大多與官府在授權承包與賦役分配上的不公平相關，而這些訴訟的結果就是對利益進行適當的分配或剝奪，這是政府進行地方統治的一環。將這些置於江西健訟評價的背景之中，展現其特有的訴訟結構，這可以說是本書最大的貢獻。但這種「訴訟」，實則與作者強調的「自律性」、「協調性」欠缺的民眾之間的訴訟大異其趣。

其三，好訟實際上是對個人性格的評價，這就涉及到作者所謂「人們的行為模式」問題。換言之，對於江西人而言，糾紛與訴訟的「閾值」為何低於其他地方的人？這並不是如作者那樣，貼上一些「非協調性」、「競爭性」的標籤就可以解答，相較於以前的研究成果，作者無非是用「競爭性社會狀態」取代「人口增加」等罷了。

上述指摘確實切中肯綮，有助於作者進一步檢視既有的研究成果，也為筆者審視既有研究提供了諸多啟示。

四

對於宋代法制史研究者而言，由於史料的限制，「健訟」的江西是一個相對重要的研究對象，本書第一章的學術史回顧便已顯示這一點。在評論青木敦所持「墾區的移民遷入、人口增加的狀況，當作成為（江西）健訟的直接契機」這一觀點時，柳立言曾提出疑問：「究竟江西的健訟是真相還是假相？」他的邏輯是，如果一個地方官在十年前只要處理五個案件，十年之後要處理五十件，數量上增加十倍，似乎確有健訟，但該地的人口，也從十年前的五千人，變成十年後的五萬人，也是增加十倍，相對人言，其實訴訟並

未增加[5]。

　　這實際上就觸及「健訟」問題的本質：所謂「健訟」，究竟是客觀描述某一地區訴訟數量的大幅增加（高於人口增長的幅度），還是僅僅表達地方官或評論者的主觀心境？柳氏的疑問針對前者,青木氏或許可以用後者來「打太極」:「所謂健訟，若權且給予一個解釋的話，它意味著每個人都主動地、積極地、強硬地提起訴訟，它並不具備在制度上可以被共有的意義。當存在某一訴訟狀態的時候，士大夫官僚若將它認定為健訟，那麼它就是健訟。我們所看到的記載，不過就是每個作者所具有的對社會、土地以及身處其中的人們的行為的印象罷了」[6]。若然如此，即使客觀上未達致「健訟」水準，也不妨礙評論者做出「健訟」的主觀評判。

　　小川氏的看法與青木氏相仿，「『健訟』只是表達官僚等人的認知，實際情況如何並不清楚，也許只是書寫者本人的感受而已。寫下哪州『健訟』的判斷時，『健訟』只是作為一種模糊的印象而被使用，實際上，該州總體如何、州內部是否有所差別等具體問題則不易被確知。而且，『健訟』所表達的意思也因其書寫之人與時代的不同而有所差異。一般而言，寫入文獻史料的記載，以該書寫者的視角、感覺而寫就，不能逕斷為『所寫=實態』」（第16頁）。然而，在具體行文論證過程中，無論是小川氏還是青木氏，都將江西的「健訟」當作「實態」，而不觸及書寫者的主觀感受問題。

　　譬如青木氏認為，「至少對於江西或者袁州來說，唐代以前沒有強烈的健訟認識」[7]。關於唐代的江西，或許有兩種可能的情況：第一，實情與宋代相同，但沒有健訟評價；第二，實情不同於宋代，所以沒有健訟評價。辻正

5　參見柳立言主編：《近世中國之變與不變·序》，中央研究院2013年版，第xxxvi頁。

6　〔日〕青木敦：〈健訟の地域的イメージ——11〜13世紀江西社會の法文化と人口移動をめぐって〉，載《社會経済史學》第65卷第3號，1999年；在該文的中譯本中，這段話被縮減為「這裡所謂的健訟，並非嚴格的法律用語。而是指某個訴訟狀態存在之際，士大夫官僚視為健訟就當作健訟」。參見〈江西有珥筆之民——宋朝法文化與健訟之風〉，載柳立言主編：《近世中國之變與不變》，中央研究院2013年版，第340〜341頁。

7　〔日〕青木敦：〈江西有珥筆之民——宋朝法文化與健訟之風〉，載柳立言主編：《近世中國之變與不變》，中央研究院2013年版，第347頁。

博曾對隋唐直至宋代的相州進行考察，指出隋唐時期的相州已經出現被後世評價為「健訟」的那些現象，但當時基本沒有人把它們視為一個嚴重的問題[8]。如果將相州的情況推而廣之，那麼上文所猜測的第一種情況的可能性更大。如此，唐宋之際究竟發生了何種變化，才導致「健訟」成為一種流行的評價？

一個可能性的猜測是：如鄭顯文推測的那樣，「農忙止訟」制度在開元二十五年修入《雜令》，成為一項訴訟制度[9]，因此「訴田宅、婚姻、債負，起十月一日，至三月三十日檢校，以外不合」，宋初還進一步明確，每年十月一日至正月三十日受理詞狀，三月三十日前斷決完畢[10]。從法律制度上將這類案件的起訴時間壓縮到半年之內甚至三個月內，這無疑增加了地方官審理、斷決案件的負擔。同樣是一年五十件訴訟，此前可能分散到十二個月內，陸續進入到地方官的視野當中，此後則集中到半年甚至於三個月內，地方官的主觀感受怎能不發生劇烈變化？這或許是「健訟」印象流行的原因之一吧。

五

在小川氏的社會類型劃分中，政府影響力的強弱是重要的變量，由此分別形成「訴訟繁興型糾紛社會」、「政府主導型安定社會」與「武力抗爭型糾紛社會」、「地方勢力指導型安定社會」。如前所述，寺田氏業已指出，小川氏對於民間「自律性」的界定極為嚴苛，完全不容有任何政府力量的出現，這與中國史的常態有悖。其實，小川氏自身也深受這種界定之苦，以致於現實中很難找到政府主導與地方勢力指導截然二分的例證，他在結論部分的總結就顯示了這種尷尬：「這種政策是國家強化父老（裡老）的指導力、構建『本地主導型安定社會』的一種努力。如果著眼於國家推行裡老人制這

8　〔日〕辻正博：〈隋唐時代の相州における司法と社會──「訴訟社會」の成立の前提〉，〔日〕夫馬進編《中國訴訟社會史の研究》，京都大學學術出版會 2011 年版，第 155～180 頁。

9　鄭顯文：〈中國古代「農忙止訟」制度形成的時間考述〉，載氏著《律令時代中國的法律與社會》，知識產權出版社 2007 年版，第 133～154 頁。

10　參見薛梅卿點校：《宋刑統》，法律出版社 1998 年版，第 232～233 頁。

一點，那麼也可以稱之為『政府主導型安定社會』的體制」（第152頁）。

然而，更加令人好奇的是，政府在地方上的影響力表現為何？在非戰爭狀態下，為何或強或弱？這在史料中如何體現？如小川氏在第四章結尾部分稱：「在砂岸上，如果設置稅場、政府力量得到強化，那麼就發生訴訟；若是廢止稅場、政府力量減弱，那麼就形成暴力支配的狀態」（第116頁）。但是徵諸其行文，在政府設置稅場時，「砂主」勢力形成，「私置停房，甚於囹圄，拷掠苦楚，非法厲民，含冤吞聲，無所赴愬。鬥毆殺傷，時或有之」（所引為《寶慶四明志》卷二《錢糧‧昌國縣》，第107頁），政府徵用民船時，「其無賴者則流為海寇」（所引為《開慶四明續志》卷六「省箚」，第109頁），即在他所謂「政府力量得到強化」時，武力抗爭型糾紛社會的趨勢似乎十分明顯；反過來，當政府廢止稅場之後，地方官採用的手段是「在砂岸組建『團結』（民兵組織），派遣官僚與『戍卒』（守衛之兵），防止富民盜賊化」（第114頁），這難道是「政府力量減弱」？

再以第五章所論江西山區的情況為例，小川氏認為明朝在萬曆年間強化了對該地區的統治，此前呈現本地勢力武裝互鬥的社會狀態，此後則顯現訴訟繁興的趨勢（第139頁）。然而，即使是在政府影響力較弱的時期，也並非全是武裝互鬥。如黃志繁的研究就顯示，許多流民其實是以較為和平的方式（如寄莊的身分）進入贛南，和土著爭奪土地等。他引用了隆慶年間贛州通判廖憲的感慨：「餘署篆信豐，覽觀風俗，考求利弊，最病者，田歸異郡，役累土著，其為鄉人所有者，殆四分之一耳」，「異郡人經營，刀錐算無遺策，而吾民贛直無他腸，此算計不若也。異郡人自為童稚時，則已習律尺、弄刀筆，而吾民安田野，懵前經，或不識官府，此智識不若也」[11]，小川氏賴以為證的萬曆之後的訴訟糾紛，正是這類土、客之間的田土矛盾。因此，究竟是採用武裝互鬥，還是訴訟解決，其實並不完全取決於政府影響力的增減，既可能是個體行為選擇的偶然性所致，也可能取決於矛盾糾紛類型的特

11　黃志繁：《「賊」、「民」之間：12～18世紀贛南地域社會》，生活‧讀書‧新知三聯書店2006年版，第172～175頁。

殊性。

總而言之，這種以政府影響力的強弱為指標的模型劃分，易於將政府與民間社會置於不可共容兩極，且忽視民間社會對於政府統治的能動性回應，相比於歷史人類學視野下的區域社會史研究，本書在方法論上無疑顯得保守。

六

柳立言曾經提問：「人口增加，但地方資源豐沛，暫時沒有引起太多的糾紛，便不會產生健訟。江西的人口與資源在哪些時間點出現比例失調？健訟是否在這些時間點發生？這些問題，是應該探討卻難以探討的」[12]。

值得一提的是，小川氏的研究實際上印證了柳氏的判斷，並部分回答了這些問題。如就鉛山場而言，政府推行「承買制」時，大量人口湧入，其實並未出現「健訟」；而當開發環境惡化（如物價騰漲，而政府買入價不變，無人想要承包）、政府制定獎勵告發不當行為的政策時，各種訴訟就產生了。這就為瞭解「健訟」實態的出現提供了更加多元的思考方向。

此外，誠如寺田氏在書評中指出，小川氏所措意的大部分訴訟類型不同於作為常識性的訴訟，即富民得到政府授權，以此為後盾支配平民，富民與富民之間又圍繞權利展開爭奪，由此牽涉到基層官吏的貪腐行為，進而出現平民告發富民與汙吏、富民與富民之間展開訴訟戰（第225頁）。這當然也豐富了我們對傳統中國訴訟形態的認識。

總而言之，小川氏的研究揭示了諸多以往研究未曾觸及的層面，但又累於自己建構出來的理想社會模型，使得相關結論簡單化、解釋路徑單一化，這應是本書最大的遺憾吧。

張小也在《官、民與法：明清國家與基層社會》（中華書局2007年版）中稱：「遺憾的是，雖然我對歷史人類學的理論與方法有較多的瞭解，然而，對於法律史研究如何與歷史人類學結合這個問題，我的思考尚未成熟」（第

---

[12] 柳立言：《近世中國之變與不變・序》，中央研究院2013年版，頁xxxvi。

37 頁）。以我有限的閱讀來看，她此後似乎都沒有再分享相關的心得。2009
年 7～8 月，我南下廣州、萬載，參加第七屆歷史人類學高級研修營，不論是
聽課還是隨團考察，我始終都在努力思考這一問題。2014 年 9 月，負責中國
史學科專門史（社會史）專業區域社會史方向的同事翩然離職，南下高就，
指導這一方向的碩士研究生的重擔竟轉移到我的肩上，對於從未在這一領域
有過具體研究的我來說，這無疑是一個巨大的考驗。應對之道，只能是廣羅
文獻，師生共用閱讀之樂。小川氏這本專著既以「地域社會」為視角，自然
進入到我們的視野，雖然本書的觀點、方法與區域社會史有相當大的距離，
但不失為一種別樣路徑的參考。

　　只不過，「法律史研究如何與歷史人類學結合」呢？答案仍然在路上……

　　附記：本文先刊於《文匯學人》2018 年 8 月 10 日，後略為增補，作為
拙譯小川快之《傳統中國的法與秩序》（臺北元華文創股份有限公司 2018
年版）的譯後記。

評邱澎生、陳熙遠編
《明清法律運作中的權力與文化》

　　邱澎生、陳熙遠編《明清法律運作中的權力與文化》（中央研究院、聯經出版公司 2009 年版）為中央研究院歷史語言研究所於 2005 年召開的同名學術研討會的正式論文集。所收論文 9 篇，分「法律規範與社會實踐」、「經濟生計與法律規範」兩編。岸本美緒為此書所做的「導言」將各篇論文涵攝於「支持司法的核心價值觀」、「社會經濟與司法之間的互動關係」、「話語、修辭、形象」、「西方的法律體系與中國法史學」，並將此書定位於方法研討、視角開拓、路徑反思等功能上。

　　與其以往研究的側重稍有不同，夫馬進此文立足一本名為《珥筆肯綮》、僅 74 頁的訟師秘本，意圖揭示訟師於明代訴訟構造中所擔當的角色（以訴訟文狀的撰寫技巧為中心）及其對「情、理、法」三「法源」的取捨傾向（以「法」為主，「情」、「理」為輔）。當然，作者研究理路的一以貫之，在該文中亦得到十足體現，如不廢文獻考訂，就該訟師秘本的作者籍貫、文書所據事實的發生地、文書編纂時間、抄本年代等諸項逐一勘定；又如，從秘本所見「亦無反招之罪」等語推論當時司法審判對「誣告」的寬容；再如，從秘本所示「揣摩法官心理」的技巧，追蹤官方型塑訟師負面形象的原因。其中，作者將「法官畏懼訟師對其心理的揣摩」增列為官方對訟師負面評價的原因之一的推論未必有力，還不如將其涵納於舊說：訟師擬狀時，為達致「揣摩法官心理」的目的而文不據實，徒增審判者追尋法律「真實」的司法成本，從而導致了官方對訟師的嫌惡。

　　于志嘉則以《王恭毅公駁稿》所載《爭襲官職》一案為出發點，展示了

明代軍役更代有「經」（法律規定）有「權」（實踐中的例外）的實況：「正戶輪替→貼戶輪替→正戶輪替→貼戶輪替」這種周而復始的循環原則為「經」，正戶與貼戶達成私契，由貼戶世代充役而正戶償付報酬，為「權變」；又，「正戶（或貼戶）各支輪替」的小循環為「經」，納義子入族譜而單列「軍漢支」，使其世襲軍役，為「權」。此外，該文聯繫明代賦役徵收制度變化所引起的「戶」由計稅單位變為稅額登記單位，從而導致萬曆以後「戶名不動」趨於普遍的現象，有力地解釋了有明一代「以見在人名立戶」的法律規定和軍戶「戶名不動代役」的服役實踐之間存在張力的原因。

陳熙遠的文章頗為細緻地描寫了明代大儒湛若水以踐行儒者內聖外王、祖述往聖的氣象，「依法」鏟除上元縣劉公祠的事件，並著力展現「淫祠」代理人——劉公祠的廟祝世家如何融信仰於歲時節慶從而贏得廣泛的信眾，如何網羅社會、政治資源以賦予該非法祀祭以存在的可能性與正當性等長時段「造神」過程。陳文認為拆毀淫祠為明代地方官員政績指標之一，故而史多記載。然而從劉公祠數百年的生存史可見，上元縣的地方官員並未汲汲於此類政績。這究竟是地方官員獲得資訊的管道存在障礙？或是歷任官員品性、魄力有別？還是地方行政權力在面對尚未對社會秩序構成威脅的非法民間信仰時的刻意收斂？

岸本美緒立足良賤身分，以雍正朝「除賤籍」、擴大「奴婢」外延這兩股改革「對流」所促動的身分流動為宏觀背景，通過對嘉慶七年金鄉縣冒考案的深入剖析，展現了身分位階與經濟勢力不相匹配的「紳士階層」和「新興勢力」之間以捐考資格為標的的爭訟，當然其中也涵容了紳士階層內部的分裂鬥爭。通過流暢的敘述，我們不難發現：邏輯之無法窮盡現實必然導致「良賤」二元界限含糊不清；即便中央王權有力求「劃一」的慾望，但為使普遍性的法律更具可操作性，中央立法也僅以「服役性強弱」這種內涵「多元」的標準為斷，因地制宜地對「良賤」予以「多元化」的判定；經由這般的邏輯之不能與制度之推動，使得各種勢力利用法律「漏洞」爭奪資源日趨白熱化、地方官員面對此類爭訟日益無為化，其結果則使爭訟各方及地方仲

裁者不約而同地謀解決之策於中央權威，從而導致裁斷的「一元化」。那麼，清朝的法秩序是否就在這種「多元化」與「一元化」的互為表裡中形成？岸本氏表示尚待進一步研究。

賴惠敏則比對了清朝滿漢之分導致的奸罪處分之別，臚列了以廟會為介質而發生的犯奸案件，並以清代民居生活實況之諸多面向解釋「清末」（文中所指約為嘉道年間）司法審判中的奸罪輕刑化趨勢。應當指出，賴文結構稍顯雜亂零碎，如以「族群」為標，下僅滿、漢二類（且滿人奸案多以主欺奴為例，漢人則以「威逼人致死」條為討論核心，無「族群差異」的比較意義），而散落僧道犯奸、雞姦等與常人奸不同的類型於其他諸節；在史料運用上，賴文亦有微瑕，如魏繁福案（第 191〜192 頁）、林苗案（第 192 頁）、游氏兄弟案（第 198 頁）、朱四案（第 202 頁）等稍與所論章節主旨有所遊離；至於，引用楊三案（第 191 頁）中兇犯的一面之辭而推論凶案發生的社會原因，在論蒙古地區活佛的金瓶掣籤後、忽轉入西藏地區活佛犯奸討論（第194〜195 頁），對男性犯奸之重案輕判趨勢與女性拋頭露面以誘發犯罪相聯繫（第 202 頁），僧尼演珍未被輕判卻將此案用以論證「清末」奸罪輕罰（第204 頁），以及對清後期「立法從嚴，執法從輕」（第 177、206 頁）的論斷起碼在「立法從嚴」上論據不足及與該文其他結論矛盾等，皆有待細酌。

鞏濤梳理了清代三種法律文獻（州縣官與幕友手冊、訟師祕本、刑部法律專家作品）對「契約」一詞的理解：「契約」僅是一種訴訟主張賴以證成的憑據，是「行政控制的工具而非法律規範的來源」。此外，司法審判對「契約」所涉財產進行自由裁量，並且中國「契約」的單契、虛構性修辭、體現社會壓力的多人簽署等形式，皆與西方民法中以自由、財產為根基的 Contract大相逕庭。由此，鞏文進一步質疑更具多元意義、被學人混淆使用的「習慣」一詞在中國法律史研究中的現狀，尤其是響應了「司法判決是否能強固化事實而化約為規範」的觀點。鞏文的犀利批評再次令所有研究者直面這個法律史研究的「斯芬克斯之謎」：誰人之術語？誰人之法理？不過，鞏文將「法律文化」嚴格限定在法律專家的專業文化上，雖與其一貫否認中國古代存在

能為司法判決所吸收的「習慣法」的論點相契，但是否認日常化用中守法、違法等一般觀念、行為領域的法律意識所凝結而成的「法律文化」，實在是有待斟酌。

步德茂利用刑科題本而得出的裁斷模式與此書所收蘇成捷之文類似，只不過步文注意到：除嚴格適用律例外，州縣官還添加了有關涉案罪犯（被冠以「光棍」之稱）淒慘遭遇（犯罪誘因）的描寫，以期引起上級官員對罪犯的憐憫及對地方社會貧困失序的注意。就此文的努力而論，似為凸顯檔案所及內容對於犯罪成因的重視，尤其是社會原因所導致的「無奈」犯罪。不過，是否可因此而抽象出古代地方官員對於因犯罪成因而釐定量刑的參考因素，則尚需其他材料的支撐。

邱澎生以清代前期「河港移民型城市」重慶的航運業發展為背景，分別介紹了長、短程貨運和長程客運等三種船運方式各自所有的糾紛類型及其處理方式，藉此將討論主題昇華至：法律如何響應經濟領域的發展變化，船幫、會館等民間團體如何介入糾紛解決併發揮團體力量，以及司法審判中影響自由裁量的、並非簡單的「情、理、法」三字可加概括的核心價值觀如何抉擇等。邱文詳細梳理了清代重慶航運糾紛的諸種形態，並將社會各種勢力試圖介入此類糾紛並影響最終結局的努力亦生動展現。在一定程度上說，邱文對鞏濤之文有所回應，即司法審判中未必不採用所謂的「習慣」而衍變成的行業規則，「法律文化」並非單純是指專家文化。至於，邱文所提示的司法裁判對核心價值觀的多元選擇，則亦可參酌岸本美緒的結論與蘇成捷的觀點。

蘇成捷以統計的方法對清代地方訴訟檔案所及的 272 個賣妻案件和刑科題本所及的 250 個賣妻案件進行了縷析，從妻子命運、錢財去向、所受刑罰三個方面，雄辯地證成：在州縣自理的層面，司法判決之與大清律例的悖離，而傾向於依據「特定案件引發呈控的具體原因」；在非州縣自理層面，定罪量刑與律例則保持高度一致。蘇文以審級不同所致裁斷模式有別的結論，補正了黃宗智與岸本美緒各執一端的既有研究。苛刻而論，除賣妻案之誘因「貧窮」與下編主題「生計」相契外，蘇文置於上編「法律規範與社會實踐」更

為妥帖。

　　誠如此書「導言」所論，上述各篇論文使用了豐富而多元的史料（奏摺、題本、檔案、衛選簿、契約、訟師秘本等），然而，開拓新史料能否擺脫「內卷化」的困境，達致補正過往研究、呈現歷史新貌的目的，則又需仰賴於新方法以拓展新視野。本書援入社會史、經濟史、政治史等諸多視角，於路徑反思、方法探研、主題開拓等卓有貢獻，然作為法學門類之一的法律史研究，亦當勤於思考如何以其特有的問題意識引導行文運思（而非使用粗糙的部門法劃分邏輯及簡單的法言法語），以期推進整體研究，如《珥筆肯綮》對不同訴訟文狀多次作出「指出一條去路」的評語，是否可依此探究明代訴訟中的證據規則及證據意識（誰主張，誰舉證？舉證不能的責任承擔？）、類似於現代法意義上的「訴訟關係人」（甚至於「訴的合併」問題）在中國古代訴訟結構中所呈現的樣態等，皆值得重新思考。

評科大衛著
《皇帝和祖宗：華南的國家與宗族》

　　當下，跨越學科的藩籬，引入社會科學的諸種方法，以此尋求新的視角與解釋路徑，乃是史學研究的大勢所趨。在中國的華南地區，一群來自不同研究機構、具有不同學科背景的志同道合者，以他們的學術實踐，「打破傳統學科框架，結合歷史學和人類學的方法，從具體而微的地域研究入手，探討宏觀的文化中國的創造過程」，[1]這一研究路徑被稱為「『華南學派』的『文化過程』或者說『文化實踐』的研究方法」，[2]亦即俗稱的「歷史人類學」。科大衛先生（David Faure）正是其中最為核心的人物。他自普林斯頓大學取得社會學博士學位，現為香港中文大學歷史系講座教授，英國牛津大學聖安東尼學院院士，獨著 *The Structure of Chinese Rural Society: Lineage and Village in the Eastern New Territories, Hong Kong*、*The Rural Economy of Pre-Liberation China, Trade Increase and Peasant Livelihood in Jiangsu and Guangdong,1870-1937*、*China and capitalism : a history of business enterprise in modern China* 等書及多篇論文，與耶魯大學蕭鳳霞共同主編 *Down to Earth, the Territorial Bond in South China* 等書。而本書《皇帝和祖宗：華南的國家與宗族》(David Faure, *Emperor and Ancestor: State and Lineage in South China*, Calif.: Stanford University Press, 2007，中譯本為卜永堅譯，江蘇人民出版社2009 年版。本文所注頁碼以中譯本為準）為他積二十年之功所撰之作，足可

---

[1]　程美寶、蔡志祥：〈華南研究：歷史學與人類學的實踐〉，載《華南研究資料中心通訊》，第22 期，2001 年，第 1 頁。

[2]　張小軍：〈歷史的人類學化和人類學的歷史化：兼論被史學「搶注」的歷史人類學〉，載《歷史人類學學刊》，第 1 卷第 1 期，2003 年，第 12 頁。

代表這一獨辟蹊徑的研究範式。

一、內容概述

　　該書共 23 章，分為「序言」、「歷史地理」、「從里甲到宗族」、「宗族士紳化」、「從明到清」、「十九世紀的轉變」、「尾聲」七個部分。除序言與尾聲外，基本以歷史發展脈絡為序，展現了中央王朝與地方社會互動整合，使宗族這一聯繫紐帶得以誕生、興盛、衰弱的過程。

　　序言的內容大致可以分為以下幾個方面：第一，回顧了對科大衛的著作產生重要影響的既往研究成果及科大衛本人的簡要研究經歷，尤其強調了弗里德曼（Maurice Freedman）將宗族定性為控股公司（法人）這一觀點的學術價值。當然，科大衛自身的研究興趣、經歷及其他既有學術成果的影響，使他在弗里德曼成就的基礎上，為宗族研究添加了「歷史脈絡」。[3]除此之外，他對學術界「太歐洲中心化」（第 17 頁）的中國市民社會或民法的討論進行了商榷，提出應以禮儀為核心去理解中國的「市民社會」；第二，提出了宗族賴以生成、發展的多重基礎：身分標準（如入住權）、商業貿易、賦稅制度、行政職能、教育事業（文字普及）、科舉制度、理學、禮儀、信仰、土地等。[4]這些詞彙的背後無不閃爍著皇帝與祖宗的光輝，不但宗族因之而生、以之為繼，而且王朝與地方也通過這些管道進行整合。第三，歸納了該書的中心論點：「宗族的普及，得力於兩種制度，即白紙黑字的族譜和被稱為『家廟』的符合官方規制的祠堂」（第 11 頁）；「地方社會與王朝共謀，把宗族作為建立社會秩序的基礎」（第 13 頁）。

3　該書第十五章更加明確地指出這一點「這就是凝固於二十世紀香港新界的宗族社會，弗里德曼就是從這裡認識華南的。但是，華南社會並非從來就是這個形態，而在珠江三角洲大部分地區，這個社會形態也並不能夠保持多久」，第 252～253 頁。

4　科大衛先生與劉志偉先生合著的另一篇文章則旗幟鮮明地臚列出明清時期華南宗族發展的意識形態基礎：師傳和正統、文字與教化、從法術到禮儀、神祇和祖先、科舉的影響。參見〔英〕科大衛、劉志偉：〈宗族與地方社會的國家認同：明清華南地區宗族發展的意識形態基礎〉，載《歷史研究》，2000 年第 3 期，第 3～14 頁。

　　第二部分「歷史地理」分為四章，分別是「光怪陸離的廣州」、「儒家思想打進來了」、「我們和他們」、「土地」。該部分包含非常豐富的信息，後文所欲展開的許多命題已在此處有所涉及。作者指出：首先，華南雖自秦朝以來便被納入中國的政治版圖，但遲至南宋，才開始與王朝政權進行文化、意識形態等方面的互動整合。而所謂互動整合，不單是王朝政權試圖整合華南精英以及華南精英「利用王朝政權來合理化自己的地位」（第 34 頁），還包括華南與整個中國之間的互為影響。其次，作為整合的一種手段及表現方式，禮儀在華南的推廣並非一蹴而就。北宋蔣之奇（1031～1104）的行釋奠禮、修學宮、為清廉官員提供祭祀等活動，並未得到華南士人積極、持久的響應。這與儒學教化初興、外國人社區的主導等密切相關。再次，理學在廣東的傳播、師承系統的確定以及科舉的發展，使得廣東的地方精英階層逐步形成，從而造就了一套地方精英自己的祭祀本地先賢的「正統」序列（張九齡、余靖、崔與之等）。復次，族群是一個開放式的概念，是一個內涵不斷發生變化的建構過程。該書以「我們與他們」的表述明確表達了這一看法。如果王朝政權是「我們」，未被整合的地方則是「他們」；如果編戶齊民是「我們」，蜑、猺則是「他們」；如果廣府人是「我們」，客家人則是「他們」。但是，無論是蜑、猺、客家人，作為某一族群的「標籤」，其運用與指向並非固定不變，其界域具有明顯的流動性；原來係屬蜑、猺的一部分人，經過各種「改頭換面」的努力，也會不留痕跡地成為「我們」的一員；客家人則利用「我們」所創造、標榜的文化符號、正統性、合法性來源，又構建了一個優越於廣府人的「我們」身分。而這些標表族群身分的符號包括入住權、「來自中原」的追溯、禮儀等。此外，如地方神明崇拜也非一成不變，它也在王朝認可與地方改造中不停地被賦予新的內涵與意義象徵，當然王朝政權也正是通過敕封神明的方式對地方進行滲透。最後，影響一個地域發展的因素是多元的，南宋定都臨安、失去北方疆域所引起的一系列政治、經濟變化，珠江三角洲的地理特徵與沙田開發等等，皆影響著華南的歷史進程。

　　第三部分「從里甲到宗族」分為四章，依次是「明初的社會」、「賦役

的崩潰」、「猺亂與禮儀之正統」、「行政改革」。科大衛進行了如下梳理：
首先，在結束地方豪強武裝把持局面之後，明初王朝政權通過豪強歸附、廣
募軍兵、推行里甲等方式，將一些華南土著納入編戶齊民之列。雖然這個階
段的登記編戶僅限於那群「無法規避編戶」的少量人口，但是一旦戶籍落實、
里甲制度得到實施，利用其本身所內含的「禮儀——法理元素」（如子孫繼
承規則等）而進行田產的分配與控制、賦役的規避等現象也就隨即而來。其
次，在黃蕭養之亂後，里甲登記在華南得到系統化的推行，只不過其本身的
性質也發生了變化——「從嚴格要求親服勞役，變為以繳納白銀代替勞役；
從重視登記戶口，變為重視登記田產」（第 95 頁）。應當指出，對於華南土
著而言，如果說明初的里甲登記還帶有「被迫」的色彩，那麼此時王朝對地
方的整合則更多表現為地方勢力的主動迎合以獲得正統性的身分，從而把持
各種資源。而隨著打擊佛教、取締佛寺的展開，前代那種「沙田開發的歷史，
與土地囤積的歷史，結合於佛教寺院」（第 77 頁）的現象，也開始向宗族控
產機制進行轉變了。再次，發生於珠江三角洲的猺亂，使得地方勢力與官府
密切合作，從而「為整個廣東建立了士紳傳統」（第 113 頁）。以陳白沙（1428
～1500）為首的這個「知識分子宗族」所推進的忠於皇帝、孝順祖先的禮儀，
則對宗族建設的意義極為重要，與此同時，儒學意識形態的強化也導致了魏
校等人在華南展開了不遺餘力的毀「淫祠」運動。至於明朝的「大禮議」，
無疑使華南已經開始的儀禮改革如虎添翼，支持明世宗的廣東籍高官也乘此
良機在家鄉修建祠堂以表達這一政治立場，從而開啓了祠堂作為祭祖儀式之
核心的潮流，為宗族凝聚奠定了紮實的基礎。最後，賦役制度的變化（如「一
條鞭法」的推行，將原來著眼於人口統計的行政重心轉為丈量土地）所帶來
的官府行政改革，如利用書面規章以擴大職能等，也促使宗族開始利用書面
記錄來管理族產。而隨著文書記錄的應用、族產管理知識需求的上升、理學
禮儀的進一步擴張、家訓類著作的普及，追溯家族歷史的族譜也迅速發展起
來。且其內容由原先的一意虛構譜系、宣稱里甲登記，轉而注重宗族成員的
科舉功名及收錄家訓類規章等。

　　第四部分「宗族士紳化」分為「建設宗族：佛山霍氏」和「沙田上的大姓」兩章。該部分指出，明代宗族的發展建設與科舉功名緊密相關，如霍韜宗族的飛黃騰達便是由宗族成員因科舉功名而佔據高位所致整個宗族一躍為新貴的最好個案。當然，並非所有宗族都能如霍韜宗族這樣一朝顯達，擁有綿長世系的上園霍氏以及支派多、勢力相對較弱的佛山霍氏也各自進行著相應的宗族建設。除了霍氏之外，珠江三角洲還存在「通過控制市場、投資沙田而積累財富、擴張勢力的」（第 163 頁）大姓。這些大姓則是通過開發沙田以提升其社會地位，並通過宗族禮儀等士紳化的方式，來合法化、正統化他們所取得的這種地位。

　　第五部分「從明到清」分為六章，分別是「士紳對於地方社會的控制」、「明朝的覆滅」、「宗族制度的擴散」、「齊之以教：用時令節誕來管治社區」、「控制財產的組織：一個意念的力量」、「盛世一記」。該部分依次討論的是：首先，晚明的士紳在本地事務（如賑災、建立防衛聯盟、致力公益事業、領導地方武裝等）中擔當著各種領導角色，而士紳在地方上所發揮的這些作用與當時的社會背景緊密相關，如週期性的糧食危機、沿海貿易的發展、商業化與市場的貨幣化，乃至於因軍餉攤派、財稅徵收所引發的矛盾等。也正因如此，華南文人集團的影響力已超越其所在的地域，形成「一股鮮明的文人道統意識」（第 193 頁），並「學習運用暴力」（第 194 頁）。其次，明末清初珠江三角洲的動亂對當地社會的影響甚劇，清兵對南明朝廷的追剿、尚可喜（1604～1676）和耿精忠（1644～1682）的殘暴統治、清朝的遷界禁海、此起彼伏的劫掠以及士紳們對明朝的效忠行為等，皆使華南社會及宗族遭到了嚴重的破壞，直到清朝政權通過祭祀南海神的方式表達對廣東地方的親善，以及地方士紳們的衣飾所發生的變化，才宣告這一改朝換代所帶來的動蕩的正式結束。第三，隨著動蕩的結束，清朝華南的宗族建設也蓬勃地發展起來，呈現了許多前所未見的特色：如因科舉的積累和南明永曆朝廷的授官，使得官宦人家大增，進而祠堂遍地開花；宗族支派的成長，使得一些宗族在「大宗祠」之外開始建設「小宗祠」，完善族規，「建立起以

財產權和祭祀責任為基礎的多個關係網，從而建立宗族的內在組織」（第218
頁），進而誕生高層級宗族，即「村莊以外、宣稱來自同一祖先譜系的組織」
（第220頁），使得廣州湧現大量的合族祠。這一宗族建設的過程，與清初
官方的賦稅登記政策及里甲制性質的變化密切相關，即里甲既不再指涉身
分，又從計稅單位變為負責交稅的單位。第四，在宗族發展的同時，華南的
鄉村宗教也逐漸成為各種信仰的大雜燴，士紳、百姓、宗教工作者等不同群
體對於儀式理解的不同，商人、文人、百姓等不同集團圍繞廟宇、殿堂所展
開的利益鬥爭和權利爭奪，皆隨之而來。最終，士紳逐漸掌握廟宇管理組織、
非宗教的社區組織（如學校、義倉等），並通過控制這些組織及宗族等，實
施對地方「宗教活動、契約、商業投資、民事管理」（第252頁）的控制，
成為地方社會與官府之間的仲介。至於不同群體對儀式的不同理解，則是「模
仿王朝禮儀而又維持自己身分認同」（第253頁）的表現，這套王朝禮儀是
他們各自所信奉的「正統」，或者說是一種「政治意識形態」（第256頁），
由於各有所宗，必然就區分出了「我們」與「他們」，一如佛山的士紳在敬
畏北帝遊神的同時，又鄙薄平民百姓的迷信。第五，祭祀禮儀的引入、文字
的普及、契約文書的普遍使用等因素，使得宗族成為一種控制財產的祭祀團
體，各支派輪流掌管族產、共同繼承族產這種類似「股份制」的管理原則成
為普遍的做法。而隨著華南地區商業的發展，宗族作為一種控產組織開始介
入社會經濟領域，如建立米糧市場、布匹市場（布墟）、陶瓷窯等，而適用
於族產管理的「股份制」原則也進而演變為「管理輪流交替」、「財產人人
有份」兩大商業管理原則，使得明清時期的產權呈現出「集體所有制」的特
色。最後，科大衛的著作將視野轉向了這個階段華南宗族建設的時代、社會
場景。人口增加、海上貿易的增長、行商巨富階層的產生等皆標誌著珠江三
角洲在這一時期的繁盛。與此同時，清朝政府在繼承明朝16世紀行政改革所
形成的那些民事管理制度的基礎上，進一步推進了賦役制度的改革。這一改
革強化了中央對財政事務的管轄權，但致使縣級財政經費不足，從而產生名
目繁多的額外稅費，這是引發官民衝突、經濟蕭條的隱患；因海外貿易的發

展而產生的粵海關管理，也使得中央與地方的矛盾顯現。在文化生活領域，出版業的蓬勃發展、粵語文學的出現、廣東人身分認同意識的催生、構建本土文化傳統的努力、以及在全國學術舞臺的亮相訴求，皆顯示了當時文化的活躍程度。當然，平民的生活場面、中產階級的生活經歷等皆是珠江三角洲18世紀盛世社會的一景。

第六部分「十九世紀的轉變」分為五章，分別是「桑園圍」、「從民壯到團練」、「太平天國戰爭期間的地方力量」、「外國因素與珠江三角洲社會」、「民族國家的矛盾：宗族的落後性」。在這一部分中，作者指出：首先，圍繞抵禦西江洪澇災害的桑園圍工程體現了宗族與官府的精誠合作。財政撥款、行商捐助、自籌資金、管理機構組建、官府監督、章程訂立、財務公開、官紳協商等等，業已運作成熟的控產機制在這一公共工程中的作用得到了淋漓盡致的體現，而士紳也藉此在地方社會與官府之間獲得了更多的權力、資源、聲望；與此同時，一個鬆散的鄉里聯盟也隨之形成。當然，桑園圍的修築過程亦足以反映18世紀的繁盛為珠江三角洲的官府、富庶所積累的財富。其次，珠江三角洲沙田開發的高風險與治安問題（如負責保安並收取「保護費」的沙夫的消極怠工，甚至與盜賊勾結；張保海盜聯軍的猖獗等），促使了由官府批准、士紳組織的「公約」（或鄉約）所領導的地方武裝的形成（如「東海十六沙防聯盟」）。又由於當時清廷繫於鎮壓川陝白蓮教，既無暇他顧，又從廣東抽調糧餉入內地，官軍應對廣東海盜力有不及，所以組織團練成為應對之策。加之鴉片戰爭爆發，三元里抗英的聲名效應以及天地會叛亂，由士紳領導的團練獲得皇帝認可的合法地位，組建團練蔚為風氣，甚至連廣州都因英軍入城而建立了士紳領導的街道巡邏制度。再次，雖然團練的合法性來自官府的認可與支持，且其領導者皆為擁有科舉功名的士紳，但地方武裝力量的成長，使得地方具備了相應實力足以與官府在稅收問題上進行角力，如順德團練總局獲准自行抽稅、廣東團練局向絲綢市場徵稅，迫使清廷將財政收入的重心從土地稅轉向商業稅，從而激化了官府與商人的矛盾，推動了行會組織的發展。與此同時，手握地方武裝領導權的士紳所屬的

宗族又從中獲利，族產大豐。復次，在影響珠江三角洲歷史進程的因素中，外國的影響決不能忽略。作為中華帝國面向世界的視窗，華南在與澳門的葡萄牙人、廣州洋行區的商人等的接觸中，逐漸認識、熟悉、掌握了西方的器物、醫療技術、生產設備，並在對外貿易、勞力輸出等方面積累財富、更新血液，達致繁榮昌盛。與此同時，由作為諸種動亂、戰爭發生地而產生的自衛需求和境外相對穩定的軍火輸入，合力促使了廣東地區的槍炮擴散，以致宗族的武裝實力足以威懾官府，並常常引發村落之間的械鬥。在這些外國因素的影響下，在個別的族規、族譜中亦顯示出西方的色彩，如蒸汽船的使用、科舉考試的廢除、新式教育的影響、對外貿易的業務、個別成員的激進思想等。不過，科大衛的著作一再強調，「這些影響仍屬個人經驗，而非制度變化」（第 379 頁），「至十九世紀中葉為止，所有成功的中國商人所嚮往的，仍然是以祖先祠堂為中心的儒雅門第。我們遍查史料，所看到的，仍然不過是有錢人編纂族譜、制定族規、經營嘗產、建造祠堂」（第 370 頁）。在這一個業已發生劇變的社會裡，宗族的變化僅僅是以各種新式的途徑攫取資源與利益，某宗、某支的興衰交替，祠堂的翻修、擴增、新建，族譜、族規的修訂而已。正因如此，科大衛宣告：「宗族意識形態，即將退出歷史舞臺了」（第 380 頁）。因此，這一部分的最後內容便是闡明宗族退出歷史舞臺的原因：政治意識形態的劇變，國家體制的劇變。整個國家經歷了由君主專制到君主立憲再到民主革命的過程，政治關係網絡的中心由鄉村轉入城市、由士紳轉為商人，吸收了先進管理模式的社會組織（如貿易行會、慈善機構）如雨後春筍般湧現等，皆決定了失去皇帝、僅靠祖宗維繫的宗族已無足重輕，即便它也順應時代潮流作出了「形式改變」。更有甚者，因政治困境、民主難題而遷怒於中國傳統文化的潮流，將崇拜祖先視為迷信，將鄉村視為落後，將「農民」視為封建殘餘，以此為根基的宗族焉能與「現代化」齊頭並進？！

尾聲「珠江三角洲以外」首先回顧了持同一學術興趣與治學脈絡的其他學者對江西、福建的區域研究，從禮儀、信仰、宗族建設等多個方面比較了它們與珠江三角洲的異同。科著認為，這三個地方在「表達地方權力的禮儀，

其變化的時間」上有契合之處，其原因在於「這三個地區明清時期的社會形態，主要受兩個宏觀歷史過程所影響。第一，在明代，王朝基層政府承認地方豪強的土地權，以換取地方豪強的支持……第二，王朝國家把王朝禮儀推行到地方社會，依靠的不是威逼，而是利誘」（第423頁）；而這三個地方之所以有所不同，是因為「一個地方社會的禮儀特色，與該社會何時被整合到王朝、當時流行的是什麼樣的整合機制，有密切關係」（第425頁）。基於這樣一種認識，科大衛的著作又提綱挈領地把筆觸伸向西南、華北、江南，在回顧既有研究的同時，也隨機地指出相應的研究空白，並進而提出研究中國各地歷史進程的兩個共同話題：第一，「地方神靈與祖先何時被整合到王朝國家的意識形態之中」；第二，「王朝基層政府何時建立、規模如何」，甚至在此基礎上，科著還回應了「在區域社會以外，中國的王朝國家的性質本身」的問題，提出明朝是「全球最早的民族國家之一」的觀點（第432頁）。最後，科大衛在著作中呼籲：當代的歷史學家應當擺脫「坐在椅子上」的研究，走進田野，回到歷史現場。

二、研究路徑⁵的共鳴

從該書的副標題便可顧名思義地推知，科大衛所專注者乃是「華南」這一區域。中國歷來不乏區域研究的學術努力，如至今未衰的地方誌編纂式的著述。然而，科大衛對於「區域」的認識及藉此展開的討論，則與此截然有別。他認為，區域是歷史建構的過程，不是作繭自縛的地理範圍。正因這種界定，其研究所展現的歷史建構，則足以關照整個中國的歷史發展及整體進程。所以科著之用力點在於「華南」如何成為「標準化」的中國的過程，亦即其所謂的「瞭解一個地區的社會模式」所需關注的兩個問題：「這個地方

5　有關「華南學派」學術路徑、主張的歸納，以筆者所見，較為典型的有以下兩篇可資詳參：程美寶、蔡志祥：〈華南研究：歷史學與人類學的實踐〉，載《華南研究資料中心通訊》，第22期，2001年，第1～3頁；張小也：〈歷史人類學：如何走得更遠〉，載《清華大學學報（哲學社會科學版）》，2010年第1期，第97～104頁。

什麼時候納入國家的範圍」，「歸納到國家範疇的時候，相〔地〕方是應用什麼辦法」。[6]換言之，「區域」並非是（或不單純是）研究對象，而是一種研究方法，這使得科著所設定的「華南」這一概念具備了超越施堅雅（William Skinner）空間區域體系理論模式的重要意義，也為今後的傳統中國區域差異性比較研究提供了新的維度。

雖然科大衛的區域研究並不追求如地方誌編纂這般面面俱到，但並不意味著它流於「碎片化」。他從地理環境、社會網絡、政治權力、制度運作、禮儀信仰等諸個層面，對「華南」進行全方位的考察，並打破所謂的「斷代史」局限，追溯源頭，梳理流變。這種研究之所以有別於一般的宏大敘事，乃是因為它在一定的問題意識關照下，立足於諸多個案的綜合分析，由此發現各種歷史現象之間存在的千絲萬縷的關聯，從而展示國家與社會、中央與地方之間的整合過程。對於這一頭緒紛繁的歷史過程，科大衛選擇了「宗族」這一媒介來串聯個案、梳理脈絡，只不過他的宗族研究不再汲汲於宗族的組織結構、運作實態等現象層面上的靜態描述，而是致力於追問「宗族是如何被有意識、有目地建構出來的」這一動態過程，使得跨時段、整體性的學術追求得以實現。

除此之外，科著廣引譜牒，主張走進田野，蒐集碑銘殘卷，這是歷史人類學的一個標誌性特點。田野調查的意義至少有如下三點：第一，規模龐大的民間文獻，如族譜、契約、科儀書、婚貼、賬簿、碑刻、告示等，承載著正史檔案所不及的過往的社會經濟、文化、制度運行等信息；第二，口耳相傳的歷史記憶，或隱藏在行為方式、生活空間之中歷史信息，亦亟待轉為文字材料；第三，貼近歷史發生的場域，尋找理解文獻的靈感，從而催生問題意識。當然，面對這些多樣化的民間文獻，科大衛並沒有簡單地將它們作為信史來驗證某些結論，而是著眼於這些文獻是如何被製作的過程，從而探究

6　科大衛：《告別華南研究》，載華南研究會編：《學步與超越：華南研究論文集》，香港文化創造出版社 2004 年版，第 29 頁；又，根據對科大衛先生的訪談記錄（傅寶玉：〈訪科大衛談《家族與地方社會：華南研究的回顧與前瞻》〉，載《客家文化研究通訊》第 9 期，2007 年，第 114～131 頁），「相方」應為「地方」。

這背後所蘊藏的更為複雜的歷史信息。

　　既然科大衛的研究是跨時段的，那麼其所代表的學術路徑亦應具備跨時段的適用性。事實上，明清史以外的其他時段的研究者對此多所肯定，如宋史學者包偉民言：「相比於明清史研究，在重視地方文獻與田野調查等方面，宋代史研究者看來也瞠乎其後」；[7]而他所指導的博士陸敏珍則以區域研究的「第一序」、「第二序」的區分，對華南學派的區域史主張進行了呼應，提出了類似的觀點「在區域的理解上，最重要的不是簡單地將研究對象與行政區劃脫離關係，而是要考慮納入研究視野中的區域是否逼向若干問題，或聚焦在若干問題上。在這個意義上說，區域的理解與其說是一種地理上的空間範圍，不如說是一種學術概念；區域的理解是通過選擇與特定的學術問題發生關係的某些要素而完成的」，[8]並在援入田野調查的基礎上完成了博士學位論文《唐宋時期明州區域社會經濟研究》。[9]

　　此外，在魏晉南北朝史研究中，出現了史料論研究的熱潮，亦即「以特定的史書、文獻，特別是正史的整體為對象，探求其構造、性格、執筆意圖，並以此為起點試圖進行史料的再解釋和歷史圖像的再構築」。[10]與此同時，也有唐史學者揭示了《新唐書》作者以宋制附會唐制的書寫方式，提醒學人「不可貿然陷入宋人的『陷阱』」。[11]這些重新檢討史料的研究，並非簡單地進行史料辨偽、判斷孰真孰假的工作，而是力圖探求某一「客觀事實」如何進入書寫載體，從而成為「歷史事實」的過程及其原因。如上種種，與科

7　　包偉民：〈視角、史料與方法：關於宋代研究中的「問題」〉，載《歷史研究》2009年第6期，第24頁。

8　　陸敏珍：〈區域史研究進路及其問題〉，載《學術界》2007年第5期，第198頁。

9　　陸敏珍：〈唐宋時期明州區域社會經濟研究〉，浙江大學2004年博士學位論文；陸敏珍：《唐宋時期明州區域社會經濟研究》，上海古籍出版社2007年版。

10　〔日〕佐川英治等：《日本魏晉南北朝史研究的新動向》，收入《中國中古史研究》編委會：《中國中古史研究：中國中古史青年學者聯誼會會刊》第1卷，中華書局2011年版，第8頁。中國學者如徐衝的研究作品，亦體現了這一學術取向。

11　彭麗華：〈論唐代地方水利營繕中勞役徵配的申報：以唐《營繕令》第30條的復原為中心〉、張雨：〈唐宋間疑獄集議制度的變革：兼論唐開元《獄官令》兩條令文的復原〉，皆載《文史》2010年第3輯，第105～116、133～144頁。

大衛的宗族建構論以及對民間文獻的解讀之間，有著太多的相似之處。

三、與法律史的對話

　　科著除了在研究路徑上可與其他時段的研究產生共鳴外，其研究主題亦存在與其他專門史進行對話的廣闊空間。以筆者所關心的法律史學而言，日本學者松原健太郎《「宗族」研究と中國法制史學：近五十年來の動向》[12]一文立基於日本法律史學者對宗族研究的兩個著力點——宗族成員之間的身分、財產關係，以及宗族作為國家官僚機構與個體「家」之間的中間自治團體所具有的功能——梳理了自弗里德曼以來宗族研究的社會科學化成果，並對中國法律史學如何汲取這些有益養分以推陳出新提出了預期。而張小也則長期浸潤於「華南學派」的相關研究之中，並將其理論與方法付諸對於湖北的研究實踐，由此提出了一些與「法律史研究如何與歷史人類學結合」相關的思考。[13]因箇中牽涉廣雜，筆者擬以宗族控產為例進行簡單介紹：

　　科大衛在本書中言道：「宗族歷史的續集，就是用法律取代禮儀來作為合股公司的歷史。不過，這確是二十世紀中國的故事，也恐怕是另一本書的主題」（第18頁）。[14]亦即：在法制嬗替劇烈的二十世紀中國，宗族控產機制如何應對法律近代化（西化）？

　　目前所見的福建、臺灣等地的文獻顯示，傳統中國宗族以祭祀祖先為目的而設立的公產——祖嘗（或稱「蒸嘗」或「祭祀公業」），許多皆以「公司」名之。如《泉州、臺灣：張士箱家族文件匯編》[15]中的「張長發公司」、「張必榮公司」；又如以「公司」二字為檢索條件而利用臺灣中央研究院《臺

12　〔日〕松原健太郎：〈「宗族」研究と中國法制史學：近五十年來の動向〉，載《法制史研究》第57號，2007年，第189～212頁。

13　張小也：《官、民與法：明清國家的基層社會》，中華書局2007年版。

14　這種學術興趣，在 *China and capitalism: a history of business enterprise in modern China* (Hong Kong University Press, 2006；中譯本為《近代中國商業的發展》周琳、李旭佳譯，浙江大學出版社2010年版）一書中已有體現。

15　王連茂、葉恩典整理：《泉州、臺灣：張士箱家族文件匯編》，福建人民出版社1999年版。

灣文獻叢刊》在線數據庫，可檢得大量以「公司」指稱嘗產等宗族公產的條目，如「所有明買之田園及仁德南里一帶，作為祭祀公業……又按貳千元額作為繼室贍養之需，歸諸公司生息」、「大廳後厝半間，大廳前壙地一所並行，俱存為公司，日後三房照序輪流，不得恃強爭佔」等，恕不一一枚舉。[16] 由此可知，中文「公司」一詞並非舶來品，其所蘊含的財產經營的內涵亦非源自對 company、corporation 的迻譯。只是這種名為「公司」的宗族公產在遭遇與之似同實異的現代意義的「公司」或者「信託」時，其命運將如何改變？是舶自西方的法律吸收中國的習慣，還是中國人重塑宗族公產的運作機制以適應西方的法律？對此，鍾寶賢、松原健太郎等有極為精彩的論述，可視為《皇帝與祖宗》一書的繼續。

　　鍾寶賢以香港政府檔案處所藏的日治時期華資公司註冊紀錄及戰後公司的清盤紀錄為核心，通過對香港法院於 1987 年審理的葉氏「同仁善堂」、「葉昌國堂」案、1910 年的劉靖庭遺囑案、1910 年「李茂勝堂」、「李永勝堂」案等的爬梳，說明瞭傳統嘗產的法律地位因違背移植入香港殖民地的英國《信託法》的「永久拘禁止則」（rule against perpetuities）而被否定；而從發生於 1917 年的「葉光大堂」按照英國公司法註冊為「光大有限公司」的實例可見，香港地區的華人逐漸理解法人的意義，並開始迎合新的法律體系來運作宗族的共產機制。[17]

　　松原健太郎的研究則致力於構建 1987 年葉氏兩堂案的詳細歷史經過，再

---

[16] 田汝康認為：「『公司』系粵閩農村中經濟組合的普稱。漁民以及航海人員所積累的公積金稱之為『公司』，農村中族姓人員輪流管理公產的制度也稱之為『公司』。」引自田汝康：〈十八世紀末期至十九世紀末期西加里曼丹的華僑公司組織〉，載《廈門大學學報（哲學社會科學版）》，1958 年第 1 期，第 132 頁。有關「公司」一詞所指涉的中國傳統社會的組織形態的梳理，可參見劉序楓：〈近代華南傳統社會中「公司」形態再考：由海上貿易到地方社會〉，收入林玉茹編：《比較視野下的臺灣商業傳統》，中央研究院臺灣史研究所 2012 年版，第 227～266 頁。

[17] 鍾寶賢：〈「法人」與「祖嘗」：華南政情與香港早期的華資公司〉，收入香港科技大學華南研究中心、華南研究會編：《經營文化：中國社會單元的管理與運作》，香港教育圖書公司 1999 年版，第 124～198 頁；Stephanie Po-Yin Chung, Chinese Tong as British Trust：Institutional Collisions and Legal Disputes in Urban Hong Kong, 1860s – 1980s, *Modern Asian Studies* (Cambridge University Press) 44:6 (November, 2010), pp.1409-1432.

現香港法庭「削中國『堂』之足就英國《信託法》之履的過程」。該文先交代了該案的來龍去脈，詳述葉氏族人圍繞兩堂所涉財產的諸多爭奪行為，又以英國信託法中「禁止永久持有財產條款」為中心，展現司法過程中控辯審三方的立論、辯駁過程；並在結尾部分涉及到政權、法統的易替所引起的民眾相關觀念、行為方式的變化等議題。應當說，該文在一定程度上，以一個案例的重現回應了科大衛有關「家庭同居共產的運作（迄今尚未有一個例子說清楚這一問題）」[18]的感慨。[19]

　　總之，科大衛的《皇帝與祖宗：華南的國家與宗族》，集大成地反映了華南學派這個學術共同體的學術路徑和觀點，也是科大衛二十年來學術思考與文獻蒐集的結晶。他意圖以宗族為媒介，全方位、跨時段地展現華南社會的歷史面貌，主題宏大而筆觸細膩，非一再吟味，實難得其中三昧。當然，科著亦有白璧微瑕，如稱南漢「興於 907 年，亡於 960 年」（第 29 頁）恐是誤植（南漢亡於宋太祖開寶四年，即 971 年）。

　　更為重要的是，科大衛的學術路徑不僅對於明清時期區域社會史的研究有著積極的啟示作用，也引起了其他時段、不同領域的研究者的學術共鳴。在期待科大衛「告別華南」後將帶給學界何種學術衝擊的同時，我們亦應自省：「華南研究」的學術路徑該如何走出「華南」、走入我們自己的研究領域？

18　〔英〕科大衛著：〈公司法與近代商號的出現〉，陳春聲譯，載《中國經濟史研究》2002 年第 3 期，第 72 頁。

19　〔日〕松原健太郎著：〈是信託還是法人？──中國宗族財產的管治問題〉，卜永堅譯，載《歷史人類學學刊》第 7 卷第 2 期，2009 年，第 73～104 頁。

「新法律史」這般發生——評尤陳俊著《法律知識的文字傳播——明清日用類書與社會日常生活》

　　《開放時代》2008 年第 6 期上發表了一篇名為〈「新法律史」如何可能——美國的中國法律史研究新動向及其啓示〉的論文，在引介以黃宗智為核心的美國加利福尼亞大學洛杉磯校區中國法律史學群的相關成果後，直陳中國大陸法律史研究的三大軟肋：檔案利用度低、社會科學化程度低、現實關照度低。雖說百年來中國學人無時不存與外人一較短長的雄心壯志，[1]但因國運蹉跌，學脈屢遭斷裂，這一期待至今仍未能全面實現，[2]該文結尾那句「若干年後，倘若有人再次談起中國法律史研究上發生智識地震之時，我希望聽到震中是在中國版圖的某地」，尤其令人感到悲涼。

　　與蘇力那聲令無數法律人輾轉難眠的質問「什麼是你的貢獻」[3]一樣，「新

---

[1]　如陳寅恪不僅在 1929 年 5 月〈北大學院己巳級史學系畢業生贈言〉中寫道：「群趨東鄰受國史，神州士夫羞欲死。田巴魯仲兩無成，要待諸君洗斯恥」，（陳寅恪著，陳美延編：《陳寅恪集·詩集》，生活·讀書·新知三聯書店 2001 年版，第 19 頁）還在為建議史語所覓購波斯人所著蒙古史料及西人譯本而寫給傅斯年的信（1930 年）中言道：「庶幾日本人能見之書，我輩亦能見之，然後方可與之競爭，此意諒荷贊同也」；（劉經富：〈陳寅恪未刊信劄整理箋釋〉，載《文史》2012 年第 2 輯，第 236 頁）又如陳垣曾問胡適：「漢學正統此時在西京呢？還是巴黎？」二人相對嘆脈，盼望十年後也許可在北京。（胡適著，曹伯言整理：《胡適日記全編》（六），安徽教育出版社 2001 年版，第 152 頁）

[2]　如落實到法律史領域，就 1996 年於日本鎌倉舉行的「『晚清中國的法律、社會與文化』日美學人的對話」討論會，柳立言便曾感慨：「研究中國的法律，對話卻只限於日本和美國，竟連一位中國學人都沒有，這是第二個感想」。參見柳立言：〈序言〉，載氏編《宋元時代的法律、思想和社會》，國立編譯館 2001 年版，第 2 頁。

[3]　蘇力：〈什麼是你的貢獻？（自序）〉，載氏著《法治及其本土資源》，中國政法大學出版社

法律史是否可能」也足令所有漢語學界的法律史學人反躬自省，進而奮勇向前。時隔五年，這篇論文的作者尤陳俊出版了第一部個人專著《法律知識的文字傳播──明清日用類書與社會日常生活》（上海人民出版社 2013 年版）。筆者急切地想要知道：他是否成功實現了自問自答？

一

　　從架構上言，除篇首的「緒論」、篇尾的「餘論」外，本書共有五章：第一章「明清日用類書概說」、第二章「依樣葫蘆：日用類書與契約書寫」、第三章「攢零合整：日用類書與為訟之學」、第四章「魯魚帝虎：日用類書與律例入門」、第五章「日用類書折射的明清社會變遷」。

　　從內容上言，本書的研究，「除了辨析不同種類的日用類書在所收法律知識方面的區別與聯繫外，還將日用類書與其它類型的文獻進行互勘比較，探討包括日用類書在內的不同類別的文獻在傳播這些法律知識的過程中的關聯性（亦即法律知識在日用類書等不同文獻之間的流動情況），並將這些法律知識在日用類書中所佔的比例演變，放置在明清社會變遷的歷史背景之下加以分析，進而從一個更為開闊的視域討論明清日用類書對於法律社會史研究的重要意義」（第 23 頁）。詳言之，本書將日用類書所載法律知識分為「契約體式」、「訟學知識」、「律例知識」三大類，將之與契約文書、訟師秘本、官箴書冊、律學論著和律例典章進行對比分析，由此分別探討日用類書對於「契約形制同構化」、訟學知識的民間傳播之作用，以及其在轉抄律例知識時產生的文字舛錯、條文過時等現象，並分別推測這三類知識在清代日用類書中相繼被裁減的原因：契約體式淡出源自其成為常識而不被迫切需要，訟學知識退場是因為清代頒布禁毀訟師秘本的法令，而律例知識萎縮則與科舉考試內容調整、法律教育衰落相關。

　　作者置身於對「新法律史」的熱切渴望之中，自然會嘗試運用社會科學

的相關理論，如其將上述分析自我定位為「一種與傳統史學有所不同的知識框架」，其所展示的是「文字空間與社會空間之間呈現出一種頗為微妙的勾連：法律知識的文字空間的萎縮，可能是由其社會空間漸行狹窄的影響所致（律例知識的例子），而這種社會空間的縮小，常常是來自權力/話語的壓制（訟學知識的遭遇），但也未必就一定是正相關的聯繫，在有的時候，文字空間的縮小，反而可能恰恰反映了其社會空間之廣（例如契約撰寫所需的知識逐漸變成常識）」（第194頁）。

二

　　明清日用類書並非新見史料，所載法律知識（本書分為契約體式、訟學知識和律例知識三類）不但其來有自，而且在轉抄過程中，充斥著大量錯誤，如所載律例知識「不僅文字舛錯眾多，以至於常常令人不解其意，甚至其中一些被抄錄的法律規定實際上是早已不復適用的舊版本」（第170頁）。立足於此類文獻的法律史研究，除停留於文本介紹層面的淺嘗輒止外，連將其置其於「論證地位」、作為「部分證據」[4]使用都會面臨史源瑕疵的風險。當然，在這三種法律知識中，契約體式是一例外，且既往研究也大多集中於此（第13頁）。揆其原因，大約是契約所涉法律行為類型可以反映彼時多樣化的民商事活動，藉契式所見構成要件可以探究所謂「習慣法」形成的命題。但此類研究僅可「得風氣之先」，再三為之便是沒有發展的增長（「內卷化」）了。

　　惟凡事皆利弊互見，日用類書之史料價值亦莫能外。「日用類書所載的內容均系抄自他書，其本身幾乎沒有什麼創新。但從法律知識傳播研究的角度來看，這種缺陷，卻恰好提供了一個觀察法律知識是如何通過文字的形式在不同類型的文本之間傳播的難得的切入點」（第196頁）。易言之，日用

---

[4]　吳蕙芳總結此前有關日用類書的研究狀況：「惟學者們的注意並利用民間日用類書資料，多將之置於論證地位，且為部分選取，而非全面採用；亦即，民間日用類書本身並非研究核心，僅為學者研究課題的證據，且屬部分證據而已」。參見吳蕙芳：《萬寶全書：明清時期的民間生活實錄》，花木蘭文化出版社2005年版，第8頁。

類書之於法律史，雖然其妙用無法體現在考證「是什麼」（What, 靜態結果）的研究上，但卻是勾勒「如何是」（How, 動態過程）、回答「為何是」（Why, 原因）的最佳材料。由此可見，視角轉換之於學術研究的意義所在。

　　轉換新視角、探索新範式、開啓新視野等等，已成為當下學界的一種「口號」。這雖是反思現狀所產生的一種憂患意識與危機感，但也在很大程度上催生了「理論飢渴症」以及對理論新說的一知半解、生搬硬套。[5]或許理想的狀態應該是，在協調本土研究與西方範式之際，以所謂的理論關懷、視角轉換、方法創新培養問題意識、引導行文運思，亦即「將西方的人文社會科學的理論本土化」、「把其他社會科學的理論方法『歷史學化』」。[6]與徐忠明、杜金的研究一樣，本書也是「真正有意識地結合書籍史、閱讀史的研究方法所做的法律傳播史研究」（第 197 頁）。問題就在於：這一研究路徑背後的方法論為何？

　　信息論大師克勞德・香農（Claude E. Shannon）提供了一種單向線性傳播模式：[7]

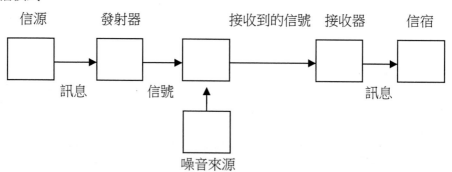

信源　　　發射器　　　　　　接收到的信號　接收器　　　信宿

訊息　　　信號　　　　　　　　　　　　　訊息

噪音來源

　　若是套用這一模式，法律知識本身便是一種「信息」，本書的研究便是

5　參見包偉民：〈中國史學患「理論飢渴症」〉，載《中國社會科學報》2011 年 5 月 26 日。
6　趙世瑜、鄧慶平：〈二十世紀中國社會史研究的回顧與思考〉，載《歷史研究》2001 年第 6 期；後收入趙世瑜：《小歷史與大歷史：區域社會史的理念、方法與實踐》，生活・讀書・新知三聯書店 2006 年版，第 34 頁。
7　〔美〕E. M. 羅傑斯著：《傳播學史——一種傳記式的方法》，殷曉蓉譯，上海譯文出版社 2012 年版，第 367 頁。

將日用類書視為「接收器」，由此回溯這一「信息」傳播的過程。[8]其中，「噪音來源」是指日用類書編纂者的誤讀誤解、疏失無知或主觀取捨以及發明創新等，而將法律知識由「訊息」轉化為「信號」予以傳播的「發射器」，便是官版契約、訟師秘本、律學文獻等。至於作為知識的最終接受者「信宿」，本書通過廣泛徵引有關明代書價、民眾識字率的論著，訂正了既往研究所樂觀估計的「四民大眾」說，而將其定位在「由那些中下層的讀書人和識字商賈構成的人群」（第46頁）。

如若上述「以偏概全」地抽象本書方法論的臆測以及對信息傳播模式的套用在某種程度上可以成立的話，那麼本書的缺憾或許在於：對於自「信源」至「發射器」的訊息傳遞（即法律知識的生成）、自「接收器」至「信宿」的訊息傳遞（即法律知識的習得）這兩個環節著墨不多（如訟師與訟師秘本）甚至幾無關注（如律學家與律學文獻）。事實上，作者對於「知識習得」環節的研究缺失有相對明確的認識，「本書所進行的工作，乃是……藉以瞭解可能有哪些具體的法律知識在不同階層人們的日常生活之中傳播」（第 196頁），既然本書僅將日用類書定位為民眾習得法律知識的「可能性」載體，而非「必然性」載體，那麼「接收器」與「信宿」之間的傳播鏈也不得不被打上問號。

三

具有生命力的新方法、新視角，必然具有相對普遍的研究適用性。事實上，魏晉南北朝史研究中的「史料批判」、[9]宋史學界對於「信息管道」的關注、[10]社會史研究者對於民間文獻的解讀[11]等，皆可置於信息論的框架中加以

8 　需要說明者，為了下文敘述方便，此處對法律知識的傳播過程進行了簡化處理。事實上，一個相對完整的信息傳播過程將由若干個圖示所見「四步走」組成。

9 　〔日〕佐川英治等：〈日本魏晉南北朝史研究的新動向〉，載《中國中古史研究：中國中古史青年學者聯誼會會刊》（第1卷），中華書局2011年版，第8頁。

10 　如鄧小南主編：《政績考察與信息管道——以宋代為重點》，北京大學出版社2008年版；鄧小南等主編：《文書‧政令‧信息溝通：以唐宋時期為主》，北京大學出版社2012年版。

理解。具體到日用類書研究上，吳蕙芳在全面董理史料文獻的基礎上，也開始轉入信息傳遞的層面。[12]那麼本書的獨特價值何在？

　　法律史之所以能成為一個相對獨立的學科門類，並不因其具有獨一無二的研究對象，如本書的題眼「法律知識」，亦為所有史學類研究所共用。真正能夠成就法律史者，應該在於問題意識，如滋賀秀三所言「法的存在形態為何」、[13]奧村郁三所稱「法是什麼」等命題。[14]本書的研究，不僅力圖與法律史以及相關的社會文化史學者進行切磋對話，如通過詳細比勘，發現「金科一誠賦」注文存在兩大版本系統，藉此修正了張伯元所持清代王明德《讀律佩觿》擅改相關文字之論（第 162～163 頁），又如以日用類書常見「服書式」（孀婦再嫁的婚書）為由，質疑那些「迷信於『貞潔觀』在明清社會中的絕對支配性影響的推測性研究」（第 77～81 頁），然而更重要的，毋寧是「針對一個歷史問題的一次法律史解釋」（第 194 頁），如以乾隆七年定例禁毀訟師秘本為社會背景，解釋訟學知識在清代日用類書中的退場（第 185～188 頁），由此駁正了吳蕙芳以法律知識過分專業為由的寬泛解釋。

　　只是任何解釋皆有片面性與局限性，本書亦無法例外。如作者指出：「儘管目前尚缺乏足夠的直接史料證據來證明日用類書的流傳範圍可能比訟師秘本更廣，但正如下文將詳細分析的那樣，日用類書曾對促進訟學知識的民間傳播影響頗大」（第 99 頁）。然而遺憾的是，從作者的論證來看，所謂「影響頗大」僅有一個間接證據予以支持，即相較於訟師秘本，日用類書在「提段貫串活套」部分對詞狀常用的模式化詞句進行了獨特編排，而「這種編排方式，對於普通百姓來說恐怕利用起來還更為方便」（第 113 頁）。這一點論證的瑕疵，正是源自上文所提及的被打上問號的「接收器」與「信宿」之間的傳播鏈。

11　張小也：〈歷史人類學：如何走得更遠〉，載《清華大學學報（哲學社會科學版）》2010 年第 1
　　期，第 102～103 頁。

12　吳蕙芳：《明清以來民間生活知識的建構與傳遞》，學生書局 2007 年版。

13　〔日〕滋賀秀三：《續 清代中國の法と裁判》，創文社 2009 年版，第 226 頁。

14　我が國における法史學の步み研究會：〈聞き書き・我が國における法史學の步み（七）：奧村
　　郁三先生にお聞きする〉，載《同志社法學》第 59 卷第 1 期，2007 年，第 429 頁。

又如，前述香農的傳播模式之所以被稱為單向性，一定程度上源於他「最初沒有使用反饋概念本身」，後來的人類傳播學學者增加並強調了「反饋」的概念，[15]亦即「信宿」之於「信源」的逆向反作用。本書雖然並未措意於「接收器」與「信宿」之間的傳播鏈，但卻以「反饋」的徑路（如供求關係這種「商業化邏輯」），試圖解釋明清之際法律知識在日用類書中所佔比例的變化。由此便足令人懷疑：民眾自日用類書中習得法律知識僅為「可能性」猜測，那麼他們對於知識來源的日用類書的反饋將何以證成？讀者有必要追問：民眾習得法律知識的其他「可能性」文字途徑為何？如科舉考試的導向性影響，是否同樣導致傳播律例知識的其他文字途徑的萎縮？契約體式類內容既然因成為常識而淡出日用類書，為何又在村落日用類書中得到大量保留？事實上，對「接收器」與「信宿」之間傳播鏈的研究缺失，還導致本書出現兩段略有矛盾的結論，即「明代日用類書中所刊載的那些律例知識，對於時人而言，其參考價值實際上並不高，甚至還頗具誤導性……恐怕也很少有人會依賴日用類書這種由書商逐利而編的雜書來學習律例知識」（第 170頁），「如果說明代日用類書中刊載律例知識的做法，乃是旨在滿足一部分士人──儘管人數相對不多──學習律例的需要，……對於科舉應試來說，掌握了這些內容，一般也就勉可應付」（第 191 頁）。

四

趙世瑜認為，「社會史從它產生之日起，就是綜合的、整體的、長時段的，它既不是把政治當作一切，也不是依據政治來理解社會，而是從社會去看政治，看其他」，「它的革命性的或者突破性的意義就在於，它要突破一個被某種意識形態因素限制和困擾的時間範圍，而把表意時間的角色留給『史』去擔當」。[16]若是我們認同趙世瑜所謂的「作為研究範式的社會史」，

15　〔美〕E. M. 羅傑斯著：《傳播學史──一種傳記式的方法》，殷曉蓉譯，上海譯文出版社 2012年版，第 387 頁。

16　趙世瑜：〈明清史與近代史：一個社會史視角的反思〉，載《學術月刊》2005 年第 12 期；後收

[17]那麼這種研究範式同樣可以適用於法律史的研究。

具體到本書所關注的主題「法律知識如何傳播」,它並非為明清兩代所特有,足可以問題為線索,突破朝代分期,審視歷史進程。本書無疑也就此作出了相當努力,即本書的主幹雖在於討論明代日用類書與法律知識的傳播,但專辟單章,探究日用類書在明清之際的內容變化及其所折射的社會變遷,且全書筆觸時而上涉宋元,語及跨朝代的知識溯源,甚至有意識地在方法論上貫通古今,即「這種穿梭於書裡書外的論證方式……不僅可以用來分析古代社會的例子,也同樣適用於對近、現代社會中類似問題的學術分析」(第 194 頁),由此實現該研究的「現實關照」。

然而毋庸諱言者,本書可能離真正意義上的長時段研究以及由長時段研究而產生的對「中國」的整體性理解尚有一定距離。如就律例知識而言,如敦煌文書中出現了 20 件《律》與《律疏》的殘卷,[18]黃正建通過抄寫的書式、筆跡,推測其中非官方寫本的《律》與《律疏》是供學習所用,「具有類似教材的性質」。[19]出仕為官,恐怕是當時傳習此類知識的最大動力,即便從知識生成層面上言,也是如此,如《永徽律疏》製作的初衷便是考慮到「律學未有定疏,每年所舉明法遂無準憑」。[20]這種法律知識的生成與傳播方式延續到宋代,如北宋天聖七年(1029)校定的《律》與《音義》,也是因「明法一科,律文及疏未有印本,舉人難得真本習讀」。[21]至於在形式上與「類

入趙世瑜:《小歷史與大歷史:區域社會史的理念、方法與實踐》,生活·讀書·新知三聯書店 2006 年版,第 46、40 頁。

[17] 趙世瑜:〈社會史的概念〉,載周積明、宋德金主編:《中國社會史論》(上卷),湖北教育出版社 2005 年版,第 10~17 頁。

[18] 具體文書號、文獻名,參見〔日〕辻正博著:〈敦煌·吐魯番出土唐代法制文獻研究之現狀〉所附「敦煌、吐魯番出土唐代法制文獻一覽表」,周東平譯,載周東平、朱騰主編:《法律史譯評》,北京大學出版社 2013 年版,第 142~143 頁。

[19] 黃正建:〈敦煌吐魯番法典文書中《律》《律疏》文書性質再議〉,載中國社會科學院歷史所隋唐宋遼金元史研究室編:《隋唐遼宋金元史論叢》(第 1 輯),紫禁城出版社 2011 年版,第 84~85 頁。

[20] (宋)王欽若等編:《冊府元龜》卷六一二《刑法部·定律令四》,中華書局 1960 年版,第 7345 頁。

[21] (宋)王應麟纂:《玉海》卷六六「律文音義」條,江蘇古籍出版社、上海書店 1987 年版,第

書」最為接近的前代法律知識載體,應屬判集。在唐代,有為銓選考試、書
判拔萃科等而製作的擬判集,如《百道判》、《龍筋鳳髓判》、P.2593《開
元判集》殘卷等,也有被認為「取材於現實,而又加以虛構潤色……疑出自
法吏之手」[22]的 P.3813《文明判集》殘卷;宋代的《名公書判清明集》則被
認為是「匯合了宋代針對治世之術而產生的兩個著作系統」,一是「折獄傳
統」,二是「吏治傳統」。[23]由此可見,判集和前述與「律」相關的知識載
體一樣,其受眾還是具有較高文化素養的精英階層。應當說,明清律學的發
達表明,針對精英階層的法律知識傳播途徑並未衰竭,而自目前的史料所見,
唐宋時期似乎並未出現與明代日用類書一樣針對「中下層的讀書人和識字商
賈所構成的人群」的律例知識載體。明代的「中下層的讀書人和識字商賈」
為何突然對律例這類法學知識感興趣,以至於因此需求而催生了除律學文獻
以外的知識載體?

　　這不由得令人想起長期研究華南宗族社會史的學者如鄭振滿所持由宋到
明「宗法倫理庶民化」,[24]科大衛、劉志偉所論「庶民士紳化」的觀點。[25]或
許法律知識進入日用類書,也是一種「自下而上」的認同、模仿。[26]在這樣
的脈絡下,律例知識並非用於訴訟實踐或科考應試,毋寧是作為一種身分構
成的象徵性要素而出現於日用類書之中。當然,這樣的猜測必需有足夠的證
據,目前可引以為旁證者二:首先是地域性的考慮。本書的作者已經指出,
其所考察的日用類書大多出自福建建陽(第29~30頁),其編纂者或許也是

　　　1258頁。

22　劉俊文:《敦煌吐魯番唐代法制文書考釋》,中華書局1989年版,第450頁。

23　柳立言:〈評《名公書判清明集》(Brian E. McKnight and James T. C. Liu, trans. *The Enlightened
　　Judgments, Ch'ing-ming Chi: The Sung Dynasty Collection*)〉,載《法制史研究》第2期,2001
　　年,第274~276頁。

24　參見鄭振滿:《明清福建家族組織與社會變遷》,中國人民大學出版社2009年版,第172~183
　　頁。

25　參見〔英〕科大衛、劉志偉:〈宗族與地方社會的國家認同──明清華南地區宗族發展的意識形
　　態基礎〉,載《歷史研究》2000年第3期,第3~14頁。

26　如敦煌書儀、《司馬氏書儀》等有關書牘往來的格式、稱謂、專用語等體現精英階層尊卑禮數的
　　知識,同樣也進入了日用類書之中,如人際交往所用的書柬帖式範例與說明等。參見吳蕙芳:《萬
　　寶全書:明清時期的民間生活實錄》,花木蘭文化出版社2005年版,第238~247頁。

閩人，如日用類書中出現「未冠小官結契書」、「小官答允朋友書」、「寄契友書」、「契友復書」等情書範本（第 61 頁），自可與契兄、契弟作為明清時期福建等地同性戀之間的互稱相聯繫。[27]其次是時間性的考慮。作者指出「收錄律例知識且明確記載有具體刊行時間的，都是出版於明萬曆二十四年至四十年（1596～1612）之間」（第 119 頁）。李守良的研究表明，「在嘉靖——萬曆時期，除了輯注類、司法實用類私家律著大量存世外，還出現了便覽類、歌訣類、圖表類私家律著」，數量達「近 70 部，存世 40 餘部」。[28]或許是這一時段律學著作的大量湧現，為律例知識進入日用類書、為「自下而上」的認同、模仿，創造了文化環境、提供了可能性條件。而當模仿者意識到律例知識並非是身分構成的必備要素甚至有可能會因此受到負面評價時，這些知識也就失去了存在的必要。

　　與此相關者，則是另一種可能性的解釋：井上進對明清出版業總體趨勢的研究表明，明代中前期的書籍出版可用「低潮」二字來描述，這種萎靡不振的狀況一直到「成化、弘治年間才有所改變，到了嘉靖、萬曆則面目一新」，而萬曆時期是一個「身分秩序開始動搖……士庶之間的界限逐漸模糊下來，連起碼的學問都有問題的士人以及已不是沒有文化的庶人，都以不能無視的數量出現的時代」，「出版由此變得通俗化了……像明末那樣的通俗出版，大約在康熙十年，即三藩之亂這一時期為決定性的界限，急劇衰落中恐怕包含有很重要的問題。出版界通俗退潮，高雅再次掌握了主導權，這與學術界的考證學的形成恰巧成為平行的關係」。[29]萬曆年間出版業的通俗化以及明清之際的急劇轉向，與日用類書中法律知識的盛衰趨勢大致同步，或許法律知識的命運並非單純受累於其獨特的專業屬性，而與當時整體的出版狀況緊密相關。

　　此外，如果我們認為日用類書所載法律知識雖有錯謬，但仍可應付於實

27　張在舟：《曖昧的歷程：中國古代同性戀史》，中州古籍出版社 2001 年版，第 14 頁。

28　李守良：〈明代私家律學研究〉，中國政法大學 2012 年博士學位論文，第 39 頁。

29　〔日〕井上進著：〈出版文化與學術〉，張小鋼、劉乃華譯，載〔日〕森正夫等編：《明清時代史的基本問題》，周紹泉等譯，商務印書館 2013 年版，第 481～494 頁。

踐的話，那麼有關法律知識（尤其是訟學知識）的出場或許還與萬曆八年到十年（1580～1582）前後的土地清丈所激化的訴訟糾紛相聯繫。如阿風通過對徽州文書的考察，發現：「從十五世紀中葉開始，特別是與十六世紀國家的禮制改革相適應，以始祖祭祀為核心的新宗族運動蓬勃開展起來。這些新興的宗族運動推動者們發現，明初的土地登記方式，很可能使宗族喪失對於墓地、墓田、墓祠（寺觀）的控制權。為了重新確認或爭奪祖先墓地，徽州同族各支派通過各種方式聯合起來，通過訴訟等方式來重新確認這些宗族公產的所有權。到了萬曆十年前後，土地清丈再次展開，各方勢力進行激烈的博弈，都期望在土地爭奪過程中爭得更多的利益，所以徽州的訴訟紛爭在萬曆十年前後達到高潮」。[30]在這樣的社會背景下，法律知識的現實需求度大幅度攀升，出現在日用類書中便是水到渠成之事。

五

　　當下有關法律史研究的反思，總會有意無意地牽扯「史學化」與「法學化」或者「描述性」與「解釋性」的二元對立。其實，「失去史料精確解讀的義理揭示令人質疑，隔絕法學視角的史實考證也難愜人意」，[31]當下的學者既不會自囿於「金泥玉屑」般的考據，也不會放縱於「天馬行空」式的暢想。本書不廢考證，長於詮釋，遊刃有餘地穿梭於中外法、史二界的既有研究之中，或質疑、或補訂、或新詮，當是消解上述二元論的例證。此外，或許更為重要的是，法學作為一門實踐性學科，並不具備足以反哺其他學科的獨一無二的方法論，[32]所謂「法學視角」的詮釋，更需仰賴其他社會科學方

30　阿風：〈明清時代徽州訴訟文書的收集、整理與出版研究，載〔意〕米蓋拉、朱萬曙主編：《徽州：書業與地域文化》（《法國漢學》第13輯），中華書局2010年版，第451～452頁；阿風：〈明代徽州宗族墓地與祠廟之訴訟探析〉，載《明代研究》第17期，2011年，第45～46頁。

31　徐世虹、支強：〈秦漢法律研究百年（三）——1970年代中期至今：研究的繁榮期〉，中國政法大學法律古籍整理研究所編：《中國古代法律文獻研究》（第6輯），社會科學文獻出版社2012年版，第170頁。

32　德國學者齊佩利烏斯認為：「在科學上，方法是指這樣一種路徑，它以理性的，因而也是可檢驗

法的整合與融入。本書作者自覺地「展開類似於知識社會學的分析」（第194頁），正是其常年專注於法律社會學的自然結果。

「新法律史」之所倡，與其說是翹首以盼某種定於一尊的研究範式，毋寧是一種不囿於固化思維、勇於超越自我的進取姿態。從這個意義上說，筆者不願意說本書已然「實現」了「新法律史」，更願意稱本書為「新法律史」的「發生」之作。而上述的種種指摘，也正是出於「新法律史」可以繼續「發生」的美好願望，雖然許多問題或許限於史料，永遠無法有令人滿意的答案，甚至不可能給予任何回答。

最後，尚有幾處吹毛求疵的「校讀」意見，謹供作者再版時參考：第9頁第10行「中田熏」應為「中田薰」；第63頁表5最右列之最後一行「同意」或為「同一」；第105頁第1行「既是所謂的」應為「即是所謂的」；第123頁「納米歌」第1行「每米米五斗」應為「每答米五斗」。

和可控的方式導向某一理論上或實踐上的認識，或導向對已有認識之界限的認識」，那麼所謂的「法學方法」，便是「法學上旨在實現對法律規範進行理性的，可控制的解釋、續造和補充的思想路徑。通過這些思想路徑，應能使一項法律在理性的考量當中獲得盡可能多的確定性，並使法律的解釋以及漏洞的填補得以在理性的論辯當中進行」（〔德〕齊佩利烏斯著：《法學方法論》，金振豹譯，法律出版社2009年版，正文第1頁以及中文版序）。換言之，「法學方法」是一種試圖解決因語言表達本身的局限性、立法技術的不高明、社會的永續變動等所導致的法律意旨模糊、法律適用障礙、法律漏洞凸顯等問題的合乎邏輯規範的方式。而這些方法可能來源於歷史學，如檢視立法背後的社會歷史背景，由此探究立法者的立法本意；也可能源於語言學，畢竟法律的制定建立在語言規則的基礎之上；還可能來自經濟學，法律的制定、權利義務的設計在符合正義這個最高位階的原則之下，利用經濟學的數量模型，進行適當的成本與效益分析，同樣是一種「方法」。

馮客《近代中國的犯罪、懲罰與監獄》評介

　　英語世界利用中國明清以來的檔案材料研究中國法律史的熱情遠高於中國本土的法律史學者，且其論域廣涉家庭繼承、婦女地位、婚姻田土、司法審判、刑事犯罪、基層社會治理與控制等。[1]但誠如白德瑞（Bradly W. Reed）所言，以檔案材料來考察中國近代變革中的監獄問題，在 2002 年以前尚無人問津，馮客（Frank Dikötter）的《近代中國的犯罪、懲罰與監獄》（*Crime, Punishment, and The Prison in Modern China*）確有補白之功。[2]現任倫敦大學亞非學院歷史教授的馮客，出版有《近代中國之種族觀念》（1994）、《性、文化與現代化：民國時期的醫學與性控制》（1995）、《不完善的概念：中國的醫學知識、生育缺陷和優生學》（1998）、《麻醉文化：中國毒品史》（2004）等專著，於近代史領域多所創獲，頗受海內外史學界之推重。《近代中國的犯罪、懲罰與監獄》一如其上述諸書之風格，標舉「文化史」之路徑，自其問世以來，海外學界對其頗多贊譽，當然也有一些切中肯綮的批評（僅以筆者所見的七篇書評為準）；3但是，即便該書的中譯本（徐有威等譯，

---

[1]　尤陳俊對此有系統論述，詳見尤陳俊：〈「新法律史」如何可能——美國的中國法律史研究新動向及其啟示〉，載〔美〕黃宗智、尤陳俊主編：《從訴訟檔案出發——中國的法律、社會與文化》，法律出版社 2009 年版，第 473～512 頁。

[2]　Bradly W. Reed, Review: "Crime, Punishment, and The Prison in Modern China," *The Journal of Asian Studies*, Vol. 62, No.2, May, 2003, pp. 583～584.

[3]　Bradly W. Reed, Review: Crime, "Punishment, and The Prison in Modern China," *The Journal of Asian Studies*, Vol.62, No. 2, May, 2003; Børge Bakken: Review: "Crime, Punishment and the Prison in Modern China by Frank Dikötter," *The China Journal*, No. 50, Jul., 2003; Zvi Ben-Dor: "Review Crime, Punishment, and the Prison in Modern China by Frank Dikötter," *The Journal of Asian Studies*, Vol. 62, No. 3 , Aug., 2003; Rana Mitter: Review: "Crime, Punishment and the Prison in Modern China by Frank Dikötter," *Pacific Affairs*, Vol. 76, No. 2, Summer, 2003; Pitman B. Potter: "Review: Crime, Punishment and the Prison in Modern China by Frank Dikötter," *The International History Review*,

潘興明校，江蘇人民出版社 2008 年版）於 2008 年底問世，中國大陸學界亦鮮有回應者。[4]本文不揣冒昧，逐章評介如下：

一、監獄與現代化

「緒論」開門見山地表達了作者對「監獄」的定位——現代化的產物[5]，且是現代化失敗的例證之一。之所以說它是現代化的結果，不單是因為在古代「監禁並不作為刑罰的標準」（第 2 頁），[6]還因為監獄所承擔的功能發生

Vol. 25, No. 3; Jerome Bourgon: "Review: Crime, Punishment and the Prison in Modern China by Frank Dikötter," *The American Historical Review*, Vol. 108, No. 4, Oct., 2003; Gene Cooper: Review: "Crime, Punishment and the Prison in Modern China by Frank Dikötter," *The Journal of the Royal Anthropological Institute*, Vol. 9, No. 4, Dec., 2003.

[4] 筆者目前僅見張晶〈近代中國社會的另類圖景——讀馮客《近代中國的犯罪、懲罰與監獄》〉（載《文匯讀書報》，2008 年 4 月 4 日）和王素芬在其專著《明暗之間：近代中國獄制轉型研究——理念更新與制度重構》（中國方正出版社 2009 年，第 10～11 頁）的學術史回顧部分略有涉及。

[5] 言監獄為現代化之產物，是與監獄為自由刑的執行場所之定義密切相關。至於監獄之禁錮作用，自古便存。

[6] 有關中國古代監獄與自由刑的關係，學界存在分歧認識。如薛梅卿認為：中國古代的監獄有狹義和廣義之分。狹義的監獄是指依照國家法律而設置的刑罰執行機構。廣義的監獄泛指憑借國家強制力為後盾，拘束、限制人身自由的關押或勞動場所。諸如自由刑（徒刑和拘役）罪犯判決後的執行場所；古代充軍、流刑等犯人待解待發的羈押場所和發配勞役的場所；死刑犯暫時收監等候處決的場所；刑事被告人等嫌疑犯、未決犯的看守場所；民事訴訟當事人以及民刑事訴訟的干連佐證的管收處所；危害社會治安的各種違法分子的拘留處所；少年犯罪、失教者的感化教養機構；皇室貴族的軟禁之地；還有宗室貴族、地主、軍閥、土豪、族祠私設的牢房等等。（引自薛梅卿主編：《中國監獄史》，群眾出版社 1986 年版，第 1 頁。）由此可見，無論廣義和狹義，在她看來，監獄皆與自由刑之執行有關。同樣的觀點亦體現在她對宋代監獄的定位中：「由於實行有罪推定原則，……一旦鎯鐺入獄，必是刑罰的開始。」（引自薛梅卿主編：《兩宋法制通論》，法律出版社 2001 年版，第 479 頁。）臺灣學者李甲孚亦持此說：「古代與現代在設置監獄之觀點上，雖呈現若干差異現象，但監獄所監禁收容者，為判處自由刑確定之受刑人，則無人能加以否定」（引自李甲孚著：《中國監獄法制史》，臺灣商務印書館 1984 年版，第 2 頁。）但是，許多學者則認為中國古代監獄與自由刑無關，如戴建國認為：「宋代監獄，稱『獄』，亦叫『牢獄』，是羈押罪犯等待法官審判，或者已經法官判決等待行刑的場所。用監獄來長期囚禁罪犯，使之作為一種刑罰，在宋代還未正式成立」（引自戴建國：《宋代法制初探》，黑龍江人民出版社 2000 年版，第 264 頁。）；楊師群也認為：「宋代監禁罪犯，主要目的是羈押犯人等待審判，或是罪犯正在被審理、判刑過程中，把罪犯長期關押以作為一種刑罰，在宋代尚未正式成立」（引

了變化，其中最為關鍵的恐怕便是監獄感化罪犯的使命易替了它以暴力製造痛苦而達致懲罰罪犯的效果（即由報應刑向教育刑轉變）。這種內在理念的變化，加上監獄設施、制度等的更新，使得作者相信，建立在「改過自新」基礎上的中國監獄模式，「既是全球刑罰改良運動的一部分，展示了國際上的思想和制度，同時又是中國本身對於教育感化能力傳統上的信任所作的重新定位」（第 6 頁）。此外，中國的近代化蘊涵著極強的救亡圖存的訴求，而教育則是提升國力、促進團結、增強向心力的關鍵所在，於是，中國監獄的近代化自然也「被看作為教育改造社會紀律的一個計劃和國家政權的一種策略」（第 12 頁）。但是，美好的願望未必就能帶來如意的結果，這就自然引出了上述第二個命題：監獄是現代化失敗的明證。首先，「『對身體的懲罰』並沒有被『對靈魂的懲罰』所取代」（第 6 頁），監獄內的侮辱、摧殘肢體等情形普遍存在；其次，具有諷刺意味的是，自命以感化改造為己任的監獄，僅在製造慣犯上獲得了空前的成功，「許多犯人學會利用監獄的規則和在資源稀少的殘酷惡劣環境中，如何為了生存而鬥爭。犯人很擅長於假裝悔恨和為了提前釋放而表示悔過，他們也很可能把他們的才能運用於犯罪」（第 11 頁）。儘管如此，感化始終是伴隨中國監獄近代化的刑罰哲學的核心範疇，而貫穿獄政改革實踐之始終。復次，人滿為患和財政資金的缺乏（第 6 頁）也使得監獄的改良計劃與實踐存在巨大落差。

　　「緒論」還表明，該書的著力點在於所謂的「中國監獄文化史」，考察的是「解釋刑法的哲學解釋的變化和刑法機關在 1845 年-1949 年間的社會實踐」（第 12 頁），依據的是印刷品、檔案、數據統計、調查報告等，偏向於傳達當時犯人及監獄看守的聲音。由此可知，本書的構架不同於傳統的「監

　　自王雲海主編：《宋代司法制度》，河南大學出版社 1992 年版，第 191 頁。）；許章潤認為：「古代的監獄兼有現代看守所和監獄甚至工讀學校和收容所的職能。……這種混押制度，反映了自由刑產生以前監獄的特殊性即其職能的二重性。」（引自許章潤：《監獄學》，中國人民公安大學出版社 1991 年版，第 25～26 頁。）其實，單就「獄」字所指稱的場所論，遲至清季變法之前，所謂的「獄」都還不是現代意義上所謂的自由刑執行場所，如《清史稿‧刑法三》有載：「其囚禁在獄，大都未決犯為多。既定罪，則笞、杖折責釋放，徒、流、軍、遣即日發配，久禁者斬、絞監候而已。」

獄史」或者「監獄制度史」，作者無意於眷戀獄政制度的鋪陳與流變的勾勒。由於「文化」（culture）內涵多元所導致的「文化史」（cultural history）的邊界不清，因此，作者的這一自我標榜令人期待。

　　撚出監獄的感化功能和監獄改良中傳統因數的或隱或現，且試圖以此通貫全書，確是作者用心所在。雖然中國古代亦講求「以圜土聚教罷民，凡害人者，真之圜土而施職事焉，以明刑恥之。其能改過，反於中國，不齒三年」，[7]即以監禁加勞作的方式來使人改過自新，但是儒家「道之以政，齊之以刑，民免而無恥；道之以德，齊之以禮，有恥且格」[8]的論斷，則將教化剔除出刑罰的功能之外。馮客試圖為我們描繪：近代中國的監獄實踐在揉合「齊之以刑」與「有恥且格」上的失敗實驗。這就是為什麼「中國引進監獄系統的做法既是全新的，也是十分傳統的」（第 5 頁）的原因所在。[9]所謂的「全新」，恐怕是將「教」的因素添加入「刑」之中。中國古代的勞役刑，只是一種懲罰的方式，甚至有「奴辱之」的意味，而非使人「改過自新」。而中國監獄近代化的改良方向則是使監獄所涵攝的監禁和勞動兩種手段皆具備「改造」犯人的功能：「刑罰就是在監獄實行隔離療法以正確的社會行為的道德標準教育犯人」（第 10 頁），「道德改造被用來培養為了集體利益而服從權威，抑制個人慾望、對社會負責任的個人」（第 11 頁）。[10]可惜，馮客既以儒家

7　　《周禮・秋官・大司寇》。

8　　《論語・為政》。

9　　許章潤曾言，中國近代獄制一意仿學西洋，諸如獨居制、教誨堂之類，因與中國人崇尚合和、集體生活，只求現世現報、而無原罪救贖觀念等性格相揆，而形同虛設；而監禁、戒護、勞作等制的引入，卻適用無礙，實與其契合中國「管」人及「徒者，奴也」的理念有關。（參見許章潤：〈清末對西方獄制的接觸和研究〉，載《南京大學法律評論》1995 年秋季號。）此一論述，更足玩味所謂既「全新」又「傳統」的論斷。

10　馮客的上述論斷，令人想起福柯的觀點：監禁可以隔斷他們與一切不良習氣的聯繫；而且伴隨單獨囚禁而來的孤獨能夠促使犯人反省，進而滋生悔恨罪行的情緒；當然，最為重要的是，監禁所帶來的高度一致、只許服從的生活模式和行為標準，可直接馴化罪犯，使其習於守法合規。至於勞動的價值，既非利潤，也非培養技能，而是建立一種使個人服從和適應某種生產機構的權力關係，「它使肉體屈從於有規律的運動；它排除騷動和渙散；它確立一種等級體系和一種監視」。參見〔法〕米歇爾・福柯著：《規訓與懲罰》，劉北成、楊遠嬰譯，生活・讀書・新知三聯書店 2003 年版，第 265～273 頁。

的「明刑弼教」（第6頁）與監獄感化功能直接對接來論證中國近代監獄改良的傳統延續性，未必全然符合儒家之本義，又未能通過其對中國監獄近代化歷程的梳理，充分展現所謂的傳統與現代的融合。有關後者的具體評述詳下，這裡僅借用鞏濤（Jerome Bourgon）的批評稍作展開：在清代，包括死刑在內的刑罰皆是用於教育百姓以防止其犯罪，而並非用以教化罪犯。[11]確實如此，朱子曾云「殊不知明於五刑以弼五教，雖舜亦不免教之不從，刑以督之。懲一人而天下人知所勸戒，所謂辟以止辟，雖曰殺之，而仁愛之實已行乎中」，[12]刑罰之用乃在於勸戒天下之人，而非教化囚徒。

二、獄政現代化之初

該書的第一部分題標為「現代刑法制度的出現」，下分兩章分別為「晚清監獄改良運動（1895-1911）」和「民國初年的地方監獄（1911-1927）」。本部分所刻畫的是中國近代獄制初建期的各種「浮世像」，而貫穿其中的一個主導的思路則是近代中國收回治外法權的努力。這不禁讓人聯想起作者在「緒論」中提到的一個觀點：「監獄改造就是與特定的政治目的相聯繫的一種政治工具」（第13頁）。在這樣的「政治目的」下，監獄的改良與近代化，與生俱來地帶著一定程度的「扭曲」。

（一）晚清時期

本章僅簡單勾勒了清季變法以前黑暗的獄政狀況，突出了制度規定與實踐操作的差別。而後，作者則將筆墨集中在處於晚清變法大潮中的監獄改良運動。這一運動始於國內有識之士對獄政黑暗的批判、對外國先進制度及實踐的推崇，但歸根結底是導源於亡國滅種的壓力，當然也包括因治外法權而生的主權淪喪的屈辱感。作者尤其表彰了這一運動的兩位理論「潮人」——沈

[11] Jerome Bourgon: "Review: Crime, Punishment, and The Prison in Modern China", *The American Historical Review*, Vol. 108, No. 4, Oct., 2003, p. 1121.
[12] 《朱子語類》卷七十八。

家本和小河滋次郎——的突出貢獻,當然,其強調的核心還是圍繞著監獄的「感化」轉向進行,如「沈家本相信,……監獄的首要任務應是感化……在以後的幾十年中,沈家本的觀點受到許多監獄改良家和司法官員的贊同」(第42～43頁),又如「受小河滋次郎的影響……這些著作都強調監獄不僅是關押失去自由的犯人的地方,而且是一個道德的教化場所」(第44～45頁)。在「感化」理念的指導下,擔當教育使命、重視技能培養的習藝所和第一批現代模範監獄先後湧現。

可資商榷的是,作者認為清代「『經世之學』和考證學研究,兩者對現存刑罰制度信任度的逐漸削弱是起到一定作用的」(第31頁)。「經世之學」的興起確乎基於對乾嘉考證的一種反動,是嘉道以後調和漢學、宋學、糾正「求真」而不「致用」偏差的結果,[13]但是考證之學的勃興,絕非「明末清初,受耶穌會介紹的西方嚴謹科學的啟發」,也沒有在18世紀末「通過今文運動表達社會政治觀點,並將其推上政治舞臺」(第30頁)。至於將今文經學的復興與和珅時代相聯結,恐怕是受到艾爾曼《經學、政治和宗族:中華帝國晚期常州今文學派研究》的影響。[14]此外,鞏濤指摘馮客並未提及清代「提牢廳」,確是問題所在。不但提牢治獄的經驗可顯示監獄改良運動中監獄管理機構行事的仿西革新與延續傳統,[15]而且如能利用《庚辛提牢筆記》等清末獄政史料,將可達致展現庚子、辛丑時期監獄之部分實況和比較治獄者如清末白曾焯與民國孫雄、王元增等治獄、著述異同的雙重效果。

(二)民國初年

本章的寫作風格一如前文,即無意於對「監獄規則或行政進行普遍的分

---

[13]　參見羅檢秋:〈從清代漢宋關係看今文經學的興起〉,載《近代史研究》2004年第1期。

[14]　參見〔美〕艾爾曼:《經學、政治和宗族:中華帝國晚期常州今文學派研究》,趙剛譯,江蘇人民出版社2005年版。值得注意的是:中國學者劉大年在《評近代經學》中指出,艾爾曼所持的清代今文經學之興起源自莊存與同和珅的政治鬥爭說,雖非無中生有,然疑點頗多,僅能作為一種假說。參見劉大年:〈評近代經學〉,載《明清論叢》(第1輯),紫禁城出版社1999年版。

[15]　Jerome Bourgon, "Review: Crime, Punishment, and The Prison in Morden China," *The American History Review*, Vol. 108, No. 4, Oct., 2003, p. 1121.

析和透視」（第 57 頁），而僅僅簡單交代了民國初期監獄改良的相關制度背景，如新刑法草案的相關內容，監獄行政結構與權力組織分配，新出臺的監獄規則內容以及許世英掌鈞的司法部對監獄改良作出的貢獻。隨後，作者立即將觀察的視線下移至北京、江蘇、奉天的監獄實態上。大致來說，對於監獄實態的考察可分為：囚犯的結構、生存空間（如監舍、生活用具、醫療狀況等）、勞動及教育情況、信仰推廣、懲罰方式、獄內種種非法行為（包括獄吏對犯人的體罰、虐待和罪犯越獄、集體暴亂、毒品消費等）等。通過這些新監（模範監獄）的考察，作者斷定：「繼續依靠體罰的做法和犯人的高死亡率與監獄改良者野心勃勃的意見相衝突」，「數以百計的與之並存的舊體制下的縣監的情況甚至更差」。（第 97～98 頁）

尤其值得注意的是，大量檔案表明，收回治外法權的訴求強烈主導著監獄改良的展開，「中國的官員不但抵制由租界提出重新使用肉刑的號召，而且在租界他們也運用外國的勢力來保護他們的國民免受肉刑之苦」（第 107 頁）。這種訴求雖然沒有使得監獄改良的計劃完全得以落實，但卻衍生出兩種「畸形」的實態：其一，雖然監獄改良深受資金匱乏的約束，但是某些模範監獄的設施建設使罪犯的生活狀態優於一般平民，如「當北京城的絕大部分的居民仍生活在黑暗之中時，（京師第一監獄——本文注）每兩個牢房就有一個電燈用來照明」（第 82 頁）；其二，外國囚犯的生存情況遠高於中國囚犯，甚至一般中國平民。這種特權無論在飲食、住宿、清潔、宗教活動（第 84～85 頁），還是在醫療（第 125 頁）上，都有體現。這些不平等皆會導致相當的負面後果，尤其是第一種「畸形」，它將直接導致犯罪率和累犯率上升、監獄人滿為患，從而破滅監獄「感化」罪犯的理想。因為一旦監獄之外的生存狀態劣於監獄之內，那麼犯罪就成為人們「可容忍的一種改變生活的方式」（第 117 頁）。而累犯的大量出現，使得監獄的教化功能受到質疑，因此袁世凱又短暫地恢復了笞刑。

需要指出的是，作者在處理一些實例的時候，或顯得枝蔓過多，或顯得

零碎，[16]如在題標為「財產、性、犯罪和坐牢」的篇目下，作者通過一個父親向警察局告發兒子犯罪的實例來說明首都群眾對刑事法改良的接受程度（第90～91頁），其言下之意恐怕是要藉此表明中國古代的「親屬容隱」觀念在法律近代化潮流下被「大義滅親」所取代。且不論馮客未能理解中國古代犯罪已發狀態下的「親屬容隱」與犯罪未發狀態下的「首告」（如《唐律疏議》卷二十四「鬥訟」之「告緦麻小功卑幼」條之適用該實例）之並立，作者在該目下談論此一話題，便已偏離題標；又如在題標為「逃犯與暴亂」的篇目下，作者還列舉了一個監獄看守開槍自殺的例子（第120頁），這似乎移入題標為「獄吏」的篇目更為合宜。

三、刑罰學與犯罪學

在該書的第二部分，作者分別梳理了中華民國時期（1927-1949）法學界針對刑罰、犯罪問題的諸多見解，廣及法律的內在原理、功能與目的、制度設計等方面。

（一）刑罰學

作者首先回顧了19世紀末世界各國出現的質疑監獄改造囚犯的功能、引進無監禁判決（如緩期判決、監管保釋、緩刑、罰款等）的潮流，並指出中華民國的刑罰學家對此並不精通，反而依舊堅信人性之完美及主張實施教化以挽救墮落的心靈。在這樣的主旋律下，本章主要圍繞孫雄、芮佳瑞、趙琛、李劍華等學者的觀點及熊希齡、羅文乾等的實踐，介紹了與監獄相關的若干討論：1、無一例外地強調監獄的教育功能；2、肯定單獨監禁制對於改過自新的積極意義；3、提倡賞優罰劣的累進處遇制：這個命題包含諸多可討論的

16 　茲維‧本多對馮客的行文亦有類似看法（如 highly informative and largely interesting, lack of editing），但非以此為例。如他認為本書的緒論和結論太過相似，並將之歸為「剪裁-粘貼的計算機時代」的副產品。詳見 Zvi Ben-Dor: "Review Crime, Punishment, and the Prison in Modern China by Frank Dikötter," *The Journal of Asian Studies*, Vol. 62, No. 3 , Aug., 2003, p. 928.

子命題，因為累進處遇制乃根據每個囚犯的不同表現而使其處於具備不同監管程度、生存條件的環境中，由此每一位階的待遇、進階的標準、以及該制度設計的價值等都引發了學界的相關討論，如建議將假釋甚至是蘇聯的農墾區或監禁區作為最高位階，又如提倡將慈愛融入改造的各個環節，還有倡導將體現「自治」的民主活動引入監獄，從而培養囚犯的社會責任感等等；4、認為獄中勞動不僅具有改造惡習、消除犯罪因素的功能，還能為監獄乃至社會帶來相當程度的經濟利益。其中，對於是否支付囚犯工資，民國學界產生觀點爭論；5、謀求性需求的解決之道：雖然此一話題未被熱烈討論，但有少數學者及官員不贊同監獄對囚犯實施完全的性隔離，從而提出配偶定期入監的方案，並將之付諸試驗；6、探討監獄建築學：如監獄建築的對稱和規則象徵著秩序，透明性和封閉性是監管得以實施的保障，衛生條件、空間保障、安靜氛圍等皆是利於改造的因素。當然，學者們由於普遍意識到財政拮据所導致的監獄投資經費不足的問題，又將經濟性作為建築的主要原則，並分別提出各種節儉開支的措施；7、探討少年犯的感化政策：提倡建立教育感化院，並經由熊希齡的香山慈幼會得到實踐；8、廢除死刑的主張：學者所依據的理由不外是：有違人道、死刑廢除與犯罪率升高不存在必然的因果關係、以殺懲殺的不正當性、死刑對於家庭和社會的消極影響等。

　　雖然，本章探討的問題廣涉監獄的諸多方面，然卻無意於梳理當時學理爭論，以及提示各位學者因知識背景、人生經歷之不同而導致的研究側重及特色，而且在有關學者的遴選上，亦有遺珠之憾，如王元增、朱紫垣等。其次，馮客斷言中華民國的刑罰學家並不精通世界最新的刑罰學潮流（第 147 頁），這恐怕並不能夠成立。因為 1935 年《刑法》便已增加「保安處分」專章，即便是當時的歐洲國家，也僅有義大利一國於 1930 年將保安處分訂入刑法典。立法已吸收世界刑罰學之最新潮流，遑論學術界？！只不過學界對於世界最先進之學說、立法例是否可照搬入中國心存疑慮，如梅汝璈認為：「即拿現行刑法而論，它有緩刑制度，它有假釋制度，它有感化教育，它有監護

制度。可是，在實際上，這些制度幾乎等於虛設！」[17]在這點上，中華民國時期的刑罰學家恰恰是傳統延續性的最好表徵，與其說是「對人性完美的信賴」（第 147 頁）（馮客是否想表達他們對孟子「性善論」的繼承？），還不如說荀子的「化性起偽」說閃爍著希望的光芒，只可惜馮客並未加以措意。[18]

（二）犯罪學

　　與刑罰學上教育刑觀念漸次取代報應刑觀念的趨勢一致，19 世紀中葉以來，以龍勃羅梭、加羅法洛等為代表的學者所持的否定理性意志責任論的立場逐漸成為主流，由此誕生刑事人類學派和刑事社會學派，前者強調遺傳基因之於犯罪的決定性作用，從而出現「天生犯罪人」的概念；後者以環境誘發犯罪為論斷，將城市化、工業化、移民、社會流動等皆與犯罪相聯繫。這種犯罪學思潮的出現，與監獄的教化、矯正不利是緊密相關的。即便中國近代獄制的改良一味地將目光投向西方，但在這一點上，「中國的犯罪學家對完全根據環境或者人的遺傳來解釋犯罪的單一原因論表示懷疑，他們採用了多種原因的觀點」（第 183 頁），易言之，即中華民國時期的中國學者從來都沒有放棄感化罪犯的努力。本章介紹了趙琛、孫雄、李劍華、許鵬飛、俞鳳賓、曹觀來、周建人、王守成、衛聚賢、潘光旦、陳兼善、費孝通、嚴景耀、梁紹文、汪龍等人的觀點，他們從各自的知識背景（或法學，或社會學，或心理學，或優生學等），採用不同的論證方法（或利用邏輯推理反駁生物決定論或社會決定論，或引入國外其他犯罪學說以立論，或進行實地調查、測量、數據分析等證成、證偽某一命題），對可能引發犯罪的諸多原因，如遺傳、年齡、性別、氣候、經濟背景、家庭生活、教育水準、流行文化等進行了探討，並最終得出幾近一致的結論：「遺傳和環境雖限制了個人活動的

---

[17]　梅汝璈：〈刑法修正案的八大要點述評〉，載《法令月刊》235 期，1935 年。轉引自馬小紅、薑曉敏：《中國法律思想史》，中國人民大學出版社 2010 年版，第 193 頁。

[18]　馮客在本書的「結論」部分提到「墨子的人類天性觀」（第 351 頁），語焉不詳，似乎對墨子存在誤解。

範圍，但兩者都能被道德的力量所左右」（第 193 頁）。當然，本章還特意提到了某些服膺「犯罪人論」的學者的觀點（如許鵬飛）：他既不信任監獄的矯正功能，又否定優生學的積極意義，所以他主張實施絕育。此外，本章還分別介紹了偵察學、指紋技術和其他身分鑒定技術、法醫學領域的部分成果。

此章的問題依舊如前，馮客並未實現其考察「傳統性」的預期目的，因為行文所及皆只提及民國學者之說多舶自西方。即便是行之久遠、且為世界矚目的法醫學著作《洗冤集錄》，馮客也僅一筆帶過，並未深究其對民國法醫學的影響。[19]

四、國民黨統治下的監獄改良

該書的第三部分以抗日戰爭的爆發作為中間時點，將論述分為兩章「南京政府十年的監獄改良（1927-1937）」和「戰時的監獄系統（1937-1949）」，分別交代了這兩個時段中國監獄改良的情況。

（一）抗日戰爭前

作者認為，這個時期的監獄改良模式一如晚清，對於收回治外法權的熱望使政府保持獄政改良及吸收國外最先進標準和措施的熱情，對於國家復興而需爭取全民參與的期待使政界、學界都相信社會改良、科技進步、監獄感化有助於罪犯的改過自新。一如本書第一部分的寫作框架，本章率先簡要介紹了這一時期監獄的行政體系與結構、監獄制度與規則。基於這個時期較之以前保留了相對豐富的公文、檔案，有關監獄的收入開支等財政數據、罪犯人數及依據不同分類標準而作出的統計數據、監獄條件的地區性不平衡發展等皆有詳盡列舉。而民國時期學者們對於犯罪原因的分析，也在這些數據的

---

[19] Jerome Bourgon: "Review：Crime, Punishment, and The Prison in Modern China," *The American Historical Review*, Vol. 108, No. 4 , Oct., 2003, p.1121.

列舉中得到印證。當然，作者也相對清醒地認識到，「從這些不充分的數據中得出普遍的結論是危險的」（第 227 頁）。其次，本章通過各種文獻的整理，刻畫了這一時期監獄生活的各種場景，如囚犯入監的登記、檢查，囚服的發放，監獄生活的軍事化，勞動改造及監獄收支，道德教育及宗教感化，不同級別獄吏的待遇差別及各種違法行為，監獄的人滿為患及緩解措施，囚犯越獄、鬧事、申訴、疾病、死亡等。復次，除了上述模範監獄與新監之外，本章還交代了關押政治犯的特殊監獄（如反省院等）、改良進程遠不及模範監獄的縣監、上海公共租界內由工部局管理的監禁華人的華德路監獄和關押外國人的廈門路監獄等等，這些監獄無一例外地受到同樣問題的困擾，諸如教化的失敗（甚至在反省院內，還存在共產黨員們富有感染力的政治宣傳成功吸收到大量新成員的現象，不啻是對監獄矯正功能的巨大譏諷）、擁擠、自殺、疾病等問題的無法解決等等。值得注意的是，馮客還指出獄中勞動的教化作用相對於監獄對利潤的追求而言是次要的（第 243 頁），聯繫其有關監獄更注意「承包人的要求而不是犯人的要求」的論斷，監獄預期的矯正功能在實踐中受到了巨大挫折。

本章亦存在部分可再斟酌之處：首先，在名為「南京政府十年時期的監獄」（1927-1937）的題標下，竟然使用華德路監獄 1945 年的《犯人物品財產保管登記簿》（第 236 頁），明顯有史料運用之疵；在題為「犯人的登記和確認」的篇目中，大量講述監獄伙食、飲用水的供應、軍事化的生活管理、探監、對外宣傳展示等問題，亦顯過分枝蔓。如有關監獄看守的論述（第 238 頁）可移入同章題為「獄吏」的篇目中，有關監獄的對外宣傳展示的文字（第 239～240 頁）可移入同章題為「監獄的公共形象」的篇目中等。其次，行文中曾涉及使用流刑的提案（第 243 頁），僅提及諸如「西伯利亞勞改營」及歐洲經驗對時人的影響，而無考察中國古代刑罰經驗的存續，似未貫徹作者於緒論中所強調的初衷：意圖發掘西化與傳統之於近代監獄改良的雙重影響。復次，馮客認為這一時期內，因為監獄勞動的目的發生了改變（創收為主，矯正為輔），道德教誨和基本教育也隨之變化。可惜，自其後文論述而

言，讀者無法把握這兩者之間的因果關係，亦無法知曉教育變化何在：除了掃盲運動的開展似為新見之外，其餘基本因舊，連作者本人都說「北洋政府時期批准的用於道德教育的許多書本在南京政府時期依然使用」(第244頁)。

（二）抗日戰爭和解放戰爭時期

本章考察的對象主要是抗日戰爭和解放戰爭時期中國的監獄狀況，以國民黨統治區域內的普通監獄為主，輔以軍隊系統的戰俘營及日偽統治區的監獄系統，其主要內容則是戰爭時期囚犯的悲慘遭遇（食物短缺、疾疫流行、戰火波及等）、官方因戰時特需而作出的監獄政策調整（如釋放囚犯、徵囚入伍、遷移監獄等）等。對這一階段的監獄狀況，馮客認為：「自晚清已普遍建立的監獄體系則遭到了一次致命的打擊，從此再未被恢復。」(第315頁)

應當說，本章論述非但沒有顯示馮客所謂的監獄體系遭到「致命的打擊」（如果監獄體系的致命打擊僅針對獄舍被炸毀等器物方面而言，或許尚部分成立；即便是因戰時所需，將囚犯徵召入伍，亦可視為教化手段之一，無法構成對監獄矯正理念之悖反；至於釋放囚犯，則自民國肇始，因監獄設施局限及囚犯人滿為患，始終行之未廢，即便釋放規模擴大，也不能稱其是對監獄體系的「致命打擊」），反倒是清楚表明：自清季變法以來，監獄改良的種種不盡如人意之處依舊與時代如影隨形，如經費不足制約了監獄的重建、新建，越獄與暴亂，擁擠、疾病與死亡等問題。其次，作者以蔣介石干預監獄勞動未果來論證其「在中央和黨之外缺乏有效的控制」(第328頁)也顯牽強，畢竟指令與落實的差異不單是權力是否滲透的問題。復次，在題標為「紅十字會和戰俘」的篇目中出現一段「政治犯」的敘述，同樣有「離題」之嫌。

本書使用材料豐富，考察時段橫亙中國近代，描繪的監獄近代化長卷色彩斑斕，自是優點所在，亦為海內外學者所肯定。其表彰「文化史」的進路，自然於監獄制度梳理上未多措意，而在獄中囚犯的生活場景（飲食、醫療、

教育、信仰、勞動、違法犯罪等），不同級別獄吏的生存狀況、囚犯與獄吏之間或正當或非法關係、監獄為自謀生路而與慈善團體、企業之間的關聯等的「再現」上，用力頗多。只不過，相對於真正意義上的「文化史」而言，這種考察似乎還嫌太窄。如白德瑞（Bradly W. Reed）指出，馮客的考察仍然聚焦在那些改革精英上，本書並未實現其「重播」囚犯「吶喊」的初衷。[20]而且，許多本來深具中國監獄文化特色的因素，皆未在本書中有所回應，如本書雖逐一考察各個時期官方在獄中普及宗教信仰以求教化囚犯的狀況，卻未對中國古代獄神廟信仰因數的延續進行發掘。此點或可回應鞏濤對此書缺少「歷史深度」（historical profundity）的批評。[21]作者逐一考察國民黨司法行政部控制下的監獄、軍隊系統的戰俘營以及日偽政權下的監獄，加上之前區分模範新監與縣監，以及公共租界工部局掌握的監獄，幾乎窮盡依照不同主體而區分的監獄類型。不過，忽略中國共產黨控制下的監獄系統，則是本書的一大缺陷。[22]至於王素芬的批評，如在本書中，近代獄制更新輪番登場，但讀者無法得知這些制度更新的原因及更新的機理，[23]倒未必顯得那麼有力。因為諸如廢除治外法權的渴望、財政經費的局促、西方學理及立法的更新等影響中國獄制變革的諸多原因，馮客皆反復論及。

此外，本文還擬就江蘇人民出版社的中譯本的翻譯進行粗淺評論[24]：平心而論，此書的翻譯難言平順，即便是「第三部分」的質量高於前兩部分，也還存在許多值得再行琢磨之處。大致而言，翻譯的問題可歸為以下幾類：

---

[20] Bradly W. Reed, Review：Crime, Punishment, and The Prison in Modern China, *The Journal of Asian Studies*, Vol. 62, No. 2, 2003, pp. 584-585.

[21] 此外，鞏濤指出馮客對中國帝制時期刑罰的定性（如「a dark continent」）可見其並未真正理解福柯對監獄的考察徑路，確是切中肯綮。參見 Jerome Bourgon: "Review: Crime, Punishment, and The Prison in Modern China," *The American Historical Review*, Vol. 108, No. 4 , Oct., 2003, p. 1121.

[22] 張晶亦持此說，見張晶：〈近代中國社會的另類圖景——讀馮客《近代中國的犯罪、懲罰與監獄》〉，載《文匯讀書報》2008 年 4 月 4 日。

[23] 王素芬：《明暗之間：近代中國獄制轉型研究——理念更新與制度重構》，中國方正出版社 2009 年版，第 11 頁。

[24] 有關該中譯本的翻譯瑕疵，「豆瓣讀書」上曾有專文基於其對前 90 頁的閱讀印象進行評論，並有舉例指摘，本文不擬重復。具體可參見 http://book.douban.com/review/1693696/，最後訪問日期：2010 年 5 月 1 日。

　　1、因未理解原文而致不知所云的「強譯」：如「在這個場所，政府不僅要『感化』犯人，還要在科學指導下治療『湯藥之疾病』」（第 45 頁）；「縣監的條件經常違反刑事辦公原則，監獄牆外的住宅群對於脆弱的人們來說是非常可怕的」（第 117 頁）等。

　　2、因未仔細斟酌語句而導致的中文語病：如「但是當然大部分犯人都是處於社會和經濟上都被剝削者，他們沒有任何財產」（第 236 頁）；「製成的產品帶有特殊含義：不知何故它們在市場上的拙劣表現」（第 241 頁）等。

　　3、因未尋找原始出處而對原是中文的材料進行直譯：如未覈核實「金式（Jin Shi）」的身分及其詩「〈哭山東之囚〉（Lament for the prisons of Shangdong）」和「李倫軒（Li Lunxuan）」的身分及其〈獄吏吟〉，甚至將應是古體詩的語句翻譯成「唉！因為你是在押的犯人，你的手指生了凍瘡，你的肌肉變得粗糙而龜裂，掩蓋不住你纖細裸露的身軀，但是依然如同死去的樹幹那樣直立不倒」（第 29～30 頁）；對於民國時期刑罰學、犯罪學著作的徵引亦是如此，如馮客原著中大段引述趙琛《監獄學》的文字，譯者竟是直接翻譯，而非查引原著。

　　4、因不熟悉專業詞彙而導致的誤譯：如將 Homo Criminalis 翻譯為「人犯」（第 181 頁）。所謂「人犯」，是指被司法機關依法執行刑事強制措施、尚未經生效刑事裁判定罪量刑的被告人和嫌疑人。[25] 在本書的語境中，使用「人犯」一詞並不恰當，改為「犯罪人」為妥；將馬伯良（Brian E. McKnight）的 The Washing Away of Wrongs: Forensic Medicine in Thirteenth-century China 翻譯為《洗罪：中國 13 世紀的法醫學》，亦令人詫異，因為此書是宋慈《洗冤集錄》的英譯本。

　　翻譯擔負著溝通兩個語言世界的艱巨任務，如何精準表達需慎重再三，「信、達、雅」雖未必能俱全，但亦需以平順明暢為尚，希冀媒介冰人能以此自律。

25　許章潤：《監獄學》，中國人民公安大學出版社 1991 年版，第 87 頁。

第三編
讀書心得

中國法制史教科書編寫臆説
——評石岡浩等著《史料所見中國法史》

　　2012 年，日本和臺灣地區的法制史學者先後推出了最新版的中國法制史教科書：石岡浩、川村康、七野敏光、中村正人合撰《史料所見中國法史》（法律文化社，以下簡稱《中國法史》）和黃源盛獨著《中國法史學導論》（元照出版有限公司）。據筆者所知，此前布施彌平治所撰《中國法史學概要》（1973 年版）、[1]李甲孚所撰《中國法制史》（1988）可能是日、臺兩地最晚近出版的相關教科書。由此可見，兩地皆已三、四十年沒有相應的作品問世了。

　　滋賀秀三曾言：「某種科學要在學術界確立地位，為世人所承認，必須在大學裡正規地系統地講課。」[2]教學之於一門學科的意義，不言而喻。教科書作為指明學問門徑、條理知識體系、展現學科系統的必備用書，其撰寫者應在考慮教學進度與讀者理解能力的基礎上，及時吸收最新的研究成果，相對準確、曉暢地表述知識信息，以及在前人編纂經驗的基礎上，精心地謀篇佈局，甚至形成獨自的風格體系、融入個人的問學體悟。

　　若是如此定位教科書的撰寫，那麼同行的最新成果自然應為吾儕所重視。由於大陸地區已有專文評介黃源盛的大作，[3]故而筆者將行文的起點定位

---

[1]　島田正郎的《東洋法史》雖於 1980 年增訂再版，但若以新撰成書為標準，則應屬布施彌平治之書。

[2]　〔日〕滋賀秀三：《日本對中國法制史研究的歷史和現狀》，呂文忠譯，載中國法律史學會主編《法律史論叢》（第 3 輯），法律出版社 1983 年版，第 296 頁。

[3]　李啓成：〈行深融豁　過渡津梁——黃源盛教授著《中國法史導論》讀後〉，載《政法論壇》2013 年第 3 期，第 186～191 頁。

於《中國法史》一書。該書作者分別是石岡浩（1963 年出生）、川村康（1961 年出生）、七野敏光（1955 年出生）和中村正人（1964 年出生），[4]由川村康負責統稿。四位作者皆是日本中國法制史研究領域的中堅力量，是以《唐律疏議》日文譯注為目標的「唐律疏議講讀會」的成員，其中川村氏和中村氏分別執譯了《雜律》、《斷獄》；就研究成果分佈而言，四位作者各擅勝場，研究側重分佈於秦漢、宋代、元代、清代。這一作者群體，既精於律學，又諳熟各個斷代的史料與研究積累，可謂上佳組合。

以下將分中國法制史課程的意義、篇幅與結構、史料與解讀、疑問四個部分逐一予以評介。當然，筆者也不擬將本文定位於純粹的書評，[5]還想將筆觸拓伸至自己對教科書編寫的理解上，這自然不可避免地涉及筆者所使用過的各種前輩之作。之所以用「臆說」一詞，一則因為作者本人在中國法制史領域的教學與研究（甚至學習）上為時尚淺，既無經驗之談，觀察亦相當有限；二則，中國大陸的教科書編寫受制於諸如本科教學大綱等「官方文件」，改進云云恐怕只是書生空想罷了。

一、中國法制史課程的意義

對於日本法科學生而言，中國古代法制史（即該書所言的「前近代中國法制史」）在形式上是與日本及中國當代法制無甚關聯的一門課程。如果將法學定位於實踐學科，法制史這種「虛學」的教學意義何在？《中國法史》所枚舉的理由大約有三：第一，歷史學習的意義在於對當下的理解；第二，有助於理解現代中國法；第三，有助於理解日本法，即不但明治以前的日本

4　四位作者的學術履歷，可見該書「執筆者介紹」部分，第 228～229 頁；亦可參考陳新宇：〈外在機緣與內在理路——當代日本的中國法制史研究〉附「東洋法制史學會會員情況表」，載《政法論叢》2013 年第 3 期，第 72～74 頁。

5　對於該書，日本國內也已出版專門的書評，如〔日〕岡野誠：〈書評：石岡浩・川村康・七野敏光・中村正人著《史料からみる中國法史》〉，載《法史學研究會會報》第 17 號，2013 年，第 175～179 頁；〔日〕松田惠美子：〈書評：石岡浩・川村康・七野敏光・中村正人著《史料からみる中國法史》〉，載《東洋法制史研究會通信》第 24 號，2013 年。

法深受中國古代法制的影響，而且現代日本的文化與制度亦可追溯於古代中國。

如果說，教科書一再申說學習理由以吸引外國學生選修本門課程具有相對合理性，[6]那麼中國法制史之於中國法科學生，是否也需作如此強調？從廣義言之，人文學科恐怕不能以理性的功利性目的予以評估，否則無法創造實際價值的文史哲等傳統學科將將無以立足。自近代以來，國人因亡國滅種的壓力以及被殖民、後殖民心態的影響，始終追隨西方文化亦步亦趨。在此時代背景之下，若拷問中國法制史之教學與研究能否直接為當下法治社會之構建添磚加瓦，無疑是一種「強盜邏輯」的產物。為了回應這樣的「強盜邏輯」，中國法制史教科書的編寫者大多設專門章節予以探討課程學習的意義與目的，籍此論證自己存在的合法性與合理性，其苦心孤詣何其悲壯！

然而，在中國法制史作為必修課的情況下，不論學生為真心抑或被迫，修習課程並不源自選擇自由、意思自主，苦苦勸誘也不可能改變大部分學子只為求取學分的功利心態；若其降格為選修課，則愛國主義教育之必需、傳統文化之鏡鑒等說教是否有足夠魅力（這些說法能否成立，則另當別論），也令人高度懷疑。就課程設置而言，黃源盛的觀察可資佐證：「在臺灣，法律學系的中國法制史……民國四十八年至六十年間（1959[7]-1971）曾列為司法考試科目，聲價頓高，惟自六十一年起不再列為應試科目後，從此跌入『冷淵』，今各校已成或選修或免修的局面」；[8]就教科書的市場需求而論，陳顧遠也有體會：「中國法制史課程雖為必修，實系冷門，抗戰軍興，求愚著（指《中國法制史》，商務印書館 1934 年版──筆者注）於重慶肆上，竟不可得。……適去年高考，以中國法制史列入必試課目，此一課程聲價頓高，而

6　至於二十世紀前半期，由於領土擴張，日本國內對於中國法制史的學習與研究熱情高漲，根本無需再三申說學習的意義。如《京都帝國大學史》載：九一八事變之後，為日本國內對中國問題的關注熱情所影響，京都帝國大學法學部於 1940 年特別增設了「東洋法制史」課程。參見〔日〕京都帝國大學編：《京都帝國大學史》，1943 年版，第 185、194 頁。

7　原文作「1949」，誤，故改。

8　黃源盛：《中國法史導論》，元照出版有限公司 2012 年版，序。

愚在二十五年前所寫之中國法制史，竟在此熱鬧聲中發現於肆矣！」[9]由此可知，在與傳統漸行漸遠（甚至割裂傳統之言甚囂塵上）之際，中國法制史課程及教科書的受眾市場的大小只能取決於公權力。

方流芳在回答「為什麼公司法研究的主要成果是制度批判、問題的提出和分析，而不是問題的解決方案」時說：「一個社會針對它自身的問題應當採取什麼樣的解決方案，不是，也不應當由學者決定，社會科學研究的貢獻在於展示和剖析真實的問題，一旦問題得到充分的認識、自由的表達，政策就會或多或少地受到影響，政策確定之後，即使一時難以找到最好的解決方案，問題也能得到控制。」[10]無獨有偶，張五常在悼念科斯的文章中亦作了類似表達：「我不相信經濟學者有本領改進社會，更不同意改進社會是他們的責任。我認為經濟學者的職責只是解釋世事或現象，或者解釋怎麼樣的政策會導致怎麼樣的效果」。[11]若以此定位學科、學者、課程的功能與價值，中國法制史未必是「虛學」，以歷史的視角觀察現實，以現實的困惑證諸歷史，本來就是身處現實社會之法史學人「自發」而非「自覺」的本能反應。換言之，在這一理念下，若法制史被斥為「虛學」，社會科學之任一學門皆難以倖免。

事實上，隨便檢視民法、商法、刑法、訴訟法等法學其他核心課程的教科書，幾乎每本都是開篇即奔主題、全然不見類似「功能論」的說法，這恐怕是「存在即合理」的底氣使然。「吾儕所學關天意，並世相知妒道真」，[12]若法史學者有此自信，何必汲汲自辯？

---

9   陳顧遠：〈序〉，載林詠榮：《中國法制史》（增訂第 6 版），自版 1976 年版，第 1 頁。

10   方流芳：〈序言〉，〔美〕羅伯塔・羅曼諾編：《公司法基礎》（影印本），法律出版社 2005 年版，第 16 頁。

11   張五常：〈悼科斯〉（現題名：〈據科斯路線建議兩權分離曾被幹部罵個半死〉），鳳凰網財經頻道「諾貝爾經濟學獎得主科斯逝世」專題，
http://finance.ifeng.com/a/20130909/10639941_0.shtml。最後訪問時間：2013 年 9 月 9 日。

12   陳寅恪：〈輓王靜安先生〉，載陳美延編：《陳寅恪集・詩集》，生活・讀書・新知三聯書店 2001 年版，第 11 頁。

二、篇幅與結構

　　《中國法史》分為五大部分，共 20 講。[13]第一部分即第 0 講闡述了學習中國法史的意義、中國法史的分期問題以及該書的構成與內容；第二部分動態勾勒了中國古代法典編纂與刑罰演變的歷史過程；第三部分主要論述了司法機關、訴訟程式、司法官責任以及審判所據最高法源的問題（如何處理道德與法律的衝突）；第四部分則以刑法為內容，主要涉及法定刑立法模式、中國古代是否存在罪刑法定主義、老幼廢疾者、自首、正當防衛與共同犯罪的處理以及六殺等；第五部分則是家族法，涉及婚姻與繼承。

　　在具體寫法上，除了法典編纂與刑罰演變依據朝代順序逐次編排外，其餘各篇則基本以唐代以後的史料（尤其是唐律）為基礎，間或涉及唐至清之間的演變，尤其以日本現代法律制度作為參照對象，縷析異同，乃是一大特色。

　　此外，該書還特別設計了十五個專欄，分佈於相關各講之後，有介紹法律文獻者，如專欄 1「秦漢的出土法制史料」、專欄 8「判語和刑案」；有涉及理論前提者，如專欄 2「基本法典與副法典」；有關於古代立法技術及該書行文體例者，如專欄 3「條文標示方法」；有提示學術爭議者，如專欄 14「女子分法之謎」。當然，更多的則是闡釋具體制度、專有名詞，如專欄 5「對待官員的特別措施」（即議、請、減、贖等）、專欄 6「八議」、專欄 9「不應為條與坐贓條」等。

　　相較於既往日本的中國法制史教科書（如仁井田陞《中國法制史》），《中國法史》削減了相當篇幅，這大約體現在三個方面：第一，除法典編纂與刑罰外，唐代以前的法律制度基本未加措意；第二，即便是作為論述重心的唐代以後法制，也不再關注土地法、交易法、身分法、行會法、親族法與宗族法、村落法等內容；第三，敘述對象僅限於古代中國。

---

[13]　詳細目次，可參見本文附錄。

　　這樣的結構設計自然有其合理之處，筆者個人以為：

　　第一，隨著出土文獻的大量發現，秦漢法制史的研究雖然獲得極大推進，但許多觀點仍非定讞之論，以此為教科書內容，需要對學術史及諸家之說予以充分展開，若僅示以其中一說，則有誤導之嫌。《中國法史》在法典編纂部分曾提出了一個聚訟不休的難題：《法經》六篇與《九章律》是否真實存在？該書首先提出了質疑的理由：《法經》編纂的說法首見於《晉書》，較此更早的《史記》與《漢書》皆無相關記載，且《史記・蕭相國世家》中也未見蕭何增加律三篇之事與「九章」之語；其次，又列出了二者真實存在的可能性：《睡虎地秦墓竹簡》含有戰國魏律，從秦律與魏律的關係看，魏文侯李悝所定《法經》之存在不能遽然否定，且《睡虎地秦墓竹簡》中又多見與戶口、軍役、租稅徵收等相關的行政規定，蕭何所增「事律」三篇多與行政運行相關，為上述秦法增加刑法規定而入漢律，亦有可能；最後，該書又對滋賀秀三關於「六篇」、「九章」的看法作了專題介紹，即「3」的倍數是前近代中國人在制度記述時常用的數字，東漢法律世家將法置於儒家經典的地位，由此出現「法經六篇」、「九章」之語（第11～12頁）。如此複雜的論證過程，且作者亦未明確給予一個傾向性的觀點，這恐怕在一定程度上會令初學者迷惑不已。[14]更何況，另有學人對《晉書・刑法志》等相關記載予以了徹底質疑，[15]上述討論尚不能全面覆蓋目前的研究成果。秦漢法制已然如此，資料更為欠缺、文字更為古奧的先秦法制恐怕更不易廓清。《中國法史》將敘述重心後移，不失為一種策略。

　　相較於《中國法史》對學術爭議的申說、比較，中國大陸的法史教科書則多「獨斷」之語，即便如民法等其他學科教科書中常見的「A 說」、「B 說」、「折衷說」、「通說」等枚舉方式，都幾乎絕跡於此。這恐怕不僅僅

14　岡野誠也有類似看法，參見〔日〕岡野誠：〈書評：石岡浩・川村康・七野敏光・中村正人著《史料からみる中國法史》〉，載《法史學研究會會報》第 17 號，2013 年，第 177 頁。

15　〔日〕廣瀨薰雄：《秦漢律令研究》，汲古書院 2010 年版，第 68～69 頁。轉引自徐世虹、支強：《秦漢法律研究百年（三）——1970 年代中期至今：研究的繁榮期》，載中國政法大學法律古籍整理研究所編：《中國古代法律文獻研究》（第 6 輯），社科文獻出版社 2012 年版，第 105～106 頁。

是出於篇幅或難易的考慮吧？

　　第二，中國法制史雖為法學課程與學科門類之一，但究其本質，亦為一種專門史。雖然官制科舉、軍事外交、財稅貿易等皆應被視為中國法制史學習所需的背景知識，如不知各代官僚行政機構設置，便無法理解訴訟審判機構及其管轄層級，但這並不意味著中國法制史的教科書應該對應現代法意義上的「行政法」而設計「職官法」的內容；又如，為了迎合現代部門法之「經濟法」而設置經濟法規的篇章，內中所涉賦役、榷徵、商稅等，幾乎全是經濟史所關注的話題。雖然誠如陳顧遠所言「此不過編著體例上之爭，尚非中國法制之史的重要問題」，[16]且當下學科門類的設置幾近一種隨意（或有其他利益驅動）的「行政行為」，一味強調法制史、經濟史、政治制度史等劃分，實在無助於培育博文通識的學養，有傷人文學科設置之本意，但是課程設計因受限於「培養方案」中課時均衡等考慮以及講授者的知識結構，其內容必然無法包羅萬象，只能求其大者。以中國政法大學法學本科課程設置為例，中國法制史為 54 課時，如欲全面鋪開「廣義」之法制史，且相對準確地介紹各種制度、現象之源流（如唐代賦役中的「雜徭」，其複雜程度導致學說紛紜，至今未能定讞[17]），恐怕得不償失。[18]《中國法史》將「以具備經濟史知識為前提的土地法與交易法」（第 5 頁）作為進階學習的內容而略過不述，可謂明智。

　　事實上，精簡篇幅、集中主題也是中國大陸法制史教科書編寫的趨勢，如范忠信、陳景良主編的《中國法制史》在第二次修訂時，「對全書文字進行了較大規模的刪節」、「使總章數由二十一章減少為十六章」、「盡量刪

16　陳顧遠：《中國法制史》，中國書店 1988 年版，第 3 頁。

17　參見李錦繡：《敦煌吐魯番文書與唐史研究》，福建人民出版社 2006 年版，第 198～210 頁。

18　當然，亦有作者未嘗自限其作為「教材」，如此便無需計較教科書與課時安排之間的關係。如林詠榮所著《中國法制史》稿成，以陳顧遠昔年之書「淵博，（學生）間有接受困難，且亦講教不完」為刊印其稿之理由，陳顧遠回答道：「實則愚素向為參考用書，非為教本者，二十年來另有教材為用」。（參見陳顧遠：〈序〉，載林詠榮：《中國法制史》（增訂第 6 版），自版 1976 年，第 2 頁。）只是，對於應付考試、求取學分者而言，教科書是唯一一讀本，參考用書並無價值；對於想要深入瞭解官制、賦役等專門之史者，彼學之著述亦稱宏富，法史學者所著之「參考用書」在彼學領域能佔據何種學術地位、具有何種學術價值，實是需要甄別評估。

除原書關於經濟管理法制、賦稅繇役法制、科舉和治吏法制、軍事法制、民族和邊疆管理法制等方面的內容」等，[19]便是例證。

此外，《中國法史》採用專題劃分設計（以下稱「專題模式」），即分「法與刑罰」、「法與裁判」、「刑事法」、「家族法」。這種分章體系並非創自該書，早在20世紀三十年代、五十年代，中國學者陳顧遠、日本學者仁井田陞即如此謀篇佈局，此後臺灣地區林詠榮、戴炎輝、李甲孚等所撰《中國法制史》教科書也莫不如此。而中國大陸的教科書（包括日本學者布施彌平治的《中國法史學概要》[20]）通常依朝代順序編排，在某朝某代中再以部門法進行分節（以下稱「通史模式」），其缺點十分明顯：「這樣的寫法容易造成內容的重復，而且在篇幅有限的情況下易於形成面面俱到而缺乏深度」，[21]「一方面是敘述歷史的分量過重，使讀者容易混淆法制史和普通歷史的區別……另一方面是將各部門法的發展變化的敘述因為朝代的原因而割裂開來……」。[22]鑒於此，以筆者目力所及，繼郭建、姚榮濤、王志強合著《中國法制史》之後，楊一凡、[23]廖宗麟等也紛紛轉向了以制度為綱目，敘述其流變的專題模式。當然，這樣的寫法也未必毫無缺陷，如果說通史模式割斷了部門法的發展線索，那麼專題模式則難於展現某朝某代的整體法律狀況。對此，鄧建鵬和黃源盛進行了另一種嘗試，即雖然全書仍採用通史模式，但在對各代制度的敘述中僅取其有別於前代的最具時代特色的內容，且意圖溝通制度史與思想史。在鄧著中，被既往教科書於各朝各代反復提及的「婚姻制度」如三媒六聘、七出三不去等，僅出現在第一章第三節「西周的法律制度」中（暫且不論西周時期是否已然出現了這些原則或制度），且在該節

19　范忠信、陳景良主編：《中國法制史》（第2版），北京大學出版社2010年版，第二次修訂說明第4頁。

20　〔日〕布施彌平治：《中國法史學概要》，八千代出版社1973年版。

21　郭建、姚榮濤、王志強：《中國法制史》（第二版），上海人民出版社2006年版，第7頁。該書初版由上海人民出版社於2000年出版。

22　廖宗麟：《新編中國法制史》，中國檢察出版社2007年版，第3頁。

23　楊一凡主編：《新編中國法制史》，社會科學文獻出版社2005年版。

簡略地提示了這些原則在後世的變化，[24]這就避免了通史模式最為病詬的「內容重復」；而黃著在先秦部分側重法律思想，在秦漢部分以出土法律文獻、制度及其運作、春秋折獄為內容，繼而融合制度與思想以闡發唐律，標舉「法制的變與不變」及司法考試和案牘判語來凸顯宋元法制之特色等等，「以『歷史時代』區分為經，以『問題導向』為緯」，「兼採變與不變的『靜態』與『動態』觀察法」，「雖然未必對於歷代法制的各種動態細節都加查考，但是對於若干重要問題的觀念如何形成、如何演變，必須有所洞悉」。[25]這些寫法皆足為後來者借鑒。

第三，雖然《中國法史》的作者並未明確言及該書不涉及近代中國法制的理由，但筆者猜測原因如下：從知識、經驗獲取角度言，近代以後逐步西化的中國法制，對於日本的法科學生而言，恐怕並不陌生，畢竟日本也經歷了類似的階段，在某種程度上，他們可於日本近代法制史的學習中獲取中國近代法制變革的部分印象。而且該書在「中國法史的學習意義」中也已申說，考察曾經作為日本法文化母體的古代中國是深入理解現代日本法的一種途徑，這自然與近代中國法制史無涉。

只不過，中國近代法制史之於中國學生乃至於中國研究者而言，則具有與之不同的重要意義，尤陳俊以為：「從某種程度上講，它將是一種有著直接現實意義的學術實踐。這不僅是因為，從清末變法開端，後來通過法律繼受建立起來的知識系統，與現代法學有著更多的共融性，因此更能夠在學術上做適度對接，更重要的還在於，這一百多年來的法制實踐，已經構成了深刻影響我們今天的（新）法律傳統」。[26]這種論斷顯然有「功利性」訴求，與上文所述愛國主義等說教有殊途同歸之意。事實上，如此論說未必全然準確，持論者本人也在後文中有所說明：「帝制中國時期的法律文化基因，在今天仍有遺存，對它們的學術研究，也因此仍會具有模糊的現實性。故而，

---

[24]　鄧建鵬：《中國法制史》，北京大學出版社 2011 年版，第 41～44 頁。

[25]　黃源盛：《中國法史導論》，元照出版有限公司 2012 年版，第 30 頁。

[26]　尤陳俊：〈知識轉型背景下的中國法律史——從中國法學院的立場出發〉，載《雲南大學學報（法學版）》2008 年第 1 期，第 113～114 頁。

只有限制在清末以來的法律發展歷史與今天更為直接地存在著相對承襲性的意義上，上述的這一判斷才可能成立」。[27]對此，筆者以為：即便學科與課程的存在確須以具有實用價值為前提，那麼對於當下中國而言，「直接」的「承襲」對象與「模糊的」「基因」「遺存」究竟誰發揮著更大的影響，這恐怕不能單純以時間遠近予以論定。如方流芳認為：「清末的『官辦』、『官督商辦』、民國的『國營事業』、『公營事業』和中華人民共和國的『國有企業』有一線貫通的思路——在中國社會佔支配地位的企業應當是那些有國家控制的企業」。[28]這樣的一以貫之的「思路」應追究至何時？起碼不是始於近代中國。又，嚴復這段為當下宋史學者多番強調之論，也頗值玩味：「若研究人心政俗之變，則趙宋一代歷史，最宜究心。中國所以成於今日現象者，為善為惡，姑不具論，而為宋人之所造就什八九，可斷言也」。[29]人文社會學科之所以飽受爭議，恐怕在於「科學」祛魅之未果，相關結論之孰優孰劣無法精確計算，全憑個體感官經驗作出判斷。因此，以「價值」衡量古代、近代，永遠不可能得出令所有人都滿意的結論。法制史「功能論」或許應該休矣。

又，中國共產黨領導的革命根據地法制乃至於中華人民共和國成立之後的法制建設，是否應該進入中國法制史的教科書？仁井田陞在修訂《中國法制史》時增加了有關土地改革法和新婚姻法兩章，其理由是：「歷史不僅僅存在於過去的歲月裡，現在和未來也都將融入歷史的發展中。我對歷史的觀察，是與現在聯繫在一起的，毋寧說是以現在為出發點而面向未來。因此若將第二個方面的問題（指有關土地改革法與婚姻法——筆者注）置之度外，就不能對中國歷史，對中國獨具特色的法的歷史，作完整的把握。實際上，對中國的過去，是要聯繫新中國的變革也就是對過去的否定中，才能夠理解

27　尤陳俊：〈知識轉型背景下的中國法律史——從中國法學院的立場出發〉，載《雲南大學學報（法學版）》2008 年第 1 期，第 115 頁。

28　方流芳：〈試解薛福成和柯比的中國公司之迷——解讀 1946 年和 1993 年公司法的國企情結〉，載梁治平編：《法治在中國：制度、話語與實踐》，中國政法大學出版社 2002 年版，第 314 頁。

29　王栻主編：《嚴復集》，中華書局 1986 年版，第 668 頁。

的」。[30]其實,中國學者也曾對此進行過嘗試,如薛梅卿、葉峰所撰《中國法制史稿》(高等教育出版社,1990)。這種嘗試之初衷令人欽佩,然其所遇到的技術難題(如檔案不解密)及政治難題,恐怕會導致相關論述有「隔靴搔癢」之嫌。

三、史料與解讀

　　史料是史學研究的基礎,中國法制史研究之推進、熱點問題之形成,既來自於對傳世史籍的深入解讀,也部分仰賴新史料的不斷湧現。《中國法史》密切追蹤新出史料,如以敘述的方式提到韓國於 2007 年公佈的元代《至正條格》殘卷(第 30 頁);又如發揮了天一閣藏明鈔本《天聖令》的史料價值及吸收了相關唐令復原成果。岡野誠對後一做法表示了審慎態度:「《天聖令考證》(指《天一閣藏明鈔本天聖令校證 附唐令復原研究》,後簡稱《校證》——筆者注)中的復原唐令(包括條文序號、字句)僅是中國研究者的試行意見,作為資料對待時需要注意」。[31]應當說,岡野氏的提醒有其合理性,《校證》一書所復原的唐令條文及其排序未必能與歷史上真實存在的「唐令」完全符合,而且中日學術界對此亦多爭論。[32]但是,就目前的研究而言,許多爭論只能說是各執一詞、仁者見仁,無法判定孰優孰劣,那麼徑直使用《校證》的復原成果也未嘗不失為一種可行之法,否則《中國法史》將《唐令拾遺》、《唐令拾遺補》「作為資料對待」,是否也應提醒其「注意」?

　　以此反觀中國大陸的法制史教科書,其對於新史料的敏感度始終不愜人意,而對於傳世史料的解讀,也偶有輕率之論。如西夏法典存世者有《貞觀玉鏡將》(又譯為《貞觀玉鏡統》)、《天盛改舊新定律令》、《亥年新法》

30　〔日〕仁井田陞:《中國法制史·增訂版序》,牟發松譯,上海古籍出版社 2011 年版。需要注意的是,仁井田氏對於此研究的「價值」定位是「學術指向」而非「實用目的」。

31　〔日〕岡野誠:〈書評:石岡浩·川村康·七野敏光·中村正人著《史料からみる中國法史》〉,載《法史學研究會會報》第 17 號,2013 年,第 178 頁。

32　參見趙晶:〈《天聖令》與唐宋法典研究〉,載中國政法大學法律古籍整理研究所編:《中國古代法律文獻研究》(第 5 輯),社科文獻出版社 2011 年版,第 262〜292 頁。

和《法則》等，其制定、頒行起自西夏崇宗貞觀年間（1101 年-1113 年），經由仁宗天盛初年[33]（天盛元年即西元 1149 年），到神宗光定年間（1211年-1224 年），歷經 100 餘年，反映了西夏的立法水準與法制狀況。雖然上述法典皆為西夏文，於法史學人而言，釋讀困難，但早在 1988 年，便已出版了名為《西夏法典——〈天盛改舊新定律令〉（1～7 章）》的漢譯本，[34]1995年出版了《貞觀玉鏡將》的漢譯本，[35]使用便利。然而，在筆者印象中，除薛梅卿主編《新編中國法制史教程》在第七章第二節專設一目「西夏《天盛改舊新定律令》簡介」[36]外，當時的教科書鮮有措意西夏法制者。進入二十一世紀以後，這種現狀並未得到明顯改善，大部分教科書依然滿足於利用「刑法志」，粗線條地勾勒「遼金」法制以展示少數民族政權的立法特色，而忽略西夏，即便有所涉及，也僅以《天盛改舊新定律令》為介紹對象，並未涉及其他法典。又如，中國法制史教科書一般會以《周禮》等傳世文獻為據構建西周時期的司法機構體系，將「司寇」視為當時的司法官。若將這種觀點證之以青銅器銘文，則其結論不免令人懷疑。有學者考證認為，「就目前所見的相關材料看，司寇之設大致還只能定在兩周之際」，「至於西周末年王朝是否專門設有司寇之官，目前還是不太容易說清楚」，「如《周禮》所述的具有相對獨立性的司法職能部門的『司寇』之建制，只有在宗法等級社會逐步解體過程中才能得以萌芽並走向完善，而在西周甚至於春秋中期以前是不太可能的」。[37]換言之，即便青銅器銘文存在「司寇」一詞，也不能想當

---

[33] 「……我們推測《天盛律令》是在任得敬剛入朝不久，權勢還沒有很大膨脹的天盛初年頒行的」。引自史金波、聶鴻音、白濱譯注：《天盛改舊新定律令》，法律出版社 2000 年版，前言第 3 頁。

[34] 〔蘇聯〕克恰諾夫俄譯，《西夏法典——天盛年改舊定新律令（第 1～7 章）》，李仲三漢譯、羅矛昆校，寧夏人民出版社 1998 年版。此後，中國學者史金波、聶鴻音、白濱據蘇聯東方文獻出版社刊佈的原件照片翻拍版，譯注了《天盛改舊新定律令》（科學出版社 1994 年版）。

[35] 陳炳應：《貞觀玉鏡將研究》，寧夏人民出版社 1995 年版。

[36] 參見薛梅卿主編：《新編中國法制史教程》，中國政法大學出版社 1995 年版，第 234～237 頁。

[37] 陳絜、李晶〈夆季鼎、揚簋與西周法制、官制研究中的相關問題〉，載《南開學報（哲學社會科學版）》2007 年第 2 期，第 110 頁。又，李峰認為西周晚期的銘文可證明，出現在人名之前的「司寇」便是職官名，參見李峰：《西周的政體：中國早期的官僚制度和國家》，吳敏娜等譯，生活‧讀書‧新知三聯書店 2010 年版，第 79～80、98 頁。

然地將它與《周禮》所載之職官等同,「在金文中出現某人掌管某事的記載,僅僅根據這一點,我們似乎還不足以充分肯定在西周就設有這一類職官」。[38] 法制史教科書理應採取這種更為謹慎的態度。

當然,也有部分教科書對史料保持了相對敏感性且持論謹慎,如前述初版於 2000 年 12 月的郭建、姚榮濤、王志強合著的教科書,即已吸收了戴建國《天一閣藏明抄本〈官品令〉考》(《歷史研究》1999 年第 3 期)的成果;[39] 又,馬志冰主編的教科書認為,「古代文獻所載夏桀囚禁商湯的夏臺(均臺),只是王城裡的一座宮室;而殷紂王關押周文王的羑裡,則是一座城垣。它們充其量是一種臨時軟禁囚所,並非一般意義的監獄」,[40] 以目前所見史料看,此乃善論。

四、兩點疑問

對於該書,筆者亦略有疑問,藉此求教作者以及學界先進:[41]

第一,該書將中國歷史劃分為三大階段:以春秋戰國為止,為「前帝政國家期」;秦至清,乃是以皇帝為中心的「帝政國家期」;清亡以後,則為「民主政國家期」。具體落實到法制史研究上,「前帝政國家期」是法律萌芽時期,「帝政國家期」則是以律這一刑罰法典為國家法之核心的時期,「民主政國家期」則是以憲法作為核心的近代西歐國家法體系逐步形成的時期。在「帝政國家期」中,法史的時代區分可以隋唐為界一分為二,而且與作為「經濟史」分期的「唐宋變革」不同,應將變革期定位在「南北朝時期」(第

---

38 張亞初、劉雨:《西周金文官制研究》,中華書局 1986 年版,前言第 3 頁。即便如此,該書還是將「大量描述官員職責的詞語看作是職官的名稱」。引自李峰:《西周的政體:中國早期的官僚制度和國家》,吳敏娜等譯,生活・讀書・新知三聯書店 2010 年版,第 46 頁。

39 郭建、姚榮濤、王志強:《中國法制史》,(第 2 版),上海人民出版社 2006 年版,第 105 頁。

40 馬志冰主編:《中國法制史》(第 2 版),北京大學出版社 2012 年版,第 28 頁。

41 岡野誠亦有所論,凡與岡野氏不謀而合者,筆者便不再提及。參見〔日〕岡野誠:〈書評:石岡浩・川村康・七野敏光・中村正人著《史料からみる中國法史》〉,載《法史學研究會會報》第 17 號,2013 年。。

3～4頁）。就此分期問題，岡野誠提出了質疑：該書一方面將「帝政國家期」的法史分界定於隋唐，另一方面又稱變革期在南北朝，其原因何在？[42]這的確令人疑惑，而且關於分期的論斷尚有以下兩個問題：第一，內藤湖南認為：「唐宋時期一詞雖然成了一般用語，但如果從歷史特別是文化史的觀點考察，這個詞其實並沒有甚麼意義」。[43]亦即內藤氏對於「唐宋變革」的判斷，是基於「文化史」的視角，這一「文化」的內涵包羅萬象，「是政治、經濟和學術文藝等的總和，幾乎是歷史的整體發展」，[44]這似乎與《中國法史》所定位的「經濟史」領域有相當差距。第二，有關分期的問題，應該區分「時期」與「過渡期」，如內藤湖南的分期論認為：中國史的第一期是有史以來到東漢中期，為上古；此後是第一過渡期，即東漢後半期到西晉前期；第二期是五胡十六國到唐中期，為中世；此後是第二過渡期，為唐末到五代時期；第三期是宋元時代，為近世前期；第四期是明清時代，為近世後期。[45]其中，「過渡期」亦可等同於「變革期」，亦即這是發生劇烈變化的歷史階段，此前與此後則是兩個特徵相對明顯的「穩定期」。若以此為前提，則該書所謂「帝政國家期」的法史分期或可表述為：秦-西晉為帝政國家期前期，東晉南北朝為變革期，隋唐以後為帝政國家期後期。

第二，該書在敘述梁朝刑罰等級時提到，作為財產刑的贖罪可分為9個等級，即贖死（金二斤）、贖髡鉗五歲刑笞二百（金一斤十二兩）、贖四歲刑（金一斤八兩）、贖三歲刑（金一斤四兩）、贖二歲刑（金一斤）、罰金十二兩、罰金四兩、罰金二兩、罰金一兩（第44頁）。然由《隋書》卷二五《刑法志》所載「罰金一兩已上為贖罪。贖死者金二斤，男子十六匹。贖髡

42　〔日〕岡野誠：〈書評：石岡浩・川村康・七野敏光・中村正人著《史料からみる中國法史》〉，載《法史學研究會會報》第17號，2013年，第177～179頁。

43　〔日〕內藤湖南：〈概括的唐宋時代觀〉，黃約瑟譯，載劉俊文主編：《日本學者研究中國史論著選譯》（第1卷），中華書局1992年版，第10頁。

44　柳立言：〈何為「唐宋變革」〉，載氏著《宋代的家庭和法律》，上海古籍出版社2008年版，第6～10頁。

45　參見〔日〕谷川道雄：〈戰後日本的中國史論爭・總論〉，夏日新譯，載劉俊文主編：《日本學者研究中國史論著選譯》（第1卷），中華書局1993年版，第317～318頁。

鉗五歲刑笞二百者，金一斤十二兩，男子十四匹。贖四歲刑者，金一斤八兩，男子十二匹。贖三歲刑者，金一斤四兩，男子十匹。贖二歲刑者，金一斤，男子八匹。罰金十二兩者，男子六匹。罰金八兩者，男子四匹。罰金四兩者，男子二匹。罰金二兩者，男子一匹。罰金一兩者，男子二丈」可知，[46]梁朝財產刑共分 10 等，該書為何刪去「罰金八兩」一等？又，該書同頁還言道：「贖死即罰金二斤則由男性納絹十六匹、女性納絹八匹來代替」。然而，贖罪十等分「贖五等」與「罰金五等」，[47]「贖○○刑」作為實刑與「罰金」別為兩種刑罰，「贖死即罰金二斤」之表達是否略失嚴謹？

五、餘論

若將淺井虎夫所撰《支那法制史》[48]作為最早的中國法制史教科書，則本學科教科書之編纂已逾百年。百年間，無論是通史模式還是專題模式，無論是謀篇佈局還是援入新說，中日兩國學者皆為此作出了卓越的努力。《中國法史》體現了目前日本中國法制史研究者對於研究與教學的思考心得，值得中國同行細細體味。尤其是該書將中國古制與現行日本法制進行比較、評析，更能體現法史學之法學屬性。或許中國大陸的法制史教科書及課程設計亦可作如下嘗試：對《大清律例》[49]進行系統的規範解釋，輔以古法古判、古法今判、今法古判等案例分析與古今對比，全面引入法律教義學的方法，強調對規則系統與法律原理的靈活運用，而非知識點的識記。如此，本門課程的授課群體宜定位為擁有基礎法學知識的高年級本科生，至於通史式法史教學則可置於研究生培養方案中。

46　（唐）魏徵等撰：《隋書》，中華書局 1973 年版，第 698 頁。

47　〔日〕仁井田陞：〈中國における刑罰體系の變遷〉，載氏著《補訂 中國法制史研究·刑法》，東京大學出版會 1991 年版，第 98 頁。

48　〔日〕淺井虎夫：《支那法制史》，東京博文館藏版 1904 年版。後為邵修文、王用賓所譯，古今圖書局、晉新書社發行 1906 年版。

49　筆者一度主張以《唐律疏議》為講授對象，王志強教授以為《大清律例》條例細密，與律文兩相對照，更有優勢。誠然如是，故改。

在西風東漸依舊盛行之當下，中國法制史學科邊緣化乃是大勢所趨。2012年年底至 2013 年年初所發生的中國法制史被取消法學類核心課程之「風波」即便在不久的將來再度上演且最終「成真」，也未必會影響法史學者與二三才俊共用教學相長之樂。如此，教科書依然是學科事業中的重要一環，期待有更多的如《中國法史》、《中國法史導論》般優質教科書不斷湧現。

附錄：《史料からみる中國法史》的目錄摘譯

序

第 0 講　本書以何為課題？

1.學習中國法史的意義；2.中國法史的時期區分；3.本書的構成與內容；中國王朝略圖

第一部　法與刑罰

第 1 講　律令法體系如何形成：從周到隋

1.成文法的形成：春秋時代；2.法經六篇與九章律：從戰國時期到秦漢；3.睡虎地秦墓竹簡：戰國末期的秦法；4.張家山漢墓竹簡「二年律令」：西漢初期的律與令；5.基本法典的形成：三國魏的新律十八篇；6.「律令」基本法典的形成：西晉的泰始律令；7.副法典的形成：北朝的律令；8.唐律的原型：隋的開皇律

專欄 1：秦漢的出土法制史料

第 2 講　律令法體系如何演變：從唐至清

1.律令法體系的完成：唐前半期；2.再副法典的時代：從唐後半期到五代；3.從編敕到敕令格式：從北宋到南宋；4.征服王朝的法：從遼到元；5.律例法體系的形成：從明到清

專欄 2：基本法典與副法典

第 3 講　五刑的刑罰體系如何形成：從周到隋

1.周的五刑；2.死刑、勞役刑、財產刑：秦的刑罰體系；3.西漢文帝的刑

罰制度改革；4.向秦的刑罰體系回歸：魏、晉的刑罰體系；5.南朝的刑罰體系；
6.走向五刑的形成：北朝的刑罰體系；7.唐律五刑的原型：隋的刑罰體系

專欄 3：條文標示方法

第 4 講　五刑的刑罰體系如何演變：從唐至清

1.唐律的五刑；2.五刑的崩壞：從唐後半期到北宋前半期；3.演變的五刑
與追放刑體系的並存：從北宋後半期到南宋；4.征服王朝的刑罰：從遼到元；
5.新五刑：從明到清；前近代中國法制年表

專欄 4：十惡

第二部　法與裁判

第 5 講　裁判的構造為何？

1.裁判案件的區別；2.裁判機關的審級

專欄 5：對待官員的特別措施

第 6 講　裁判如何進行？

1.起訴；2.調查與宣判；3.拷問

專欄 6：八議

第 7 講　拷問為何必要？

1.自認的必要性；2.拷問的實態；3.官箴所見的勸誡

專欄 7：五服；男系男性五服親屬圖

第 8 講　裁判官如何平息紛爭

1.阻礙起訴；2.對健訟的處理；3.裁判官的任務是教化；4.教諭式調停

專欄 8：判語與刑案

第 9 講　如何處理誤判？

1.過則勿憚改；2.重新審問直至服判；3.責難誤判的方向

第 10 講　如何解決法與道德的衝突？

1.盡忠捨孝；2.復仇為孝之最；3.復仇是違法行為；4.妥協的理論構成

第三部　刑事法

第 11 講　犯罪與刑罰如何對應？

第 19 講　家產如何繼承？

1.家產的管理處分；2.家產的分割與戶籍的分割；3.家產均分的原則；4.家產分割的現實

專欄 14：女子分法之謎

第 20 講　無子之時該如何處理？

1.無兒為嗣時的處理之法；2.成為養子者；3.養子擇立人；4.不能成為養子者

專欄 15：贅婿與接腳夫

供進一步深入學習的書籍目錄

後記

日本近來有關東洋法制史課程的設計與現狀——兼論對於中國法制史研究生課程設置的建議

　　2014 年 4 月 15 日，日本東洋法制史研究會編輯出版了《東洋法制史研究會通信》第 25 號，名為「東洋法制史教育的現狀與課題」。[1]內中收錄了四篇文章與一篇調查報告，文章分別是明治大學法學部岡野誠教授的〈教室中的歲月——以東洋法史教學為線索〉、京都大學法學部寺田浩明教授的〈經驗與課題、展望與指南〉、專修大學法學部鈴木秀光教授的〈東洋法制史教育的經驗與課題〉、九州大學法學部西英昭準教授的〈有關東洋法制史教學的思考〉，而報告則是由《東洋法制史研究會通信》編輯部經向會員徵集而製作的〈在日本的大學中東洋法制史教育的現狀（2014）〉。

　　日本東洋法制史研究會成立於 1982 年，主要是由各個大學法學部中的中國法制史研究者組成的學術團體，而《東洋法制史研究會通信》是該會於 1987 年創辦的不定期發行的內部通訊，配送範圍基本限於該會會員與會友，不易為學者所知。[2]筆者首先擬對「東洋法制史教育的現狀與課題」這一專號的相關內容作一譯介，然後以此為基礎，針對中國法制史研究生課程的建設，提出若干建議，僅供本校及各個相關院校主事者參考。

---

[1]　本文對於日本東洋法制史教學的論述，皆源自這一專號，不再另行出注。

[2]　《東洋法制史研究會通信》的部分內容，可參見寺田浩明教授的個人網頁〈寺田浩明的中國法制史研究〉，內有「《東洋法制史研究會通信》選編」一項，載 http://www.terada.law.kyoto-u.ac.jp/tohoken/index_a.htm#new。

一、日本學者對於東洋法制史教學的感想

（一）岡野誠教授

岡野誠教授在文章中感慨，自 1976 年被錄用為明治大學法學部助手以來，就在本校講授東洋法史（正式名稱為「法史學（東洋）」），一晃已近40 載。他將自己的教學經歷分為三個階段：

1.1976～1984 年：在最初兩年的助手時代，無需承擔授課任務，而最後2 年則在中國、英國做研究，因此這一階段的實質性授課僅 5 年而已。當時的教學重心置於東洋法史概論和以唐代為中心的歷史、法制史上。當時沒有教科書，屬於嘗試、摸索階段。

2.1985～2000 年：這一期間的講授分為總論和各論，總論包括法史學的定位、時代區分、主要研究者及其業績，各論則聚焦於先秦到隋唐的法源史，當時已做成講授內容的要點並印發給聽課者。

3.2001 至今：每年對第二個時期的授課要點進行修正，近年來課程被分割為前期、後期各兩學分，因此存在一些沒聽過總論、徑來聽各論的學生，在講授時略感困難。

對於三十餘年來的教學經歷，岡野教授有如下感慨：

第一，近十年來，由於日本經濟形勢嚴峻，嚴重影響就業，所以學生們總體上來說對基礎法學無甚興趣，聽課者有減少的趨勢；

第二，中日之間政治對立，學生們對中國的關心度低下，因此聽課者欠缺與中國相關的背景知識，這當然也跟日本全國都在發生的基礎修養（如漢字素養）變質相關。

第三，對於東洋法制史的研究生而言，數據庫的便利使用，導致他們缺乏對重要史料的精讀，由此產生了反效果。

總之，在岡野教授看來，現代社會的需要與計算機技術的發展，導致包含東洋法史在內的東洋學將發生重大變化，而中國法史授課者所面臨的「逆

風時代」也將長期延續。

（二）寺田浩明教授

寺田浩明教授認為，將東洋作為有別於西洋的一種法文化的議論時有所見，不過所論如東洋厭訟尊和、輕權利訴求而重義務、輕法治而重人治等，都可歸結為東洋不存在近代西洋意義上的法這個問題，這樣就無法闡明東洋固有的「法」的形態。因此，他的授課以傳統中國社會的存在樣態與裁判的存在樣態為素材，思考有別於西洋近代法的「法」究竟是何種模樣，進而思考法的世界史的特性問題。他想要達到的授課目標有二：第一，讓學生獲得關於傳統中國權利、裁判以及以此為基礎的法的存在樣態的正確知識；第二，以此為鏡，對於我們自己的權利、裁判、法的存在樣態的特徵有所自覺。

寺田教授的授課內容如下：

序論：帝制中國的國制概要

Ⅰ・人與家：一、家（同居共財的生活）；二、人（分形同氣的血緣觀）；三、宗（同氣者的理念性集合）。

Ⅱ・生業與財產：一、管業（有產者的生活）；二、服役（無產者的生活①）；三、租佃（無產者的生活②）；四、所有權秩序的特徵。

Ⅲ・社會關係：一、生活空間；二、社會性結合①（家庭之間各自帶來的關係）；三、社會性結合②（家庭之間的一體性集合）。

Ⅳ・秩序、糾紛、訴訟：一、社會秩序的思路；二、糾紛及其解決；三、裁判制度的概要。

Ⅴ・聽訟（裁判的特徵與功能）：一、聽訟的展開過程①（標準性的展開）；二、聽訟的展開過程②（附隨的各種展開）；三、聽訟的內部結構（情理）；四、「規則型法」與「非規則型法」；五、行為基準的社會性存在形態（「習慣」的結構）。

Ⅵ・斷罪（實定法的特徵與功能）：一、命盜重案的處理①（州縣的作為）；二、命盜重案的處理②（複審的過程）；三、判決與律例的位置關係；

四、成案的處理（法源的全體像）；五、裁判制度中的「基礎奠定」與「事例參照」。

　　Ⅶ·傳統西洋法、傳統東洋法、近代法：一、傳統法與近代法聯結與區隔——以契約為線索；二、近代法的特徵；三、傳統中國法與近代法（位置關係的各種樣態）

　　結語：對日本法論的啓示

　　寺田教授就此概括了上述內容的三個特徵：

　　第一，主要以清代為例，目標是從比較史的立場來闡明帝制中國法秩序所具有的世界史上的特色，基本不觸及傳統時期法制的歷史性變化。

　　第二，即使是處理帝制時代，也極力避免那種將一切都視為皇帝權力的賜予物的說明，而是認為法與權力特定的存在樣態來自於民眾所經營的特定生活的現狀，盡可能地在這一思路之下結構性地討論權力現象。

　　第三，以不同的處理方法，並列式地描述中國法傳統與西洋法傳統中的類似課題，與此同時，也要完整地介紹源自西洋法傳統的近代法到東洋之後在表面上所形成的獨領風騷的現象。

（三）鈴木秀光教授

　　鈴木秀光教授的文章主要是介紹他自己吸引學生聽課興趣的兩種方法：

　　第一，廣泛利用各種圖像化資料與史料原物，讓學生盡可能地產生現場感。前者如《點石齋畫報》所展示的清代刑罰相關的各種樣態，以及地方誌所載的清代州縣衙門的手繪圖等；後者如從中國文物市場上買回的各種契約文書（雖然真偽莫辨）或是印刷出來的淡新檔案。

　　第二，授課時應盡量聯結到學生既有的背景知識（如高中所教授的世界史知識），以便於理解。如淡新檔案所見「光緒二十年」年號，就要聯結到「西元 1894 年，那年夏天中日甲午戰爭爆發，翌年簽訂《馬關條約》，臺灣被割讓給日本」等史實。

　　當然，鈴木教授也談到，因為東洋法制史這一課程在大學部第 3、4 學年

開設，而自大學部第 3 學年後期開始，學生忙於求職實習，因此存在即使想出席也無法出席或者是時而不能出席的情況。

（四）西英昭教授

西英昭教授在九州大學擔任數種與東洋法制史相關的課程，如東洋法制史（4 學分）、法史學基礎（2 學分）之東洋法制史部分、中國法（4 學分）、外國法律書講讀（中國語，2 學分）、與中國法和東洋法制史相關的大學研討課（3 學分）、與中國法和東洋法制史相關的研究生研討課（4 學分）、法學與政治學論文寫作方法（中國語授課）等，並帶領大學部學生前往海外研修。

就 4 學分的東洋法制史課程而言，西教授將它分為兩個部分，前半部分處理「傳統中國」，講授法哲學史（儒家與法家）、法典編纂史（春秋戰國至清朝）、家族法、土地法、訴訟制度，後半部分則是中國近代法史，講授國際法導入中國、清末民國時期的近代性法典編纂、禮法之爭，以及殖民地時期臺灣、琉球、越南、蒙古、西藏等。其中，學生關注度頗高的是與現代史相聯結的部分以及中國的周邊地域。

西教授統計，每年的選課人數大概在 30 名左右，而小課堂的教學有其優勢所在，即可以採用研討課的形式，甚至舉行授課茶話會或教學旅行，有助於學生結識新朋友。

就授課的方式而論，西教授談了兩點經驗：

第一，上課時，讓學生傳閱與授課相關的書籍，切近瞭解相關內容，這種效果十分明顯，甚至有課後還來借閱的學生。其負面作用是，有些學生會專心於閱讀而忘了聽課。

第二，應不定期地對授課進行意見調查，從而對授課內容等進行調整，具體如「至今為止的講授內容中存在的難以理解之處、想要老師再度說明之處」、「在授課內容之外，希望老師予以改進之處，意見、要求、怨言等」、「在今後的授課中想要知道的主題」等。

二、日本東洋法制史課程設計概覽

〈在日本的大學中東洋法制史教育的現狀（2014）〉顯示的是日本各個大學於 2014 年開設有關東洋法制史的本科與研究生課程的概況，其調查的實施期間為 2013 年 9 月 11 日～2014 年 3 月 31 日。

為便概覽，筆者根據該報告的內容，重新設計表格如下：

大學	學部、科目名稱	授課者	開設的學年、學期	學分	必修、選修之別	授課內容
東北大學	法學部、中國法制史	鈴木秀光（專修大學法學部準教授）	第 3、4 年 夏 季集中	2	選修	前近代中國的法與裁判（以清代為中心）：①帝制的基本結構；②律的體系；③家族與繼承；④買賣與所有；⑤糾紛與裁判；⑥聽訟；⑦斷罪。
	法學部、中國法	高見澤磨（東京大學東洋文化研究所教授）	第 3、4 年夏季學期	2	選修	〔2013 年度〕木間正道、鈴木賢、高見澤磨、宇田川幸則《現代中國法入門》（有斐閣 2012 年版)1～4 章。
東洋大學	法學部、法 制 史（東洋）A\B	石岡浩	第 1~4 年春季學期、秋季學	2（整年 4 學分）	選修	中國傳統法的發達與完成：①中國傳統法的基礎知識；②戰國時代的法的發達；③

東京大學			期			秦漢時代的法的演變；④唐代律令的前史；⑤官品與官職；⑥刑罰體系的變化；⑦家族法；⑧中國傳統法與日本律令的比較。
東京大學	法學部、東洋法制史	松原健太郎（東京大學法學政治學研究科教授）	第8學期（第4學年冬季學期）	2	選修	首次：導論；1.個人、家、宗族；2.國家統合與地域社會構成；3.財產保有、交易的各種制度的社會性基礎；4.刑事裁判制度的再定位；5.法與社會結構在歷史學上的對象化。
東京大學	法學部、中國法	高見澤磨	第8學期（第4年冬季學期）	2	選修	使用木間正道、鈴木賢、高見澤磨、宇田川幸則《現代中國法入門》（有斐閣第6版、2012年），講授1～3章（中華人民共和國成立前法史概觀、中華人民共和國法史概觀、憲法）。
東京大學	大學院法學政治學	高見澤磨	第3學年夏季	2	選修	使用木間正道、鈴木賢、高見澤磨、宇田

	研究科法曹養成專業、現代中國法		學期			川幸則《現代中國法入門》（有斐閣第 6 版、2012 年），2013 年度講授 1、2、3、6、7 章（以民商法概觀為主軸）、2014 年度講授 1、2、3、8、9 章（以程式法概觀為主軸）。
明治大學	法學部、東洋法史	岡野誠（明治大學法學部教授）	第 3、4 學年春季、秋季學期	各 2 學分	必選	「中國法史概說・法典編纂史」：①東洋法史為何？②中國法史研究的目的；③時代區分；④王朝交替；⑤法的淵源；⑥從周代到唐代的歷史與法制。
	法科大學院、東洋法史	岡野誠	第 1～3 學年秋季學期（隔年）	2	選修	「中國法史與法典纂史」：①東洋法史為何？②中國法史研究的目的；③時代區分；④王朝交替；⑤法的淵源；⑥法典編纂的意義；⑦從周代到唐代的歷史與法制。
專	法學部、	鈴木秀光	第 3、4	2	選修	前近代中國的法（以

修大學	東洋法史 I		學年前期			清代為中心）：①帝制的基本結構；②律的體系；③家族與繼承；④買賣與所有；⑤糾紛與裁判；⑥聽訟；⑦斷罪。
	法學部、東洋法史 II	鈴木秀光	第3、4學年後期	2	選修	前近代中國的法（以清代為中心）：①糾紛與裁判；②聽訟；③斷罪。
中央大學	法學部、東洋法制史	森田成滿	第3、4學年秋季學期	2	選修	序言、裁判程式、刑法、家族法、土地法、清末的制度改革等。
帝京大學	法學部、東洋法制史 I /A	赤城美惠子（帝京大學法學部講師）	I：第1學年春季學期；A：第3、4學年春季學期	2	選修	「以帝制中國的裁判制度為中心」：①皇帝、官僚、人民；②裁判組織；③律例與刑罰體系；④裁判程式（聽訟、斷獄）；⑤死刑再審程式（秋審）；⑥法與裁判。
	法學部、東洋法制史 II/B	赤城美惠子	II：第1學年秋季學期；B：第	2	選修	「以傳統中國的實體法領域為中心」：①家（家、家的成員、親屬）；②財產（土地買賣、租田契約）；

			3、4學年秋季學期			③刑法（正當防衛、過失、錯誤）。
名城大學	法學部、東洋法史論	松田惠美子（名城大學法學部教授）	第3、4學年後期	4	選修	①清末的法典編纂；②傳統中國法的特徵（刑法、家族、民事關係、裁判）；③中華民國的時代；④臺灣；⑤中華人民共和國。
名古屋大學	法學部、東洋法史	高見澤磨	第3、4學年前期（夏季集中授課，隔年）	2	選修	〔2013年度〕①時代區分；②法源；③清代官制；④土地；⑤近代法史。
金澤大學	法學類、東洋法制史	中村正人（金澤大學法學類教授）	第3、4學年後期	4	選修（一部分是必選）	依照教科書《史料からみる中國法史》的內容講授。具體為①法典編纂的沿革；②刑罰體系的變遷；③家族制度概說；④刑法概說；⑤訴訟制度概說。
京都大學	法學部、東洋法史	寺田浩明（京都大學大學院	第2～4學年秋季學	4	選修	緒論：帝制中國的國制概要；Ⅰ·人與家；Ⅱ·生業與財產；Ⅲ·

學		法學研究 科教授）	期			社會關係；IV・秩序、糾紛、訴訟；V・聽訟：裁判的特徵與功能；VI・斷罪：實定法的特徵與功能；VII・傳統西洋法、傳統中國法、近代法。
	大學院法學研究科法曹養成專業、傳統中國的法與裁判	寺田浩明	第 1～3 學年春季學期	2	選修	I・傳統中國的國家與社會；II・聽訟（裁判與法的理念）；III・斷罪（實定法與裁判制度的特徵）；IV・傳統西洋法、傳統中國法、近代法。
同志社大學	法學部、亞洲刑事法史	七野敏光	第 3、4 學年春季學期	2	選修	1.律令法以及儒教倫理；2.法典編纂史（從先秦至唐代）；3.舊中國的法與罪刑法定主義；4.舊中國的訴訟。
	法學部、亞洲法史	七野敏光	第 3、4 學年秋季學期	2	選修	1.法典編纂史（近現代）；2.家族法的各個問題（同姓不婚、夫婦別姓、婚姻觀的變化等）。
關西	法學部、東洋法制	佐立治人（關西大	第 2～4 學年	2	選修	《唐律疏議》講讀（以《名例律》為中心）。

大學	史 I	學法學部教授）	春季學期			
	法學部、東洋法制史 II	佐立治人	第 2～4 學年秋季學期	2	選修	《名公書判清明集》講讀（同時交叉說明唐律的《戶婚律》、《賊盜律》、《鬥訟律》）。
大阪經濟法科大學	法學部、東洋法制史概論	七野敏光	第 3、4 學年春季學期	2	選修	1.律令法以及儒教倫理；2.法典編纂史（從先秦到唐代）；3.舊中國的法與罪刑法定主義；4.舊中國的訴訟；5.舊中國的家族法的各個問題。
關西學院大學	法學部、東洋法史 A	川村康（關西學院大學法學部教授）	第 3、4 學年春季學期	2	必選（基礎法科目）	「前近代中國法的基本結構」：①東洋法史研究的意義；②前近代中國史概觀；③儒家的思想與法家的思想；④律令法體系的形成與演變；⑤五刑刑罰體系的形成與演變；⑥刑罰的理念；⑦裁判的結構；⑧教諭式調停；⑨厭訟與健訟。

	法學部、東洋法史B	川村康	第3、4學年秋季學期	2	必選（基礎法科目）	「唐代中國裁判的存在樣態」：①唐代中國的社會與法體系；②唐代中國的刑罰體系；③裁判的基本原則；④裁判的基本結構；⑤法的解釋與適用；⑥偵查機關與偵查的啓動；⑦逮捕與拘禁；⑧證據的收集；⑨自白與拷問；⑩判決與上訴；⑪誤判的責任。
	大學院司法研究科、糾紛解決的歷史	川村康	第1～3學年秋季學期	2	必選（基礎法學、相鄰科目）	「唐宋中國的糾紛解決」：①前近代中國史概觀；②法體系與刑罰體系；③規範的存在樣態；④裁判的存在樣態；⑤調查訊問的存在樣態；⑥糾紛解決的存在樣態；⑦事例研究（對違規的處置、教諭式調停、正義的存在樣態、既判力、對誤判的處置）
九	法學部、	西英昭	第2學	2	必修	日本法制史、東洋法

州大學	法史學基礎	（九州大學法學部準教授）	年後期（隔年）		（九大稱為「基本科目」）	制史、西洋法制史、羅馬法的接力課程。東洋法制史部分涉及以下內容（3 次左右）：①中國的法概念；②傳統中國的法典編纂；③傳統中國的裁判與法。
	法學部、東洋法制史	西英昭	第3、4學年後期	4	選修（九大稱為「拓展科目」）	①中國的法與法典編纂〔法哲學史、儒家與法家、法典編纂的歷史（春秋站國～清朝）〕；②「傳統中國」的法與社會〔1.家族:宗及其效果(同姓不婚、異姓不養、分形同氣)、「家」的存在樣態（同居共財、家產分割）；2.財產：賣‧典‧押‧租、活與絕；3.科舉、官僚機構論；4.裁判：「裁」的過程、聽訟與斷獄、必要的覆審制、律例與成案〕；③中國近代法史（近代中國與國際

						法、清末民國時期的近代性法典編纂、禮法論爭）；④殖民地與法（殖民地時期臺灣的法與社會、習慣調查的展開、滿洲國）；⑤東亞各個地區與中國（朝鮮、琉球、越南、蒙古、西藏）。
福岡大學	法學部、東洋法制史	西英昭	第3、4年前期（隔年）	4	選修	①中國的法與法典編纂〔法哲學史、儒家與法家、法典編纂的歷史（春秋站國～清朝）〕；②「傳統中國」的法與社會〔1.家族：宗及其效果(同姓不婚、異姓不養、分形同氣)、「家」的存在樣態（同居共財、家產分割）；2.財產：賣‧典‧押‧租、活與絕；3.科舉、官僚機構論；4.裁判：「裁」的過程、聽訟與斷獄、必要的覆審制、律例與成

							案〕；③中國近代法史（近代中國與國際法、清末民國時期的近代性法典編纂、禮法論爭）；④殖民地與法（殖民地時期臺灣的法與社會、習慣調查的展開、滿洲國）；⑤東亞各個地區與中國（朝鮮、琉球、越南、蒙古、西藏）。

從上表可以提煉出以下資訊：

第一，日本有 17 所大學開設了與東洋法制史相關的課程，但只有 11 所大學有東洋法制史的專任師資（其中，東京大學有 2 位）。東北大學、東洋大學、中央大學、同志社大學、大阪經濟法科大學、福岡大學只是聘用兼任教師負責教學，其中東洋大學的兼任師資石岡浩先生已於 2014 年 10 月 3 日逝世。

第二，在這 17 所大學當中，僅有 4 所大學在實務型導向的研究生專業中開設了與東洋法制史相關的課程，分別是東京大學、明治大學、京都大學與關西學院大學。無論是東京大學、京都大學的法曹養成專業，還是明治大學的法科大學院、關西學院大學的司法研究科，其實都是 2004 年日本法律教育改革之後所產生的、以培養法律實務人才為目標的 law school，[3] 這與培養法學研究者的碩、博士教育並立而在，如東京大學大學院法學政治學研究科區分綜合法政專業與法曹養成專業，京都大學大學院法學研究科則區分法政理

3　相關情況，可參見〔日〕鈴木賢：〈日本基礎法學、法學理論以及法學研究者培養的危機〉，劉姿汝譯，載《臺灣法學》第 241 期，2014 年。

論專業與法曹養成專業。換言之，若是專門研究東洋法制史的研究生，他們在大學院中修習的、與東洋法制史相關課程並不在上述統計之列。需要特別指出的是，東京大學法曹養成專業所設置的課程是「現代中國法」，並非嚴格意義上的東洋法制「史」。

第三，在這 17 所大學當中，僅有 2 所大學的法學部將東洋法制史設置為「必選」（即「選擇必修」，有別於必修、選修，要求學生在指定的課程目錄中選夠必需的學分），即明治大學與關西學院大學；另有 1 所大學將東洋法制史的部分課程內容設定為「必選」，即金澤大學；還有 1 所大學將名為「法史學基礎」的課程設置為「必修」，其中包括 3 次左右的東洋法制史內容講授。

第四，課程的講授極其體現教師個人的研究興趣與專業特長。就斷代而言，石岡浩、岡野誠、川村康、七野敏光、佐立治人的授課內容偏重於唐代以前，鈴木秀光、寺田浩明、松田惠美子、西英昭則側重於清代至近代；就專題而言，法典編纂或法律體系或法源，基本是每一授課者都要涉及的內容，但松原健太郎、寺田浩明則屬例外，他們分別側重於從社會構成等社會史的角度、法原理等文化整體像的角度來闡述中國傳統法。至於佐立治人，則別具一格，以《唐律疏議》與《名公書判清明集》的史料講讀為授課內容。

綜上可知，在日本，東洋法制史的教學確如岡野誠教授所言，已經進入「逆風時代」，在法學部開設這一課程的大學數量本就不多，有專任師資者僅佔其中的三分之二。至於講授內容，則如寺田浩明教授所言，每個大學的入學者水準各有不同、培養目標也呈多元化，豈能有統一標準？

三、對於中國法制史研究生課程設置的建議

中國法制史目前是本科法學教育的核心主幹課程之一，為每一位法科大學生所必修，有統一的教學大綱，亦為國家司法考試的科目之一，其出題範圍也對本科教學產生指導性影響，因此課程設計毋需我等置喙，這便是本文

僅針對研究生課程設計的原因所在。

當下，法學教育實務化傾向越來越明顯，以致於數年前曾發生中國法制史被取消核心主幹課地位的「風波」；由此牽累中國法制史專業的碩博士研究生的招生、就業，中國的「中國法制史」教學與研究竟然也迎來了與日本相同的「逆風時代」。岡野誠先生的感慨，想必我等同仁也能感同身受；寺田浩明教授試圖發掘傳統中國法在比較法史上的特色，並探究近代移植法並未紮根中國深層的現象，有助於我等進一步思考、論證中國法制史教學與研究的必要性；至於鈴木秀光教授與西英昭教授分享的教學經驗，也同樣值得我等再思，即使不久的將來，中國法制史降格為本科的選修課、不再作為國家司法考試的科目，也不會影響我等與二三才俊共用燈下教學相長之樂，這就促使我等努力提升教學水準，以興趣而非功利相引導，延續這一學科的薪火相傳。與此相應，日本目前的東洋法制史教學對於當下我們設置中國法制史研究生課程，亦有相當的啟示意義。

限於教學經驗與本文篇幅，以下僅申言兩點建議：

第一，加強史料原典的精讀，將史料研讀班模式引入到中國法制史的研究生課程體系當中。前述岡野誠教授曾感慨，因計算機技術的發展，史料檢索成為中國法制史研究的便捷手段，由此產生了輕視史料精讀的負面效果。而日本自近代以來，便以史料研讀班這種集教學、研究於一體的學術運作模式著稱於世，取得了豐碩的研究成果。筆者在數年前發表的《近代以來日本中國法制史研究的源流》一文中寫道：

　　如京都大學人文科學研究所久負盛名的共同研究班，不拘國別、校別、部（學部）別，使學有專長或僅是懷有學術興趣之人參與其中，由此達致加強學術訓練、密切學術交流、拓寬學術視野、保證學術成果的精品水準之目的。以筆者留學時的導師冨谷至先生所主持的、目前致力於出版《漢簡語彙辭典》的讀書班為例，參加者分別來自京都大學、大阪產業大學、關西學院大學、佛教大學、奈良大學、立命館

大學以及神戶工科高等學校等機構，其身分從名譽教授、教授、準教授、助教、非常勤講師、研究員、外國人共同研究者到博士生不等。每週五上午 10 點，參加者皆準時從四方齊集京都大學人文科學研究所北白川館會議室，圍繞主講者所準備的漢簡語彙詞條逐一論辯、考析，至今已有五年之久。[4]

事實上，京都大學人文科學研究所的漢簡研究班並非是近年來才湧現出來的，可以追溯到 1950 年代森鹿三創辦的居延漢簡研究班，[5]而後來享譽一時的著名漢簡研究者大庭脩、永田英正、魯惟一等都是藉由這個研究班而成長起來的。由上述日本當下東洋法制史課程設置可知，佐立治人在本科教學中都踐行史料講讀模式，可見日本學術界對於原典的重視程度。

日本的史料研讀班模式早在 1990 年代便傳入中文學界，臺灣大學高明士教授於 1994 年創立唐律研讀會，匯集臺灣大學、政治大學、中國文化大學、臺灣師範大學等法學、歷史學的師生，輪讀《唐律疏議》、《天聖令》以及唐判，取得了豐碩的學術業績，也為臺灣學界培養了中國法制史研究的學術力量。[6]

而在中國大陸，就筆者目力所及，較早成立的跨學科、跨機構且具有相當學術影響力的研讀班，2002 年 3 月發起的張家山漢簡研讀班應屬其中之一。該研讀班由中國文物研究所（現改名為中國文化遺產研究院）文物考古與文獻研究中心倡議，由該中心的李均明研究員、中國社會科學院簡帛研究中心謝桂華研究員和中國政法大學法律古籍整理研究所徐世虹教授共同組織，對張家山漢墓出土竹簡進行逐字逐句的校讀，持續 2 年，研讀地點設於中國文物研究所，參加者除上述三個單位的學者外，還有北京大學、中國人

4　趙晶：〈近代以來日本中國法制史研究的源流——以東京大學與京都大學為視點〉，載《比較法研究》2012 年第 2 期。

5　〔日〕籾山明：〈日本居延漢簡研究的回顧與展望——以古文書學研究為中心〉，顧其莎譯，載中國政法大學法律古籍整理研究所編：《中國古代法律文獻研究》（第 9 輯），社會科學文獻出版社 2015 年版，第 156～165 頁。

6　嚴茹蕙：「唐律研讀會」，載《臺大歷史系學術通訊》第 10 期，2011 年。

民大學、對外經貿大學、中國青年政治學院的同仁，港臺地區及美國、韓國、日本等國學者亦曾相繼到訪。[7]

就中國法制史學界而言，徐世虹教授於 2003 年在中國政法大學創辦中國法制史基礎史料研讀會，「最初以中國政法大學法律史專業的碩士生為主，後擴展至博士生，同時也吸納外校的青年學子，多年來有北京大學、清華大學、中國人民大學、中國社會科學院的博士生及研究人員相繼參與，間有國外學者前來講學交流。研讀會每週五於中國政法大學法律古籍整理研究所活動一次，迄今已研讀了《二年律令》、《晉書·刑法志》、《唐律疏議》等古代法律文獻」，並於 2012 年申請到全國高等院校古籍整理研究工作委員會直接資助項目，目前以《睡虎地秦墓竹簡》為研讀對象，每年固定發表研讀成果。[8]

而今，史料研讀班模式已在文史學界和中國法制史學界廣為推行，如近年來曾有學界同仁總結北京地區的讀書班情況如下：

【秦漢】

北京師範大學歷史學院京師出土文獻研讀班，馬怡、姜守誠老師主持，面向北京各高校同學，每週五全天，上午居延新簡，下午裡耶秦簡和日書；

中國政法大學法律古籍整理研究所睡虎地秦簡讀書班，徐世虹老師主持，政法大學本部，與研究生課程配合進行，本學期為每週五下午；

清華大學歷史系鳳凰山漢簡讀書班，王彬同學主持，時間不固定（提前郵件通知），面向校內外師生。

【中古】

北京大學中古史中心北朝墓誌讀書班，羅新、葉煒老師主持，每週二上

7　張家山漢簡研讀班：〈張家山漢簡《二年律令》校讀記〉，載張家山二四七號漢墓竹簡整理小組編：《張家山漢墓竹簡〔二四七號墓〕（釋文修訂本）》，文物出版社 2006 年版，第 205 頁。

8　中國政法大學中國法制史基礎史料研讀會：〈睡虎地秦簡法律文書集釋（一）：《語書》（上）〉，載中國政法大學法律古籍整理研究所編：《中國古代法律文獻研究》（第 6 輯），社會科學文獻出版社 2012 年版，第 171 頁。

午；

首都師範大學歷史學院敦煌文獻讀書班，郝春文老師主持，周日下午 3 點至 6 點；

中國社會科學院歷史所《天聖令》讀書班，黃正建老師主持，週四上午（隔周）。

【遼史】

北京大學中古史中心、社科院歷史所契丹文讀書班，劉浦江、康鵬老師主持，每月一次，中古中心計算機室。

【元史】

北京大學歷史系、社科院歷史所《元典章》讀書班，張帆、劉曉老師主持。

【中國禮學史】

清華大學歷史系《儀禮註疏》讀書會，張德付同學主持，每週六上午 9 點至下午 5 點，地點為文北樓 304 禮學研究中心。

【西域史】

北京大學中古史中心西域文書讀書班，榮新江老師主持，每學期情況不定，時開時停。

【中外關係史】

北京大學歷史系馬可波羅讀書班，榮新江、黨寶海老師主持，每週五下午。

【史學理論】

清華大學歷史系西方史學理論及思想史經典論文研讀與翻譯，王濤同學主持，每週三下午 3 點至 5 點，地點為文北樓 310。

只不過這些研讀班大多僅作為學者業餘組織的、形式鬆散的學術共同體，其維繫沒有穩定的經費保障，對主事者而言，僅受學術公益心的驅動，因此部分研讀班只是曇花一現，無法持續有效地運作下去。如果能夠將這一

模式納入到正常的中國法制史專業研究生教學課程當中，對主事者而言，可將主持研讀班作為日常工作量的一部分，還能獲得教學助理的配給名額，既能保證研讀班有序運作，又能強化對於學生的訓練要求。據筆者所知，北京大學歷史系已故的劉浦江教授曾長期為研究生開設「《四庫全書總目》研讀」課程，具有良好的學術影響，可資效仿。只不過，一旦納入到課程體系，其週期、頻度、開放度等尚需進行嚴密論證。

第二，增加研究生接觸歷史遺跡、文物等實物材料的機會，以田野調查的方式，回歸「歷史現場」，開拓研究思路。鈴木秀光教授強調活用實物史料、增強現場感，西英昭教授提示的教學旅行等，皆可納入到這一脈絡之下。

在中國，持續組織相當數量的年輕學者和研究生進行田野調查，以此作為訓練手段之一、產生廣泛影響的學術活動，應當首推中山大學歷史人類學研究中心於 2003 年開始主辦的歷史人類學高級研修班。該研修班於每年暑期舉行，至 2012 年為止連續舉辦十屆，吸引了 300 多名國內外多所大學的青年教師和研究生參與。2011 年之前的課程包括一周的理論課、一周的田野和四個月的實地調查，學員最後以田野工作報告、收集整理的民間文獻和研究論文作為結業的作業；自 2011 年開始改變研修方式，即圍繞一個當前歷史人類學研究的重大課題，選擇一個適宜的地點，匯聚一群在相關領域有專門研究經驗的青年學者，一起研讀文獻，進行田野考察，展開密集研討。[9]

而在中國法制史學界，中國政法大學法律古籍整理研究所的李雪梅教授於 2014 年 9 月 26 日創辦「石刻法律文獻研讀班」，以她主持的「中國政法大學優秀中青年教師培養支持計劃」和北京市社會科學基金重大項目「古代石刻法律文獻分類集釋與研究」為平臺，由該研究所、京內其他高校的青年教師以及中國政法大學中國古代史、歷史文獻學、專門史（社會史）、法制史等專業的博士研究生、碩士研究生等參與其中，通過史料研讀考釋和學術考察等方式，培養、凝聚學術力量，提升石刻法律文獻整理研究水準。近兩

9　參見中山大學歷史人類學研究中心網頁之「歷史人類學高級研修班」頁面，載 http://ha.sysu.edu.cn:8080/ha/html/1/70/76/index.html。

年來，該研讀班已舉辦碑刻史料研讀 52 次，集體赴河北、山西、山東、河南、陝西、遼寧及北京郊區等地訪碑 13 次，重點是對各地法律碑刻的遺存情況進行核實調查。[10]雖然說石刻法律文獻研讀班目前所實踐的訪碑活動尚非有明確問題意識的「田野調查」，但在蒐集史料、核對拓片與原石、感知歷史現場等方面具有顯著意義。

只不過，這種田野調查活動同樣未必具有穩定的經費來源，主事者需將個人的研究經費用於負擔學生的食宿與交通開支，所考驗者，依然是主事者的學術公益精神。若能將這種活動納入到中國法制史研究生課程建設當中，配給相應的課程建設經費或與某地文物保護部門建立教學合作關係，使得田野調查成為每一位中國法制史專業研究生的必修課程，如到考古工地實習是考古專業學生的必修經歷，這將有助於提升中國法制史的教學水準與研究生學位論文的品質。

總而言之，雖然中國的「中國法制史」教學與研究亦將長期面臨「逆風時代」，但只要從業者存亡繼絕之心不滅，努力提升個人的研究水準、完善課程建設，著力吸引並細心培育少而精的優質生源，中國法制史就必然可以在未來的學術領域中保有一席之地並繼續穩步發展。

10　部分情況可參見中國政法大學石刻法律文獻研讀班：〈法律碑刻之分類探討〉，載中國政法大學法律古籍整理研究所編：《中國古代法律文獻研究》（第 9 輯），社會科學文獻出版社 2015 年版，第 468 頁。

近代中日法史學界交往的若干片段
——讀《書舶庸譚》瑣記二題

　　《書舶庸譚》的作者董康（1869-1948）[1]，字授經，號誦芬室主人，江蘇武進（今常州）人。進士出身，歷仕清廷、中華民國北洋政府、南京國民政府、華北日偽臨時政府、汪偽國民政府等，常年司職法曹，且雅好藏書，專精版本目錄之學，以法學、文史之才名重當時。

　　董氏自清季（1902 年）受命東渡，考察日本司法刑律以來，此後蹈海赴日凡「廿餘次」，[2]雖然動因各有不同（如銜命公幹、潛逃避難、應邀講學等），但交遊、訪書為歷次出行所未曾缺者，他由此不僅結交日本漢學重鎮如內藤湖南、狩野直喜，法學名流如松岡義正等，還與古籍珂羅版製作「海東第一名手」小林忠等過從甚密，自稱「文字因緣固有勝於骨肉親知萬萬者」。[3]董氏 1926 年 12 月 30 日至 1927 年 5 月 1 日避孫傳芳通緝之禍，1933 年 11 月 8 日至 1934 年 1 月 22 日受邀講學，1935 年 4 月 23 日至 5 月 18 日應邀出席孔子聖堂落成式，1936 年 8 月 19 日至 9 月 15 日攜眷避暑，先後四次赴日，分別見載董氏《書舶庸譚》卷 1 至 4、卷 5 至 7、卷 8、卷 9，個中細節頗稱詳備。至於董氏於 1906 年 4 月-12 月赴日考察獄政、1911 年至 1913 年因辛亥

1　有關董康生年，通說是 1867 年。然而據《清代硃卷集成》所收董氏應舉文書中載「同治己巳（1869）三月二十二日吉時生」，生年應為 1869 年。參見孔穎：〈晚清中央政府的法制官董康的日本監獄視察について〉，載《或問》第 18 號，2010 年。至於他的卒年，一般認為是 1947 年。然而據北京市檔案館藏「北平市警察局檔案」J184-002-04391 號檔案，1948 年 5 月 4 日義字 64 號第二分駐所「呈為地院會同檢驗董康因病身死由」可知，其卒年為 1948 年。轉引自陳新宇：《尋找法律史上的失蹤者》，廣西師範大學出版社 2015 年，第 33 頁注 1。

2　董康著，王君南整理：《董康東遊日記》，河北教育出版社 2001 年版，第 276 頁。

3　董康著，王君南整理：《董康東遊日記》，河北教育出版社 2001 年版，第 2 頁。

革命東渡避難等經歷，亦有見載於日人日記、回憶錄者。[4]

因董氏文、法兼擅，文史學界與法學等界致力於勾稽董氏生平業績者，不乏其例。筆者擬立足於《書舶庸譚》，抽繹董氏與彼時日本學界之交往斷片若干，聊作發揮，藉此展現兩國學術互動之側面。唯需說明者，《書舶庸譚》傳世者有四卷、九卷之別，前者有 1928（戊辰）年董氏自刻本、1930（庚午）年大東書局印本，後者有 1939（己卯）年誦芬室重校定本、1940（庚辰）年重印本。自 20 世紀 90 年代以降，該書整理本凡三，四卷本有傅傑據戊辰本所作點校（遼寧教育出版社 1998 年版），九卷本則先後有王君南以己卯本為底本所校《董康東遊日記》（河北教育出版社 2001 年版）、朱慧以庚辰本為底本所作整理（中華書局 2013 年版）。下文即以此三書為主要文獻依據，除非必要，行文出注以王君南本為準。

—

陳寅恪先生曾云：「一時代之學術，必有其新材料與新問題。取用此材料，以研求問題，則為此時代學術之新潮流。治學之士，得預於此潮流者，謂之預流（借用佛教初果之名）。其未得預者，謂之未入流。此古今學術史之通義，非彼閉門造車之徒，所能同喻者也。」[5]清季以降，中國古文獻之重大發現者凡四，敦煌藏經洞文獻居其一。學界得預此流，雖有賴外人如伯希和等之力，但董康作為情報蒐集、發佈者，實在功不可沒。

伯希和於 1908 年獲得藏經洞文物後，便返回安南河內；復於 1909 年 5 月動身來華，隨身攜帶部分敦煌文獻，並於一個多月後抵達北平。該年 9 月，時任清廷刑官的王式通（大理寺推丞、學部諮議官兼度支部清理財政處諮議官）、董康（時任刑部主事）便已偵得此訊，並經由時任直隸總督兼北洋大

4　如神田喜一郎的回憶及其所引祖父神田香岩日記，參見氏著《敦煌學五十年》，二玄社 1960 年版，第 157～162 頁。

5　陳寅恪：〈陳垣敦煌劫餘錄序〉，載氏著《金明館叢稿二編》，生活·讀書·新知三聯書店 2001 年版，第 266 頁。

臣端方的美籍幕僚福開森，得以接觸伯氏，披覽並拍攝部分敦煌寫本。為集結同好募款集資，委伯氏返回巴黎後將所有敦煌文獻製成珂羅版，寄返中國，交由董氏誦芬室印行，董氏力邀羅振玉參與其中，促成羅氏私訪伯氏、撰成〈敦煌石室書目及發見之原始〉一文並由誦芬室印製，分發海內，復於 10 月 4 日齊集京內同好公宴伯氏，再商印製法藏敦煌文獻之議。[6]此次公宴，日本書商田中慶太郎廁身席間，並執筆撰寫〈敦煌石室中の典籍〉一文（載《燕塵》第 2 卷第 12 號，1909 年 11 月 1 日 該雜誌的受眾是客居北京的日本人）。羅氏、田中氏之文和羅氏此後旋即撰成的《莫高窟石室秘錄》以及部分寫本照片，先後傳至日本西京，《朝日新聞》於同年 11 月 12 日發表〈敦煌石室の發見物〉、11 月 24 至 27 日連載內藤湖南署名的〈敦煌發掘の古書〉，京都大學史學研究會於 11 月 28 至 29 日藉岡崎府立圖書館展出 300 餘幀寫本照片，並由小川琢治、內藤氏、富岡謙藏、濱田耕作、羽田亨、狩野直喜、桑原騭藏等中國學教授先後發表演講，日本敦煌學研究由此發軔。[7]

此後日本學人先後赴華、赴歐，親閱寫本，如內藤湖南於 1924 年至 1925 年航歐，分訪巴黎、倫敦，攜回攝影照片或手錄釋文，成為此後相關研究之憑借。此點在《書舶庸譚》中亦有反映，如卷一上「（1927 年）1 月 2 日」條載：「湖南復出敦煌遺書影片，約二百餘種。中有餘未寓目者，懇以每日借攜回寓校錄，得其首肯，並贈餘《華甲壽言》《航歐集》各一冊。」[8]此後，內藤氏分別於 1 月 3 日、1 月 10 日、4 月 6 日、4 月 13 日先後出借敦煌文獻影片若干，董氏先後抄錄、題識《劉子新編》、《王績集》、《金光明經》、《文選》（隋、唐各有寫本殘卷）、《爾雅》、《明妃曲》、《治道集》、《御製孝經贊》、《（神龍）散頒刑部格》、《唐律·職制、戶婚、廄庫》、《尚書大傳》、《古文尚書》、《道德經》、《禮記·大傳》、《莊子外篇》、

6　詳見王冀青：〈清宣統元年（1909）北京學界公宴伯希和事件再探討〉，載《敦煌學輯刊》2014 年第 2 期。通說咸以公宴時間為 9 月 4 日，王氏以最近發現的 1909 年 10 月 5 日惲毓鼎致沈曾植信為線索，力證通說之非，重定其時為 10 月 4 日。

7　〔日〕神田喜一郎：《敦煌學五十年》，二玄社 1960 年版，第 8～20 頁。

8　董康著，王君南整理：《董康東遊日記》，河北教育出版社 2001 年版，第 3 頁。

《舜子至孝文》、《新修本草》、《珠英集》、《二十四孝押座文》等卷。

需略加說明者，有關《散頒刑部格》紀事，《書舶庸譚》四卷本與九卷本所記有別，前者僅敘殘卷樣態（四葉、九十一行、凡十□條），並概言「大率補律所未備」、「頗多與《唐律》互證」，並斷言「若得《唐書》逐節為之疏證，此亦考唐代制度不可少之書，並可見明清訴訟手續之沿革也」；[9]而九卷本則過錄殘卷全文，並逐節與《唐律》互較，以明律、格關係。[10]除此之外，董氏研究此卷之成果刊佈，雜稽文獻，可得如下經緯：

> 《書舶庸譚》卷六（1933 年 12 月）「12 日」條：仁井田來，借所校《神龍散頒刑部格》去，擬刊入雜誌；
>
> 同書同卷「30 日」條：仁井田博士來校正前所錄神龍《散頒刑部格》之訛誤；[11]
>
> 1934 年 2 月，《法學協會雜誌》第 52 卷第 2 號刊登仁井田陞〈唐令の復舊について——附：董康氏の敦煌發見散頒刑部格研究〉一文，發表董氏有關此格的詳細見解及此格全文；[12]
>
> 1938 年，《司法公報》第九、十期刊登董氏〈殘本龍朔散頒格與唐律之對照〉（以下簡稱〈對照〉）；翌年 4 月，此文經瀧川政次郎日譯，刊於《法學新報》第 49 卷第 4 號。[13]

現比勘〈對照〉與九卷本卷一下「（1 月）21 日」條紀事，除略去抄錄此卷緣由外，二者基本一致。即便龍朔與神龍相去 10 餘年，董氏行文亦徵引史籍稱該格於「神龍元年上」（〈對照〉文亦同），但九卷本紀事一仍該文

9　董康著，傅傑校點：《書舶庸譚》，遼寧教育出版社 1998 年，第 19 頁。

10　董康著，王君南整理：《董康東遊日記》，河北教育出版社 2001 年版，第 26～36 頁。

11　以上見董康著，王君南整理：《董康東遊日記》，河北教育出版社 2001 年版，第 240、263 頁。

12　〔日〕仁井田陞：《補訂中國法制史研究·法と慣習 法と道德》，東京大學出版會 1991 年版，第 303 頁〔補 1〕。

13　〔日〕瀧川政次郎：《支那法制史研究》，有斐閣 1940 年版，第 465～490 頁。

標題之誤,稱「錄唐龍朔《散頒刑部格》一卷」,[14]可見重編九卷本時將〈對照〉文全文編入,未予校改。

一如前述,內藤氏旅歐所得,於 20 世紀前半期敦煌文獻研究,意義頗大,就法制文獻而論,亦不限於《散頒格》一項。唯此行亦多得益於董氏。董氏先於內藤氏出訪歐陸,1922 年至 1923 年尋訪本國故物於倫敦、巴黎,撰成《目錄》一種,與內藤氏分享。如內藤氏哲嗣內藤乾吉回憶道:

> 家父於大正十三年渡歐之際,攜董康氏《敦煌莫高窟藏書目錄》寫本而行,以為閱覽敦煌本之參考。此為董氏於巴黎、倫敦閱覽敦煌本之目錄,分巴黎圖書館藏本、伯理和編修藏本、英博物館藏本三部,於其所謂伯理和編修藏本中,有如下記載:
>
> 三六〇八　唐律(唐寫本)
>
> 存祭祀及有事於園陵條以下及戶婚律第四至同姓為婚條止……[15]

現核之以內藤湖南《歐洲調查用「董康目錄」抄錄原稿》影印件,可知引文中「敦煌莫高窟藏書目錄」之「目」字、「同姓為婚條止」之「止」字為衍文。[16]又據王君南所編索引可知,九卷本《書舶庸譚》語涉《敦煌書錄》者凡三,後兩條紀事分別載卷一下(1 月)21 日條:

> 是日,寄玉娟信並附近編《敦煌書錄》。

同卷(1 月)23 日條:

14　董康著,王君南整理:《董康東遊日記》,河北教育出版社 2001 年版,第 26 頁。

15　譯自〔日〕內藤乾吉:《中國法制史考證》,有斐閣 1963 年版,第 215 頁注 2。

16　〔日〕玄幸子、〔日〕高田時雄編著:《內藤湖南敦煌遺書調查記錄》,關西大學出版部 2005 年版,第 367 頁。

寄玉娟、雲岑函，並附新編《敦煌書錄》。[17]

　　董氏於三天內兩次寄送所謂「敦煌書錄」回國，內容所異者何？四卷本《書舶庸譚》卷一（1月）22日條載：

錄《散頒刑部格卷》畢。[18]

　　此句為九卷本所刪，而藉此可知，21日始錄《刑部格》，22日錄畢，23日寄出。又，董氏曾言：「曩客法京巴黎，見藏書目，有是格殘本，列三零九八，為法儒伯裡和於前清光緒季年，於役隴西，發見於莫高窟石室中，舶載而西者，索閱不得，殊形缺望」。[19]董氏曩客巴黎，未見是格原卷，因此內藤氏所持《歐洲調查用「董康目錄」抄錄原稿》僅存簡單記錄「三〇七八 散頒刑部格卷 唐字本 存十一條」；而上海圖書館所藏《敦煌書錄》則詳述這一殘卷的體例，並過錄三條格文，[20]可與《日記》互證。

　　另外，張伯元所謂「董康的《（新編）敦煌書錄》資料來源有抄自巴黎圖書館的，也有的是他在日本期間借敦煌照片補抄的」，[21]實亦有未確，因董氏所抄還有來自英倫者，如前揭《目錄》即列「大英博物館藏本」，《書舶庸譚》卷三所記《金光明經》題識中亦言：「曩在英倫博物館見斯丹因所得敦煌經卷，此經在內。今之所獲與彼館所藏如出一手，其為一本無疑也」；[22]還有來自日人所藏寫卷者，如《書舶庸譚》卷二（2月）9日條載：「又唐

17　以上兩條分別引自董康著，王君南整理：《董康東遊日記》，河北教育出版社2001年版，第26、37頁。

18　董康著，傅傑校點：《書舶庸譚》，遼寧教育出版社1998年，第19頁。

19　董康：〈殘本龍朔散頒刑部格與唐律之對照〉，載〔日〕瀧川政次郎：《支那法制史研究》，有斐閣1940年版，第465頁。

20　〔日〕玄幸子、〔日〕高田時雄編著：《內藤湖南敦煌遺書調查記錄》，關西大學出版部2005年版，第342、447頁。

21　張伯元：〈董康與法律文獻整理——《書舶庸譚》讀後〉，載曾憲義主編：《法律文化研究》（第1輯），中國人民大學出版社2005年，第422頁。

22　董康著，王君南整理：《董康東遊日記》，河北教育出版社2001年版，第108頁。

寫本《序聽迷詩所經》一卷，凡一百七十行，為故友富岡氏所藏」。[23]不過，董氏此條所記有誤，《序聽迷詩所經》為高楠順次郎所藏，而富岡謙藏所收為另一景教文獻《一神論》。[24]

據桑兵所引霍普科克《絲綢路上的外國魔鬼》所記，稱「法方保管的嚴密引起一些中國學者的不滿，指責伯希和並未真心履行諾言。其實此舉並非針對中國學者。據說伯氏將文書藏於巴黎國立圖書館東方部的一個房間裡，親自掌管鑰匙，引來不少法國同行的攻擊」。[25]伯氏保管文書寬嚴鬆緊應前後有別，不可一概而論。如前述董氏目錄稱部分寫本為「伯理和博士藏本」，內藤乾吉追憶其父湖南於「大正十三（1924）年秋，於巴黎伯希和教授宅，閱覽第一斷簡（即 P.3608《唐律》殘卷——筆者注），且獲准攝影，並煩當時留學巴黎的慶應大學松本信廣教授將此照片帶回」；[26]《書舶庸譚》卷一上（1月）4日條載：「夜取湖南影片，錄三七零四（伯希和邸）《劉子新編》（六朝寫本）二頁始寢」，[27]可見 20 世紀 20 年代，伯希和為便於整理，曾將部分文書私置家中。至於《書舶庸譚》卷一下（1月）19日條載：「憶及癸亥[28]歲晏，僑居美京使署，篋中攜伯希和敦煌古寫本五十卷，供余饕餮，適有是書（指《治道集》——筆者注）在內」。[29]此處所謂「伯希和敦煌古寫本」，應是照片而非寫本原卷。董氏於 1922-1923 年赴歐美考察實業，行

[23] 董康著，王君南整理：《董康東遊日記》，河北教育出版社 2001 年版，第 52 頁。九卷本過錄全文，而四卷本僅述其要旨，參見董康著，傅傑校點：《書舶庸譚》，遼寧教育出版社 1998 年，第 31 頁。

[24] 此兩種文獻之真偽，屢有辯難，如林悟殊：〈富岡謙藏氏藏景教《一神論》真偽存疑〉，載榮新江主編：《唐研究》（第 6 卷），北京大學出版社 2000 年；〈高楠氏藏景教《序聽迷詩所經》真偽存疑〉，載《文史》2001 年第 2 輯；後皆收入氏著《唐代景教再研究》，中國社會科學出版社 2003 年版，第 186～228 頁。

[25] 桑兵：《國學與漢學——近代中外學界交往錄》，中國人民大學出版社 2010 年，第 112 頁。

[26] 譯自〔日〕內藤乾吉：《中國法制史考證》，有斐閣 1963 年版，第 182 頁。

[27] 董康著，王君南整理：《董康東遊日記》，河北教育出版社 2001 年版，第 6 頁。

[28] 癸亥年為 1923 年，壬戌年為是。此點朱慧業已指出，參見董康著，朱慧整理：《書舶庸譚》，中華書局 2013 年，第 22 頁。

[29] 董康著，王君南整理：《董康東遊日記》，河北教育出版社 2001 年版，第 25 頁。此段及其後有關《治道集》之敘錄，為四卷本所無。

程為上海-日本-美國-法國-英國-美國-日本-上海，[30]他絕無可能攜原卷抵美。

二

　　董氏 1933 年 11 月應邀訪日講學，其行程記載勒為九卷本《書舶庸譚》之卷五至卷七。以下僅隨文撿選紀事若干，並略事箋解，裨補缺漏。

　　1.卷五（1933 年）11 月 8 日條載：「先是，東京法學博士松本烝治等組織中國法制研究會。」[31]所謂「中國法制研究會」，是指由村上貞吉（律師）、松本烝治（東京帝國大學商法教授）發起，於 1930 年前後成立，由東京帝大法學部的學者如我妻榮（民法）、田中耕太郎（商法）、小野清一郎（刑法）等組成，致力於注釋、翻譯、評論中華民國所頒重要法令的研究組織，於 1945 年二戰結束後解體。學會的正式名稱為「中華民國法制研究會」。[32]

　　2.同卷 13 日條載：「午後，服部介紹法學博士仁井田陞來見，贈余所著《唐令拾遺》一冊。」[33]仁井田陞於 1933 年出版《唐令拾遺》，1934 年便以而立之齡榮獲日本學士院恩賜賞，成名之早，鮮有出其右者。唯仁井田氏於 1937 年遞呈博士學位請求論文《唐宋私法史文書の研究》，由此獲法學博士學位，並於同年擴增為書《唐宋法律文書の研究》。[34]董氏稱其為「法學博士」，有誤。

　　3.同卷 29 日條載：「接上海趙晉卿函，內附工部局何德全函，代英人鐘思索此次講演錄中日文各稿。稿為仁井田譯，商諸村上君，允譯全寄滬。」[35]又，1934 年《法治周報》第 2 卷第 3 期所載新聞《董康由日歸國》稱：「電

30　可參見胡光麃：《波逐六十年》，載沈雲龍主編：《近代中國史料叢刊續編》（第 62 輯），文海出版社 1979 年版，第 227～239 頁。

31　董康著，王君南整理：《董康東遊日記》，河北教育出版社 2001 年版，第 210 頁。

32　參見〔日〕西英昭：〈「中華民國法制研究會」經緯——資料的整理與介紹〉，載《法制史研究》，第 11 期，2007 年，第 323～342 頁。

33　董康著，王君南整理：《董康東遊日記》，河北教育出版社 2001 年版，第 214 頁。

34　參見〔日〕福島正夫：〈序——仁井田陞博士戰前三大著の復刻にあたって〉，〔日〕仁井田陞：《中國身分法史》，東京大學出版會 1983 年版。

35　董康著，王君南整理：《董康東遊日記》，河北教育出版社 2001 年版，第 225 頁。

通社六日東京電，中國古代刑法權威者、北京政府時代之司法總長、大理院長董康，去年應中國法制研究會之聘到日本，在東京帝大及各大學講演中國古代刑法。董氏著作，一兩日中可以出版，定八日離東京歸國。」董氏日記所稱英人鍾思索要講稿，由仁井田陞翻譯，擬寄滬上出版；而《周報》所稱「董氏著作」，即為英人索要之講稿集結本（現存氏著《中國法制史講演錄》一種，文粹閣影印，無出版日期）。又，徵諸《書舶庸譚》卷七（1934 年 1 月）8 日條「赴各處辭行……是日回寓甚晚，檢點行李，已逾午夜」、同卷 9 日條「上午九時，乘燕子急行車南返……四時四十餘分，抵京都驛」，[36] 亦即董氏於 1 月 9 日西行上洛，並非如《周報》所言 8 日歸國。

4.卷六（12 月）6 日條載：「午後二時，中央大學教授瀧川政次郎御車來迓，由原嘉道介紹講演。學生約二百人，四時半輟講。」[37] 據瀧川政次郎補充，此次演講題為《中國歷屆修訂法律之大略》，現場翻譯為孫湜（即《書舶庸譚》中所記孫伯醇）。瀧川氏為之譯注，刊於《法學新報》第 44 卷第 2 號（1934 年 2 月）。[38]

5.同卷 13 日條載：「又《（唐）令集解》一冊，據金澤文庫本排印」。[39]《令集解》所注釋者，為日本《養老令》，己卯本綴「（唐）」字樣，不啻畫蛇添足。然朱慧以庚辰本為底本所作整理，僅書「《令集解》一冊」，[40] 可見董氏對己卯本有所改定。

36　董康著，王君南整理：《董康東遊日記》，河北教育出版社 2001 年版，第 266～267 頁。

37　董康著，王君南整理：《董康東遊日記》，河北教育出版社 2001 年版，第 234 頁。

38　〔日〕瀧川政次郎：《支那法制史研究》，有斐閣 1940 年版，第 491～512 頁。

39　董康著，王君南整理：《董康東遊日記》，河北教育出版社 2001 年版，第 240 頁。

40　董康著，朱慧整理：《書舶庸譚》，中華書局 2003 年版，第 206 頁。

也談「內卷化」——楊兆龍著《大陸法與英美法的區別》讀後

　　蒙夏紅兄手贈所編楊兆龍先生文集《大陸法與英美法的區別》（北京大學出版社，2009 年 10 月版）一卷，使我藉此得以神遊民國，申謝再三。但凡讀書必有所得，掩卷嘆息，聊贅心得於下：

一

　　以我目力所及，學界大規模出版民國學術論著，首論上海書店於 1989 年重拳推出的《民國叢書》五編 1126 種。此後，商務印書館重印《中國文化史叢書》、上海古籍出版社力推《蓬萊閣叢書》、華東師範大學出版社遴選《二十世紀國學叢書》、河北教育出版社選編《中國現代學術經典》和《二十世紀中國史學名著》等等。叢書之間，選目重疊者不在少數，外加學術大家個人已付梓的全集、文集，以及遍佈坊間的各類零散單行本，如上種種，令人目不暇接。究其原因，不外乎以下幾點：民國時期學者融會中西、貫通古今，宏言嘉論、真知灼見歷久而彌新，因此，其學術著作不僅具備學術史上之靜態價值，且有超越該時代而啟迪當下的動態成就，此其一也；民國學術著作的當世價值，亦由目下學術水準在整體上或未完全超越民國時代而更加彰顯，故有舊籍重刊之必要，此其二也；民國肇興將近百年，其間人物浮沈，碩果僅存者寥寥，出版民國舊籍多無著作權糾紛之虞（當然，僅限於已辭世半個世紀以上者），因之成本低廉而獲利可豐，故獲書販書商之青睞，亦不難想見，此其三也；或有弁言稱，民國典籍保存不佳、借閱不易，經蛛

網塵封、蟲蛀風蝕，亟待整理以不絕於後世，此其四也；至於名家之哲嗣後裔、門生弟子、乃至於陌路後學，或本「學術乃天下之公器」而不秘前人佳作，或因貪緣血脈、學脈而謀名圖利，故而一意推動，此其五也。

作為人文社會學科之一脈，法學界亦未甘人後。自上個世紀 90 年代中後期，中國政法大學出版社推出「二十世紀中華法學文叢」以來，整理、出版民國法學論著一時風生水起。究其原因，亦不外乎如上所稱。然法學因其門類特殊而襄此盛舉，或更令人不解。自海通以降，法律近代化之主流乃隨大陸法系之脈絡亦步亦趨，而重刊之法學著作多以彼時教科書為主（如許章潤先生主持的「漢語法學文叢」便曾標明選刊對象為「陳述中國法律思想的著作」，自有尚智慧、思想而弱技術之意）。眾所周知，因由法律教義學理念而撰成之作品，若無隨時修訂，其價值自當隨法典之更新而消減。自國民黨敗居臺灣，大陸遽廢六法，歷今六十年整，法律嬗替之劇，或可謂面目全非，即便承緒民國之臺灣，亦經數次修法。如此，重刊民國著作之意義何在？

當然，中國自擺脫亡國滅種之迫壓以來，應可從容不迫地應對「現代化」浪潮，如經試錯、糾錯而猛然發現，前此種種良法美意，未必不適於當下，甚或優於當下之制，即便「回潮」舊制，亦是可取之舉。然重瓶新酒，「回潮」亦非克隆，自有創造性發明寓於其中，此乃當代學人所應孜孜以求者。而盛推民國舊刊，以我小人之心度之，似可作為當今學界自我卸壓而無創造性成果的旁證。返諸民國，亦未必是當下所假想之學術天堂。如楊兆龍先生曾枚舉民國法學界之弊端五事：「法學內容的陳腐」、「研究範圍的狹窄」、「法律技術的機械」、「法律見解的膚淺」、「適應創造能力的薄弱」（第256～265 頁）。及讀至其《中國法律教育之弱點及其補救之方略》中「一個教授往往對於他所教的功課不肯繼續做深切的研究，不說別的，就拿有些學校的法律講義來講吧，其中有許多是十年二十年前，甚至至於光緒宣統年間所編而未經大改動過的；又有許多是從前幾年朝陽大學出版的法科講義直抄而來的」（第 271～272 頁）數語，不禁低聲揶揄：「此亦舊籍重刊？」

二

　　仰賴學界前輩篳路藍縷之功，以成今日高起點、厚基礎之研究，本是經典重刊原有之意。目下，嗷嗷待哺之學子在動輒言稱德法、行效羅馬、遠取英美、近仿日俄之外，亦多轉而徵諸民國及與其一脈相承之臺灣。以個中心情而論，此亦可謂善舉。以中國經驗，回應普世問題；以世界方法，關照中國問題，當是吾儕所恪守之為學法則。

　　嚴又陵曾語：「若研究人心政俗之變，則趙宋一代歷史最宜究心。中國所以成為今日現象者，為善為惡，姑不具論，而為宋人之所造就，十八九可斷言也。」滄海桑田易變，而人心政俗難易。天水一朝距今千年，個中細末非只言片語可以道盡，姑且不論又陵先生此語是否切中肯綮，然其徵諸歷史、尋根文化之精神彌足珍貴。民國距今不過百年，當時之沈痾未必不是目下之重症；而彼時症療之方亦足鏡鑒。如楊兆龍先生曾於 1948 年對「短期自由刑」質疑如下：「試問：一個經父兄師長多年教育而不能改善的犯人在短短的不滿 6 個月的監禁期間會受感化而痛改前非嗎？」（第 259 頁）時至 2009 年 11 月 5 日，臺灣高等法院檢察署蔡碧玉主任檢察官於北京清華大學介紹臺灣方興未艾的「寬嚴並進刑事政策」，舉其犖犖大端，亦是對短期自由刑之針砭，進而提出替之以財產刑或附條件之緩起訴的主張。至於楊兆龍先生力主「檢察官執行職務時，除非司法部長是處於監督權而下達命令或進行指揮，否則不應服從司法部長的命令或指揮。因為這是檢察官免受政治干預所必需的」（第 104 頁），而臺灣晚近以來以檢察制度為中心的司法改革，亦是貫徹檢察官「親司法，遠行政」之理路而前行。前後相隔半個世紀，而時弊依舊，症療之法亦同。

　　此外，近代以來之法律體系舶自西洋，「移橘易枳」乃是移植所需勇於直面之尷尬。申言之，法律移植非但需熟識異域風情，考鏡制度源流，知其嬗替因由，而且還應針對本土特性，搜尋相似經驗，從而融育新知。而所謂「現代化」，亦非尾隨西方，亦步亦趨，「現代化就是適合當代時與地的要

件的意思，和為它時代所設計而與所接觸的生活脫節的那些設施正相反對」
（第 255 頁，楊兆龍先生引龐德教授之語）。法律中「某些原則有無確立之
必要，以及應如何解釋運用，不是可以憑空決定或完全取決於別的國家的」
（第 264 頁），許多法學家「很容易信賴他人，模仿他人，對於某種制度之
是否合乎國情」（第 263 頁），殆不深究；更有甚者，僅憑隻鱗片爪之印象，
既無視西洋法制之沿革脈絡及動因，亦不論其發展趨勢而奢言、貨賣他國原
已廢棄之制度，楊先生如上斷語（參見第 261～262 頁），恐非民國獨有之怪
現狀！反觀楊先生用以申請美國博士學位的《中國司法制度之現狀及問題研
究——與外國主要國家相關法制之比較》（第 53～222 頁）：各章立論言必
有據，每必先考察西洋諸國該制度之嬗變流程及個中因由，整合當世法學碩
儒正反觀點，針對吾國法制漏弊，最後提出切實可行之展望。行文運思如此，
怎能不令吾儕汗顏！

　　至於自近代學術體系建立以來，我傳統四部之學大衰，博文廣識之為學
要義，亦隨之沒落。學人多以專家自命，畫地為牢，決不逾界。此本知識爆
炸時代之必然趨勢，亦難苛責——精力所限，而學海無涯，僅能究其一點，
無限掘深，如能掏井得源，已是善莫大焉。然而，七科之學雖導源於西方，
然我國自清末繼受以來，學人於專業細分且固守一隅之熱忱，遠逾西洋。姑
不論如康德、黑格爾這些之法學、哲學互通的不世出的西儒，僅以通曉數種
部門法且有傑出作品之西方學人，自不在少數。而我學人，「有只懂公法而
不懂私法者，有只懂私法而不懂公法者，有只懂民法而不懂刑法者，有只懂
刑法而不懂民法者，有只懂民法而不懂商事法者，有懂商事法而對於民法無
相當研究者，有懂國內法而從未學過國際法者，甚至有老刑法家而不知刑事
政策為何物者，有終身致力於法學的教學工作而未嘗一窺法理學或國際私法
之門徑者。這些法學專家對於法學的認識真當得起『管窺蠡測』四個字」（第
258 頁）。依此可見，我學人不僅在移植法律時敢於誤讀、扭曲，而且在繼
受為學方法上亦勇於「趕英超美」。

三

　　法治之基礎在於「知法與重法」（第 243 頁），「要使抽象的法律原則在實際政治或生活上具體化而成為民族生活的一種活制度，一定要有一批對於法學有研究並且認識時代需要的，富於創造能力的人分佈於立法機關、裁判機關、行政機關以及其他政府機關，作為貫通各層法律規範的血管，使彼此間發生聯繫，並且時常將新的營養成分輸送到各方面去，使整個的法律體系變成一個活的一貫的東西」（第 246 頁），上至法治、憲政之實現，下至司法改革，楊兆龍先生對於法律人才的關注溢於言表，「凡百事業，非有適當之人才不克舉辦，司法為專門而責任重大之事業，非盡人所能勝任，其有賴於適當之人才也明甚」，並從培養、甄用、考核及待遇等處暢言之（第 307 頁）。以甄用而論，時弊自可歸結為「重形式而不尚實質，注意抽象之資歷而忽視專門之學識」（第 310 頁）。目之以當下臺灣，法科學士畢業，通過司法官特考（筆試加口試），再經兩年特訓，便可蒞位受命。即便如此，呼籲改革之聲日盛，言其弱於社會歷練而不足應對司法事務，此誠接緒楊氏「形式」、「實質」之說。而大陸之司法官，更不足與言「實質」，甚或連「形式」要件皆未必完全。

　　人才之興衰在於教育，而教育之成敗牽扯眾多，不一而足。楊兆龍先生枚舉「設備不全」以為法學教育時弊之一，其中言及「圖書的設備太缺乏，學生和教授知識的來源，工作的資料以及努力的機會都太少」（第 277 頁），不覺令人心有戚戚，迫使鄙人將話題重回舊籍新刊。夏紅兄於其所撰就之「代編者前言」中提及編輯此卷文集原由之一，乃是前刊《楊兆龍法學文集》索價過高，清寒學子如吾儕者鮮能負擔。而今政府每每否認中國將出現高通貨膨脹，姑且不論與國計民生緊密相關之房價，而著眼於關係學業之圖書市場，恐怕政府此論未必可靠。某書一旦翻印，價格騰漲，令人不堪重負。或有言「買書不如借書」，誠哉斯言！然恐怕僅適用於國外及港臺圖書館。以鄙人在國內各高校圖書館、公共圖書館之經歷言，借閱之時間成本與金錢成本過

高，甚或浪費成本。以某些未刊之民國舊籍而論，因未必具備當代參考價值，故無重刊之必要，僅為少數專攻學術史回顧者提供借閱便利即可。然目前各高校圖書館各自為政，非我族類，拒之門外；即使存在所謂「館際互借」，竟有計時收費之舉；至於複印，則為各大圖書館賴以為斂財之手段；即使因家財萬貫或經費資助，而有願擲重金者，恰逢某圖書館以整理為由，拒以提供，且不知恢復何期，亦是無奈。圖書館與公共事業單位漸行漸遠，即使當代國人具備馬克思之天賦與勤奮，也享受不到大英圖書館之待遇。

方流芳教授曾於《公司詞義考：解讀語詞的制度信息》中言及：「曾經困擾一個國家的制度性弊端並不會隨著時間推移而自行消失，或許正是因為漫不經心地對待歷史，20 世紀的甚至更為久遠的弊端至今仍然使我們一籌莫展。」套用一個吉爾茲（Chifford Geert）率先使用、由黃宗智發揚光大的概念──「內卷化」（involution），現世較之民國，恐怕也當得起「沒有發展的增長」！

若有一天，中國不再需重刊如《楊兆龍法學文集》之類的經典時，以法治昌明、法學繁盛為奮鬥目標的楊兆龍先生恐怕才可含笑九泉。

附錄：所收文章的原刊情況
（以時間為序）

1. 〈中國傳統「公司」形態研究述略〉，載韓國慶北大學亞洲研究所編：〈亞洲研究〉第 7 輯，2009 年 11 月

2. 〈也談內卷化——楊兆龍著《大陸法與英美法的區別》讀後〉，未刊稿，撰於 2009 年 11 月

3. 〈評邱澎生、陳熙遠編《明清法律運作中的權力與文化》〉，載《歷史人類學學刊》第八卷第 2 期，2010 年 10 月

4. 〈馮客《近代中國的犯罪、懲罰與監獄》評介〉，載中國政法大學監獄史學研究中心等編：《監獄文化建設與監管安全工作研究》，法律出版社，2011 年 6 月

5. 〈《至正條格》研究管窺〉，載中國人民大學法律文化研究中心編：《法律文化研究》第六輯，中國人民大學出版社，2011 年 10 月

6. 〈《天聖令》與唐宋法典研究〉，載中國政法大學法律古籍研究所編：《中國古代法律文獻研究》第 5 輯，社科文獻出版社，2011 年 12 月；後為中國人民大學書報資料中心《歷史學文摘》2012 年第 4 期摘錄

7. 〈《天聖令》與唐宋史研究〉，載張仁善主編：《南京大學法律評論》2012 年春季號，法律出版社，2012 年 4 月

8. 〈評科大衛著《皇帝與祖宗——華南的國家與宗族》〉，載明代研究學會編：《明代研究》第 18 期，2012 年 6 月

9. 〈中國法制史教科書編寫臆說——評石岡浩等著《史料所見中國法史》〉，載中國政法大學法律古籍整理研究所編：《中國古代法律文獻研究》第 7

輯，社科文獻出版社，2013 年 12 月

10.〈論日本中國古文書學研究之演進——以唐代告身研究為例〉，載早期中國史研究會編：《早期中國史研究》第 6 卷第 1 期，2014 年 11 月

11.〈邁向「全球史」視野下的中國法律史學——評冨谷至編《東亞的死刑》〉，載《清華法律評論》第 7 卷第 2 輯，2014 年 9 月

12.〈評賈文龍著《卑職與高峰——宋朝州級屬官司法職能研究》——兼論宋代司法官群體研究的相關路徑〉，載韓國中國史學會編：《中國史研究》第 96 輯，2015 年 6 月

13.〈「新法律史」這般發生——評尤陳俊著《法律知識的文字傳播——明清日用類書與社會日常生活》〉，載常建華主編：《中國社會歷史評論》第 16 卷，天津古籍出版社，2015 年 11 月

14.〈評樓勁著《魏晉南北朝隋唐立法與法律體系：敕例、法典與唐法系源流》〉，載榮新江主編：《唐研究》第 21 卷，北京大學出版社，2015 年 12 月

15.〈謅論中古法制史研究中的「歷史書寫」取徑〉，載《中國史研究動態》2016 年第 3 期，2016 年 8 月；後為中國人民大學書報資料中心復印報刊資料《歷史學》2016 年第 11 期全文轉載

16.〈日本近來有關東洋法制史課程設計與現狀——兼論對於我國中國法制史研究生課程設置的建議〉，載陳景良、鄭祝君主編：《中西法律傳統》第 13 卷，中國政法大學出版社，2017 年 7 月

17.〈評大澤正昭《南宋地方官の主張——〈清明集〉〈袁氏世範〉を讀む》〉，載包偉民、劉後濱主編：《唐宋歷史評論》第 4 輯，社會科學文獻出版社，2018 年 5 月

18.〈敦煌吐魯番文獻與唐代法典研究〉，載《中國社會科學報》歷史版，2018 年 5 月 21 日

19.〈近世浙贛民眾為何健訟——小川快之《傳統中國的法與秩序》讀後〉，載《文匯報·學人》第 354 期，2018 年 8 月 10 日

20. 〈近代中日法史學界交往的若干片段──讀《書舶庸譚》瑣記二題〉，載《文匯報・學人》第 342 期，2018 年 5 月 18 日

國家圖書館出版品預行編目(CIP) 資料

三尺春秋：法史述繹集 / 趙晶著. -- 初版. -- 臺
　北市：元華文創, 2020.11
　面；　公分
　　ISBN 978-957-711-190-6 (平裝)

　1.中國法制史　2.唐代　3.宋代

585.64　　　　　　　　　　　　　　　109013351

三尺春秋：法史述繹集

趙 晶 著

發 行 人：賴洋助
出 版 者：元華文創股份有限公司
聯絡地址：100 臺北市中正區重慶南路二段 51 號 5 樓
公司地址：新竹縣竹北市台元一街 8 號 5 樓之 7
電　　話：(02) 2351-1607　　　傳　真：(02) 2351-1549
網　　址：www.eculture.com.tw
E - m a i l：service@eculture.com.tw
出版年月：2020 年 11 月 初版
定　　價：新臺幣 520 元

ISBN：978-957-711-190-6 (平裝)

總經銷：聯合發行股份有限公司
地　址：231 新北市新店區寶橋路 235 巷 6 弄 6 號 4F
電 話：(02)2917-8022　　　傳　真：(02)2915-6275